新 潮 文 庫

日 本 百 名 山

深 田 久 弥 著

新 潮 社 版

2502

上　北アルプス、剣岳と仙人池

下　奥秩父、両神山の清滝小屋

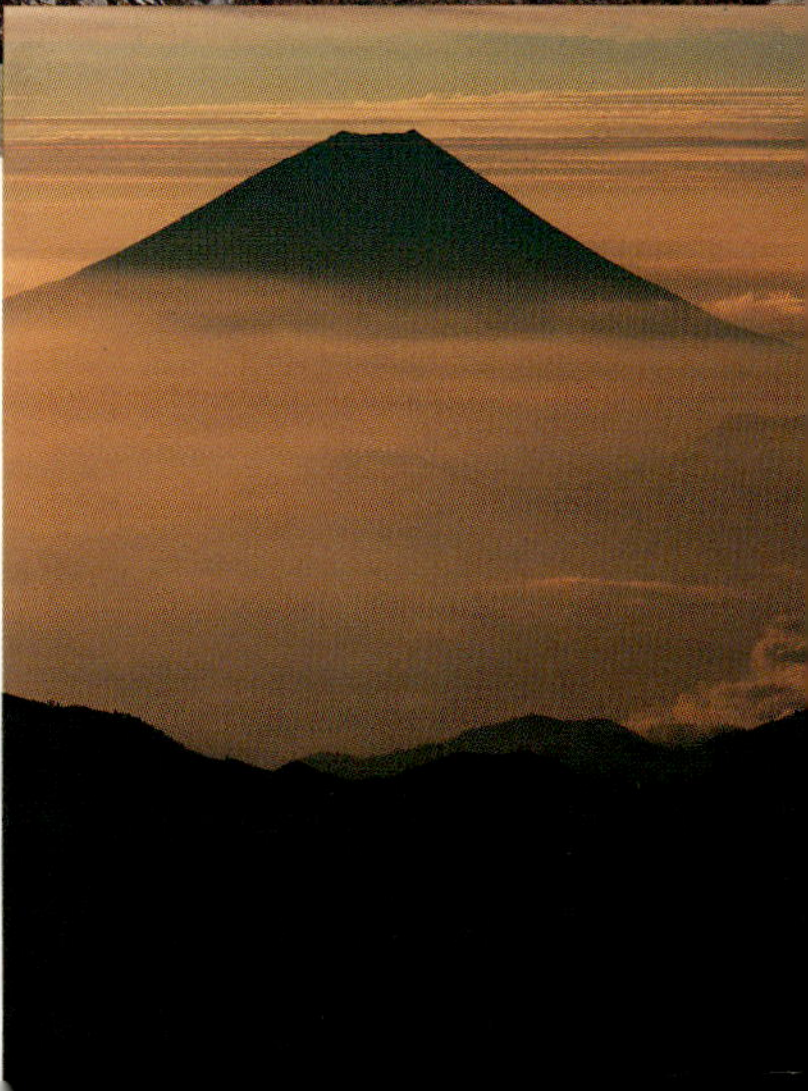

上　南アルプス、白峰三山
（左より農鳥岳、間ノ岳、北岳）

下　朝の富士山

上　縦走路、鹿島槍岳付近
下　槍ヶ岳、肩の小屋と笠ヶ岳

上　八甲田山麓、
　　地獄沼付近
下　甲武信岳山頂の展望

目次

〈口絵写真〉

内田良平　剣岳

白籏史朗　南アルプス白峰三山・富士山・縦走路、鹿島槍岳付近・槍ヶ岳、肩の小屋と笠ヶ岳

風見武秀　八甲田山

清水武甲　両神山の清滝小屋・甲武信岳

〈本文写真〉

白籏史朗　羅臼岳・トムラウシ・後方羊蹄山・鳥海山・吾妻山・磐梯山・平ヶ岳・妙高山・男体山・奥白根山・四阿山・黒岳・鷲羽岳・乗鞍岳・両神山・甲武信岳・大菩薩岳・富士山・天城山・仙丈岳・北岳・塩見岳・悪沢岳・赤石岳・聖岳・光岳・大台ヶ原山・大峰山

内田良平　利尻岳・阿寒岳・大雪山・十勝岳・八甲田山・飯豊山・魚沼駒ヶ岳・燧岳・至仏山・谷川岳・高妻山・武尊山・草津白根山・浅間山・白馬岳・五竜岳・鹿島槍岳・剣岳・立山・薬師岳・黒部五郎岳・槍ヶ岳・穂高岳・常念岳・笠ヶ岳・焼岳・御嶽・蓼科山・八ヶ岳・金峰山・瑞牆山・丹沢山・空木岳・甲斐駒ヶ岳・鳳凰山・間ノ岳・白山

風見武秀　斜里岳・安達太良山・霧ヶ峰・阿蘇山

三宅修　大山・石鎚山・霧島山・開聞岳

早川輝雄　早池峰・朝日岳・蔵王山

荒川紀一　巻機山・苗場山・雲取山

中村紘二　雨飾山・火打山

竹ヶ原陽一郎　那須岳・木曽駒ヶ岳

石井慎一　赤城山・筑波山

岩橋崇至　幌尻岳・九重山

藤原直美　八幡平

奥田博　会津駒ヶ岳

坂本知忠　皇海山

林宰男　美ヶ原

井上孝一　荒島岳

高岡敏　剣山

立石敏雄　祖母山

尾白明夫　宮ノ浦岳

小島一郎　岩木山

小島啓佑　月山

田沢進　恵那山

野中昭夫　伊吹山

清水寛　岩手山

日本百名山

1　利尻岳（一七一九米）

礼文《れぶん》島から眺めた夕方の利尻《りしり》岳の美しく烈《はげ》しい姿を、私は忘れることが出来ない。海一つ距《へだ》ててそれは立っていた。利尻富士と呼ばれる整った形よりも、むしろ鋭い岩のそそり立つ形で、それは立っていた。岩は落日で黄金色に染められていた。

島全体が一つの山を形成し、しかもその高さが千七百米《メートル》もあるような山は、日本には利尻岳以外にはない。九州の南の海にある屋久島《やくしま》もやはり全島が山で、二千米に近い標高を持っているけれど、それは八重《やえ》岳と呼ばれているように幾つもの峰が群立しているのであって、利尻岳のように島全体が一つの頂点に引きしぼられて天に向ってはいない。こんなみごとな海上の山は利尻岳だけである。

この立派な山が、わが国山岳書の古典である志賀重昂《しげたか》の『日本風景論』にも高頭式《たかとうしょく》の『日本山岳志』にも出ていないことを、私は大へん遺憾に思うが、それだけこの山の世に知られることがおそかったのかもしれない。

私の眼にした最初の利尻岳紀行は、『山岳』第一年二号に載った牧野富太郎氏のそれである。明治三十六年（一九〇三年）八月のことで、この植物学者の一行は鴛泊《おしどまり》から登った。ほとんど道らしくもない道を辿《たど》って、山中に二泊している。頂上には木造の小さな祠《ほこら》があったというから、土地の人は、すでに登っていたのであろう。紀行にはカタカナの植物の名がたくさん出てくる通り、北日本で最も種類に富み、リシリという文字が頭についた名の植物だけでも、十八種に及ぶそうである。

利尻は噴火によって出来た円形の島で、中央にそびえた利尻岳が四周海ぎわまで裾《すそ》を引いている。従って人の住んでいるのは海ぎわだけで、島を一周するバスが町や村をつないでいる。おもな町は、沓形《くつがた》、鴛泊《おしどまり》、鬼脇《おにわき》、仙《せん》法志《ぼうし》の四つで、どこからも、利尻岳のよく見

えることは勿論《もちろん》である。大体富士型の山であるが、仰ぐ方面によって幾らか形が変る。鬼脇と仙法志の中間の三日月沼あたりから見た姿が一番尖鋭《せんえい》で、それはまるで空を刺すような鋭い三角錐《すい》である。

北海道本島と遮断《しゃだん》された海上の山だけあって、此処《ここ》には蛇や蝮《まむし》がいないという。北海道の山に付きものの熊《くま》もいない。かつて対岸の天塩《てしお》に山火事があった時、難を逃れてこの島まで泳ぎ渡ってきた熊が一時棲《す》みついたが、いつの間にか見えなくなったそうである。多分また古巣へ泳ぎ帰ったのであろう。

鴛泊、鬼脇、沓形からそれぞれ頂上へ登山路が通じている。一番古いのは牧野富太郎氏らの登った鴛泊道で、行程は長いが楽なので、今でも一番多く利用されている。反対側の鬼脇道は、距離が短く変化に富んでいるが、頂上近くで痩《や》せた岩尾根を辿る危険を冒さねばならない。

私達は沓形から登った。この道は一番新しく、道のりも長い。ややだらだらした裾野を登って森林帯を出ると、見晴らしがよくなる。眼の下の海岸に打ち寄せる白波がレースで縁取ったようにはっきり見え、その先に細長い礼文島が浮んでいる。もうそのあたりは匐松《はいまつ》の敷きつめた高山帯で、ゴゼンタチバナの赤い実が道傍《みちばた》を綴《つづ》っていた。

暴風一過後だったので大気は澄んでいたが、風は強く絶えずゴーゴー鳴っていた。

下の方は鮮やかに晴れているに拘《かかわ》らず、頂上にかかった雲がなかなか取れない。海洋の気流が頂上にぶつかって、そこで絶えず湧《わ》かせている雲だから、これはあきらめるより他はない。

　出発点が海抜ゼロ米であるから、千七百米を越える霧の頂上まで、ゆっくり登って八時間もかかった。じっと立っておられないくらい風が強かったが、その強い風が瞬時霧を追い払って、眼の前にみごとな眺めを見せてくれた。それはローソク岩と呼ばれる大岩柱で、地から生えた牙《きば》のように突っ立っていた。それが流れる霧の間に隠見するので、よけいに素晴らしいものに見えた。

　帰途は鬼脇へ下る予定であったが、この強風中、岩の瘦尾根《やせおね》は危険だというので、鴛泊

道をとることにした。この下りは道はやさしいが実に長かった。鴛泊の町に入った時はもう暗くなっていた。

翌日の午後、私達は利尻島を離れた。きれいに晴れた秋空であった。稚内《わっかない》へ向って船が島から遠ざかるにつれて、それはもう一つの陸地ではなく、一つの山になった。海の上に大きく浮んだ山であった。左右に伸び伸びと稜線《りょうせん》を引いた美しい山であった。利尻島はそのまま利尻岳であった。それもいよいよ遠くなり、稚内の陸地が近づいて来た。やがて山も消え、その山の形に白い雲が一と所海面に湧き上っているのが、利尻岳の最後の面影であった。

2 羅臼岳（一六六一米）

千島を失った今日、日本の東北端は知床《しれとこ》になった。オホーツク海に向って長く差し出したこの半島は、荒涼とした僻地《へきち》に憧《あこが》れる人たちにまだ夢を残している。その知床の代表として羅臼《らうす》岳を挙げるのは、決して不当ではあるまい。

知床半島というのは細長い山脈の突出であって、殆《ほと》んど平地がない。海のきわまで山が迫っている。その山脈のおもな峰々を半島の附け根の方から数えて行くと、海別《うなべつ》岳、遠音別《おんねべつ》岳、羅臼岳、硫黄《いおう》山、知床岳などがあり、羅臼岳が最も高い。全体が火山脈であるが、殆んどが死火山であって、現在活動しているのは硫黄山だけである。

知床の山々が登山の対象になりだしたのはそう古いことではない。北海道の中でもこの僻遠の山が一番あとまで取り残された。初め北大の山好きの学生たちによって登られたが、それが多くは積雪期であったのは、夏よりも冬の方が歩きよかったからであろう。というのはこの山脈は凄《すご》い匐松《はいまつ》に覆《おお》われているからである。海別岳や羅臼岳以外の山へ行こうとすると、匐松との悪戦苦闘を覚悟せねばならない。

羅臼岳が知床富士とも呼ばれるのは、羅臼村からすぐ眼前に形のよい円峰のそびえているのが見えるからだろう。村は海ばたにあるし、そこから直線距離八粁《キロ》で、懸値なしの一六六一米《メートル》を仰ぐのだから、山は大きく立派に違いない。違いないと言うのは、私は羅臼岳に登るため天気を待って村の宿屋に四晩も過したが、ついに山を仰ぐことができなかったからだ。ただ写真で察しただけである。

羅臼村は知床半島唯一《ゆいいつ》の都会で、一本筋の通りには、映画館やパーマネント屋やバーまであった。バーは漁期に集ってくる季節労働者のためのものらしい。村を出外れた所が港になっていて、むやみと烏《からす》が群れていた。すぐ前の海には今はソヴェトのものとなった国《くな》後《しり》島が大きく横たわっている。

羅臼はアイヌ語で「鹿《しか》、熊《くま》などを捕ると必ずここに葬《ほうむ》ったため、その臓腑《ぞうふ》や骨のあった場所」という意だそうで、ラは「動物の内臓物」、ウシは「たくさんある所」を意味するという。ラウシと呼ぶのが正しく、古い地図には良牛《らうし》と書かれている。

村に誠諦《じょうたい》寺というお寺があって、住職の西井誠諦師が羅臼岳の開発に力を入れておられる。村から登山道が開かれたのも西井さんなどの尽力であって、それは昭和二十九年（一九五四年）のことであった。

それまでは羅臼岳へ志す人は、半島の北岸の宇登呂《うとろ》から岩尾別《いわおべつ》を経て登った。岩尾別からイワウベツ川を遡《さかのぼ》ると温泉があって、そこが登山のよい足場になっていた。距離からいうと岩尾別の方が頂上に近いので、この方の

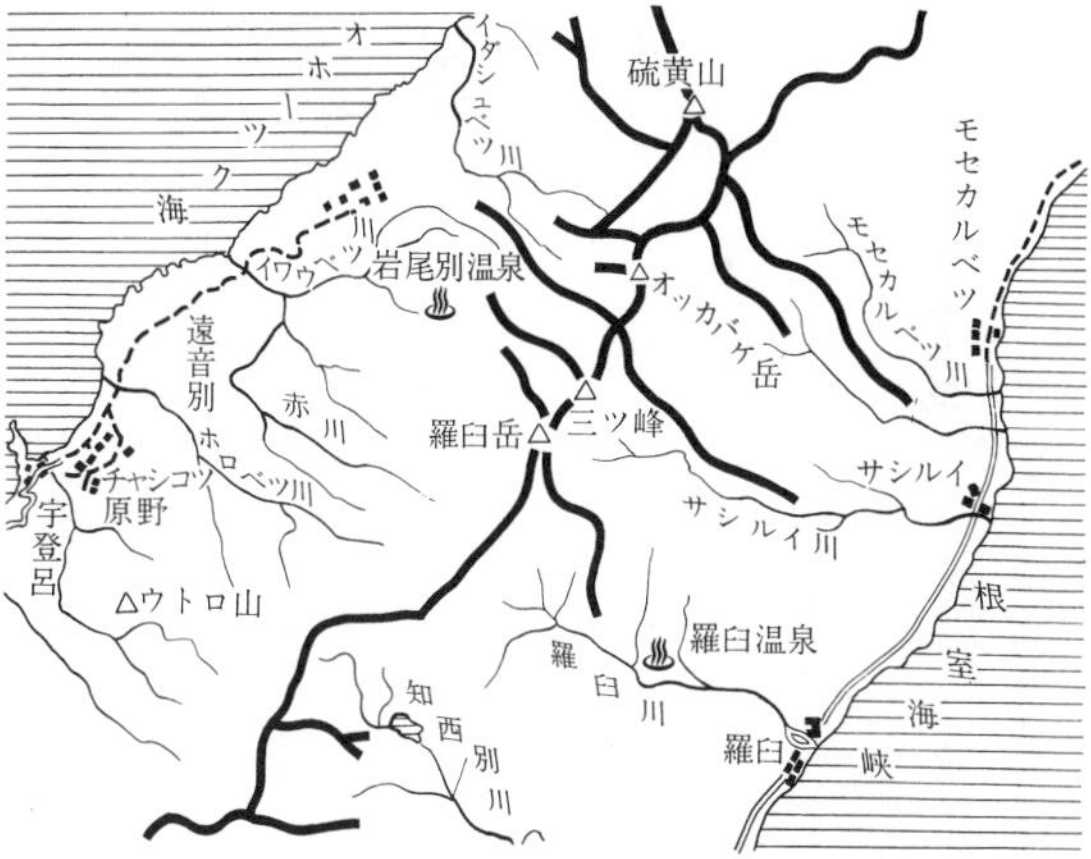

登山道が先に開けたのであろう。

私は羅臼から登った。村から羅臼川に沿って一時間ほど行くと、羅臼温泉がある。村営の宿が建っていたが、食糧・寝具の設備は無かった。そこから山にかかる。針葉樹林の尾根の腹を捲《ま》いて、一たん硫黄で黄いろくなった沢へ下り、そこから屏風岩《びょうぶ》と呼ばれる長い大岩壁の裾《すそ》に沿って急坂を登ると、ラウス平《だいら》という大きな斜面に出る。

ラウス平は一面匐松の褥《しとね》で、その豊かな拡《ひろ》がりはのんびりして美しい。季節にはお花畑になる。平の向うには三ッ峰が立ち、三ッ峰から更に北すれば、サシルイ、オッカバケを経て、活火山の硫黄山まで近年道が開かれた。硫黄山の外輪をなす岩壁は壮絶な眺めだそうである。

羅臼岳の頂上へ私は立ったが、霧に包まれて何にも見えなかった。ただオホーツク側から巻きあげてくるすさまじい風の音を聞くだけであった。

だから羅臼山岳会で書かれた記事によって、その展望を察することにしよう。まず東を望むと足下に国後島が浮び、その向うに太平洋が拡がって、遠く千島の列島が見える。南に向くと、知西別《ちにしべつ》川上流の分水嶺《ぶんすいれい》のあたりに周囲五粁に及ぶ無名湖（羅臼湖と呼ぶ人もある）があって、その囲りに大小七つの沼が点在している。この無名湖はクマザサや匐松のジャングルに妨げられて、今までそこまで達した人はごく僅《わず》かだそうである。西望すれば宇登呂港が眼下にあり、その先は茫々《ぼうぼう》たるオホーツク海である。北は既に述べたように三ッ峰から硫黄山に向う脊梁《せきりよう》山脈が伸びている。

さいはての山として、北方的風貌《ふうぼう》をおびた山として、羅臼岳は私の記憶に深く残っている。近年羅臼温泉に立派な旅館が建ち、登山者も急激にふえてきたようである。

3 斜里岳（一五四五米）

斜里《しゃり》岳はかねてからその姿を写真で見て、私の憧《あこが》れの山の一つであったが、初めてその実景に接したのは昭和三十四年（一九五九年）八月下旬であった。釧路《くしろ》から網走《あばしり》に向う汽車に乗って、釧路と北見の国境を越え、斜里原野に下って行く途中、車窓の右側に大きく現われたのが斜里岳であった。その日は朝から曇天で、折々雨さえ混えた天気であったのに、斜里岳を最も美しく眺め得る所まで来た時、天は私たちのために快く晴れて、青空をバックに、左右にゆったり稜線《りょうせん》を引いた、憧れの山の全容を見せてくれた。

しかし天が味方してくれたのはこの時きりであった。その後摩周湖の西岸をバスで走った時、私の期待は、噂《うわさ》に聞く湖の神秘的な色よりも、湖の向う側に大きく控えている筈《はず》の斜里岳であったのに、一面の霧に包囲されて、湖も山もただ白一色に隠されていた。それから数日後、今度は根室標津《ねむろしべつ》から斜里町へ抜ける原始的な道路を乗客の少ないバスで通った。この道は斜里岳の東麓《とうろく》を辿《たど》っているので、私はそこから仰ぐ山容を楽しみにしていたのに、やはり曇天で、一瞬、ゆるやかに伸びた稜線の一部を垣間《かいま》見《み》たきりで終った。

北方の斜里町からの展望も得られなかった。私は空《むな》しく五万分の一の地図を拡《ひろ》げて、斜里岳が北に向って孔雀《くじやく》の尾のように展《ひろ》げている、目の荒い整斉な等高線を見ながら、この山の裾《すそ》の大きさを想像するだけであった。

地図でも察しられるように、斜里岳は大きく根を張った山である。原住のアイヌ人が素朴にオンネプリ（大山の意）と呼んで、神の如《ごと》く尊崇したと伝えられているのも納得出来る。アイヌ語でオンネは「大」の意、ヌプリは「山」の意、それが詰まってオンネプリとなったものであろうか。

北海道の山は大ていそうであるように、斜

里岳も登山の歴史は新しい。この美しいピラミッドの山に、土地の人さえ登ろうとする者がなかったが、昭和二年（一九二七年）五月、西北麓の三井農場からスキーで登ったのが最初とされている。この時は頂上近くまで行って引返したが、翌年三月、今度は東北麓の越川駅逓《こしかわえきてい》からスキー登山を試みたパーティが遂に頂上に達した。そして同年最初の夏季登山が成された。

その後、釧網線《せんもう》の清里町駅からする登山道が開かれ、頂上には社《やしろ》が祀《まつ》られ、土地の人々が大勢登るようになった。清里町の駅前には、大きな登山案内図の掲示板が立っていて、登山道に沿う岩や滝の名所の名前が記入されている。

日本人は尊崇する山の頂上に社をおかないと気が済まないのか、斜里岳に社が設けられたのは昭和十年で、大山津見《おおやまつみ》大神と天之水分《あめのみくまり》大神の二柱を祀った。昭和十六年日蝕《にっしょく》の折、この山で宇宙線観測をされた仁科《にしな》芳雄博士は、白樺《しらかば》で鳥居を作って社に奉納されたそうである。昭和三十四年、神明造りの社が再建された。もっとも社とは言っても、高さ一米《メートル》くらいの小さなものであった。ともあれ斜里岳がこの地方の名山としてあがめられていることは事実である。いっそのこと私はオンネプリという美しい山名を復活してもらいたいと思っている。

斜里岳へ登るために函館《はこだて》から釧路まで直行した私たち三人（私と妻と小学六年生の

次男）は、その翌日、釧路山岳会の佐藤・横浜両君に伴なわれて釧網線に乗った。釧路で知合になった早大の鏑木《かぶらぎ》君も同行した。一行六人が清里町駅に下車した午後、あざやかに空が晴れて、目ざす山が美しい姿で行手に立っていたことは最初に記した。見倦《みあ》きぬ斜里岳から眼を左に移すと、頂の平らな海別《うなべつ》岳が見え、更にその左に遠く知床《しれとこ》の羅臼《らうす》岳が見えた。

その日は五合目附近（約六百米）にある清岳荘に泊った。前々年（一九五七年）営林署の建てた山小屋である。釧路山岳会の両君は、肩を越すほどの大リュックを背負っていたが、その中には、私たち親子のための食糧や嗜好《しこう》品のほかに、寝袋やビールまで用意されてあった。

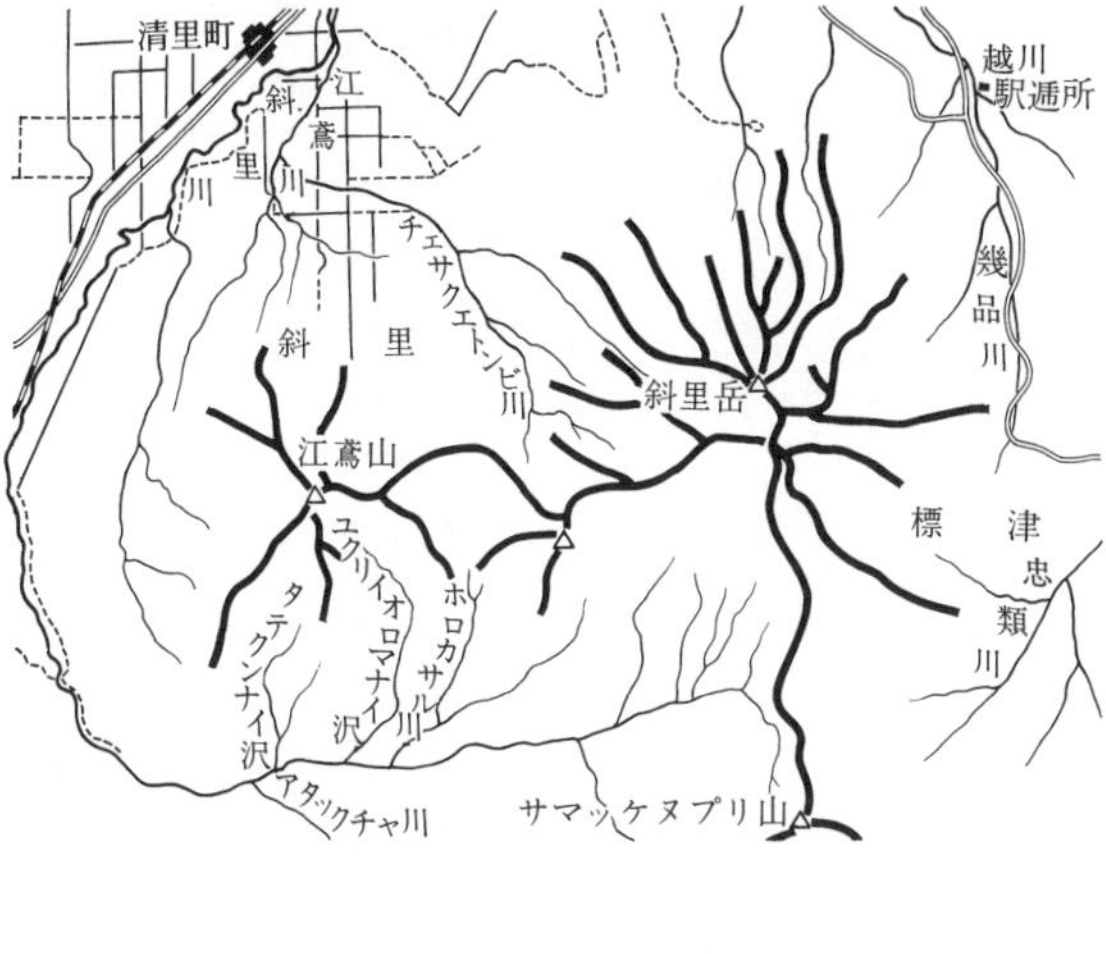

翌日は旧道を登った。この道はチェサクエトンビ川（魚の居ない川の意だという）上流の沢筋を、右左に渡りながら通じている。途中いくつも滝があり、殊《こと》に美しい七重ノ滝は、流れる滝のふちを辿って行った。

頂上に立ったが、私たちを迎えたのは濃い霧でしかなかった。頂から少し下った所にある粗末な小屋で、一時間あまり天の御機嫌の直るのを待ったが、ついにその甲斐《かい》がなかった。帰路は尾根伝いの新道を採った。時々晴れかけてはまた閉ざされてしまう霧の中であったが、匐松《はいまつ》とヒメイソツツジで覆《おお》われた尾根道は、その高原風な美しい景色で、私たちの登山欲を十分に充たしてくれた。

4 阿寒岳（一五〇三米）

三十年前には訪ねる人もなかったような阿寒湖が、昭和九年（一九三四年）国立公園になって以来、年を追うて賑《にぎ》わい、今では北海道中で最も繁昌《はんじよう》な観光地となって、夏などはずっと前から予約しておかなければ宿も取れないといった有様である。

阿寒湖には名物が二つある。それはマリモと啄木《たくぼく》の歌碑で、先を急ぐ観光客は湖のそばに立つ雄阿寒《おあかん》・雌阿寒《めあかん》岳には滅多に登らないが、この二つは決して見逃さない。マリモなんて、湖上に出た遊覧船の舟底から頗《すこぶ》るおぼろに見えるだけの代物《しろもの》であるが、名物とあれば見落すわけにはいかないらしい。

湖畔の啄木の碑には次の歌が刻まれている。

神のごと
遠く姿をあらはせる
阿寒の山の雪のあけぼの

実を言うと、この歌はここでは適当でない。というわけは、啄木が釧路《くしろ》の海上から阿寒岳を望んで詠《よ》んだものである。彼は阿寒湖へは来ていない。が、観光業者は石川啄木というお金になる文学者を利用することを忘れない。

この商策は当った。旅行者はその歌碑のある所までぞろぞろ行列をし、碑の前で記念撮影などしている。しかし流行というものがいかに不公平であるかという証明に、歌碑まで行く途中にある松浦竹四郎の詩碑には殆《ほと》んど立留る人もない。碑には次のように刻まれている。

水面風収夕照間
小舟撑棹沿崖還

忽落銀峯千仭影
是吾昨日所攀山
安政戊午年三月廿八日
松浦竹四郎　源弘記

歌碑も詩碑も戦後に建てられたものだが、所を得ている点ではこの詩碑にまさるものはない。松浦竹（武）四郎は弘化二年（一八四五年）二十七歳の時から安政五年（一八五八年）まで、困苦を冒して未開の蝦夷《えぞ》地を探検し、北海道開拓の礎《いしずえ》を築いた。蝦夷に関する著述だけでもおびただしい。

釧路市の丘の上にある公民館の前庭に、あまり人の気づかない小さな竹四郎の銅像が立っている。彼は和服にたっつけという姿で、片手に筆、片手に帳面を持って、阿寒岳の方

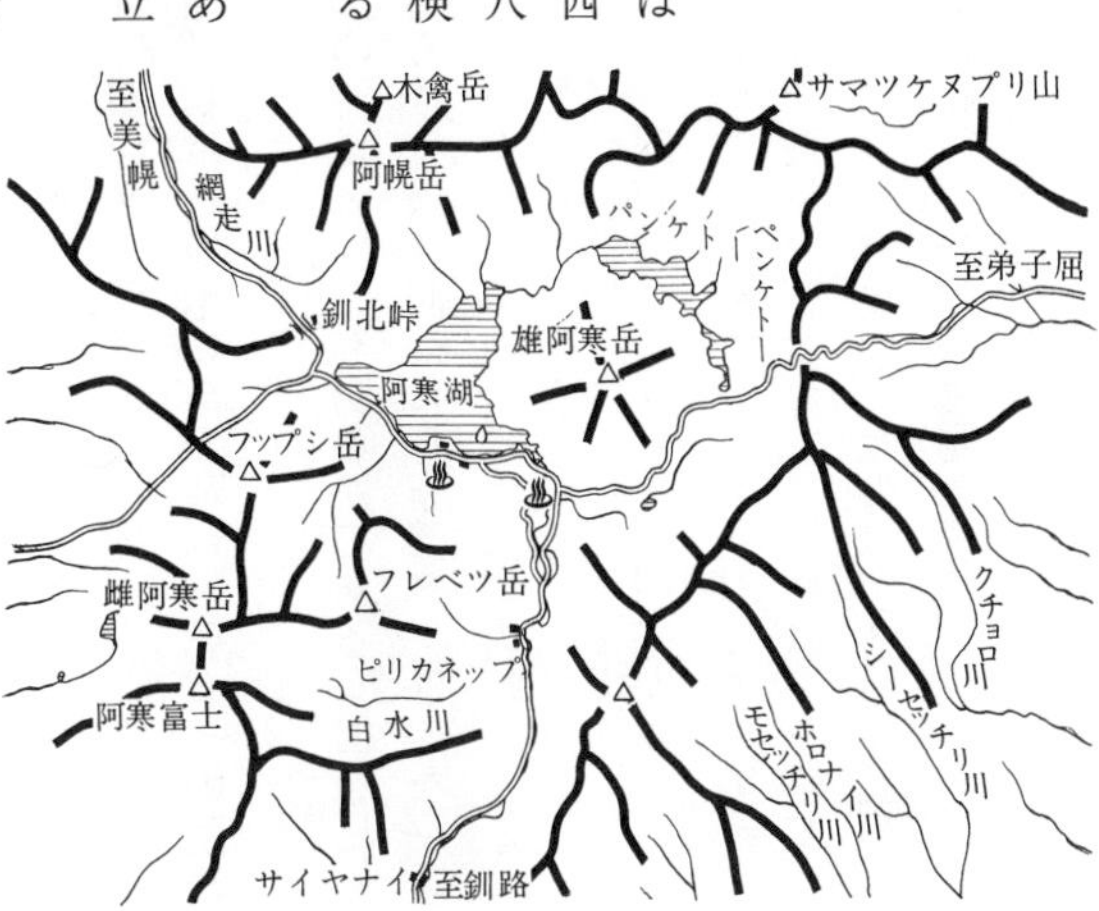

をにらんでいる。その傍《かたわ》らに一人のアイヌ人がかしずいて、同じ方向を指さしている。アイヌの教えるところを、竹四郎が書き取っている形である。人と所と二つながら得たいい銅像である。この丘から北にあたって阿寒の連山が実によく見える。雄阿寒、雌阿寒、その雌阿寒に重なるように阿寒富士。私は秋の末のある晴れた朝、その眺めに心を奪われた。

竹四郎が実際に阿寒湖に来たことは、前掲の詩によっても明らかである。旧暦にしても三月二十八日と言えばまだ寒かったであろう。彼は湖上に舟を浮べ、静かな夕陽を浴びながら、岸に沿って戻ってくる。水面に影を落しているのは高い雪峰である。それは彼が前日登ってきたばかりの山であった。

この雪峰が雄阿寒岳であることは間違いない。阿寒には雄阿寒と雌阿寒があって、高さは後者の方が上だが、眺めて立派なのは前者である。雌阿寒は全体がなだらかで、湖畔から離れているが、雄阿寒は力強い端正な円錐《えんすい》形で、ただちに湖面に影を落している。両阿寒岳のうち、この雄健なドームの方に「雄」を与えたのは、古い住民の正当な感覚であった。阿寒湖に活を入れているのは、この雄阿寒岳である。

雌阿寒岳は活火山で、私が昭和三十四年（一九五九年）の夏訪ねた時はちょうど噴火が始まっていて、登山禁止になっていた。両阿寒のうち登り易《やす》いのはこの雌阿寒の方で、距離が長い代りになだらかで、散策的登山ができる。それに反し雄阿寒の方は、高さこそ劣れ、急峻《きゅうしゅん》なために登山者は稀《まれ》である。

両阿寒に登るつもりだった私は、雄阿寒だけで我慢せねばならなかった。南に伸びた尾根の端から登り始めた。最初は急であったが、やがて緩やかな森林帯の中の道が続き、それが灌木《かんぼく》帯に代って、頂上を巻くようにして登って行くと、ヒメイソツツジが褥《しとね》を敷き、ガンコウランが房々と実を綴《つづ》っている高山帯に出た。大きな小屋（元は観測用の建物だったらしい）のある頂へ出ると、その下に旧噴火口が大きな口をあけていた。その擂鉢《すりばち》のふちを通って三角点のある頂上に立った。

頂上は岩だらけで、その岩の間に千島ギキョウの紫が可憐《かれん》だった。僅《わず》かの平地は、山ホウコや匐松《はいまつ》やミヤマハンノキで囲まれている。霧に包まれて眺めは得られなかったが、誰もいない静かな山頂に在ることで私には満足であった。この山の下には数千の観光客が群れている。しかるにここまで登って来ようとする人がいない。

霧の晴れるのを待つため二時間も頂上にいた。ふと耳をすますと下の方で木を踏みしだくような音がし、時々フーッという荒い息遣いのようなものも聞える。熊《くま》ではないかとヒヤリとした。というのは雄阿寒の東は大原始林に続いている。一時この山は熊を懸念《けねん》して登山禁止になったこともあるという話を聞いていたからである。

帰途は湖畔に下りる新道を採ったが、急坂続きで、しかもまだ踏みならされていず、おまけに雨のためひどいぬかるみで、泥んこになって盛装の観光客の群の中へ戻ってきた。

雌阿寒岳へは、湖畔を離れて原野風の広い裾野《すその》を緩慢に上って行く。登山口に登山禁止の掲示が出ていたので、私は少し登って、雌阿寒からフレベツ岳へ続く山々の夕照を見ただけで引返した。帰り道アイヌ部落に寄る。もちろん観光向けの人工アイヌ部落で、草葺《くさぶ》きの家屋も、その店先で熊を彫っている人の服装も、アイヌ式になっているが、それは一種のショウでしかなかった。

多くの観光客は釧路から湖畔へバスで来て、それから又バスで弟子屈《てしかが》まで深い原始林を横断する。この原始林は見事である。途中双湖台という見晴し台から、パンケトー、ペンケトーの二湖が樹林の中に見える。これは雄阿寒の噴出によって阿寒湖から分離したものである。また双岳台という見晴し台もあって、そこから雄阿寒と雌阿寒を振り返ることが出来る。それを阿寒の見納めとして、次の観光地摩周湖《ましゆうこ》へとバスは急ぐ。

松浦武四郎の主要な蝦夷紀行は次の通り。多気志楼《たけしろう》蔵版としていずれも和綴の木版本である。

東蝦夷日誌　八編八冊
西蝦夷日誌　六編六冊
石狩日誌　一冊
天塩日誌　一冊
夕張日誌　一冊
後方羊蹄日誌　一冊
十勝日誌　一冊
久摺日誌　一冊
納紗布日誌　一冊
知床日誌　一冊

5　大雪山（二二九〇米）

大雪山《だいせつ》という名はいつ頃からついたかはっきり知らないが、もとはヌタクカムウシュペと言った。『山岳』第二年（一九〇七年）に北海道人と名乗る人が、この北海道第一の高山にまだ和名が無いから「しろぎぬやま」としたらどうだろう、と提案しているところを見ると、その頃はまだ大雪山の名は無かったらしい。多分この名が一般に流布《るふ》しだしたのは大正に入ってからだろう。

古い五万分の一の図幅にも、ヌタクカムウシュペを主にして、大雪山は括弧の中に入っていた。図幅名も「ヌタクカムウシュペ」であった。ところが新版では「大雪山」に変った。青函《せいかん》連絡船に大雪丸があり、急行列車が大雪号と呼ばれ、大雪山国立公園が広く宣伝されるようになっては、アイヌ名は次第に影をひそめて行くばかりだろう。北海道の山名にアイヌ語が存在することは、私たち古典主義者には大変なつかしいのだが、時世の勢いは如何《いかん》ともしがたい。

もとはヌタプカムウシュペで、「川がめぐる上の山」の意だそうだが、プ音は呑《の》まれて明瞭《めいりよう》ならずク音に聞えるので、ヌタクカムウシュペとなったという。「川がめぐる上の山」とは、原始民の直截《ちよくせつ》素朴な、まことに当を得た名づけ方であって、石狩《いしかり》・十勝《とかち》の二大川がその源をこの山塊から発し、その麓《ふもと》をめぐって流れている。

しかし今や大雪山である。大雪山国立公園は十勝や石狩の連峰も含んでいるが、私はここでは元のヌタクカムウシュペ、つまり旭岳《あさひ》を中心とする火山群に局限する。その火山群とは、北鎮《ほくちん》、白雲《はくうん》、北海、凌雲《りようう》、比布《ぴっぷ》、愛別《あいべつ》、その他の峰であって、すべて二千米《メートル》を越える。北海道で二千米は貴重な存在であって、この一群は北海道のどまん中を占め、文字通り北海道の屋根をなしているのである。

この山群へ登るには、普通三つの口がある。

層雲峡《そううんきょう》と愛山渓《あいざんけい》と湧駒別《ゆこまんべつ》。いずれも豊富な温泉が湧《わ》いている。

そのうち層雲峡が最も世に聞えて、北海道観光旅行には欠かすことの出来ない訪問地になっている。貧乏な登山者には手の出ない立派な旅館が並んでいるので、俗化した温泉郷などと悪口も言われるが、しかし自然は美しい。ふと見上げると、すぐ頭上に黒岳のこごしい岩峰のそそり立っているのも見事だし、柱状節理の岩壁が数粁《キロ》も続いて、そこに幾条も大きな滝がかかっているのも素晴らしい。大函《おおばこ》・小函《こばこ》という長いゴルジュなど、初めてこの谷に分け入った人々にはどんなに驚異だったことだろう。

それらの景勝も、今は案内嬢が名調子で説明してくれるほど平易な道になってしまったが、北大寮歌に、

瓔珞《ようらく》みがく石狩の
みなもと遠く訪《と》ひ来れば
原始の森は暗くして
雪消《ゆきげ》の泉珠《たま》と湧く

と歌われた頃に、この渓谷を探ったパイオニーアたちの、何と幸福だったことか。ま

だ残っていたその原始の森が、伊勢湾台風の時無惨にも薙《な》ぎ倒されてしまったのは痛ましい。

層雲峡から直接黒岳に登る道があるが、軽装の遊覧者は大てい銀泉台まで行く登山バスを利用し、その終点から第一花園、第二花園と呼ばれる見晴らしのいいお花畑まで登る。そこで大雪山の一端に触れて引返す。元気のいい人たちだけが更に黒岳まで足を伸ばす。

層雲峡に比べると、他の二つの登山口はまだ素朴である。湧駒別からの登り始めの、深々した針葉樹林には誰しも眼を見張る。その樹林の上にスックとそびえ立つ旭岳は、この上なく美しく気高い。北海道の最高地点たるに恥じない。その林の中を歩いて、天女ヶ原という気持のいい湿地を過ぎると、勾配《こうばい》の

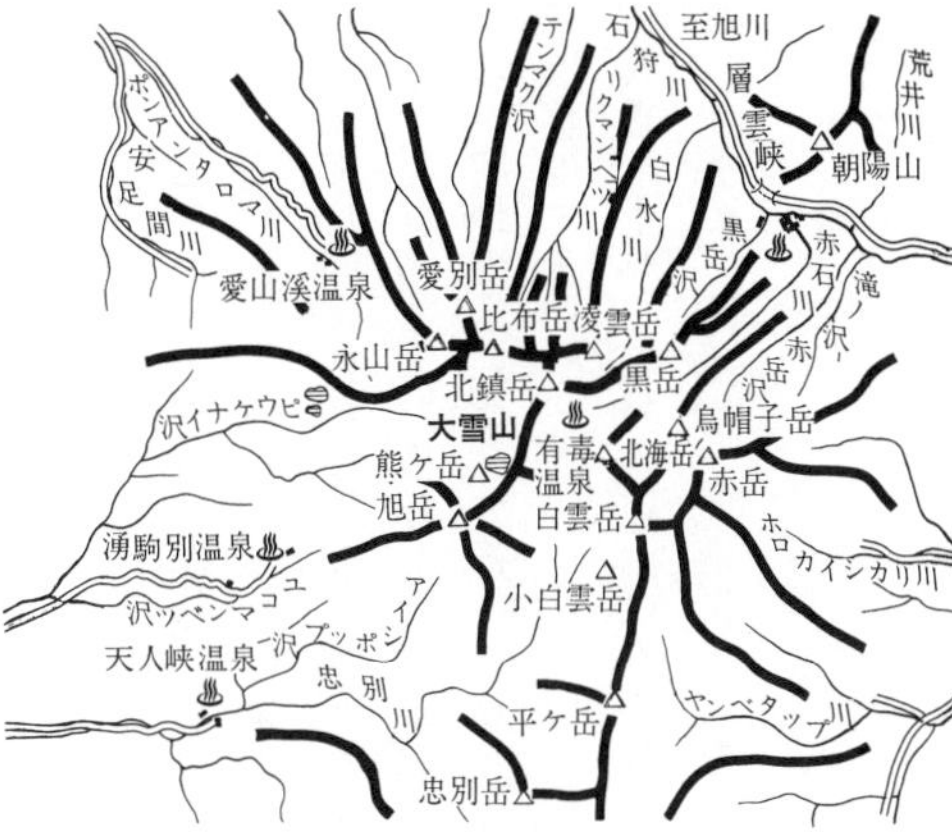

急な坂道になり、やがて樹林帯を抜けて姿見の池へ出る。旭岳のすぐ下にある美しい池で、正面の大爆裂火口は荒々しい岩壁となり、そこから流れ出た地獄谷には諸所に白い噴煙があがっている。湧駒別の浴客はこのへんまで遊びに来るらしい。

それから先、爆裂火口の南縁をなす稜線《りようせん》を頂上目ざして一途の急坂になる。おまけに足元がガラガラの噴出物の砂礫《されき》だから歩きにくい。幾度も立留って息を入れながら登るにつれて、雄大な景色が展《ひら》けてくる。忠別川《ちゆうべつ》を距てて向うに伸び伸びと拡《ひろ》がった高根ヶ原、まるで山上の大グラウンドのようである。見おろすと、樹林で覆《おお》われた広い平、その緑の間に、小さな沼が幾つも光っている。内地の山に比べて途方もなくスケールの大きいことを、ここに来て初めて登山者は感得する。

私が旭岳の頂上に立った日は絶好の秋晴れで、大雪・十勝・石狩の連山はもちろん指呼《しこ》のうちにあり、遠く、阿寒《あかん》・知床《しれとこ》や、天塩《てしお》や、夕張や、増毛《ましけ》や、北海道の主な山をほとんど眺めることが出来た。

普通旭岳から間宮《まみや》岳、北海岳を経て、黒岳の石室へ出るのがコースであるけれど、広大な大雪山群には道が四通八達している。旭から裾合平へ下って沼ノ平へ出るコースは、人通りが少なく、しかも変化のある景色を楽しむことが出来た。沼ノ平はまだ原始的なさまの残っているひっそりした湿原で、歩いて行くと道の右に左に、いろいろの形をした沼が次々と現われる。美しい湖沼《こしょう》風景であった。

愛山渓もひなびた温泉である。そこから永山《ながやま》岳、比布《ぴっぷ》岳を越えて、大雪の第二の高峰北鎮《ほくちん》岳へ道が通じているが、その途中から見た愛別《あいべつ》岳の荒々しい姿も印象的である。大たい大雪の山々は皆ゆったりとしたカーヴを持って、そのため女性的とか優しいとか言われるが、愛別だけが嶮《けわ》しい岩峰で、その強いコントラストが余計に目立つのである。

北鎮を下って、雲ノ平を横切って行く長い道は、その長さを忘れる気持のいい高原散策であった。こういう大きな原が大雪山の中にはたくさんある。内地へ持ってきたら、それ一つだけでも自慢になりそうな高原が、あちこちに無造作に投げ出されている。この贅沢《ぜいたく》さ、この野方図さが、大雪山の魅力である。

雲ノ平の道の果てに黒岳の石室がある。昔は大雪山中にあった唯一《ゆいいつ》の山小屋で、現在も番人がいるのはここだけである。元の石室に木造の小屋が建て加えられている。以前はここが大雪山の根拠地となった歴史的な石室で、その扉にTerra incognitaと書いてあったのは、その昔探検の夢を抱いた北大の学生が残して行った文字かもしれない。

石室の近くにある桂月《けいげつ》岳は大町桂月《おおまちけいげつ》の登山を記念した名であるが、そのほかにも、間宮《まみや》岳は間宮林蔵《りんぞう》、松田岳は松田市太郎、小泉岳は小泉秀雄という風に、大雪山にゆかりのある人の名を取ったものが幾つもある。私は石室から烏帽子《えぼし》岳、赤岳を経て銀泉台へ下り、そこからバスで層雲峡へ出た。

6 トムラウシ（二一四一米）

トムラウシを眺めて初めて打たれたのは十勝《とかち》岳からであった。美瑛《びえい》富士の頂上から北を見ると、尾根の長いオプタテシケの彼方《かなた》に、ひときわ高く、荒々しい岩峰を牛の角のようにもたげたダイナミックな山がある。それがトムラウシであった。それは私の心を強く捕えた。あれに登らねばならぬ。私はそう決心した。

その次、大雪山の最高峰旭《あさひ》岳の頂上から今度は南の方に、快晴の秋空に屹《きっ》と立っているトムラウシを見た。やはり立派であった。威厳があって、超俗のおもむきがある。こちら側からは岩峰が三つになって見えたが、その形も仲々いい。あれに登らねばならぬ。私の志はますます堅くなった。そして翌年の夏、私は望みを達してその頂上に立った。

トムラウシは、大雪山の旭岳につぐ北海道第二の高峰である。地理の本によると、大雪火山群と十勝火山群との中間、平ヶ岳、忠別《ちゅうべつ》岳、化雲《かうん》岳、トムラウシにわたる一連の山を、戸村牛《とむらうし》火山群と呼んである。しかし平ヶ岳や忠別や化雲は、広大な尾根上の一突起でしかないが、トムラウシは毅然《きぜん》としてその独自を主張する個性的な山である。

トムラウシという名前にも魅力がある。それは十勝川の上流トムラウシ川から来たもので、トンラウシと呼ぶのが正しいそうである。tonra-usi のトンラは「水垢《みずあか》」を意味し、ウシは「多いところ」を意味する。つまり「水垢の多い川」、温泉鉱物のため水がぬらぬらしているのでこの名があるのだという。北海道の山名に詳しい村上啓司氏はトムラは tom-ra が原形でないかと考えている。tom は「腹の」の意、ra は rat の慣用短縮形で「粘液、粘汁」を指す。ra はまた魚の内臓物をもいうそうで、とにかくぬらぬらしたものを意味するのである。

北海道のアイヌの山名には仲々いいのがた

くさんある。それを奇妙な宛字《あてじ》にして、元の形をこわしてしまうのを、私はかねてから大変残念に思っている。村上さんのような篤学《とくがく》の士によって、アイヌの山名の正しい呼び方を長く保存したいものである。

私は北大山岳部現役諸君の援助を得て、トムラウシ川の側から登った。屈足《くったり》から森林軌道に乗って十勝川上流の二股《ふたまた》まで行き、そこから山越えして、十勝川の支流ユートムラウシ川に湧《わ》いている野天温泉で第一夜のテントを張った。ユートムラウシのユーは「湯、温泉」の意である。

そこから再び山越えで、やはり十勝川の支流カムイサンケ川へ出た。これは kamuysan-ke で、カムイ（神居）は昔は魔神と考えられていた。kamuy-wakka は飲むに適しない

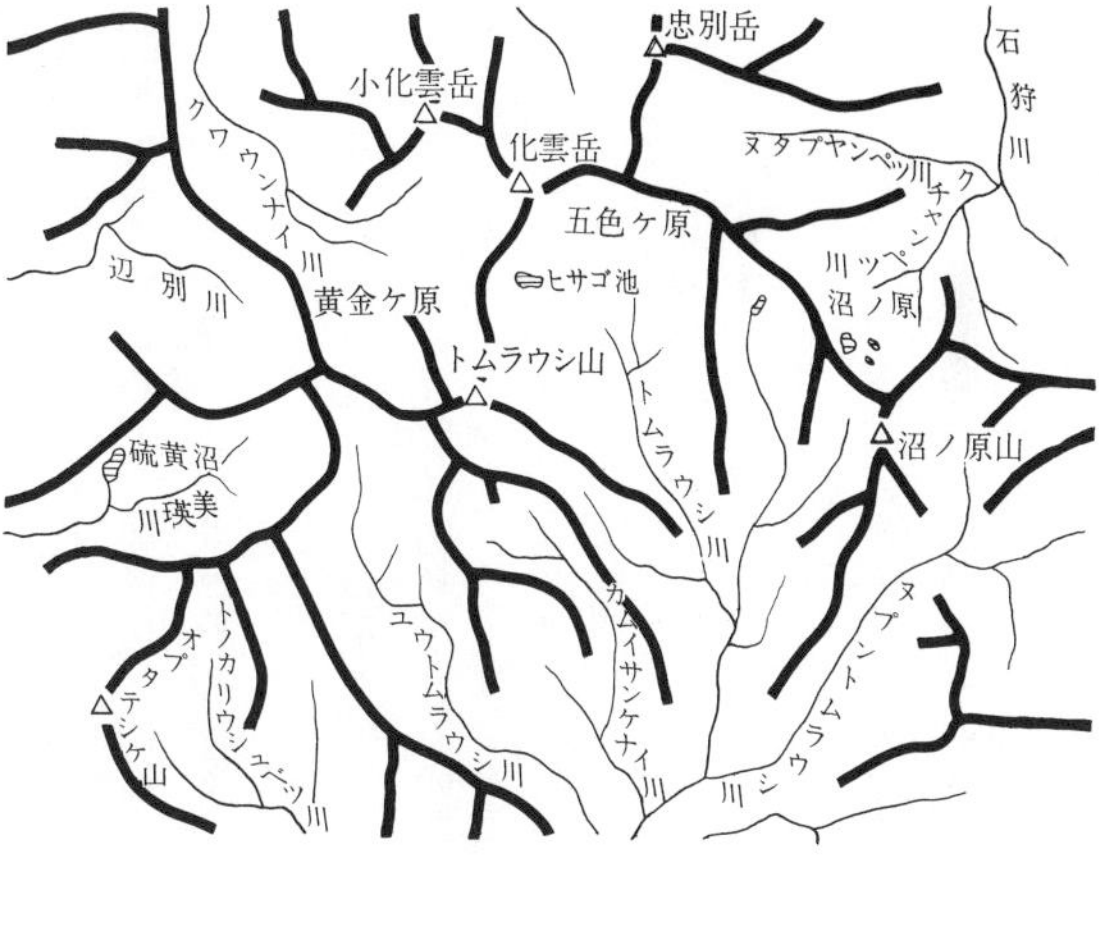

水、さらに毒分を含んだ水を指すという。san-ke は「流れ下るもの」の意で、つまり魔水の流れる川ということになる。以上すべて村上さんからの受け売りである。

私たちはカムイサンケ川に沿って登り、やがて原始林を抜け出て、幅の広い山稜《さんりょう》上に達した。霧に包まれて何も見えなくなった私たちの眼を、足許《あしもと》のコマクサの群落が慰めてくれた。

トムラウシにかかると石のゴロゴロした登りになり、やっと達したその頂上は、大きな岩の積み重なりであった。霧の中の大岩に腰をおろして、展望は閉ざされていたが、念願の山の頂に立った喜びは無限であった。

下りは反対側の山稜の道をとったが、これがまた長かった。小さな沼の脇《わき》を通ったり、広い斜面を上ったり下ったりして、ようやく稜線から外れて右へおりると、その下に雪渓があり、雪渓の下にヒサゴ池がひろがっていた。私たちは第二夜のテントをその池のほとりに立てた。

翌朝、山稜の方へ広い原を登って行くと、あたり一面、白、赤、黄、紫の高山植物の褥《しとね》であった。あちこちに雪の溶けた池があり、その原が果てしなく拡《ひろ》がっている。この雄大、この開豁《かいかつ》、こんなおおらかな風景は内地では求められない。

化雲岳はその山稜高原の一角に立つ岩峰で、私たちはその狭い頂へ攀《よ》じ登っておしゃべりの一刻を過した。その頃からようやく晴れてきて、やがて完璧《かんぺき》な青空になった。どちらを向いても山ばかり。わけてトムラウシの厳《いか》つく岩の肩を張った姿から、私は眼を離すことが出来なかった。

北海道の山というとすぐ熊《くま》の話になるが、その出没の最も多いのはトムラウシ附近と聞いていた。果して登山者の一パーティが通りかかって「いまそこに熊がみえた」と告げた。私たちは急いでそのオヤジが逃げたという忠別川の谷をのぞいたが、残念ながらお目にかかることが出来なかった。

天人峡への下りも、灌木《かんぼく》地帯に入るまでは美しい高原の道であった。そこから何度私はトムラウシを振返ったことであろう。

7　十勝岳　（二〇七七米）

私には十勝《とかち》岳はまずスキーの山として登場した。戦前そこへスキーに行くには、上《かみ》富良野《ふらの》から寒い馬橇《ばそり》で四時間も辛抱せねばならなかった。近年一般の北海道旅行が異常に盛んになるにつれて、十勝岳へ登るにもおどろくほど便利になった。美瑛《びえい》から山《さん》麓《ろく》の白金《しろがね》温泉までバスがあり、更に温泉から噴火口下まで登山バスが通っている。そこから頂上まで二時間とかからない。

十勝岳に源を発した川が美瑛の町を流れている。松浦武四郎が初めてこの地へ来て、その川の水を飲もうとすると、アイヌ人が「ピイエ、ピイエ」と叫んで留めた。ピイエとは油ぎったという意で、それは十勝岳に噴く硫黄が混っていたからである。美瑛という名はそのピイエから来た。町が出来たのは明治二十九年（一八九六年）で、初めは美英であったが、英は英国に通じるという排外思想から、瑛というむずかしい字に変ったのだそうである。

美瑛の町役場の屋上から、私は秋晴れの東南の空に十勝連峰を眺めた。主峰十勝岳を中央にして、その右に上ホロカメットク山、三峰山、富良野岳、その左に美瑛岳、美瑛富士、オプタテシケ山。眺め飽きることがなかった。

十勝岳はコニーデ式の活火山である。主峰に十勝岳という名が固定したのは明治二十年代であろうと思われる。明治二十五年（一八九二年）の記事によると、それより数年前実際に頂上へ登った人の話としてこう書いてある。「オプタテシケと称するは唯《ただ》に一峰を指せる語に非《あら》ずして、トカチ川水源なるトカチ岳より、フラヌイ川（富良野川）水源に至り、更にソラチ川（空知川）水源に至り、ソラチ川水源カムイメトッ並びにホロカメトッの山岳に至る全部を総称するものなり。オプタテシケの最高点は六千五百七十尺ほどにして、

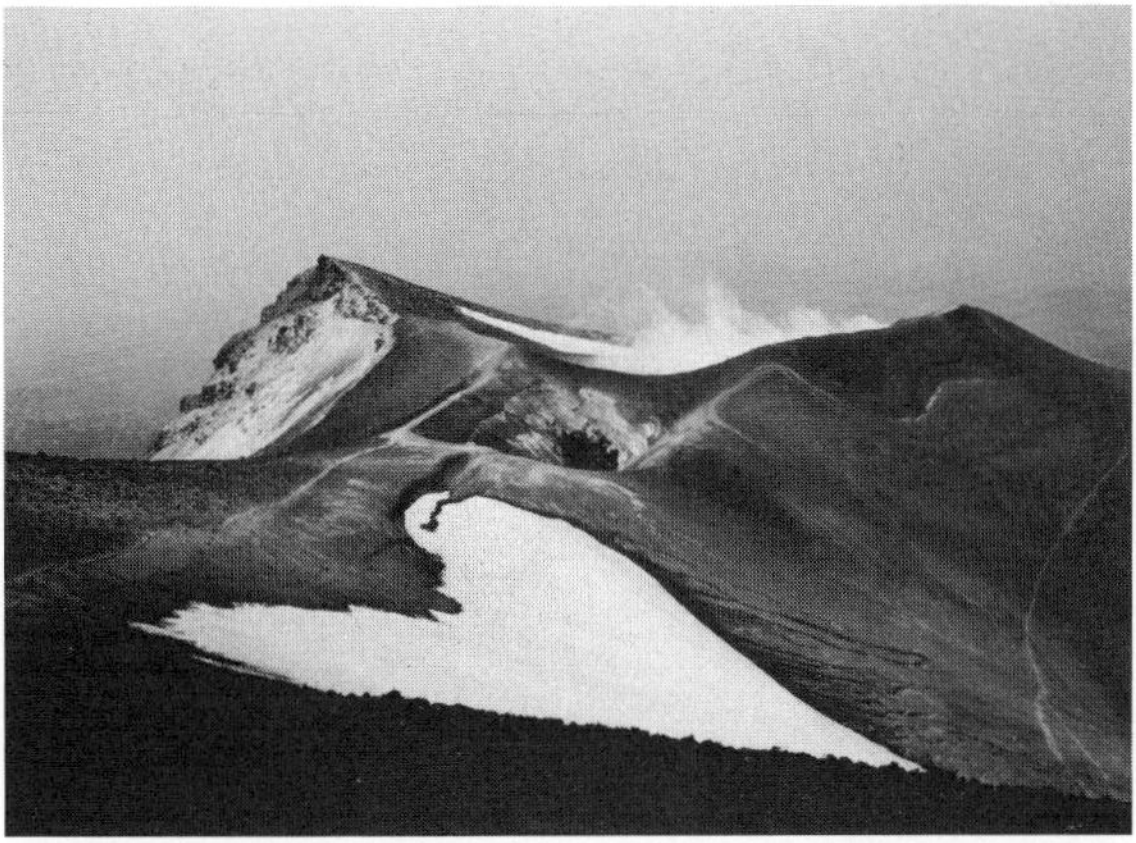

その峰の平均の高さ六千尺なりと云《い》ふ……」

これで見ると今の十勝連峰のことを昔はオプタテシケと呼んだと思われる。そして更に地形に詳しいその記述を読んで行くと、最高点というのは今の十勝岳であることが納得できる。その山頂の西側約千二百尺を降りた所に、直径凡《およ》そ三十五間の火坑があって、その坑底の小噴火口から硫煙盛んに噴出すると書いてある。

今日、盛んに噴煙をあげているのは、この火口ではなく、新噴火口と呼ばれるものである。それは大正十五年（一九二六年）五月二十四日、突如爆発したものであって、火口壁崩壊による岩屑《がんせつ》は噴火物と一緒になって西方の斜面に流れた。積雪を溶かして泥流《でいりゆう》となり、その長さ二十八粁《キロ》に及んで、おびただしい田畑や人家を埋め、死者百四十四名を出すという大被害であった。

白金《しろがね》温泉から新噴火口下までの現在の登山観光バス道路は、その泥流の上を辿《たど》っている。かつてそんな惨事をおこしたとは思えない明るい風景で、下の方はもうエゾ松の森林帯になっている。近くに近年活動を始めた新々噴火口がある。十勝岳はその地底で絶えず何か気味悪くうごめいているようである。果して昭和三十七年（一九六二年）またも大爆発をして、山麓の白金温泉の人々は全部立退《たちの》きという騒動を起した。

白金温泉は戦後ボーリングによって出来た新しい温泉だが、宿舎の設備がよく整い、夏は十勝登山、冬は泥流スロープのスキー場で繁昌《はんじょう》している。登山バスの終点から新噴火口までの泥流道には絶えず観光客が押し寄せている。家族連れで幼児の手を引いている者もあり、赤ん坊をおぶっている者もある。噴火口見物である。その嬉々《きき》としたさまを見ると、十勝岳はもう大衆の行楽にふさわしい山になったことを感じる。

岩のゴロゴロした泥流の登り道はちょっと辛《つら》いが、噴火口のふちに立った時の眺めはすばらしい。私が訪れた時はちょうど雨上りで、晴れた空へ猛烈な煙が噴きあげていた。煙は火口壁のあちこちから噴きだしている。火口の底には硫黄を採る人が防毒マスクをかぶって働いていた。

その新噴火口のかたわらから右手の尾根へ

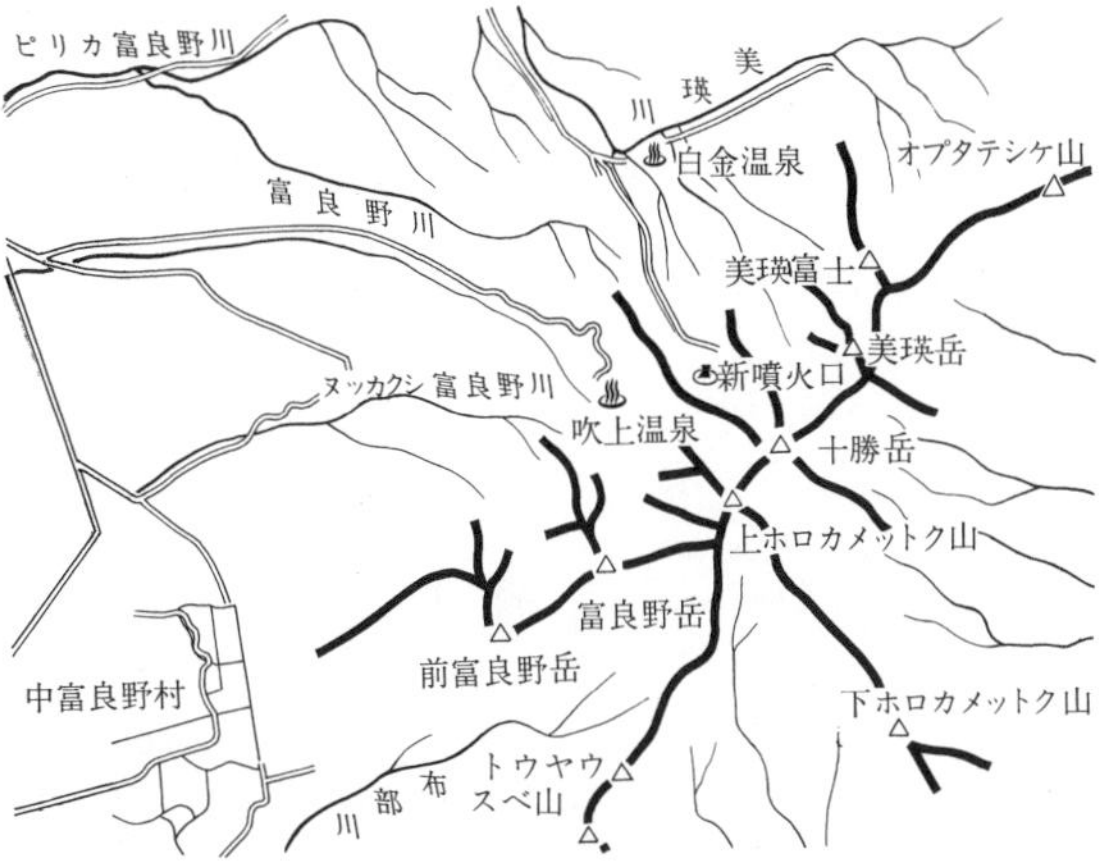

登ると前十勝岳の上に出る。そこから広い尾根が十勝岳の方へ伸びている。尾根といっても高原のようにのびやかである。頂上に近づいて暫《しばら》く急な登りが続くが、やがて大きな岩のある絶頂へ到着する。大雪山の旭《あさひ》岳、トムラウシにつぐ北海道第三の高峰である。眺望の広濶《こうかつ》なことは申すまでもない。

遊山《ゆさん》的登山で飽き足りぬ人は、そのまま往路を引返そうとはしないだろう。主稜《しゅりょう》を南方へ向って馬ノ背の瘦尾根《やせおね》伝いに上ホロカメットク、更に富良野岳まで足を伸ばすか、あるいは反対に、鋸《のこぎり》岳を経て美瑛岳の方へ行きたくなるだろう。どちらの道を辿るにせよ、十勝は生きている火山という強い印象を与えられる。火口壁の残骸《ざんがい》のボロボロの岩尾根や、一木一草もない黒ずんだ砂礫《されき》のザクザクした斜面や、噴火の猛威のあとがまだなまなましく残っている。

8　幌尻岳（二〇五二米）

幌尻岳《ぽろしり》は日高山脈の最高峰である。十勝と日高の国境を仕切って長々と延びたこの山脈から、もし一つの山を選ぶとしたらどれだろう、という疑問が、まだ地図でしか日高を知らぬ私の胸に久しく宿っていた。そしてこの地域の山々に詳しい人々が、異口同音に答えてくれたのが幌尻岳であった。日高で唯一《ゆいいつ》の二千米《メートル》峰であるのみならず、その山容からいっても、貫禄《かんろく》からいっても、日高の代表として十分の資格を持っている、ということであった。アイヌ語でポロは「大きい」、シリは「山」の意。その名もまた快いではないか。

しかし日高の山はそう簡単には入れない。道も定かでないし、小屋もない。テントと食糧をかついで、目ざす山頂へ達するまでに数日を費さねばならぬ。そんな山を求めて、年傾いた私が宿願を果すことの出来たのは、北大山岳部の諸君のおかげであった。

出発点は静内《しずない》。近年とみに繁華になったというこの町が、ちょうどイヨマンテ（熊《くま》祭り）の前夜祭で賑《にぎ》わっていたのも、北海道の気分であった。私たちはそこからトラックで新冠川《にいかっぷ》上流のダムサイトまで運ばれた。日高の山が年々開けて行くのは、発電所の工事のためである。原始的な自然が壊されるなどと歎《なげ》く資格はない。私たちはそのおかげで、数年前は二、三日もかかったところを僅《わず》か半日で済まし、しかもその事業所で一夜の手厚いもてなしを受けたのだから。

　翌朝、地下足袋にワラジという恰好《かっこう》で宿を出た。歩きだしから、いきなり川の中をジャブジャブ渡った。川筋がすなわち道だから、徒渉《としょう》はそれから限りなく続いた。初めはなるべく濡《ぬ》れまいと心がけていたが、ヒザが濡れ、モモが濡れ、ついに冷やりと一物《いちもつ》が水に犯されるに及んで、もう観念して濡れることには

平気になる。

新冠川上流の二股《ふたまた》で昼食。それから先は、もう河原など無くなって、みごとな瀬と滝と岩の連続である。大岩を乗り越えたり、川っぷちの岩の縁を伝ったり、それもかなわなくなると嫌でも水の中だ。

ようやく源流に近くなって、沢に水が無くなり、ガラガラした岩の上を踏んで登って行くと、遂《つい》に広い原の一端に出た。幌尻岳の圏《けん》谷《こく》の底にあたる所で、七つの沼が散在しているので七ッ沼と呼ばれている。その一つの沼のほとりにテントが張られたのは、もう夕方で薄暗くなっていた。

戦前、私は諸氏の文章を撰集《せんしゅう》して『高原』というアンソロジーを出したことがある。その中に佐々保雄氏の「日高の圏谷」という文

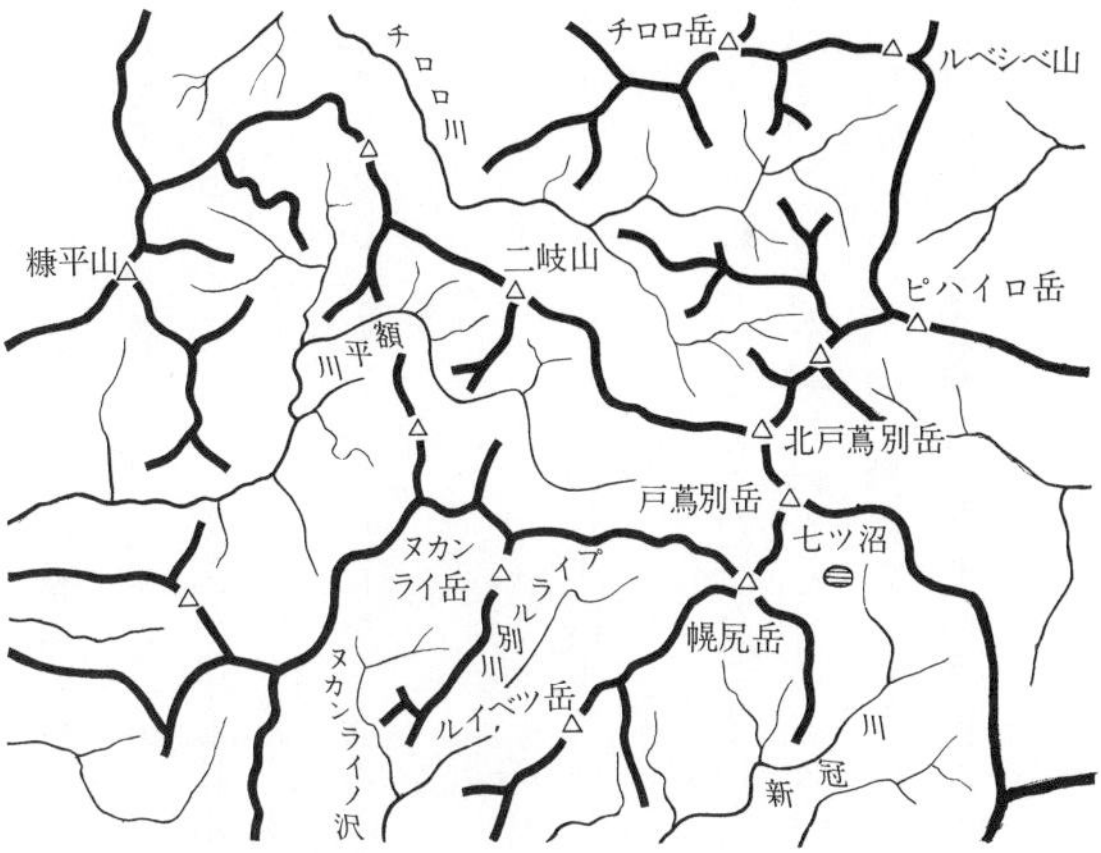

章を収めたが、それ以来幌尻岳の圏谷は私の空想に強く残っていた。そしてその長い憧《あこが》れの風景が、現実に私の眼の前に現われたのは、きれいに晴れ上った翌朝であった。

そこから幌尻の頂上は見えなかったが、その肩から戸蔦別《とつたべつ》岳に続く稜線《りようせん》が、カールの上縁をなして、みごとな圏谷壁《カールヴァント》が七ッ沼の原を取囲んでいた。全く円戯場と呼ぶにふさわしい、広々した明るい平和な別天地であった。訪《おとな》う人の少なかった佐々氏の頃には、そこは熊の遊び場所だったというが、実際熊の親子も浮かれだしたくなるだろう。

私たちがその急傾斜の圏谷壁を登り始めた時、霧が一切を包んでしまったが、身のまわりには、あたり一面黄色く見えるほどウサギギクが咲き群れていた。稜線に達し、肩を越えて、霧の中を幌尻の頂上まで行った。

頂上でも白い気体のほか何も見えなかった。しかし私は満足であった。今こそ日高山脈の最高点に立ったのだ。ケルンが積んであって、その底を掘り起すと、ピースの空缶《あきかん》に収められた名刺が出てきた。そんな名刺を残すほど、この山頂に立った人は稀《まれ》だったのである。私は記念の小石（蛇紋岩《じやもんがん》化した斑糲岩《はんれいがん》だと、同行の北大の地質の先生橋本誠二さんに教わった）を拾って名残り惜しい頂上を辞した。

再びカールの上縁を通って、戸蔦別岳へ向った。その途中、霧の一部が晴れて眼の下に圏谷底《カールボーデン》が見えた。七つの沼があちこちに散らばっている。もう水の涸《か》れた沼もある。霧のヴェールに見え隠れする美しい眺めであった。

戸蔦別岳の頂上の草地に寝ころんで、私たちは一時間ほどのんびりと過した。幌尻岳の晴れるのを待ったが、ほんの瞬間その山肌の一部をチラリと見せただけで、また雲に覆《おお》われてしまった。しかしその一部から推しても、この山の雄大さが察しられた。

日高の五日間は、天候には恵まれなかったが、よい仲間を得て、談笑が絶えず、私にとってまことに楽しい山旅であった。

9　後方羊蹄山（一八九三米）

函館を発《た》って札幌へ行く汽車で、私たちの眼をそばだたせる山が二つある。まず駒《こま》ヶ岳、ついで後方羊蹄《しりべし》山。駒ヶ岳の颯爽《さつそう》とした尖峰《せんぽう》は胸の透くような眺めだが、後方羊蹄山はドッシリと重く、一種の圧迫を感じる。古来蝦夷《えぞ》富士と呼ばれただけあって、その整正な山容はどこから眺めても形を崩さない。

この山を単に羊蹄《ようてい》山と略して呼ぶことに私は強く反対する。古く『日本書紀』斉明朝五年（六五九年）にすでに後方羊蹄《しりべし》山と記された歴史的な名前である。その前年、阿倍比羅夫《あべのひらふ》が蝦夷を討って、この地に政所を置いた。後方羊蹄山の後方を「しりへ」（すなわちウシロの意）、羊蹄を「し」と読ませたのである。

羊蹄を「し」と読ませるのは万葉集にも例があるが、なぜ「し」という発音にそんな変テコな二字を宛《あ》てたかという理由を、私は牧野富太郎氏の植物随筆で知った。羊蹄とはぎしぎしという草の漢名であって、日本では昔はぎしぎしのことを単にしと呼んだ。そこで羊蹄と書いて「し」と読ませたのである。ぎしぎしは私たちの子供の時から馴染《なじ》み深い野草であって、おそらくその葉の形から羊蹄という漢名が生れたのであろう。だからただ羊蹄山だけでは、「し山」ということになる。私は山の名前は昔からのものを尊重したいのであって、便宜的な略名を好まない。

アイヌ語ではマッカリヌプリである。ヌプリは山の意であるが、マッカリは？　バチェラーのアイヌ語字典を引いて、私は次のように想像した。Mak は後方の意、Kari はそばを通り過ぎるの意。その二つがつまってマッカリとなったのではなかろうかと。ところがその後村上啓司氏によって正しい解釈を教えられた。マクはうしろだがカリは廻るの意で、マッカリは元は川の名であった。現在の真狩川である。それがヌプリをつけて山の名にな

った。

後方羊蹄山の北には尻別川が、南には真狩川が、それぞれ山を廻るようにして流れている。そこで山のうしろを廻る川としてマッカリの称が生じたのである。シリ・ペツは「山の・川」の意で、後方羊蹄《しりべし》はおそらくこのシリ・ペツ（尻別川）から来たものだろうと思われる。

幕末の偉い蝦夷探検家として松浦武四郎の名を忘れてはなるまい。その蝦夷に関する数多い著書の中に『後方羊蹄日誌』がある。僅《わず》か二十数枚の木版刷りの和本であるが、それにこの山の初登頂記が載っている。

その記述によれば、後方羊蹄山には土人の称《たた》える雄岳《ひんねしり》と雌岳《まちねしり》の二岳がある。雄岳は今の尻別岳（後方羊蹄山の東南にある一一〇七米《メートル》峰）であり、雌岳が蝦夷富士と呼ばれる今の後方羊蹄山である。武四郎はその両岳の下に祠《ほこら》を祀《まつ》ろうと志して、果す機会を逸していたが、ついに安政五年（一八五八年）二月二日雄岳の下に達してそこに祠を置いてから、後方羊蹄山の登攀《とうはん》にかかった。三日は二合目に一夜を過したが、寒くて終夜眠れなかった。四日早朝に出発し、四合目で日の出を見、六合目で森林帯を抜け出、八合目からいよいよ険しくなり、その午後ようやく頂上に達した。

この登頂の確かなことは、頂上が富士山のそれのように大きく窪《くぼ》んでいて、周囲一里半許《ばか》り（これはやや誇張だが）と記していることをもっても証せられる。ともかく百年も前の厳冬期に、北海道の千九百米近くの山に登ったということは、おどろくべき勇猛心と言わねばなるまい。

その後、この秀《ひい》でた蝦夷富士に、夏期多くの土地の人が登ったことは察しられるが、冬期登攀は明治四十五年（一九一二年）三月、わが国のスキーの祖と言われるテオドル・フォン・レルヒが、スキーで試みたのが最初であった。しかしその時は頂上まで達しられなかった。そのあとスキー登山は数回試みられ、五年後の三月、六合目からアイゼンに代えて登頂に成功した。

私が登ったのは九月二日、早朝比羅夫《ひらふ》駅から出発した。阿倍比羅夫から取った名であろ

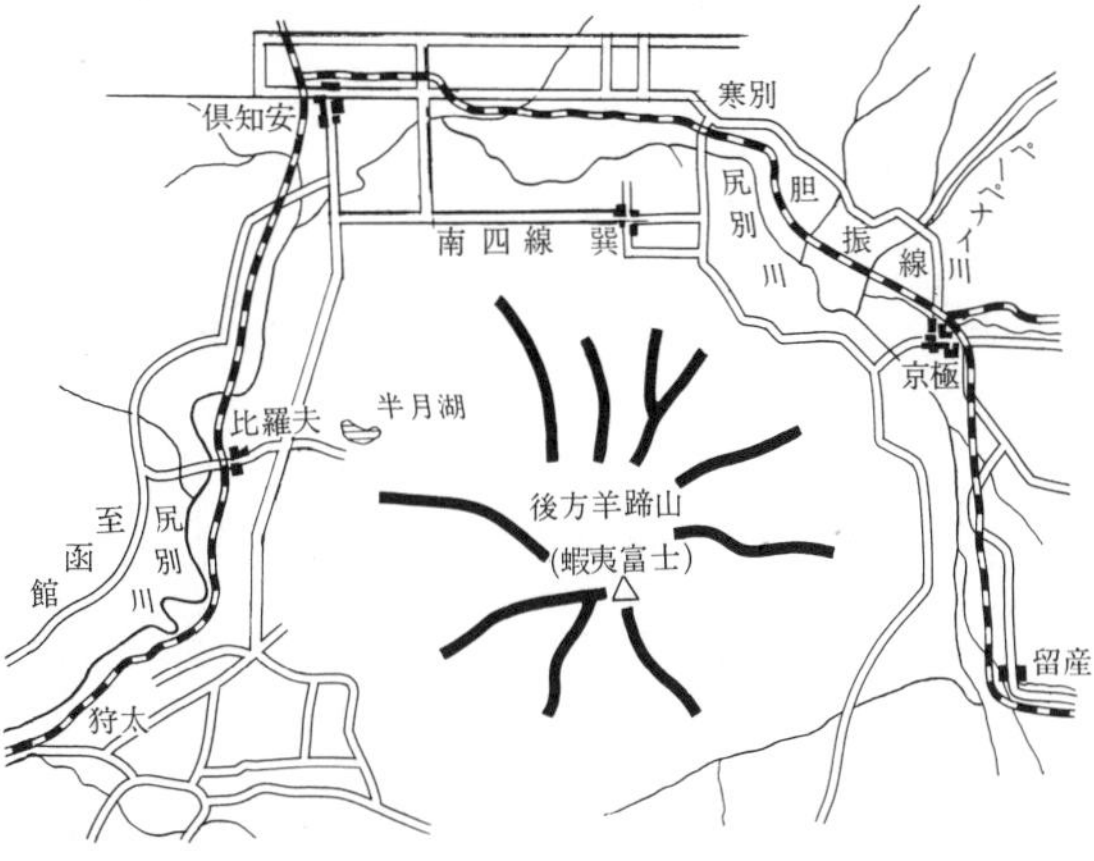

うが、貧弱な停車場で、駅前には小さな雑貨屋があるきりだった。山麓《さんろく》の半月湖まで歩き、登りはそこから始まるのだが、おどろいたことには途中沢もなく水もなく、何の変化もない道をただひたすらに、富士山のように登るのである。

それでも中途までは見晴らしが利《き》いて慰めになったが、それから上は霧の中を一途な急坂で、登山というより、体操訓練の一種でしかなかった。頂上にはかなりガッシリした小屋があって番人がいた。私はやはり何も見えない乳白色の中を、旧火口を一周して下山についた。麓《ふもと》へ下りてきた時は、もうトップリ暮れて、灯のない真っくらな原野が展《ひろ》がっているだけであった。

10 岩木山（一六二五米）

石坂洋次郎氏の初期の短編に『お山』というのがある。地方色豊かな、野性の息吹《いぶ》いているような好短編であった。お山というのは岩木《いわき》山のことで、年に一度のお山参《さん》詣《けい》の風習の中に、少年のウブな恋をからませた物語だったと記憶する。

石坂さんは弘前《ひろさき》生れである。そこから朝夕岩木山を眺め、その習俗に浸って育った人であるから、その後の作品にも岩木山周辺がよく出てくる。弘前から眺めた岩木山は津軽《つがる》富士と呼ばれるだけあって、まことにみごとである。平地に孤立した山であるから、千六百米《メートル》の山とは思えないくらい堂々として、思う存分その裾《すそ》を伸ばしている。山に委《くわ》しい人ならば、その頂上の部分に、いわゆる三峰三所大権現《だいごんげん》のその三峰（鳥海《ちょうかい》、岩木、巌鬼《がんき》）を判然と認め得よう。

この岩木山を見ながら育ったもう一人の小説家がいる。それは太宰治《だざいおさむ》氏であって、この山の北側にある金木《かなぎ》町に生れた。「弘前から見るといかにも重くどっしりして、岩木山はやはり弘前のものかも知れないと思う一方、また津軽平野の金木、五所川原、木造《きづくり》あたりから眺めた岩木山の端正で華奢《きやしや》な姿も忘れられなかった」と書いている。

　私は北側から見た岩木山を知らない。幸い太宰さんの長編『津軽』の中に、そのみごとな描写があるから、それを借りることにしよう。

「『や！　富士。いいなあ』と私は叫んだ。富士ではなかった。津軽富士と呼ばれている一千六百二十五メートルの岩木山が、満目の水田の尽きるところに、ふわりと浮んでいる。実際、軽く浮んでいる感じなのである。したたるほど真蒼《まつさお》で、富士山よりもっと女らしく、十二単衣《ひとえ》の裾を、銀杏《いちよう》の葉をさかさに立てたようにぱらりとひらいて左右の均斉も正しく、静かに青空に浮んでいる。決して高い山ではないが、けれども、なかなか、透きとおるく

らいに嬋娟《せんけん》たる美女ではある。」

岩木山の美しく見える土地には、米もよくみのり、美人も多いという伝説があるそうだが、それくらいこの山は津軽地方では尊ばれているのである。「お山参詣」という行事が古くから伝えられているのも故《ゆえ》なきことではない。

津軽の人々が村々で隊を組んで、旧暦の八月一日から十五日の間に、「お山参詣」するのだが、その前に潔斎《けっさい》小屋に七日お籠《こも》りをして、近くの川で身を浄《きよ》める。山へ登る時は一様に白装束《しょうぞく》で、笛と太鼓で陽気に囃《はや》しながら、サイギ、サイギ、ドッコイサイギ、オヤマニハッダイ、コンゴウドウサと大呼しながら進む。(これは懺悔《ざんげ》懺悔、六根清浄《しょうじょう》、大山八大、金剛童子、一一礼拝、南無帰命頂礼の

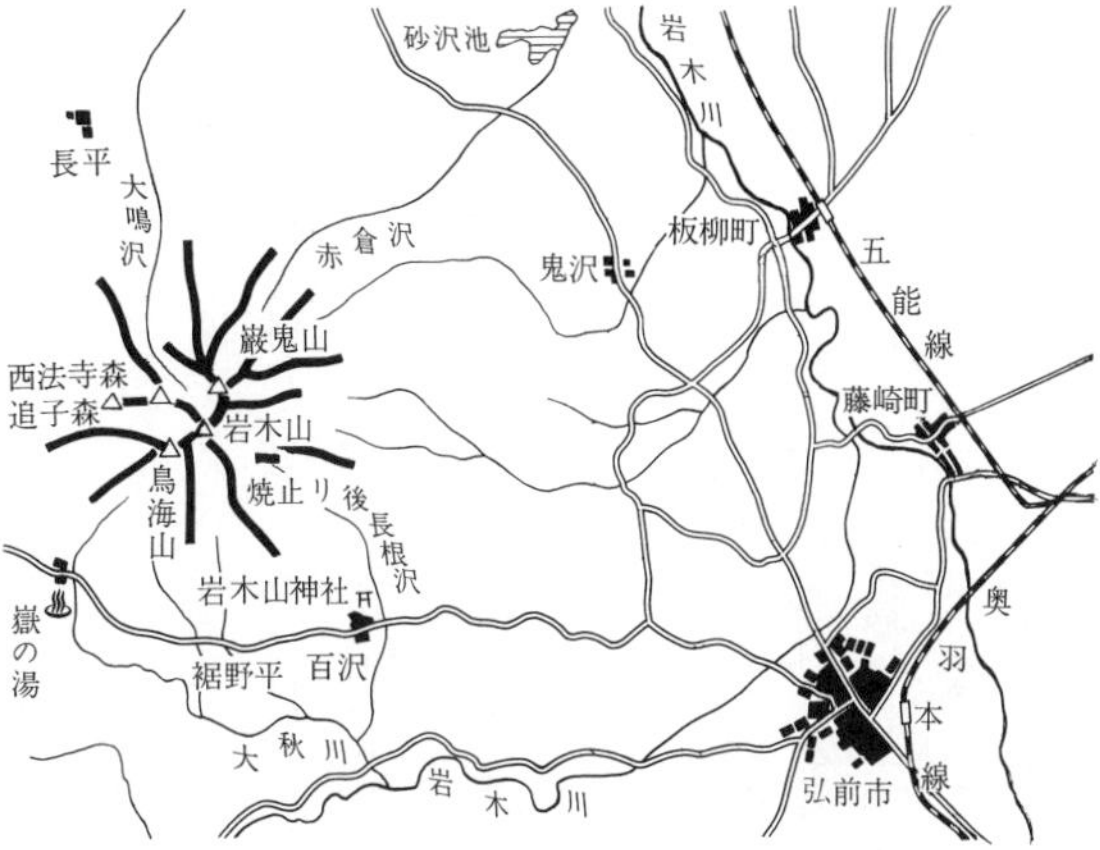

訛《なま》ったものである。）

房々と揺れる白い大御幣《おおごへい》が先頭に立ち、その次に、青赤の御幣を持った初参りの子がつづく。中にはまだ三つくらいで、父か祖父に負われているものもいる。幣の柄にはそれぞれ名前が書いてある。次は五度参りの銀の御幣、七度参りの金の御幣が得意げに続き、そのあとへお山へ捧《ささ》げる二間幟《のぼ》り、次が法被《はっぴ》姿の囃し方である。行列に金銀の御幣の多い村ほど誇り顔である。夜になると、その行列の松明《たいまつ》が点々として山へ上って行くのが見える。

参詣をすまして麓《ふもと》まで戻ると、大酒盛になり、とりどりの化衣装にお面をかぶって、片手に山から取ってきたシャクナゲを振り、片手に扇を開いて、「いい山かけた、ついたち山かけた」と歌いおどりながら村まで帰って行く。

私が初めて岩木山に登ったのは、三十五年前の夏であった。弘前からバスで百沢《ひゃくざわ》まで行った。この百沢がお山参詣の表口で、「奥の日光」と言われる岩木山神社がある。旧津軽藩の世々の殿様が尊崇した社である。私はそこから更にトラックに便乗して、岩木山の裾野を縫いながら上ったところにある嶽《だけ》の湯まで行った。今はどうなっているか知らないが、私の時にはまだ電気もない素朴な山の湯で、湯は豊富で熱かった。湯治客が掻木《かいき》と称する柄杓《ひしゃく》のようなもので、のべつに頭へ湯をかけているのが珍しかった。

翌朝は、時々雨まじりの曇天であったが、ここまで来て引返すのも残念なので単身山へ向った。嶽の湯の裏手から登山道がついていた。肩まで登ると、巨岩のみごとな爆裂口があって鳥ノ海と呼ばれている。そこで表口からの道と一緒になる。そこから頂上までは岩のガラガラした道である。雨が本降りになって眺望は全く得られなかった。帰りは百沢の方へ降りた。ガクンガクン膝《ひざ》こぶしの痛くなるような下りが続いて、やがて広濶《こうかつ》な台地へ出た。そこからはなだらかな高原となり、全体草地の気持のいい斜面で、スキーで飛ばしたらさぞいいだろうと思いながら、一筋道を岩木山神社の裏手まで下った。

11　八甲田山（一五八五米）

八甲田《はっこうだ》山はただ一峰をもって目立つ山ではない。それは『東遊記』の著者も言う通り「参差《しんし》として指を立てたる如《ごと》く」峰が群がっている。青森あたりからその群山を眺めて、その峰の名を一つ一つ指摘出来る人は稀《まれ》である。

八甲田という名称が、この山の性質を現わしている。前岳、田茂萢《たもやち》岳、赤倉岳、井戸岳、大岳、小岳、石倉岳、高田大岳の八つの峰と、その山中の所々に湿地、つまり田が多いので、八甲田と名づけられたと伝えられる。しかし峰はそれだけではない。大きな高原を差しはさんで、南八甲田と呼ばれる群山、横岳、櫛《くし》ヶ峰《みね》、駒《こま》ヶ峰《みね》、乗鞍《のりくら》岳、赤倉岳などが立っている。いずれも千五百米《メートル》前後だから、山として高いとはいえないが、これら多くの峰々が頭状花序《とうじょうかじょ》のように集った一つの山として見る時、やはり名山として推すに足りよう。

八甲田山という名が初めて世間に広く伝わったのは、明治三十五年（一九〇二年）青森歩兵連隊の雪中行軍の遭難であった。厳寒の一月下旬、一大隊二百二十名が青森から八甲田前岳の北麓《ほくろく》を経て三本木に出ようとしたが、途中猛吹雪に襲われて、十二名を残した他は全部凍死した。当時の大事件であった。登山とは言えないけれど、わが国で最初の大きな雪山遭難として、長く人々の記憶に痛ましく残った。

八甲田が美しい風景として広く知られだしたのは、十和田湖と共に国立公園に指定されてからである。三十数年前私がそこを訪ねた頃は、あの広い高原に細々とした道しかなく、殆《ほと》んど人に出あわなかった。国立公園以後は車道が開かれ、春、夏、秋を通じて観光客を満載したバスが幾台となく走るようになった。八甲田、奥《お》入瀬《いらせ》、十和田を結ぶルートは、一種の流行的観光地となった。

しかしバスで駈《か》け抜けるだけでは、八甲田

山の良さはわからない。登山というより逍遥《しょうよう》に適したこの山は、ゆっくり自分の足で歩いて、高山植物の咲き乱れる大きく豊かな斜面や、鏡のような池塘《ちとう》を象嵌《ぞうがん》した原や、異様な形をしたアオモリトドマツの林や、そんな場所をめぐってこそ真価が納得できよう。

一番高いのは大岳である。その麓《ふもと》にある庶民的温泉酸《す》ヶ湯《ゆ》から女子供でも楽に登ることができる。本州の一番北にある山だけあって、頂上はコケモモやガンコウランの褥《しとね》を敷く高山帯である。見晴らしはすばらしい。東の方には遠く小川原沼が薄白く光り、その向うは太平洋である。西には津軽の名山岩木山がそびえ、その右手の低くなった所は日本海である。居ながらにして日本の幅を望み得ると同時に、見よ、北方には海を距《へだ》てて北海道の山が連なっている。南に眼を返せば、山岳重畳《ちょうじょう》、その果てに一きわ高いのは、岩手山であり、鳥海山である。

私はこの頂上に前後三回登り、二回は快晴に恵まれた。そして偶然二回とも八甲田のぬし鹿内《しかない》辰五郎老に会った。日露戦争時代の下士官だったというこの名物男は、いつも軍装をして、胸に勲章をかけ並べ、右肩にラッパ、左肩に水筒といういでたちであった。笛を吹きながら登山者の先頭に立ち、いろいろ注意や説明を与え、頂上では陸軍のラッパ曲を吹く。自分で好んで八甲田山の案内人となってから五十年、この山のことなら地形でも植物でも知らぬものなしという篤志《とくし》な爺《じい》さんである。もう八十は越えていよう。

大岳に登ったら、帰りはぜひ反対側の井戸岳を経て毛無岱《けなしたい》に下ることをお勧めしたい。これほど美しい高原は滅多にない。豪華な絨《じゅう》緞《たん》を敷いたようなその原には、可憐《かれん》な沼が幾つも点在し、その脇《わき》には形のいい匐松《はいまつ》が枝を拡《ひろ》げている。周囲には丈の低いアオモリトドマツが風情《ふぜい》を添え、その結構な布置といい、背景の効果といい、まことに神の工《たくみ》を尽した名園のおもむきがある。

八甲田の群峰は皆円錐《えんすい》形の美しい姿をしているが、中でも整っているのは、第二の高さを持つ高田大岳であろう。この山は睡蓮《すいれん》沼を前に控えて、八甲田の代表的な風景を作り出

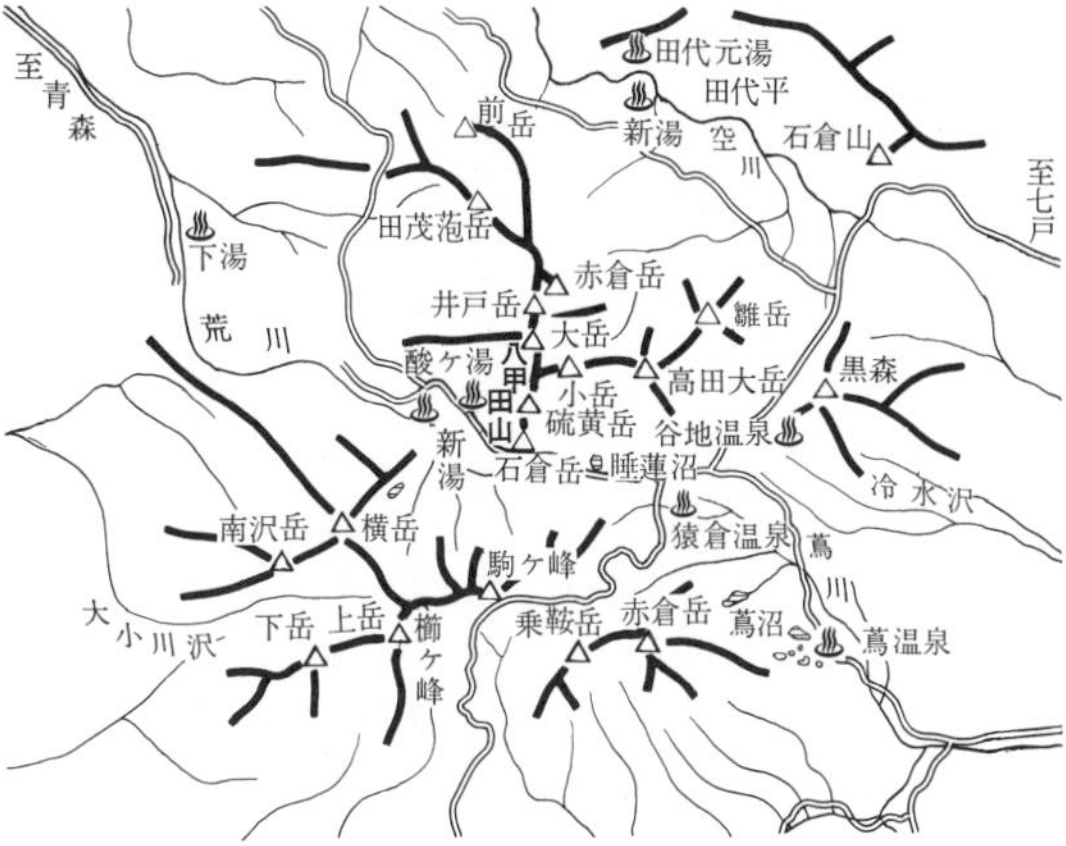

している。近年バス観光客の寄り道となったせいか、素朴な自然が損なわれつつあるのは惜しい。

八甲田山の風景を個性的にしているのは、その広大な高原性と、それを覆《おお》うアオモリトドマツの群であろう。この針葉樹は、厳冬の強風に吹き曝《さら》されるため、決して大きくならない。まるで侏儒《しゆじゆ》の形で、その先端が枯木のようにそそけて、それが一種独特な北方的風景を作りだしている。近年スキーのパラダイスとして登場してきたが、すべてのスキーヤーが歎賞《たんしよう》しておかない見事な樹氷は、このアオモリトドマツの雪と氷をまとった姿である。スキー場としての八甲田山は今後栄える一途であろう。

12　八　幡　平（一六一四米）

八幡平《はちまんたい》が一般に知られだしたのは、十和田・八幡平国立公園制定以来のことだろう。しかし同じ国立公園の範囲の中にありながら、十和田湖へ行く人数に比べて、八幡平の方がずっと少ない。まだ有名というわけではないだろう。

私が初めて八幡平の名を知ったのは『山岳』（第一三年一号）に載った沼井鉄太郎氏の「羽後国玉川渓谷の奥山」であった。それは大正九年（一九二〇年）の八月、玉川渓谷から八幡平に入り焼山《やけやま》へ出た旅行記で、おそらく八幡平に関する最初の紀行であろう。それ以前に『日本山岳志』や『秋田沿革史』に、ごく簡単ながら八幡平が挙げられているから、かなり前からその名は知られていたに違いない。しかしそれがどんな所であるかを記した文章はなかった。文献詮索《せんさく》には異常な熱意を持っていた沼井氏がなかったというのだから、間違いはあるまい。昭和になってからちょいちょい八幡平の話を聞いていたが、それがだんだんと世に知られて、ついに国立公園編入にまで及んだ。

八幡平の平をタイラではなくタイと読むのは、八甲田山などに多い「岱《たい》」と同義語であるからだろう。タイとは山上の湿地帯の意で、あるいは古語の「田井」から来たのかもしれない。東北地方では山上の湿地を御田《おた》とかタンボとか呼ぶ例が多い。

八幡とは、昔八幡太郎義家が安倍《あべ》氏征討の折ここを通過したというのだが、もちろん信ずるに足りない。奥州《おうしゅう》の伝説には、弁慶と八幡太郎はしばしば現われる人物である。しかし純朴な村人は堅くそれを信じていた。その一例として、沼井氏は八幡平を訪れた時そこの大沼で一狂翁《おう》のことを聞かされた。その老人はその少し前まで生き永らえていたそうだが、沼の畔《ほとり》に小屋を建て、漁をしながら一生の間広大な原をあちこちさまよい歩き、義家

が残したと伝えられる金無垢《きんむく》の碑を探し求めていたという。

また一説には、坂上田村麿《さかのうえのたむらまろ》が東征の折、敵を追ってこの高原に踏みこみ、あまりにも美しい景色に感動して、八幡大神宮を勧請《かんじよう》し戦勝を祈願した、それが名の起りだともいう。

八幡平の最高点は一六一四米《メートル》の三角点のある所だが、特別に峰と称するほど際立《きわだ》ったものではない。茶臼《ちやうす》、安比《あつぴ》、畚《もつこ》、杣角《そまづの》、それらの山々の間に拡《ひろ》がる高原状の全山地を指して、八幡平と呼んでいる。中でも最高三角点を中心として、東は源太《げんた》森、南の見返《みかえり》峠までの地域は、殆《ほと》んど平坦《へいたん》な原と言っていい。

広大な高原のあちこちに、素朴な山の湯、風致のある地沼、北方独特の樹林が散在して、一大楽園を展開している。人々がそういう高

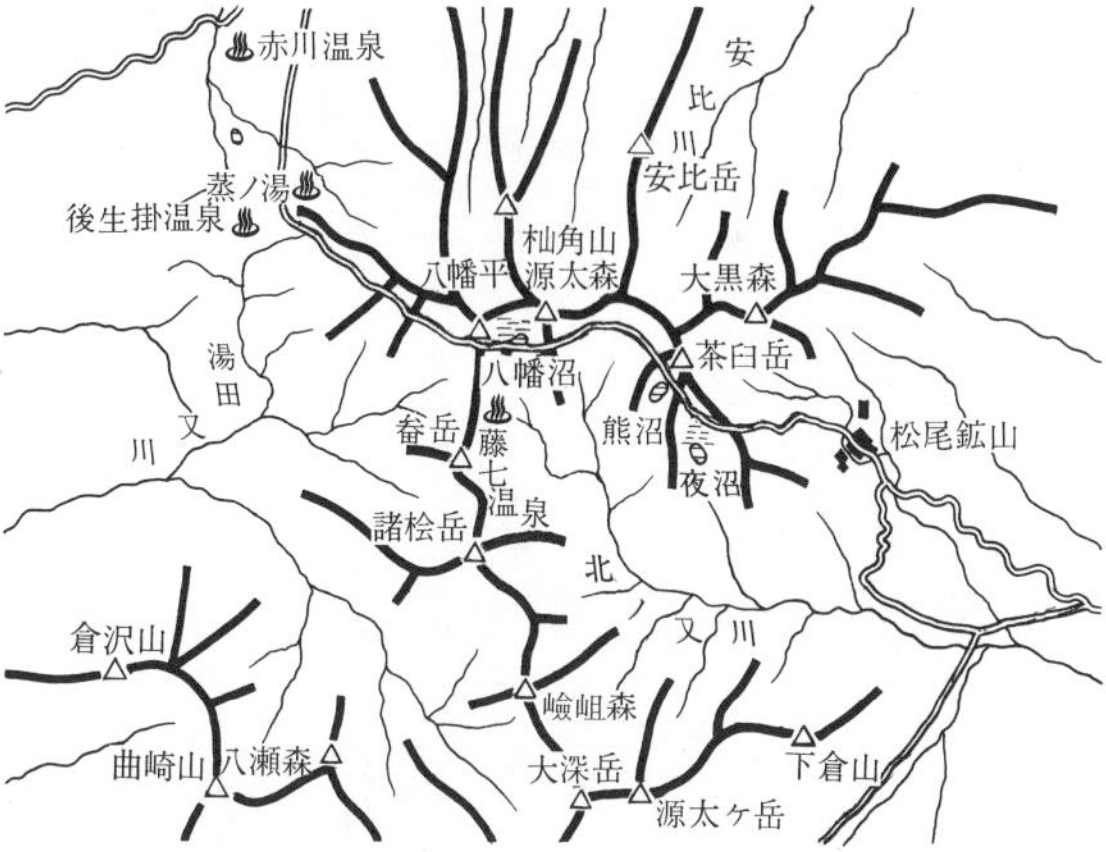

原に美を見出《みいだ》すようになったのは、比較的近代のことで、それまではそんな山奥へ入るのは、鉱山の人か、鄙《ひな》びた湯へ湯治に出かける村人以外にはなかった。何しろ山深い不便な地であって、花輪《はなわ》線が通じる以前は、どちらから行っても数日はかかった。五万分の一の地形図が最後に出来たのはこの山地だというから、日本でも一番あとまで取残されたブランク地帯であった。

おそらく八幡平が有名になり始めたのは、奇湯蒸《ふけ》ノ湯《ゆ》からではなかろうか。これは人間の浸る湯ではなく、人間を蒸《ふ》かす湯であった。浴舎は山小屋のように中央に通路があって、両側の土間の上にムシロを敷き、浴衣《ゆかた》一枚で横になっていると、下から湧《わ》いてくる空噴《からふき》に蒸《む》されるのである。蒸ノ湯の近くに後生掛《ごしょうかけ》の湯がある。ここも蒸気をふいている。殊《こと》に谷川の中にオナメ・モトメ（本妻と妾《めかけ》という意だという）の大噴泉があり、その近くには数個の泥火山《でいかざん》が活動している。

しかし八幡平の真価は、やはり高原逍遥《しょうよう》にあるだろう。一枚の大きな平坦な原ではなく、緩い傾斜を持った高低のある高原で、気持のいい岱《たい》を一つ横切るとみごとな原始林へ入ったり、一つの丘を越すと思いがけなく沼があったりして、その変化のある風景がおもしろい。こういう地形は当然スキーには好適であって、近頃は冬に出かける人が多くなったようである。

私が最初に八幡平を訪れたのもスキーで、それはもうかなり以前のことで、現在のような施設の全く無かった頃である。厳冬の一月、花輪線の小豆沢《あずきざわ》（今の八幡平駅）から行った。坂比平《さかびたい》まで馬橇《ばそり》に乗り、そこからスキーにシールをつけて登りについた。蒸ノ湯まで五時間もかかっただろうか。凄《すご》い寒さだった。寝ていると蒲団《ふとん》の襟《えり》が息で凍った。

帰りは松尾鉱山の方へ下ったが、途中で猛吹雪に襲われ、だだっ広い原では方向がわからず、遭難一歩手前という目にあった。しかし現在は山小屋も諸所に建ち、リフトもつけられ、大へん便利になった。松尾鉱山口を表玄関として今後スキーのパラダイスとなりそうである。

13 岩手山（二〇四一米）

北へ向う急行が盛岡を出て間もなく、左側に、ポプラ並木の梢《こずえ》越しに見えてくる岩《い》手《わ》山《て》は、日本の汽車の窓から仰ぐ山の姿の中で、最も見事なものの一つだろう。

ここにして岩鷲《いはわし》山のひむがしの岩手の国は傾きて見ゆ

平福百穂《ひらふくひやくすい》の歌である。岩鷲山は岩手山の別称、双方とも漢音でガンシュと読めるからである。百穂は羽後《うご》の人で、盛岡へ出るには国境の国見峠を越えねばならなかった。その峠に立った時、眼前の岩手の国は、岩手山の大きな東斜面にほかならなかった。それほどその裾《すそ》は伸び伸びと広い。私は麓《ふもと》を通るたびいつもこの歌が口に上ってくる。

岩手県が生んだ幾多の人材、それらの精神の上に岩手山が投影せずにはおかなかっただろう。雄偉にして重厚、東北人の土性骨を象徴するような山である。かつての名門盛岡中学の少年たちは、これを仰ぎながら学び且《か》つ遊んだ。石川啄木《たくぼく》もその一人であった。後年流離の生活を送った彼の眼底には、いつも北上川の岸べから望んだ岩手山の姿があったに違いない。

ふるさとの山に向ひて
言ふことなし
ふるさとの山はありがたきかな

盛岡の風景は岩手山によって生きている。一つの都会に一つの山がこれほど大きく力強く迫っている例は、他にないだろう。文化元年(一八〇四年)に初版の出た谷文晁《たにぶんちょう》の『名山図譜』には巌鷲山という名で写生図が載っているが、その後の再版本(『日本名山図会《ずえ》』

と改題）の巻末には、更に別の磐手《いわて》山の図が加えられている。これは元の図が盛岡城下から見た姿に似ていないというので、改めて描き直したのである。私から見れば、元の図の方が地形的には正確に思われるが、南部藩の人にはより以上に秀抜に描かれていなければ気が納まらなかったのであろう。

それくらい貴重に、この山は一国の鎮《しず》めとも仰がれた。旧藩時代から尊崇の山となり、信仰登山が盛んに行われたのも当然であろう。その古典的登路は東麓《とうろく》の柳沢部落から通じている。そこに岩手山神社があり、宇迦之御魂命《うがのみたまのみこと》、倭健命《やまとたけるのみこと》、大国主命《おおくにぬしのみこと》の三神を祀《まつ》る。

岩手山は古くから南部富士と呼ばれた通り、秀麗な一個の独立峰には違いないが、しかし単純なシムメトリイではない。その常型を破ったところに、却《かえ》ってこの山の傲《ごう》岸《がん》不屈な力強さがある。一に「南部の片富士」とも称せられたのは、見る場所によって（北側や南側からは）半分は富士形のなだらかな線を持っているが、あと半分は一様ではないからである。

最も端正に見えるのは東側からであるが、しかしそこから頂上に登った時、この山は下から察したほど単純でないことを悟るであろう。われわれが東の山麓から仰いだのは、岩手山の首脳部には違いないが、更にそこから西岩手と呼ばれる複雑な地形が続いているのである。

その複雑さは、この山が数回の爆発を繰り返したことによる。初めに西岩手の噴火があった。現在その火口壁が、北側の屏風《びょうぶ》尾根、南側の鬼ヶ城尾根として残っている。そしてその中央の凹地《くぼち》は、東西三粁《キロ》、南北二粁のほぼ楕円《だえん》形の旧噴火口であって、そこに御釜《おかま》、御苗代《みなわしろ》と呼ぶ二つの火口湖がある。

その後、その東部が爆発して、現在の最高部を形作った。東の山麓から望む秀麗な南部富士がそれである。その頂上の噴火口はお鉢と呼ばれ、その中に更に火口丘が盛りあがって、二重式火山となっている。

岩手の詩人宮沢賢治は、その自然の暴威を「岩手山」と題する四行詩で歌っている。

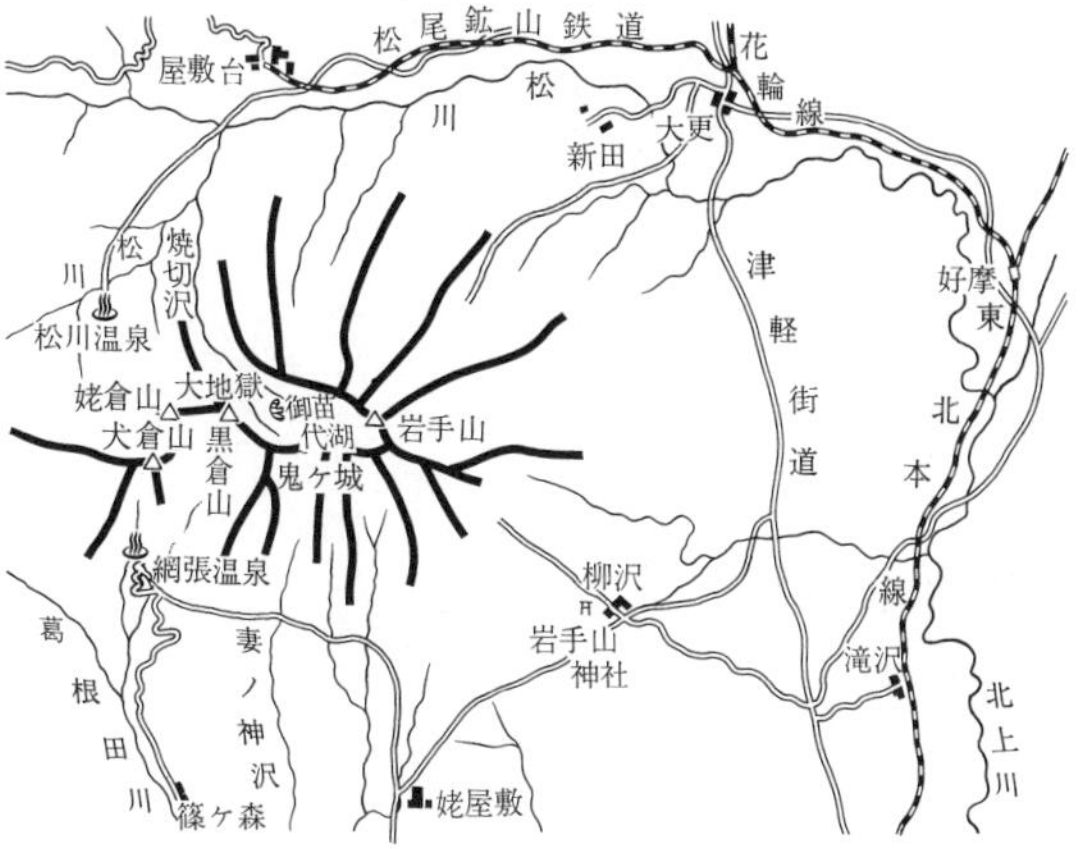

そらの散乱反射のなかに
古ぼけて黒くゑぐるもの
ひしめく微塵《みじん》の深みの底に
きたなくしろく澱《よど》むもの

従って岩手山の登山は、コースの採り方によって、普通の富士式の山のように無味ではない。私は南側の網張《あみはり》温泉から登った。この温泉は荒廃した粗末な建物で、湯は明礬《みょうばん》で灰色に濁っているが、高い山腹にあるので、そこから見おろす眺めは広濶《こうかつ》である。温泉から背後の尾根に登り、それを辿《たど》って犬倉山、姥倉《うばくら》山を越えると、西岩手の旧火口に入る。それを貫いて道が通じている。火口とは言え、もはや樹木が繁茂し、その切れ間に気持のいい湿原が展《ひろ》がっている。八ッ目（谷地眼《やつめ》のこと）と称する美しい湿原には、小さな池塘《ちとう》が眼のように光っていた。

私が行ったのは、すでに登山者の全く絶えた十一月の初めだったが、夏期にはこの湿原帯は高山植物の咲き乱れるところで、天然記念物になっている。その原を通り抜けて東岩手へ登って行くと、山頂を形作るドームの下へ出て、東麓から来る表登山路と一致する。ここを不動平と呼び、表口から登ると九合目にあたる。小屋もある。そこからザクザクした砂礫《されき》を踏んで登って行くと、東岩手の外輪山の一角に取りつく。この外輪山が、下から仰いだ時の岩手山である。擂鉢《すりばち》型に火口を取囲んで、その火口の中に更に火口丘（妙高岳）が盛り上っている。岩手山の最高点は外輪山にある薬師岳である。私が登った時には折から雪が降り始めて、清浄な白色に装《よそお》われた頂上となった。

外輪山を一周し、御釜に下って妙高岳の社を拝してから、往路を引返した。姥倉山まで来て、網張道と別れて、今度は松川温泉へ下った。この温泉は以前は交通不便のため自炊宿が一軒あるきりだったが、下からバス道路が通じるようになって、発展しつつある。私が訪れた時はボーリング最中で、二本の空噴《からふき》が空に白い煙をあげていた。

松川温泉からバスで下る途中、岩手山の西側を見ることが出来る。盛岡側から見た端麗な姿と打って変って、西面は悽惨《せいさん》と言いたいほどの峨々《がが》たる風貌《ふうぼう》である。岩手山のヴェテラン村井正衛氏の表現を借りれば「黒倉山北面の大岩壁と、屏風岳の岩稜《がんりょう》の乱杙歯《らんぐいば》が、円錐玲瓏《えんすいれいろう》の東岩手山の山体に食らいつき、複雑なこの山の火山地形をあますところなく展開している。」

ある年の夏、私は啄木の故郷の渋民《しぶたみ》村を訪ねて、北上川のほとりにある、

やはらかに柳あをめる
北上の岸辺目に見ゆ
泣けとごとくに

の歌碑のかたわらに立って岩手山を仰いだ。実に男らしい立派な山であった。振返ると反対側には、すっきりと優しい姿で姫神《ひめかみ》山が立っていた。男山と女山の美しい対照に私は見惚《みと》れた。

14　早池峰（一九一四米）

早池峰《はやちね》は東北では鳥海《ちょうかい》、岩手、月山《がっさん》につぐ高峰でありながら、案外世に知られないのは、僻遠《へきえん》の地にあるためだろう。早池峰という響きのいい名前で、この山は早くから私の胸にありながら、その姿を撮った写真を見たことがなかった。盛岡の平野から遥《はる》かに見えないわけではないが、それは撮影にはあまりに遠すぎる。また山の近くまで来るとその全容を美しく捕えることが出来ない。

谷文晁《たにぶんちょう》の『日本名山図会《ずえ》』には太平洋側から見た早池峰が描かれている。多分宮古《みやこ》あたりの港とおぼしき風景を前にして、まるで拳《こぶし》をあげたような突兀《とっこつ》とした山に描かれている。宮古湾から早池峰までは相当の距離がある。絵に誇張のあるのは承知していても、こんなにあざやかに大きく見えるのであろうか。

私が一番ハッキリと早池峰の全容を眺めたのは姫神《ひめかみ》山の頂上からであった。それは北上《きたかみ》高地の山波の上に一きわ高く立っていた。尖鋭《せんえい》な独立峰の形でなく、長い頂稜《ちょうりょう》を持つ重厚な山の姿で立っていた。『遠野《とおの》物語』には「四方の山々の中に最も秀《ひい》でたるを早池峰と言う。北の方附馬《つくも》牛《うし》の奥に在り」とあるが、あるいはこの山を一番古くから親しく眺めていたのは、遠野の人々だったかもしれない。附馬牛には早池峰神社があり、そこからは前面に薬師山を眺め、その背後に早池峰を望み、猿石川に沿うて、風景の美しい所として知られている。古い登山路はそこから二里二十町としてある。

　私が早池峰の霧の中の山頂に立った時には、そこに古びたお宮があって、その前の崩れた石の燈籠《とうろう》に「奉納御宝前」と刻まれ、裏側に微《かす》かに「安永九年六月吉日」という字が読まれたが、それは遠野から献納されたものであったろうか。

『遠野物語』は私の愛読書である。柳田国男氏が遠野の人佐々木鏡石氏から聞かれた山村

の古い話を編されたものである。遠野郷は「花巻《はなまき》より十余里の路上には町場《まちば》三ヶ所あり。其他《その》は唯《ただ》青き山と原野なり。人煙の稀少《きしょう》なること北海道石狩《いしかり》の平野よりも甚《はなは》だし」と明治の末に柳田氏も記されているが、今はそれよりも開けたにしても、やはり僻遠の地であることは免れない。

ある秋の夜、私は盛岡の東郊の丘の上に立った。前面には華やかなネオンサインの街が拡《ひろ》がっていたが、背後を向くと全くの暗闇《くらやみ》で一点の灯も見えない。「日本のチベットと言われる所以《ゆえん》ですよ」と案内の人が言ったが、その暗闇の奥の広大な地域こそ、北上《きたかみ》高地と呼ばれる人煙疎《まばら》な地であった。その高地の中の最高峰が早池峰である。

『遠野物語』には早池峰がしばしば現われる。

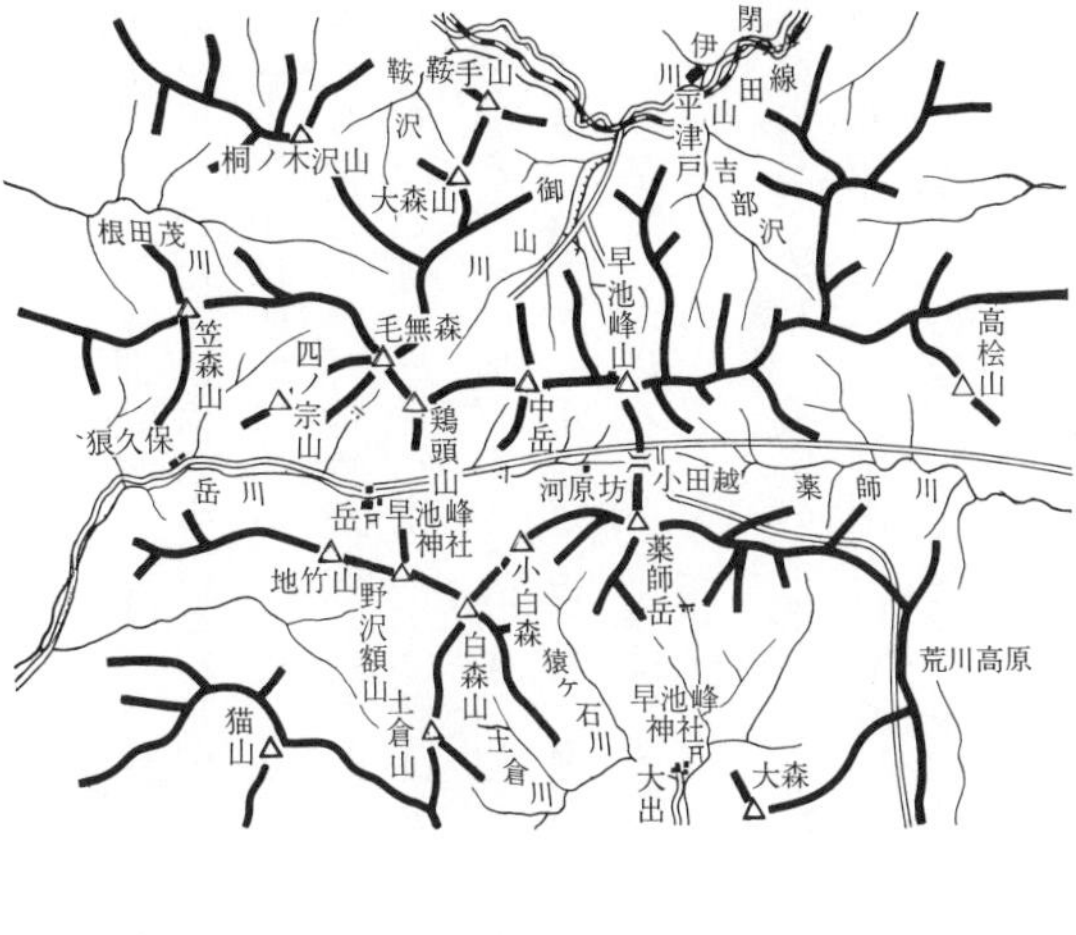

大昔に女神があって、三人の娘を連れてこの高原へ来、とある村の社《やしろ》に宿った。母の神はその夜、よい夢を見た娘によい山を与えようと約して眠ったところ、夜半に天から霊華《れいか》が降って姉の姫の胸に留った。すると末の姫がひそかに眼ざめてこれを取り、自分の胸の上に載せた。そこで一番美しい早池峰を得、姉たちは六角牛《ろっこうし》山と石神山とを得た。六角牛山は旧遠野町の東にあり、石神（石上）山は西北にある。

またこんな話もある。ある村人が早池峰へ竹を伐《き》りに行くと、地竹《じだけ》がおびただしく茂っている中に、大の男が一人寝ていた。見ると、地竹で編んだ三尺ばかりの草履が脱いである。仰向《あおむ》けに寝て大きな鼾《いびき》をかいていたという。その他、大きな坊主《ぼうず》に化かされた話や、眼の光のおそろしい大男に出あった話や、いずれも妖怪変化《ようかいへんげ》じみた物語で、この山がいかに普通の世間から遠ざかっていたかが察しられる。なお今は早池峰山と呼ばれるが、山は余計である。

現在、普通に採られる登山道は、花巻から岳《たけ》川に沿って遡《さかのぼ》り、最奥の岳《たけ》部落から登るものと、北側を通じる山田線（盛岡—釜石《かまいし》）の一寒駅平津戸《ひらつと》から御山川に沿って登るものとがある。前者を表口と見なしていいだろう、というのは、岳部落にも早池峰神社があって、そこが登山口となっているからである。

私は表口を採った。岳《たけ》は二十戸ほどの山村で、頼めばどこの家でも泊めてもらえる。

ここに昔から伝わっている獅子舞《ししまい》は、無形文化財に指定されたほど由緒《ゆいしょ》のあるもので、私の泊った農家の座敷の床の間には、大きな獅子頭《がしら》が三つ並べて飾ってあった。

岳の早池峰神社は格別立派というわけではないが、杉林の参道を持った静かな環境にあった。伝えによれば、大同二年（八〇七年）一人の猟師が奇鹿を追って早池峰の山頂に登ったところ、金色の光が射《さ》し、権現《ごんげん》の霊容を拝した。そこで下山して一社を建て、姫大神とあがめたのが今の神社だという。そこに小さな軸仕立のお札を売っていたが、それには明らかに女神と思われる像が刷ってあった。

登山路は岳から川に沿って六粁《キロ》ほど上った河原ノ坊から始まる。昔、快賢という僧が早池峰に詣《もう》で、ここに一寺を建てて河原ノ坊と呼んだ。その後洪水で寺は流失して名前だけが跡をとどめている。すぐ横の谷川は昔の登拝者が垢離場《こうりば》と称して身を浄《きよ》めた所だという。北上の詩人宮沢賢治にここをうたった詩がある。その一部――

ここは河原の坊だけれども
曽《か》つてはここに棲《す》んでゐた坊さんは
真言か天台かわからない
とにかく昔は谷がも少しこっちへ寄って

あゝいふ崖《がけ》もあったのだらう
鳥がしきりに啼《な》いてゐる
もう登らう

そこから距離は短いが一途の急な登りであった。垢離頭《こうりこうべ》と呼ぶ所が水の最後で、そこで沢を離れて尾根登りになる。もうそのあたりは草本帯で、八月終りの咲き残りの高山植物が匐松《はいまつ》の間を色どっていた。

それから岩石地帯にさしかかる。巨岩がゴロゴロ転っていて、特別の形をしたものには呉座走岩《ござばしり》だの打石だのという名がついている。ハヤチネウスユキソウをあちこちに見出《みいだ》したのはそのへんであった。普通のウスユキソウよりは大ぶりで、日本に産するものの中では、欧州アルプスのエーデルワイスに一番近いという。早池峰の特産である。

頭上に城塞《じょうさい》のように巨岩が立ち並んでいる所まで達すると、もう頂上は近かった。岩の間を攀《よ》じて山頂に立つと、ただぼうぼうと乳色の霧が吹きすぎるばかり。ちょっとの晴れ間に、眼の下に気持のよさそうな原の拡がっているのが見えたが、それもすぐ閉ざされて、いくら待っても二度と晴れなかった。

私は反対側の平津戸の方へ下る予定をやめて、元の道を岳《たけ》へ引返した。岳へ着くといつか空が晴れて、遠く水上に早池峰が美しく姿を現わしていた。

15 鳥海山 （二二三七米）

名山と呼ばれるにはいろいろの見地があるが、山容秀麗という資格では、鳥海山《ちようかい》は他に落ちない。眼路《めじ》限りなく拡《ひろ》がった庄内平野の北の果てに、毅然《きぜん》とそびえ立ったこの山を眺めると、昔から東北第一の名峰とあがめられてきたことも納得出来る。

東北地方の山の多くは、東北人の気質のようにガッシリと重厚、時には鈍重という感じさえ受けるが、鳥海にはその重さがない。颯爽《さつそう》としている。酒田あたりから望むと、むしろスマートと言いたいほどである。それは鳥海が連嶺《れんれい》の形をなさず、孤立した一峰であるところにも基因する。

標高は東北の最高とは言え、わが国の中部へ持ってくると、決してその高さを誇るわけには行かぬ。しかしその高さは海ぎわから盛り上っている。山の裾《すそ》は海に没している。つまりわれわれはその足元から直ちに二二四〇米《メートル》を仰ぐのであるから、これは信州で日本アルプスを仰ぐのに劣らない。

ここにして浪の上なるみちのくの鳥海山
はさやけき山ぞ　斎藤茂吉

初めて私が鳥海に登ったのは、その海ぎわの吹浦《ふくら》という漁村からであった。『東遊記』の中の「吹浦《ふくうら》の砂磧《しやせき》」に出てくる涯《は》てしのない砂浜を見てから登山にかかった。今は山腹までバスがあるが、その頃にはまだそんな広い道がなく、私は海抜ゼロ米から足を踏み出さねばならなかった。四月の半ばスキーで登ったが、その帰り落葉松《からまつ》の林の中を滑って行くと、薄赤くふくらんだその梢《こずえ》の上に、日本海が青黒く拡がっていた。

昔から日本の名山は大てい信仰に関係があるが、鳥海もその山頂に大物忌神《おおものいみのかみ》が祀《まつ》ってあり、創建年月は明らかでないが、用明天皇の

御宇《ぎょう》、正一位を授けられ勅額を賜わったというから、すでに千三、四百年前から名山として崇《あが》められていたのであろう。昔は多くの白衣の行者で賑《にぎ》わった山であった。

実際にこの山を眼にすれば、古くから信仰の対象になったことが肯《うな》ずける。頂上はくろがねの雄々しい岩峰で、それからなだらかな裾を平野に引いている。その威厳のある秀麗な山容は、まだ山には神が在《お》わすと信じた上代人に、おのずと跪拝《きはい》の心持を起させたのであろう。その上、鳥海は火山である。その度々の爆発は、神意の啓示として人々を畏怖《いふ》せしめたに違いない。爆発のあるごとに、朝廷から大物忌神の贈位の格上げが、史実に残っている。鳥海山はこの地方の守護神だったのである。

鳥海山が山麓《さんろく》の住民に尊崇されているのには、さらに現実的な問題もある。有名な米の産地である庄内平野も秋田平野も、この山から流れ出る水でうるおっている。今でも庄内と秋田の水争いで山の領分の奪い合いがあるという。

鳥海山は登ってみて、ヴォリュームのある深い山という感には乏しいが、年経た火山だけあって、地形の複雑な点に興味があり、すぐれた風景が至るところに展開されている。頂上火口の険しい岩壁、太古の静寂を保った旧噴火口の湖水、すぐ眼下に日本海を見おろす広々とした高原状の草地——これだけの規模の山で、これほど変化に富んでいる山も稀《まれ》であろう。高山植物にも、チョウカイフスマ、チョウカイアザミその他、この山の名を冠した種類が多いことを見ても、その多彩豊富が察しられる。

私が頂上に立った日は玉の如《ごと》き秋晴れであった。早朝駒止《こまどめ》の小屋を出た時は満天の星で、行く手の黒い稜線《りようせん》の上に、北斗七星のヒシャクが大きく縦にかかっていた。一枚ずつ皮を剝《は》ぐように闇《やみ》が薄れ、大平《おおたいら》小屋に着く頃にはすっかり明るくなり、蔦石《つたいし》坂の急坂を登りきると、朝の太陽が射《さ》してきた。見おろした中腹の紅葉は何とも言えず美しい。下界は全く白い雲海に覆《おお》われている。その雲海の涯《はて》に月山《がっさん》の優しい姿がクッキリ浮んでいた。

豊かな高原状の見晴し台を過ぎ御浜《おはま》に着くと、そこには夏の行者のための宿舎がある。旧火山口の鳥海湖の神秘的な静かな風景も、そこから見下すことが出来た。登るにしたが

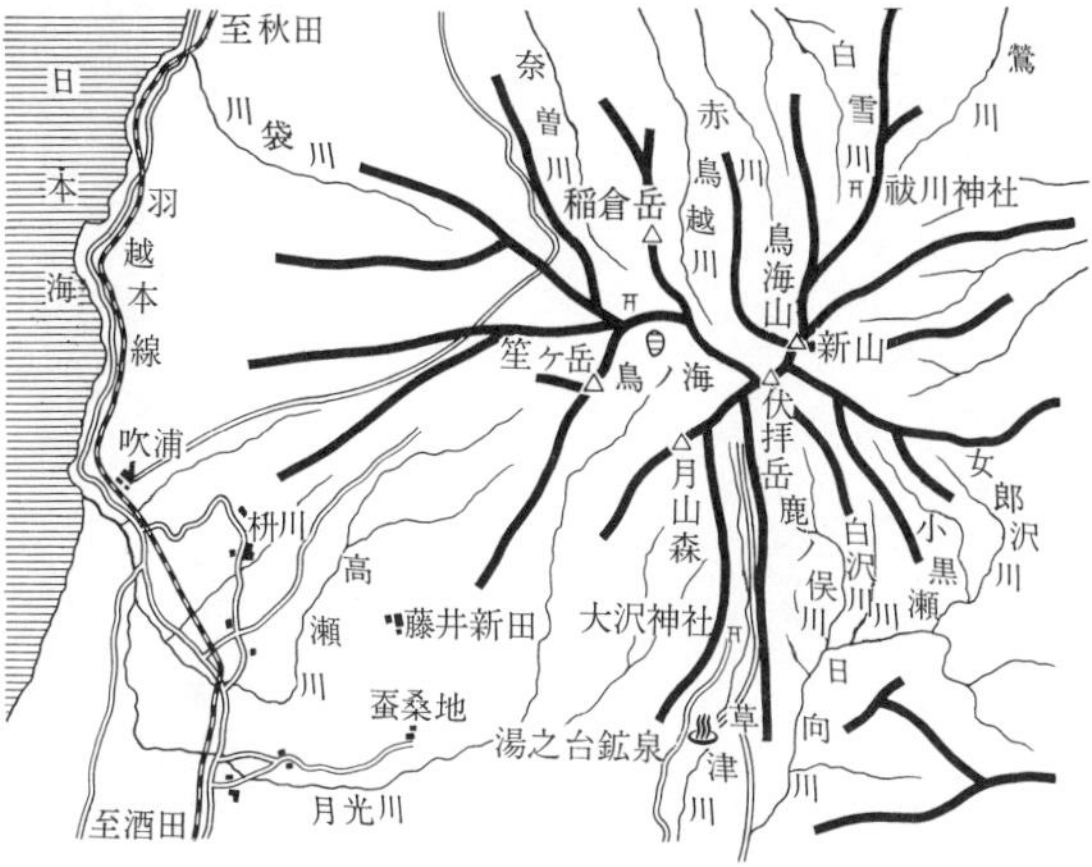

って、雲海の上に島のように、岩手、朝日、飯豊《いいで》、蔵王《ざおう》などの東北の名だたる山々が続々と現われてくる。正面には頂上の岩峰がドッシリと坐《すわ》っている。空はみごとに晴れ渡り、空気は澄み、風さえ穏やかで、全く秋の鳥海山を満喫の形であった。頂上の外輪山を伝って七高山に達し、火口におりると、岩を積み重ねたような最高峰の新山が立っている。そのお宮に参拝して下山の途についた。

16　月　山（一九八〇米）

雲の峰いくつ崩れて月の山　　芭蕉《ばしよう》

鶴岡《つるおか》の駅でおりた時、ほんとうに月山《がつさん》の上に雲の峰が立っていた。八月の半ば過ぎ、山は濃い群青《ぐんじよう》で、牛の背のようにゆったりと伸びていた。どんな山でも頂上のあたりはいくらか鋭く立っているものだが、月山にはそれがない。撫《な》でたような緩やかな線であった。

ある六月の末、私は山形市の北のはずれから、やはり月山を眺めた。月山だけがまだ雪を置いていたので、すぐに私の目を捕えた。雪のせいか、山は威のある強い線を示していた。

山形県は、鳥海《ちようかい》、蔵王《ざおう》、吾妻《あづま》、飯豊《いいで》、朝日など、山の多いのを誇りとしているが、それらの山々は皆県境にあるので、実は隣県との共有である。ところが月山だけは完全に山形県のまんなかにある。

みちのくの出羽《いでは》のくにに三山《みつやま》はふるさとの山恋《こほ》しくもあるか

斎藤茂吉のみならず、山形県人は皆そう感じるに違いない。出羽三山とは、羽黒山、月山、湯殿山のことだが、羽黒と湯殿は山としては論じるに足らない。ひとり月山だけが優しく高く立っている。

優しく——それが月山である。北の鳥海の鋭い金字塔と対照するように、それは優しい。田山花袋《かたい》の『山水小記』は、北海道をのぞいて日本の北から南までの印象的旅行記で、その旅情にあふれた文章を私は愛しているが、一番初めに月山が出てくる。ある夕方峠路を

下って行くと、広い野の果てに、連亙《れんこう》した群山の上に、「ちょうど月が半輪を空に現わしたような大きな山の姿」を眼にした。それが月山と知って、彼は一日の疲れも忘れて、その夕暮の色に染まった遠い山に見入った。

　月山の名の起りは、半輪の月の形からではなく、その山を仰ぐ平野の人々が彼等のもっとも尊崇している農業の神、月読尊《つきよみのみこと》を祀《まつ》ったからである。しかし、その心の底には、やはり月のように優しい山という感じがあったに相違ない。

　由緒《ゆいしょ》の古いことでは、わが国有数の山である。すでに貞観《じょうがん》六年（八六四年）に月山神の叙位されたことが国史に現われている。庄内平野を見おろす二つの山、鳥海と月山とは、そんなに遠い時代から崇《あが》められていたのである。

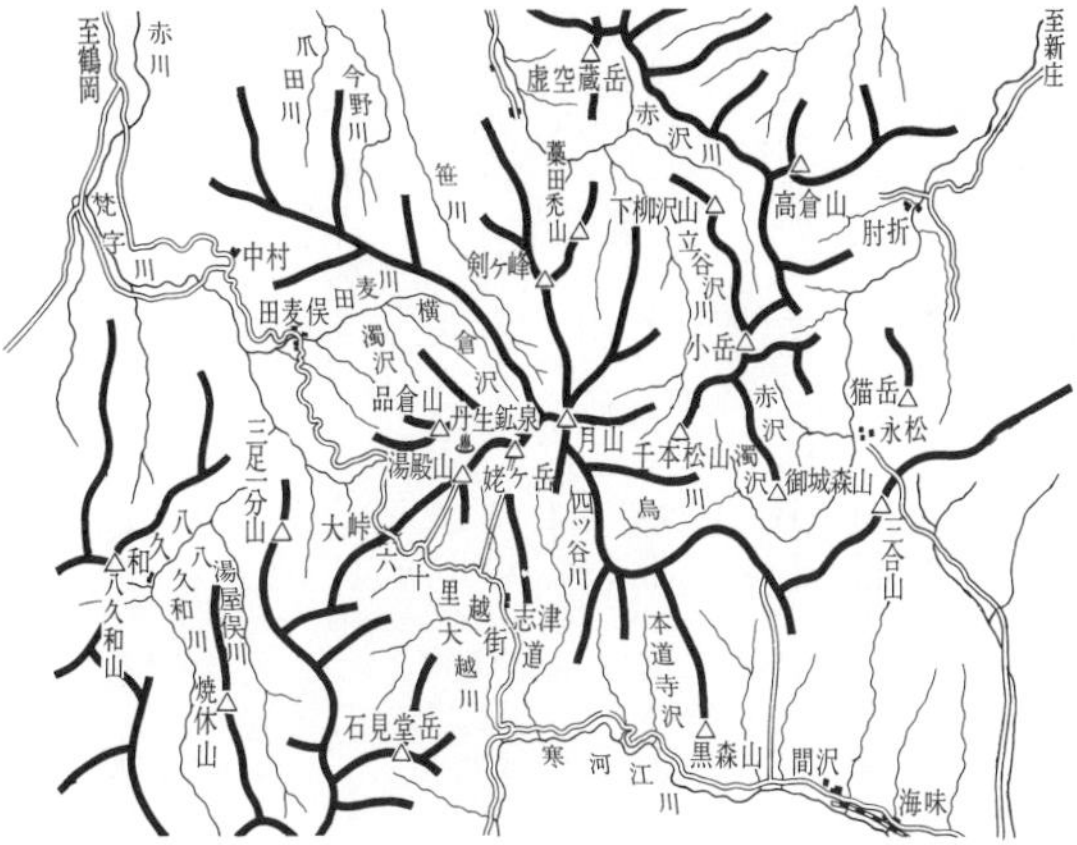

中古、修験道《しゆげんどう》が起るとともに、羽黒・月山・湯殿を三所権現《ごんげん》と唱え、それが勢いを得て羽黒山伏の名が高くなり、今なおその伝統と行事が残っている。かつてはここの修験道がいかに盛んであったかは、羽黒山の、杉の大木を両側に並べた長い石の坂や、宏壮《こうそう》な出羽神社の社殿を見ただけでも納得できる。羽黒から月山に登り、奥院の湯殿に参拝するのが、昔からの順路であった。

芭蕉は奥の細道行脚《あんぎや》の途次、この三山に巡礼した。羽黒の南谷の別院に泊って、六月六日（陽暦七月二十二日）月山に登った。昔の文人で二千米《メートル》に近い山に登った紀行は珍しい。「木綿《ゆふ》しめ身に引きかけ、宝冠に頭《かしら》を包み、強力《ごうりき》といふものに導びかれて、雲霧山気の中に氷雪を踏んで登ること八里、さらに日月《じつげつ》行道の雲関に入《い》るかとあやしまれ、息絶え身こごえて、頂上に至れば日没《ぼつ》して月顕《あら》はる。笹《ささ》を敷き、篠《しの》を枕《まくら》として、臥《ふ》して明くるを待つ。」

羽黒山（山とはいうものの四百米ほどの丘陵に過ぎない）から月山頂上までの登りは、芭蕉にとっては辛《つら》かったに違いない。山頂小屋で一泊した彼は、翌日、日が出て雲が消えてから、湯殿に下った。これも湯殿山と呼ぶが、谷川の大きな岩から湯が滾々《こんこん》と噴き出していて、そこに神社が祀ってあるところをいうのである。

私も古例にしたがって三山の順路を辿《たど》った。羽黒の斎館に泊って、翌日登山バスに乗ると六合目まで行くので、たいした苦労もなく月山の上に立った。途中に、行者返しとか、弥陀《みだ》ヶ原とか、普陀落《ふだらく》とか、信仰の山らしい名前が残っている。何合目ごとにある小屋も、芭蕉時代を偲《しの》ばせて「笹を敷き篠を枕とする」ような笹小屋である。

庄内平野から眺めて、月山がゆるやかに伸びた山容であった通り、頂上は実に広々とした高原であった。小高い所に聖域月山神社があり、そこから南へ向って緩い大きな傾斜が気持よく伸び、岩と高山植物に敷きつめられている。頂上にはエーデルワイスが咲いていた。

月山は日本に珍しいアスピーテ火山だというが、あちこちに大きな斜面が傾いている。そしてその広い谷には盛夏なお多量の残雪があった。近年、月山が多くのスキーヤーを呼んでいるのも、この斜面と雪に恵まれているからである。

17 朝日岳（一八七〇米）

山形県は庄内平野で日本海に面しているだけで、あとの陸地は、鳥海《ちょうかい》、船形《ふながた》、蔵王《ざおう》、吾妻《あづま》、飯豊《いいで》、朝日等の山で囲まれている。その中で朝日が一番原始的なおもかげを残している。私が初めて朝日連峰を縦走したのは大正十五年（一九二六年）の昔だが、その頃はもちろん山小屋などなく、道さえ定かでない個所もあった。朝日登山の話をしても、そんな山はどこにあるかという顔をされたものである。

磐梯《ばんだい》朝日国立公園が定められてから、朝日がようやく注目されだし、近年次第に登る人がふえてきたが、それでも同じ国立公園の中で、磐梯の大へんな繁昌《はんじょう》に比して、朝日の方はまだまだ人に知られていないようである。

朝日という山の名はわが国には多い。平野の住民が、仰ぎ慣れている山に朝の光線が美しく射《さ》すのを見て、名づけたものであろう。山形市の北の郊外から、真西に当って朝日連峰が朝の光を浴びているのを、私は深い感慨をもって眺めたことがある。

朝日連峰とは、普通、鳥原山、小朝日、大朝日、西朝日、寒江山《かんこうざん》、以東《いとう》岳、を指している。大朝日岳が最高であるが、鳥海山や岩手山のように、主峰だけが断然抜きんでているわけではないから、朝日の価値は連峰全体にあると見なしていいだろう。とは言え、平野から眺めて、連峰の左端に一際《ひときわ》高く立っているピラミッド形の大朝日岳は、見紛《みまが》うことのない顕著な存在である。ちょうど八ヶ岳連峰の赤岳のようなものである。

「朝日連峰が世に知られるようになったのは、大正十一年の夏、私たちが処女縦走に成功してから後のことである」と安斎徹氏が書いておられる。安斎氏は旧山形高校の生物の先生であったから、地の利を得ていち早くこの連峰に眼をつけられたのであろう。その後、ようやく登山者仲間にこの連峰の噂《うわさ》が上ってきたらしく、大正十五年に私が縦走を試みた時

は、その前年の慶応パーティの記録を参考にした。当時それが唯一《ゆいいつ》の文献であった。大学一年生であった私は友人のS君と二人で、重いテントを背負って、朝日鉱泉を出発して、忠実に主脈を辿《たど》って、以東岳から大鳥池に下った。

大鳥池から大鳥川の下りは、道がなく、ヘソまで浸るような徒渉《としょう》の連続で、もし途中で運よく岩魚《いわな》釣《つり》に出会って案内を乞《こ》わなかったら、私たちの困難は数倍したことであろう。今は池のそばに小屋が建ち、また徒渉せずに済む道も通じている。

朝日連峰の開拓は大正の末期であるから、私たちの縦走はまず初期に属するものと見ていいだろう。それ以前に何か古い記録はないか。朝日岳に委《くわ》しい沼井鉄太郎氏の博覧をもってしても、大正以前に遡《さかのぼ》ることは出来なかった。ところが近年、古文書が発見されて、それによると、大正末期まで殆《ほと》んど歩かれたことのないように思われていたこの連峰に、古道の存したことが証せられた。私はまだその古記録に接しないので詳しいことは知らないが、何でも鶴岡《つるおか》藩から米沢《よねざわ》藩に抜ける一種の軍事上の間道があって、その跡をいまなお断続的に見出《みいだ》すことが出来るそうである。東北の山の中でも一番原始性を持っているように思われる朝日にも、そういう古い歴史があったのである。

その後私は三十四年ぶりで大朝日岳に登った。以前は朝日鉱泉まで達するのに一日かかったのに、そのすぐ近くまでバスが通っていた。鉱泉から鳥原山、小朝日を経て大朝日岳へ向ったが、昔の記憶は茫《ぼう》として、幕営地の心あたりさえなかった。ただ大朝日の肩のあたりにエーデルワイスの大群落のあったことをおぼえていたが、今度もそれはあった。一面に咲き敷いていて、それこそ牛にでも食わせたいほどの繁茂ぶりであった。

頂上に立ったが霧のため全く眺めはなかった。三十四年前には、一点の雲もない快晴で、完全無欠の日の出を拝した。そして大朝日のピラミッドの影が日本海に大きく倒れているのを眺めて、ひどく感激したものであった。

山形の生んだ歌人結城《ゆうき》哀草果《あいそうか》氏は、年六十になって大朝日岳に登り、左のような規模濶《かつ》

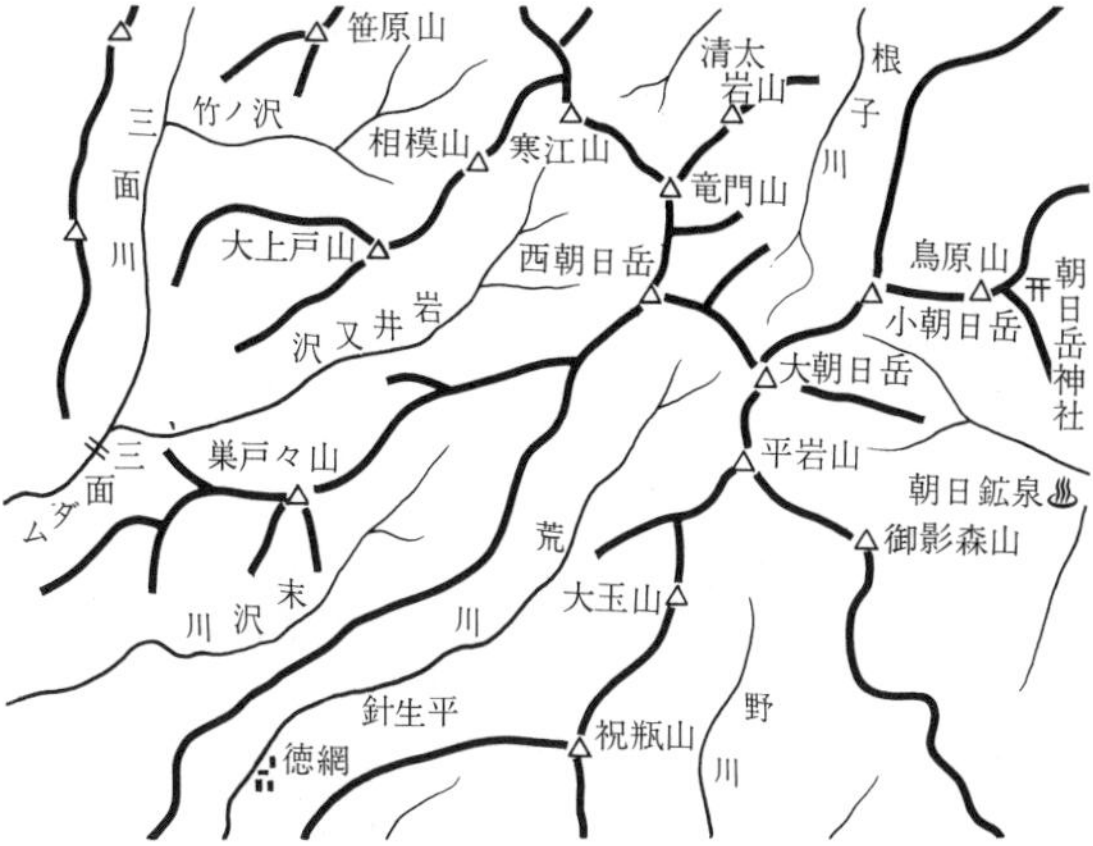

達《たっ》な歌を残している。

奥羽山脈に接して太平洋に出づる日の荘厳をわが生涯の奢《おご》りとぞする
太平洋に日は昇りつつ朝日岳の大き影日本海のうへにさだまる

私は実際を見ているから、これらの歌に特に共感出来るのである。

18 蔵王山（一八四一米）

同じ東北の山でも、蔵王《ざおう》には、鳥海や岩手のような独立孤高の姿勢がない。群雄並立といった感じで、その群雄を圧してそびえ立つ盟主がない。山形から見ても、仙台から見ても、一脈の山が長々と連なっているだけで、その中に取り立てて眼を惹《ひ》くような、抜きんでた高峰がない。それは地図を見てもわかる。どの峰も稜線《りようせん》上の鞍部《あんぶ》からせいぜい二百米《メートル》位の登りしかない。だからわれわれが蔵王と呼ぶ時には、この一連の山脈を指して言う。この長大な尾根は、東北人特有の牛のような鈍重さをもって、ドッシリと根を張っている。

もし最高点を盟主とするならば、それは熊野《くまの》岳であって、その細長い頂の一端に、斎藤茂吉の歌碑が立っている。

陸奥《みちのく》をふたわけざまに聳《そび》えたまふ蔵王の山の雲の中に立つ

茂吉は山形の生んだ大歌人で、その故郷からは朝に夕に蔵王を仰ぐことができた。その高弟結城《ゆうき》哀草果《あいそうか》氏も同じ山麓《さんろく》で一生を農に励んできた歌人であって、その多数の作歌の中から蔵王を選び出すのに事欠かない。

柿《かき》紅葉へだててあふぐ蔵王嶺《ね》にはつかに
白く雪ふりにけり

この熊野岳の続きに、地蔵岳とか三宝荒神山とか呼ばれる峰があるのは、蔵王が昔から信仰の山であったことの証左であろう。日本の古い名山には大てい神が祀《まつ》ってあった。仏教が盛んになると、本地垂迹《ほんじすいじゃく》の説から権現《ごんげん》の名が用いられた。蔵王山という山名が蔵王権現から来たことは言うまでもない。

『日本名勝地誌』には「本名を刈田《かった》岳と言う。刈田嶺の古社あるを以《もっ》てなり。中世より専《もっぱ》ら蔵王山と呼ぶ」と出ている。刈田岳は熊野岳より八十米ほど低いが、遠くから望むと却《かえ》って熊野岳よりも目立つ円頂の峰であって、おそらく昔は蔵王の代表は刈田岳ではなかったかと思われる。

　刈田嶺神は清和天皇貞観《じょうがん》十一年（八六九年）叙位の記録が国史に残っているから、この山神はすでに千百年昔から崇《あが》められていたわけである。今でも宮城側からの蔵王登山はこの刈田岳であって、途中の賽《さい》ノ河原には信仰的オブジェがたくさん立っている。

　熊野、刈田がそういう宗教的人間臭を帯びているに反し、蔵王連峰の南半分は、訪れる人の少ない原始的おもかげを存している。杉

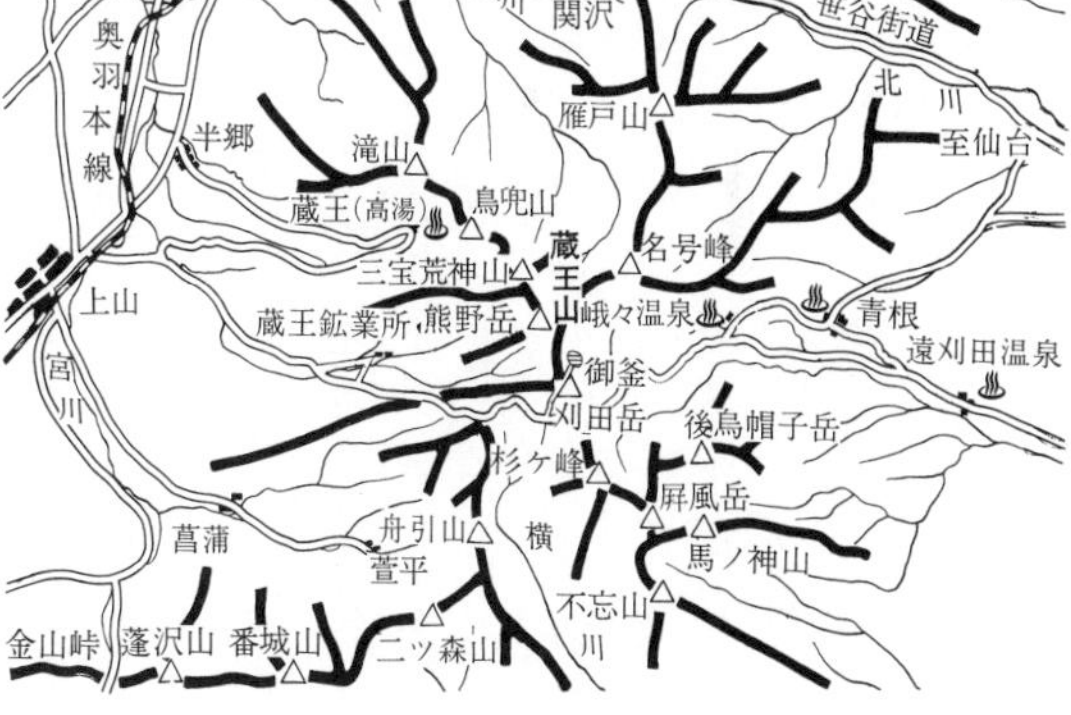

ヶ峰、屏風岳、不忘山など、その高度は北半分に比して決して遜色がないのに、それほど人の行かないのは、アプローチの不便なせいであろうか。不忘山は昔の歌枕《うたまくら》の「忘れずの山」に相当するものかどうか知らないが、その「忘れずの山」が蔵王の一名であった時代もあった。

私が初めて蔵王へ行ったのは、そこの樹氷がようやく世に聞えだした頃で、高湯温《たかゆ》泉から上には、旧山形高校のコーボルト・ヒュッテがあるだけだった。その後、毎冬のようにスキーに出かけたが、戦後はその繁昌《はんじょう》ぶりに怖《おそ》れをなしてまだ一度も行かない。

大ていの人は蔵王の雪景色はよく知っていようが、夏の蔵王も楽しい山登りである。高湯から登り、熊野岳、刈田岳を経て峨々《がが》温泉に下るのがコースで、この二つの峰の間が馬ノ背と呼ばれている。高原状の広々とした尾根で、冬吹雪に会うと迷いがちなのでスキーの難所とされているが、夏は公園のようなのんびりした遊歩場である。片方は宮城、片方は山形の山河を果てしなく眺めることができる。

お釜《かま》と称する山上湖は蔵王の宝玉とも言うべき存在で、それのために馬ノ背の逍遥《しょうよう》は一段と精彩を加える。直径三百六十米、ほぼ円形の湖水で、そのふちの東半分は、削り取ったように断崖《だんがい》になっていて、その崖《がけ》に横縞《よこじま》に入っている色彩が、何とも言えぬ微妙な美しさを呈している。鉄錆色《てつさびいろ》とでも言うか、それを主調に、いろいろの色が混っているので、一名五色沼《ごしきぬま》の称がある。お釜の水は妖《あや》しく濃い緑色で、噴火口特有の一種凄惨《せいさん》な趣がある。

戦後蔵王はスキーヤーのメッカとなった。交通の便がよくなり、リフトやケーブルカーが架けられ、山小屋は随所に立った。高湯は蔵王温泉と改められ、村の名前も、奥羽本線の金井駅まで、「蔵王」に変えられてしまった。山形側のこの繁栄ぶりを宮城側も見過すはずはなく、いろいろ便利な施設を進めている。近年刈田岳のすぐ近くを経て、宮城と山形をつなぐバス道路も開かれて、何の苦労もなくお釜見物も出来るようになったが、それだけ魅力も少なくなった。

19　飯豊山（二一二八米）

飯豊《いいで》山というより飯豊連峰と呼んだ方が適当かも知れない。新潟・山形・福島三県にまたがる厖大《ぼうだい》な山塊である。最高峰は大日岳だが、古来信仰の対象になった飯豊山は、その東にある二一〇五米《メートル》峰である。その三角点から少し下った所に飯豊山神社があり、そこへ詣《まい》る表登山道には、そこで草鞋《わらじ》を脱いだという草履《ぞうり》塚《づか》、神域へ入る前の試練の岩場御秘所、いよいよ社にさしかかると御前坂などの名が残っていて、昔の宗教登山の盛んだった頃がしのばれる。

イイデサンが普通だが、山麓《さんろく》にはイイトヨサンと呼んでいる村もある。変った名前だが、その語源はハッキリしない。周辺には温泉が多いので湯出《ゆで》の訛《なまり》かとも言われ、また奥州《おうしゅう》白河郡に式内《しきない》飯豊姫神社があり、イヒトヨという鳥名から出たという説もある。飯豊山神社で買った明治三十八年（一九〇五年）刻の縁起には、山容の麗《うる》わしく豊《ゆたか》に飯を盛るに似ているから飯豊と名づく、と書かれてあった。

およそ縁起というものは内容が怪しいが、それによると開基は役《えん》ノ小角《おづぬ》になっている。のち行基《ぎょうき》、空海《くうかい》等が参拝したとあるのも、もちろん虚妄《きょもう》であろうが、文禄《ぶんろく》四年（一五九五年）、時の領主蒲生《がもう》氏郷《うじさと》が信仰して、登山路を開き、社殿を修め、それ以後この山が大いに栄えたというのは本当だろう。

明治維新神仏分離によって飯豊山神社となる前は、五社権現《ごんげん》が祀《まつ》ってあった。御前坂から、一ノ王子、二ノ王子、三ノ王子を経て、四ノ王子に今の神社があり、さらに登って三角点の所が五ノ王子だったそうである。私たちがその頂上に立った時、測量の櫓《やぐら》の下に大きな錆《さ》びた剣があり、私はそこで穴あきの古銭を拾った。

飯豊が信仰の山となったのは、米沢《よねざわ》盆地や会津盆地から、越後の平野から、遥《はる》かに望まれる高峰だったからであろう。東北では鳥海《ちょうかい》

山に次ぐ高さを持っている。しかし奥の方に存在する山であるから、普通の旅行者がこの山を眼で捕えるのはむずかしい。私は教えられて磐越西線《ばんえつさいせん》の車窓からあざやかに眺めた。見えたのは飯豊本峰から大日岳へ続く長大な稜線《りょうせん》で、真夏にも拘《かかわ》らず、山腹にはまだ多量の残雪をおいていた。会津側が飯豊の表登山口となったのも、そこから一番よく山が見えたからであろう。

飯豊という個性的な山名で、私は古くからこの山に心を惹《ひ》かれていた。しかしそれは大へん不便で、普通ではちょっと行けないように印象された。もちろんここに言うのは、神社のある飯豊本峰だけでなく、その背後に連なる厖大な山塊のことである。事実そこには道がなく、幾晩も露営の覚悟が必要であった。

土地の人には親しまれていたであろうが、東京の登山者たちの間に飯豊が頻《しき》りに口にされだしたのは、近年のことである。磐梯《ばんだい》朝日国立公園の範囲の中にこの山塊が含まれて以来、急速に開けてきた。諸方から登山路がつけられ、山小屋が建ち、地元の宣伝も加わって、飯豊は魅力のある新天地となった。

その開発に力のあったのは、長年この山に入りびたっている新潟の住人藤島玄さんであろう。玄さんの言によると、日本のどの山も皆つまらない。飯豊のような山は他にないというのである。

夏の一週間、その玄さんの案内で私は飯豊の全主稜を歩いて、その言に偽わりのないことを知った。大きな残雪と豊かなお花畑、尾根は広々として高原を逍遥《しょうよう》するように楽しく、小さな池が幾つも散在して気持のいい幕営地に事欠かない。殊《こと》に感服したのは、その主脈の峰々がいずれも堂々と独立して、まるで一城のあるじのように大きく見えたことである。

私の通ったのは飯豊の背骨に過ぎなかったが、そこから左右に幾筋も伸びた長い支脈、それからその間に深く刻みこまれた多くの谷々。方四十粁《キロ》に及ぶというこの大山塊には、まだ無限の秘密がひそんでいるように思われた。

私たちはまず北側から杁差岳《えぶりさし》に登り、地神《じがみ》

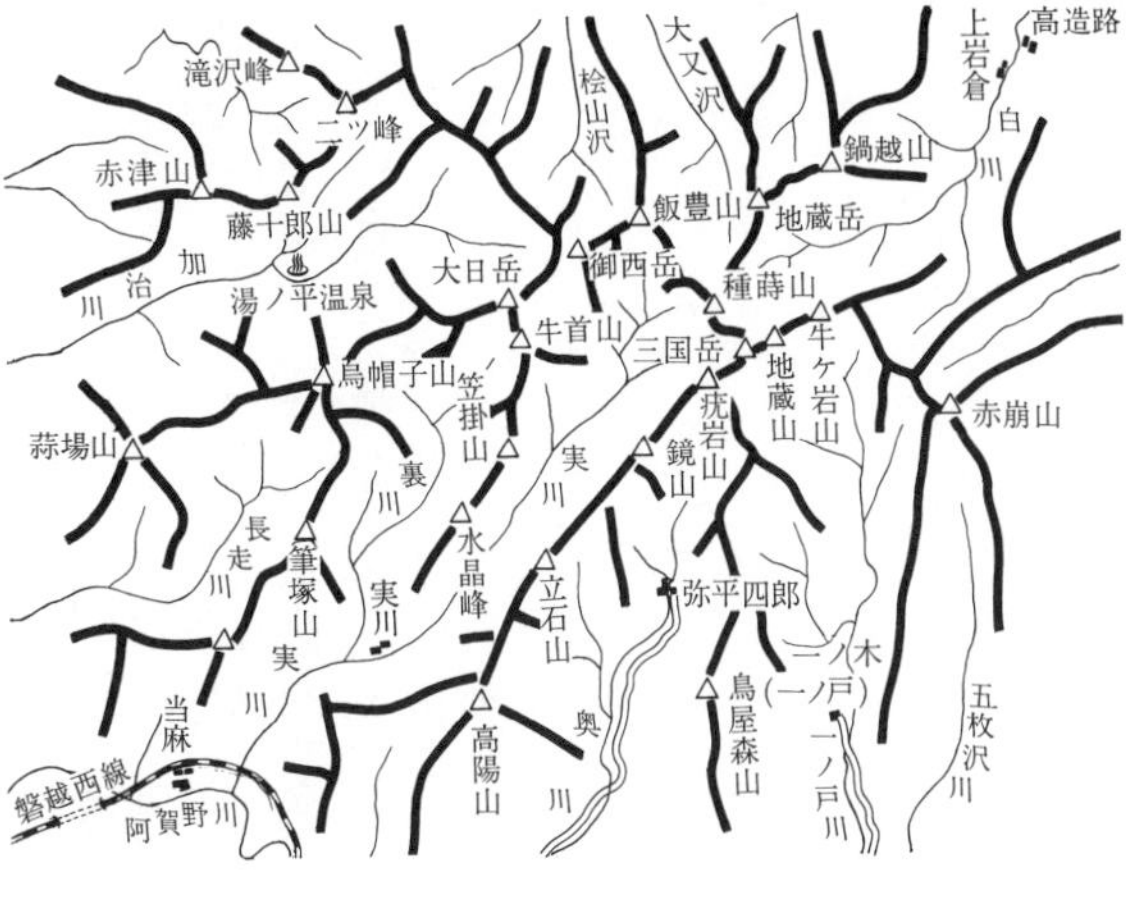

山、門内岳、北股《きたまた》岳などを経て、最高峰大日岳に登り、更に御西《おにし》岳から飯豊本峰に至って、帰りは、牛ヶ岩山の尾根を辿《たど》って、五枚沢へ下りた。この牛ヶ岩山の尾根道は、拓《ひら》かれたばかりの新コースであった。全行程中、山小屋一泊、テント三泊、そしてその始めと終りには雲母《きら》温泉と熱塩《あつしお》温泉という結構な宿りがついた。私たち夫婦に二人の息子、玄さんとそのお嬢さん、それにポーター役の若者が二人ついて、賑《にぎ》やかな一隊でのし歩いた。殆《ほと》んど雨に会わず、時々雲や霧が趣を添える晴天続きで、まことに楽しい山旅であった。

20　吾妻山（二〇二四米）

一口に吾妻《あづま》山と呼んでも、これほど茫漠《ぼうばく》としてつかみどころのない山もあるまい。福島と山形の両県にまたがる大きな山群で、人はよく吾妻山に行ってきたというが、それは大ていこの山群のほんの一部に過ぎない。

この山群には一頭地を抜いた代表的な峰がない。それでいて、東北では貴重な千九百米《メートル》以上の高さを持つ峰が、十座近くも群がっている。しかもそれらの峰がいずれもずんぐりした形で、顕著な目じるしがないので、遠くからこの山群を望んで、どれがどの峰かにわかに識別しがたいほどである。

そのなかで吾妻小富士が名の通り一つのまとまりを見せているが、しかし千七百米しかなく、形も小規模なので、これをもって吾妻山の代表とするわけにはいかない。東吾妻、中吾妻、西吾妻という名称の使いわけも、この山群の地形を分明にするものでない。それらと同資格の一切経《いっさいきょう》山、東大巓《だいてん》、西大巓などが、他に譲らず頑張っている。

この厖大な山群には、渓谷あり、高原あり、湖沼《こしょう》あり、森林あり、しかも山麓《さんろく》をめぐってあちこちに温泉が湧《わ》いている。包含するところの景勝は甚だ豊富であるが、それを極めつくすのは容易ではない。

山群中のどの山へ登るにしても、その出発点は大てい温泉である。その入口の一つ、五色温泉から登って、山スキーのオールド・ボイズにはなつかしい青木小屋（今はない）を根拠にして、家形《いえがた》山や一切経山へ遊びに行った記憶は、もう私には三十年前のものである。小屋から硫黄《いおう》精錬所跡を経、土湯《つちゆ》峠を越えて沼尻の方へスキーを駆ったこともあった。

吾妻山のなかでも、東部の方が交通の便に恵まれているので早くから開け、スキー場としても繁栄していた。しかしスキー・リフト

が普及して以来、大部分のスキーヤーはそれのみに固執して、美しいタンネの森に処女雪を踏んで行く醍醐《だいご》味《み》を忘れたかの感がある。吾妻山のスキーの魅力は、その広い区域のワンダリングの楽しさにある。

観光旅行が盛んになるにつれて、業者はこの変化に富んだ広範な大自然を見逃さなかった。スカイライン・コースと称する自動車道路が東吾妻に貫通して、遊覧季節にはマスクなしに歩けないほどの塵埃《じんあい》がたつそうである。その手はしだいに拡《ひろ》がってくるだろう。我々はいよいよ山奥深く逃げこむよりほかはない。

吾妻山の名の起りは、この東吾妻からだろうと思う。「実の名は一切経山なれども、土俗総称して吾妻山という」と古記にあるとこ

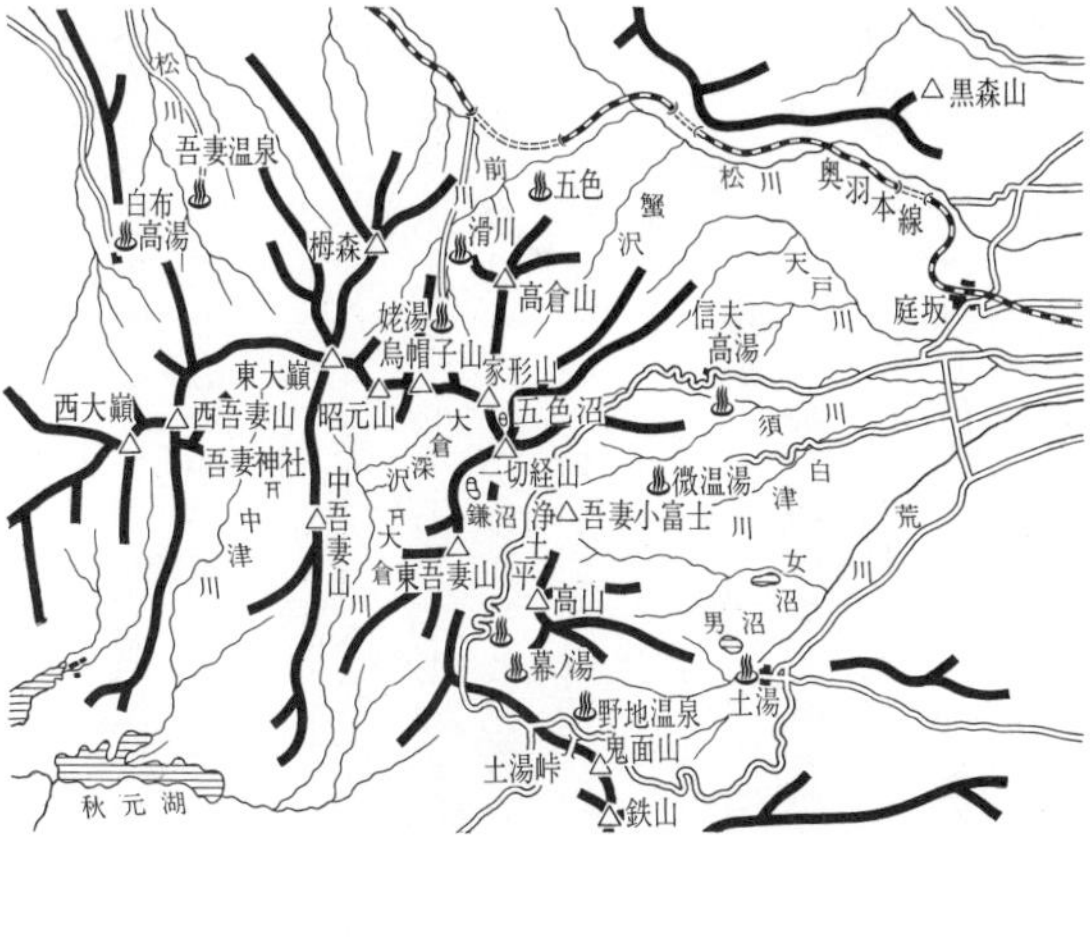

ろから祭して、一切経山を主峰として崇《あが》めていたのかもしれない。僧空海が山中に一切経を埋めたのでその名があるとも伝えられている。

一切経山の北に家形山があって、名のごとく家の形をしている。そこから東屋《あずまや》という名が生じ、それが変じて吾妻山となったと考えられないこともない。東屋神社という名も残しているからである。

上信国境にも四阿山《あずまや》（一名吾妻山ともいう）があって、それは東征の日本武尊《やまとたけるのみこと》が弟橘《おとたちばな》姫をしのんで「吾妻はや」と歎《なげ》かれた故事に基すると伝えられる。同じ言い伝えがこちらの吾妻山にもあるが、それは附会《ふかい》であって、やはり東屋からきたと見る方が適切である。そして昔は一切経あたりの山を吾妻山と呼んでいたのが、それにつづく一連の山をすべて吾妻山と総称するようになったのであろう。

総称の吾妻山は非常に広範囲で、その最高峰は西吾妻山である。山群中唯一《ゆいいつ》の二千米峰であるが、近隣の峰々がそれに近い高度を持っているので、飛び抜けて主峰という感じはしない。私が年長の友と二人で、その最高峰へ登ったのは、四月上旬であった。白布《しらぶ》高湯《たかゆ》を発足点として、その宿屋の前からスキーがはける位まだ雪があったのに、それから頂上までのあいだ、快晴の土曜にもかかわらず、一人の登山者にも出あわなかった。まだリフトなど全くなかった頃である。

二人はスキーで森林帯の急坂を登り、人形石の峰の上に立つと、当の西吾妻山は気の遠くなるほど遥《はる》か向うにある。そこまで行く山稜《さんりよう》は、稜線というより広大な高原で、ここへきてはじめて吾妻山西部の雄大なスケールを見た。

西吾妻山の頂上も、つかみどころのない広い原で、丈の低いオオシラビソが雪面にぞくぞくと頭を出している風景は、友の形容を借りれば「大海の波のあいだにイルカの群が跳ね廻っている」ようなおもむきであった。

21　安達太良山（一七〇〇米）

あだたらの名は早くも万葉集に出ている。

安太多良《あたたら》の嶺《ね》に伏す鹿猪《しし》のありつつも吾《あれ》は到らむ寝処《ねど》な去りそね
みちのくの安太多良真弓《まゆみ》弾《はじ》き置きて撥《せ》らしめきなば弦著《つらは》かめやも

叙景の歌ではないから、この安太多良が今の安達太良《あだたら》山であるかどうか、確かめる手だてはない。しかしそんな昔にこの山の名が知られていたことは、興味ぶかい。おそらく万葉集に出てくる山では、最北のものだろう。

東《あずま》の国からみちのくへかかって、つまり現在の福島県へ入って、郡山《こおりやま》から福島までの間で、汽車の窓から左手にあざやかにこの山が眺められる。雪のある時には、その姿は一層立派に私たちの眼に迫ってくる。昔の旅人がこれを見逃すはずはない。

その途中の二本松から眺めた安達太良山、それを歌った高村光太郎の詩が、この山の名を不朽にした。この詩人と絶対愛に結ばれた妻の智恵子《ちえこ》は、二本松の作り酒屋に生れた。彼女は東京にいると病気になり、故郷の実家に帰ると健康を回復するのが常であった。その妻のあどけない言葉を、詩人はうたった。

智恵子は東京に空が無いといふ、
ほんとの空が見たいといふ。
…………
智恵子は遠くを見ながら言ふ。
阿多多羅山《あたたらやま》の山の上に
毎日出てゐる青い空が
智恵子のほんとの空だといふ。

そしてこの詩人夫妻が二本松の裏山の崖《がけ》に腰をおろして、パノラマのような見晴らしを

眺めた時の絶唱「樹下の二人」の一部に、

あれが阿多多羅山、
あの光るのが阿武隈《あぶくま》川。

……………

ここはあなたの生れたふるさと、
あの小さな白壁の点点があなたのうちの酒庫《さかぐら》。
それでは足をのびのびと投げ出して、
このがらんと晴れ渡つた北国《きたぐに》の木の香に満ちた空気を吸はう。

……………

あれが阿多多羅山、
あの光るのが阿武隈川。

この詩と同様「ただ遠い世の松風ばかりが薄みどりに吹き渡」っている秋の末、私もその丘へ上ってみた。そしてそこから、ようやく雲の取れた安達太良山を眺めた。それは代赭色《たいしゃいろ》に枯れた広い丘陵の起伏の彼方《かなた》にあった。それは一つの独立峰の形ではなしに、幾つかの峰の連なりの姿で立っていた。

地図の上では、その一連の峰に、箕《み》ノ輪《わ》山、鉄《てつ》山、矢筈《やはず》ノ森、和尚《おしよう》山などの名が付され、その中央の乳首のような円錐《えんすい》峰が安達太良山となっている。（だから俗に乳首山とも呼ばれる。）しかし万葉集や智恵子が安達太良山と見たのは、その小さな乳首だけでなしに、その全体を指してのことだろう。

「あれが安達太良山」と私もつぶやいた。そして「あの光るのが阿武隈川」はどこだろうと振向くと、反対側に、福島県を縦に貫く凹地帯を距《へだ》てて阿武隈山脈が連なり、その麓《ふもと》にその川が流れていた。私は再び安達太良山に眼を返した。乳首の右に、鉄山、箕ノ輪山と並び、更に遠く離れて、もうすっかり白くな

った吾妻《あづま》山が輝いていた。

山へ登る前にその山を望見するのは、登頂を終えて振返る時と同様、心のときめくものである。山を望んでから、私は二本松から山麓《さんろく》の岳《だけ》温泉まで車を駆り、そこから安達太良山へ向った。岳は海抜六百米《メートル》の高原にある、見晴らしのいい温泉である。安達太良の表登山口であると共に、背後に広大なスロープを持っているので、正月休みなどスキー客が宿の廊下に寝るほど溢《あふ》れるという。花やかな色どりで賑《にぎ》わうスキー場も、今は寂しい風に吹かれて狐色《きつねいろ》に枯れた一枚の大斜面に過ぎなかった。

その斜面を登り切ると、林の中の平らな道が続くが、やがて又急坂になって、勢至《せいし》平《だいら》と呼ぶ茫々《ぼうぼう》とした原に出る。風が強く、急に寒い。行手に黒々とした岩で厳《いか》めしく立っているのが鉄山である。そのすぐ下にくろがね小屋があった。だいぶ古びた山小屋だが、熱い温泉の湧《わ》いているのが何よりであった。岳温泉はここから湯を引いている。

小屋で一泊した翌朝は、細かな雪が風に舞っていたが、雪と岩との急斜面を登って稜線《りようせん》へ出ると、そこは鉄山と矢筈ノ森との鞍部《あんぶ》である。天気がよければそこから反対側に、火口底の沼ノ平を見おろすことが出来る。三方を物凄《ものすご》い岩壁に取囲まれたこの平は、その名の通り以前は沼だったそうだが、今は砂地に化している。明治三十三年

（一九〇〇年）の爆発でここにあった硫黄精錬所が害を被《こうむ》り、七十余人の従業員が全滅したという。しかしそういう悲惨な歴史は知らずげに、この平は山中にこっそり秘められた仙境といった感じである。

私はその沼ノ平へはおりずに鞍部から馬ノ背を辿《たど》って、大きな岩の立っている矢筈ノ森（森などないのにどうしてそんな名があるのだろう）を越えると、稜線はゆったり広くなって、やがて乳首の下へ出た。鉄梯子《てつばしご》のかかった岩場を登ると、安達太良山の頂上であった。霧に包まれて眺望は得られなかったが、山頂を極めた喜びに変りはなかった。

帰途は岩代熱海《いわしろあたみ》の方へ下った。沼ノ平の南側の火口壁の上のふちを辿り、それからそのふちを離れて南へ樹林帯の中を下った。広闊《こうかつ》な原野まで来て振向くと、安達太良は依然として雲の中にあったが、いま私の通り抜けてきた南斜面の森林が霧氷をつけて、一面に拡《ひろ》がっている景色は、見ごたえのある美しさであった。

伸び伸びと拡がったその原野を足任せに下って行くと、保成《ぼなり》峠の道まで幾らもなかった。そこから岩代熱海温泉へ出て、二日間のささやかな山旅を終った。

22 磐梯山（一八一九米）

明治二十一年（一八八八年）七月十五日の朝、磐梯山《ばんだい》は大爆発をした。噴きあげた濃い灰のため、暫《しばら》くは四方暗黒、遠くから眺めると、柱状をなした煙の高さは磐梯山の三、四倍に達した。やがてその煙は傘のように拡《ひろ》がって、大空を覆《おお》ったという。キノコ雲の実演であった。ただその灰の中にストロンチウムはなかった。

爆発の個所は、主峰の北にあった小磐梯山で、その山形は吹っ飛び、熔岩《ようがん》は北に向って流れた。桧原《ひばら》村の部落はその下に埋没し、死傷五百余人、斃《たお》れた牛馬は五十七、被害反別は一万千三十二町に及んだ。山北数里の地は変じて高原となり、川が堰《せ》かれて幾つかの湖を生じた。

そのために今まで顧みもされなかった土地が裏磐梯という名称をもった観光地となり、国立公園に数えられるほど著名になった。昔の禍《わざわ》いを今の福に変えたわけである。磐梯山の繁昌《はんじょう》はいまや裏側に奪われて、却《かえ》ってこちらが表玄関のような趣さえある。お客の歓心を買う諸設備が揃《そろ》っており、バス道路が縦横に通じている。爆発の副産物である桧原、小野川、秋元の三湖をふくんだ広い高原地帯は、たしかに大きな魅力を持っている。三湖以外にも、私たちが一と目でその全体を見渡し得る、可憐《かれん》な小さな池沼《ちしょう》が無数に散らばっていて、それらの水面に磐梯山が逆さに映る風景は、どの一組絵葉書の中にも必ず入っている。

しかし磐梯山は表から見たのと裏側から見たのとは、大へん趣がちがう。裏側では表側のような端麗雄大な姿は見られない。大爆発で欠損した小磐梯が、未《いま》だに荒々しい傷口を見せて、断崖《だんがい》となって立っている凄《すご》い形が眼を惹《ひ》くが、磐梯山そのものは隣峰の櫛《くし》ヶ峰と共に間隔の広い双耳峰となって、火口壁の引立て役をつとめるに過ぎない。本当のすぐれた磐梯山に接しようとするには、ぜひ表の猪苗代《いなわしろ》湖から仰がねばならない。ここから望んだ形は、さすが会津《あいづ》の名山と伝えられただけあって、立派で美しい。オハラ・ショースケさんで有名な

「会津磐梯山は宝の山よ」という唄《うた》から、何となくこの山に俗っぽさを感じている人も、一度表からこの山を仰いでみるがよい。名山の風格を持っていることが納得できよう。

郡山《こおりやま》を出た磐越西線の汽車が山地を通って中山トンネルを抜け出た時、不意に眼の前に現われる猪苗代湖の明るい風景におどろくと同時に、旅客はその傍《かたわ》らに立つ磐梯山の雄姿に、思わず声をあげずにはおられないだろう。昔から磐梯山は猪苗代湖と共に讃美《さんび》されたので、この山と湖とどちら一つ欠いてもいけない。多くの名所は山を望む湖畔に置かれ、多くの風流人は湖を控えた山を賞した。

猪苗代は稲苗代から来たと言われる。湖の周辺は景勝の地に富んでいて、昔から猪苗代八景が選ばれ、その中には「磐梯晴嵐《せいらん》」も入っている。しかし私の得た最もみごとな眺望は、湖の東南側にある額取山《ひたいとり》から高旗山《たかはた》に続く丘陵山脈上からであった。その高所から猪苗代湖の一大円鏡を見おろし、その彼方《かなた》にいさぎよい形で立った磐梯山を眺めたが、これほど気高く美しい磐梯は初めてであった。

会津嶺《ね》の国をさ遠み逢《あ》はなはば偲《しの》びにせもと紐《ひも》結ばさね

という万葉集の歌の、会津嶺は磐梯山のことだという。それほど古くから世に聞えた山であった。磐代山、万代山とも書かれたが、それは宛字《あてじ》であって、もとはイワハシ山であった。イワは岩、ハシは梯《はし》（又は椅）である。岩のそびえ立っている場所をハシタテと呼ぶ例を、私は幾つか知っている。この山の頂上近くに旧噴火口の岩壁が見上げられる。そこからイワハシが来たのではなかろうか。その磐梯《いわはし》山が音読されてバンタイ山となったのである。

　表登山口にある磐椅《いわはし》神社は延喜式内の古い社で、大昔は磐梯山の頂上に祀《まつ》られたと伝えられる。それが弘仁《こうにん》年中（八一〇—二三年）今の見禰《みね》山の南麓《なんろく》に遷座《せんざ》したので、俗に峰明神と称した。見禰は峰の転化である。『文徳実

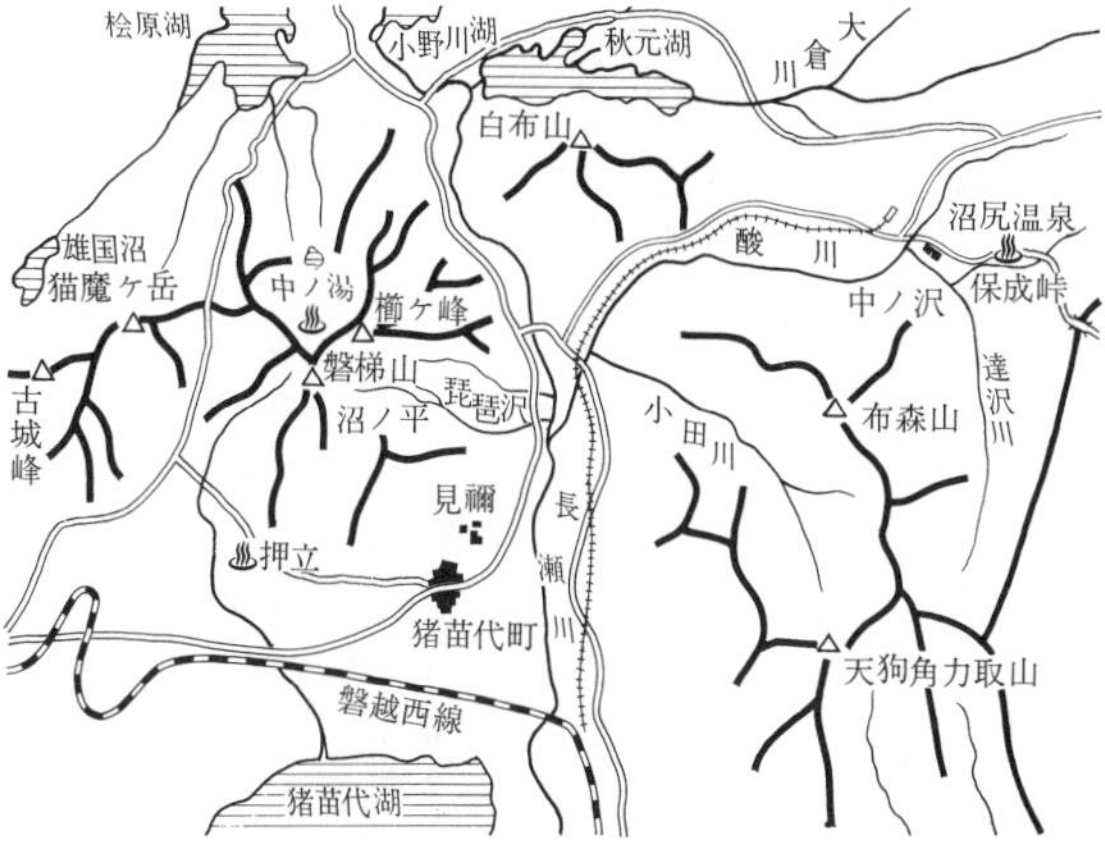

録』の斉衡《さいこう》二年（八五五年）に石椅神《いわはし》に従四位下《じゆしいげ》叙位のことが出ている。磐梯山の古名は石椅山《いわはし》であった。このあたり一たいを耶麻《やま》郡と称するのも、ヤマ、即ち磐梯山があるためであった。

表口の登山は猪苗代町から始まる。汽車で猪苗代駅でおりてもそこは町ではない。バスで二粁《キロ》ほど走らねばならぬ。赤埴山《あかはに》の南東に延びた溶岩流の上あたり、今スキー場となっているのは、古い泥流《でいりゆう》の押出しである。明治二十一年の裏磐梯の大爆発の時、見禰まで泥流が来て部落の一部を埋め、大きな噴石をもたらしたが、それがいま見禰の大石として天然記念物になっている。

スキー場の斜面を登って行くと、眼下に猪苗代湖が見渡せる。次第に傾斜が強くなり、赤埴山を越えると、鏡沼というひっそりした沼のほとりを過ぎ、沼ノ平の湿原へ入る。ここは大昔の噴火口の底にあたる所で、そこから急峻《きゆうしゆん》な斜面を登る。このへんの岩の絶壁は実にみごとで、爆発の力がいかに偉大かを示しているようである。この噴火は大同元年（八〇六年）のことで、そのとき月輪《つきのわ》、更科《さらしな》の二郷四十八村が水底に没して、猪苗代湖が出現したのだと伝えられ、それに関するまことしやかな伝説も残っている。猪苗代湖が磐梯山の噴出による堰《せきと》止めで出来たことは事実だが、果して大同の爆発であるかどうか確かではない。

それ以来大きな活動はなかったのに、明治の半ばになって突然また大爆発をし、今度は裏側の山村を埋没して新しい湖を作った。平生は穏和にみえて何をしでかすか分らない。それが火山のおそろしいところである。

沼ノ平から旧火口壁を登りきると、草原風の広い尾根になり、やがて弘法清水という甘露の水の湧《わ》き出ている所へ着く。ここで裏磐梯からの登山道と一緒になるので、にわかに登山者が多くなる。大ていの人は便利な裏側から登って裏側へ引返す。表登山道の方が静かである。

弘法清水から急坂を登って山頂に着く。大きな岩がゴロゴロしていて、その間に多勢の登山者の残滓《ざんし》物が散らばっているのは、この名山の頂上のために惜しむべきことであった。磐梯明神の石造の祠《ほこら》が南を向いて立っている。

帰途は清水まで戻り、今度は裏磐梯の方へ下ってみよう。中ノ湯まで、道はほぼ新しい明治の爆裂火口壁の上を辿《たど》っている。途中崩壊の危険のため迂回《うかい》するところもある。中ノ湯から、眼下に桧原湖、小野川湖、秋元湖を見ながら下って行く。下るに従って、小野川、秋元の両湖は視界から消え、やがて桧原湖のほとりに到着する。

もうそのあたりは観光客がざわざわ群れている。裏磐梯という新名所が現われたのは、国立公園になってからであろうが、それが近年スカイラインと呼ぶ有料道路が出来て以来、一層の繁昌をもたらしたようである。吾妻《あづま》山と安達太良《あだたら》山と磐梯山と、この三つの山に囲まれた広大な土地は、ただ猪苗代湖と磐梯山しかない表側の古風な風景に比べると、変化に富み興味が深いのであろう。景色の鑑賞にも時代の感覚のようなものがあって、シムメトリーよりむしろデフォルメを好む傾向を近代的とすれば、たしかに磐梯山の表よりも裏にそれがある。

23　会津駒ヶ岳（二一三二米）

わが国には駒《こま》ヶ岳という名の山が方々にあるので、登山者は土地の名をその頭に冠して区別している。たとえば、秋田駒、木曽駒《きそこま》、甲斐駒《かいこま》というふうに。会津駒《あいづこま》もその一つである。南会津の奥深いところに立っている。

駒ヶ岳の由来は種々である。木曽駒のように、その山麓《さんろく》の牧《まき》に馬を産したので駒ヶ岳と呼ばれたものもあり、秋田駒のように、山腹の残雪の一部が馬の形を現わすからというのもある。会津駒ヶ岳はどうか。『新編会津風土記《ふどき》』には「五峰アリ。東北ニ綿延スルコト八里余、残雪駒様ヲ成ス」とある。駒様ヲ成スだけでは、残雪の一部が駒の形になるのか、残雪の山全体を駒の走る勢いに見たのか、ハッキリしないが、私は後者だと判断する。実際に登ってみてそう感じたのである。

私が初めてこの山を親しく望んだのは、尾瀬の燧《ひうち》岳の頂上からであった。北にあたって長い山稜《さんりょう》を持った山が見える。一頭地を抜いた峻抜《しゅんばつ》な山の形には見えないが、その尾根の長いおだやかな山容が私を魅惑した。そこで私は会津駒ヶ岳へ向った。昭和十一年（一九三六年）六月のことである。

尾瀬沼から沼山峠を越え桧枝岐《ひのえまた》へ行って泊った。近頃の尾瀬はいつも満員で、前約なしには泊られないほどの盛況だが、三十年前はまだ静かな山地で、殆《ほと》んど登山者の姿を見かけなかった。まして桧枝岐などは、平家の末裔《まつえい》という伝説も信じたくなるほど、僻村《へきそん》の風情《ふぜい》を持っていた。

会津の名山と言えば、すぐ磐梯《ばんだい》山の名があげられる。それは猪苗代《いなわしろ》の平地から誰にでも仰がれたからであろう。会津駒は磐梯より三百米《メートル》も高いにも拘《かかわ》らず、あまり人に知られないのは、平地からはどこからも見えないからであろう。二十万分の一「日光」図を拡《ひろ》げてみるがいい。いかに多くの山々が犇《ひし》めいている中にあるかが分るだろう。私が訪れた頃

の桧枝岐は、村の人が「日本一の山奥の部落だ」と言っていたのも道理、隣村まで三里、郵便局まで五里、汽車のある所までは二日もかかるという状態であった。

現在は桧枝岐までバスが通じ、日光国立公園の範囲に入ったので観光地じみてきたが、以前は古い山村民俗を伝承している秘境とされていた。何しろ山岳重畳《ちょうじょう》の中に、V字型の谷底にある村である。耕地に乏しいので、大ていの家では僅《わず》かな平地を求めて、遠く離れた出作り小屋を持っていた。出作りの季節には、老人を残して村は空家同然になることもあった。

村にある鎮守の駒ヶ岳神社の祭礼は旧七月十五日で、その日は出作りの村人たちは皆帰ってきて、社前の舞殿で歌舞伎《かぶき》の芝居をする

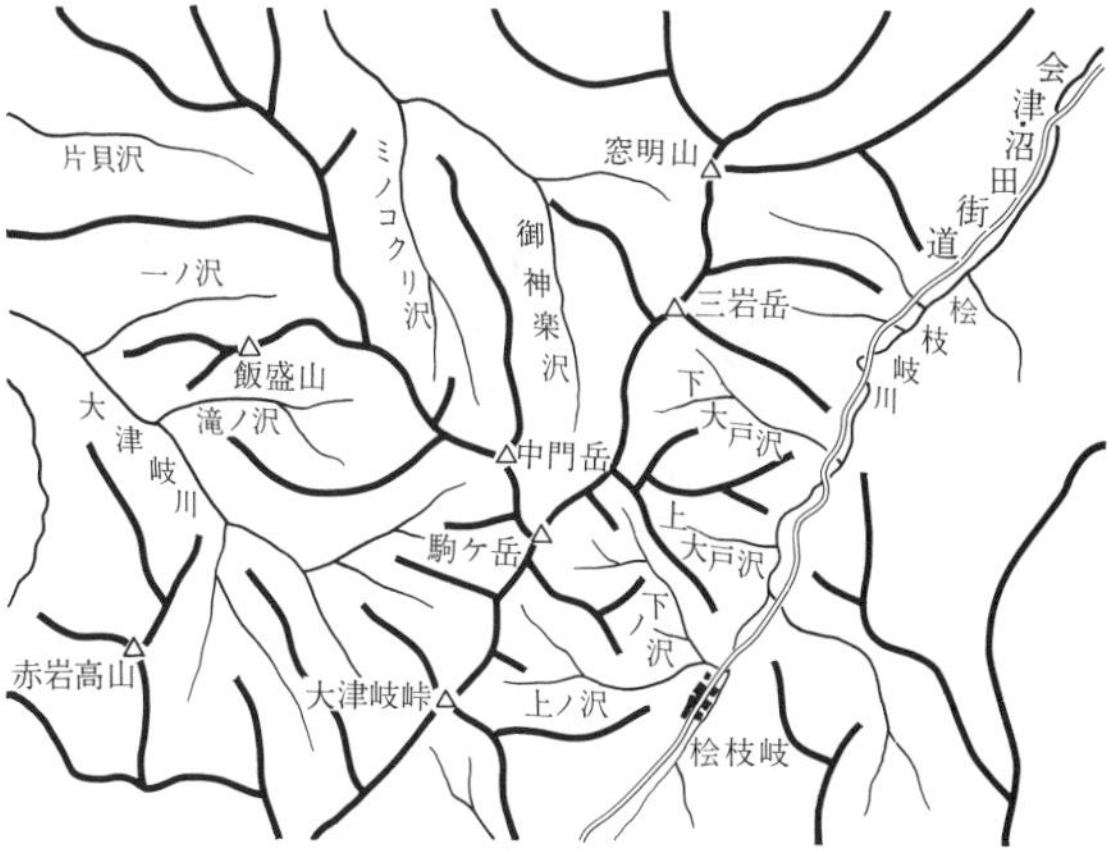

のが慣わしであった。そういう優雅な風習に似合わしく、村人の容貌《ようぼう》も人情もうるわしかった。

快晴に恵まれた私は早朝桧枝岐の宿を出て山へ向った。村はずれの橋を渡ると、そこから登山道が通じている。橋のたもとに、早稲田《わせだ》高等学院の生徒二人の遭難碑が、高田早苗《さなえ》学長の筆跡で立っていた。それは大正十五年（一九二六年）十月十九日の出来事で、一行三人は霧に巻かれて道を失った上に、季節はずれの新雪に見舞われ、そのうちの二君が疲労凍死したのであった。

登山道は細い尾根をグングン上っていた。広葉樹が針葉樹に譲るあたりから、残雪がきれぎれに現われ、やがて雪はベッタリ続いて立木も疎《まば》らになり、前面に眼のさめるような景色が現われた。会津駒ヶ岳の全容である。どこが最高点か察しかねるような長大な山が伸びていて、それがおびただしい残雪で輝いている。会津駒を天馬の疾駆するさまに見たのはその時である。写真を二枚つなぎ合わせても、その全容を収めかねた。

頂上は、私が今までに得た多くの頂上の中でも、最もすばらしい一つであった。どちらを向いても山ばかり、その山々を名指すことで一時間は素早くすぎた。六月半ばの快晴の日、ただ一人この山に在るという幸福感が私を恍惚《こうこつ》とさせた。少し有頂天になりすぎたのかもしれない。下山に際していい気持で残雪の上を駆け下って行くうちに、登山道に移る接続点を見失ってしまった。いくら探しても分らない。とうとう私は気を腐らして谷川へ下った。そして未知の谷へ軽率に足を入れることが、いかに愚かな所業であるかということを、それからの三時間の悪戦苦闘で思い知った。

顔に傷を作って桧枝岐へ着いた時はもう薄暗くなっていた。親切な宿の主人は「上ノ沢でよかった。下ノ沢だったら絶対下れません。早高生の遭難は下ノ沢で、屍体《したい》をわざわざ尾根まで運びあげてからおろしたのです」と言った。

24 那須岳（一九一七米）

那須《なす》の歴史や伝説を書きだしたら、この短い文章には入りきらぬだろう。それほど古くから広く知られた地名である。もちろんそれは那須野の方だが、その広々した量を除外して那須岳は考えられない。那須岳はその裾野《すその》によって生きている。

おそらく那須という名前を知らぬ人はないだろう。それはいろいろな話や文章から私たちの耳に入っている。日本には火山が多いが、関東から奥羽を縦断して北海道・樺太《からふと》へ走る火山脈に、那須の名が冠せられているのをもっても、これが代表的な火山であることが察しられる。

ナスの語源は分らない。寺田寅彦《とらひこ》氏の随筆「火山の名について」によると、日本の火山、アソ、アサマ、ウス（有珠岳）、ウンセン、エサン（恵山）など、互いに似通った名を持っている。これは、南方語系の Aso（燃える）Asua（煙る）などから来たのではないか、そしてナスもその一変型ではないか、と説かれている。

しかし私たちに印象されているのは、ナスの発音よりも那須という文字によってであろう。すでに景行《けいこう》天皇の時代に那須国と呼ばれ、国造《くにのみやつこ》が置かれたと伝えられる。文武天皇四年（七〇〇年）に没した那須直韋提《なすのあたいいで》のために、那須国造碑が建てられ、それが今でも現存し国宝に指定されている。文章を彫ったものでは日本最初の古碑だという。

誰でも知っているのは那須《なす》ノ与一《よいち》であろう。この屋島の戦いの弓の名手は那須野出身である。そのあたりでは年中鳥獣を追っていたから、騎射の術は発達していた。従って源頼《みなもとのより》朝《とも》がしばしばここで巻狩《まきがり》を催し、実朝《さねとも》に「もののふの矢並《やなみ》つくろふ小手《こて》の上に霰《あられ》たばしる那須の篠原《しのはら》」の歌のあるのも不思議ではない。

更に那須を一般化したのは殺生石《せっしょうせき》の伝説かもしれない。西域《せいいき》の美女褒姒《ほうじ》が日本に渡来して玉藻《たまも》ノ前《まえ》と呼ばれ、時のミカドの寵《ちょう》を一身

に集めたが、実は白面金毛九尾《はくめんきんもうきゅうび》の狐であった。その本体が暴露されたので、那須野へ飛んでその怨念《おんねん》が殺生石に化したのだという。この伝説は、謡曲に、琴曲に、芝居に取り上げられて、文学的な材料となった。『奥の細道』の芭蕉《ばしょう》はわざわざその殺生石を見に行って、

野を横に馬引き向けよほととぎす

の句を残している。

妖狐《ようこ》の祟《たた》りが全く根のない話でないことは、その石に近づいた蜂《はち》・蝶《ちょう》の類が重なりあって死んでいる現象をもっても証せられる。これは有毒ガスのためで、今でも殺生石のまわりには柵《さく》をめぐらして立入禁止になっている。

那須がそれほど昔から有名になったのも、関東から寂しい奥州路に入る口に当っていたからであろう。陸羽《りくう》街道がその原を南北に貫いている。現代の旅行家は街道など歩かず汽車によるが、東北本線の西那須野から黒磯《くろいそ》あたりまで、その広漠たる原が続く。山の好きな者にとっては、その果てに並び立った山の姿から眼が離せない。

まず正面に大きく現われるのが茶臼《ちゃうす》岳である。これは那須連山の最高峰であるのみ

でなく、盛んな噴煙をあげているので、一偉観である。現在唯一《ゆいいつ》の活火山である。

那須五岳と称《とな》えられるのは、南から、黒尾《くろお》谷《や》岳、南月山《みなみがっさん》、茶臼岳、朝日岳、三本槍《さんぼんやり》岳を指すが（異説もある）その中枢部《ちゅうすうぶ》の茶臼、朝日、三本槍を、所謂《いわゆる》那須岳と見なしていいだろう。茶臼は名の通り臼型のコニーデであり、朝日が峨々《がが》とした岩の盛り上りであるのは、かつての噴火の火口壁の名残りだという。三本槍はその名から察して鋭い岩峰を思わせるが、実はそうではなくなだらかな頂を持っているのは、その北肩が下野《しもつけ》・磐城《いわき》・岩代《いわしろ》の三国境になっていて、封建時代に黒羽《くろばね》藩・会津藩・白河藩の武士が所領を確かめるため、五月五日の節句にそれぞれ槍を携えて登山し、山頂で三本の槍を立てた行事から来た名だそ

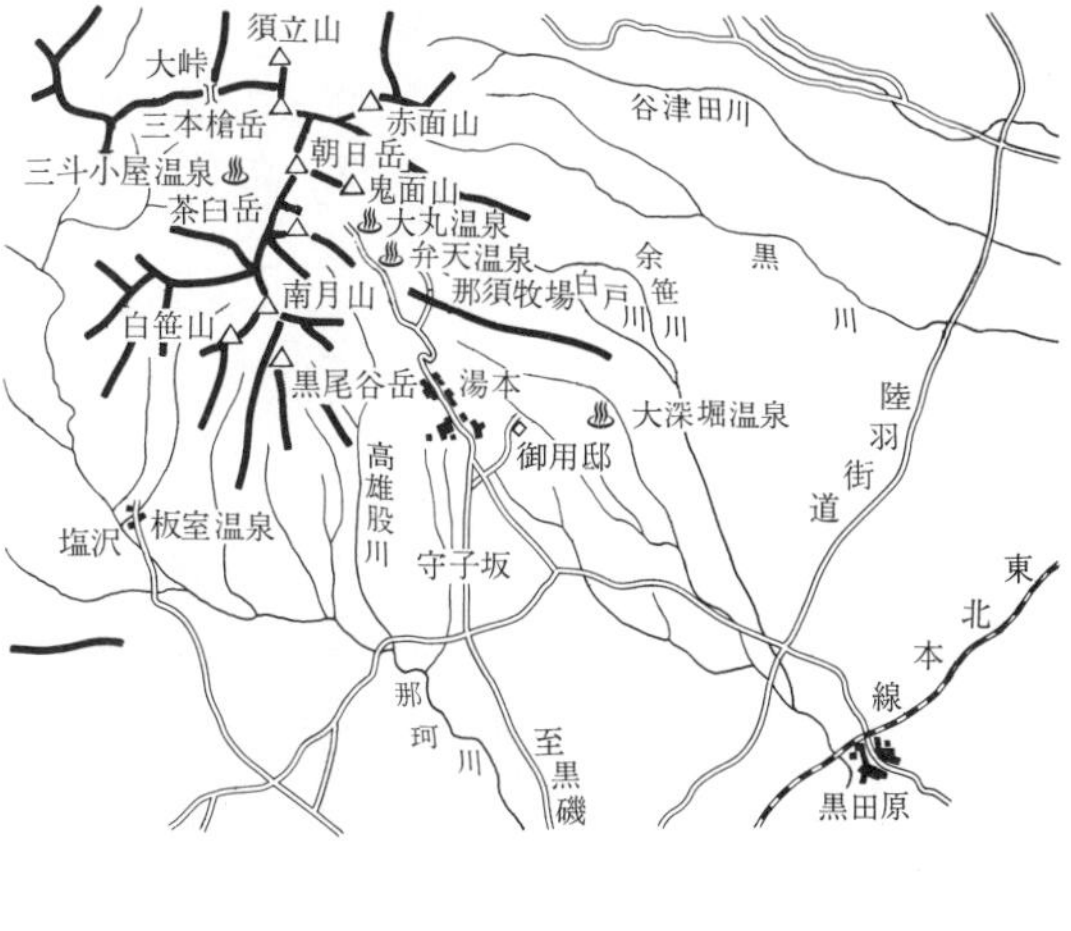

うである。この三本槍岳も昔は火山活動をしていたことは、その断崖《だんがい》によっても察しられる。

那須七湯（湯本、北、弁天、大丸《おおまる》、三斗小屋《さんどごや》、高雄《たかお》、板室《いたむろ》。現在はこのほかに、旭《あさひ》、八幡《やわた》、飯盛《いいもり》、新那須の四つを加えて十一湯となっている）は、この火山脈のおかげである。那須温泉郷とはいうものの、湯本のような高級ホテルが並ぶのから、三斗小屋のように今でも粗末な宿が二軒きりというのもある。そしてそれらの温泉を根拠として登山の出来ることが、那須岳の大きな特典であろう。

25 魚沼駒ヶ岳 (二〇〇三米)

汽車旅行で窓から遠く見える山を一つ一つ確認していくのは、私の大きな楽しみである。上越線の清水トンネルを抜けて、越後魚沼《うおぬま》の野を下って行く途中、私の眼を喜ばす山が次々と現われてくる。

普通魚沼三山と呼ばれるのは、駒《こま》ヶ岳、中ノ岳、八海山《はっかい》である。石打《いしうち》あたりから眺めると、八海山が見え、その右肩に駒ヶ岳が覗《のぞ》き、さらに右に続いて中ノ岳が全容を見せている。汽車の進むにしたがって、まず駒が隠れ、五日町あたりで中ノ岳も姿を消し、ただ正面に八海だけが大きい。その頂上のギザギザ並んだ岩峰群、その右に続く最高点の丸山の円頂が、ハッキリと見てとれる。

小出《こいで》に近づくと、今度は八海の左に駒ヶ岳が出て、それが完全に八海から離れ、ついで駒の右へ中ノ岳がふたたび顔を出す。そして小出からは、中ノ岳を中央にして、右に八海、左に駒、三つの山がキチンと調和のある形で並ぶ。ここで初めてわれわれは魚沼三山という名称の当を得ていることを合点する。多雪の地であるからそれらが純白に輝く時の偉観は、二千米《メートル》の山とは思われない。

浩瀚《こうかん》な『日本山岳志』の著者高頭式《たかとうしよく》は越後の人、「粟《あわ》岳、守門《すもん》岳、中岳、駒ヶ岳、八海山、皆余ガ庭園ヨリ望見スルヲ得」と書いているが、その辞世の句に「三山を土産に持ちて死出の旅」とあったそうだから、よほど感銘の深い三山であったと思われる。

魚沼三山は水無《みずなし》川の上流を包んで三角形に立っている。そのうち一番高いのは中ノ岳二〇八五米、一番名の聞えているのは信仰登山でにぎわう八海山であるが、私があえて三山の代表として駒ヶ岳を挙げたのは、山としてこれが一番立派だからである。『新編会津風《ふ》土記《どき》』には「山勢峻《けは》シク半腹ヨリ上ハ人跡通ゼズ、寒風殊《こと》ニ烈《はげ》シク、熊《くま》・猿ノ類ナホ棲《す》ム

コト稀《まれ》ナリ。タダ猟人冬日雪ヲ踏ンデ攀《よじ》ルコトヲ得ルト云《い》フ。春夏ノ際残雪駒ノ形ヲ成スユヱ名ヅケシトゾ」と載っている。

八海山の名は山上に八つの池があるからだと伝えられるが、そんなに顕著なものは見当らない。むしろ頂上の岩峰群が階《かい》をなしているので八階山と命名された、という説の方が適切である。あるいは高頭式氏のように八峡《はっかい》山ではないかと考えるのがさらに適切かもしれない。

木曽《きそ》御嶽《おんたけ》の表口王滝《おうたき》登山路に、三笠《みかさ》山・八海山があって、それぞれ大明神とあがめられている。おそらく信仰の徒がその御嶽の八海山の名を、こちらへ移したのではなかろうか。土地の縁起はそれを拒否しているが、それが一番真実らしくも思われる。

古来修験道《しゆげんどう》の山はたいてい岩山であって、その嶮岨《けんそ》な個所に鎖や鉄梯子《てつばしご》をとりつけ、登拝者の胆《きも》を寒からしめる所に、その功徳《くどく》を誇っているように見受けられる。八海山も例外ではない。恐怖の度合いにおいては、全国一かもしれない。山麓《さんろく》の大崎口の社務所で見せて貰《もら》った由来書には、八代孝元天皇の第五皇子彦太忍信命《ひこふとおしまことのみこと》が当国藪神《やぶがみ》(藪上)の荘に封じられた時、妃白糸媛命《しらいとひめのみこと》と共に八重原(八色原)に下って当山を開創されたと記してあった。

八海山は信仰の山だから頂上には数多くの石碑や修験者の像が立っており、最後の岩峰は奥の院と呼ばれ、不動明王が祀《まつ》ってある。そういうモニュマンはわれわれにとって縁がないが、そこから水無川を距《へだ》てて見る駒ヶ岳は実にみごとである。中ノ岳の丸みをおびた柔らかい山容に引きかえ、駒は切り立った大峭壁《しょうへき》の上に大きく立っている。

信者の中で勇気のある者は、八海山から中ノ岳、それから駒ヶ岳へと、三山を巡礼する。この順路は普通三日ないし四日を要した。しかし近年は、逆路を採る者が多くなったのは、その方が楽だからである。私も楽な方を選んだ。

十一月初旬、私たちはバスの通じる新しい枝折《しおり》峠上の、電力中央研究所の氷雪害試験所で一夜の厄介になり、翌日小倉山を経て駒ヶ岳へ登った。頂上は五、六坪の平地で小さな祠《ほこら》がおいてある。それから幾つかの起伏を上下して、中ノ岳の手前で泊った。稜線《りようせん》の両側は急傾斜で、テントを張るだけの平地を探すのに苦労した。

雪の上のテントで明けた翌朝は無風快晴、勇躍して中ノ岳の上に立った。そこからの展望は、越後じゅうの山々が悉く《ことごと》見えたといっても過言ではない。中ノ岳から八海山までの縦走は、予想以上の厄介な道であった。瘦《や》せた岩尾根を急激に下ったり上ったりする。いったん八百米もグンと下って、それから八海山への登りも楽ではなかった。八海山は岩の連なりで、最初の二、三の岩峰は鎖に頼るほかなかった。その八ッ峰を終った時には夕方になり、麓《ふもと》の大崎口の社務所へ辿《たど》り着いたのは、夜の九時すぎであった。

26 平ヶ岳（二一四〇米）

平《ひら》ヶ岳は、日本百名山を志した最初から私の念頭にあった。あまり人に知られていないが、十分にその資格がある。

第一、利根《とね》源流地域の最高峰である。利根上流の範囲をもっと広くとっても、二千米《メートル》を越す山は、平ヶ岳と至仏《しぶつ》山と武尊《ほたか》山しかない。あとはたいてい二千米未満である。

第二、その独自な山容。長く平らな頂上は甚《はなは》だ個性的である。遠くから望んでも一と目でわかる。苗場《なえば》山も平らではあるが、少し傾いている。平ヶ岳はほとんど水平である。会津駒《あいづこま》から、燧《ひうち》から、至仏から、武尊から、この平らな頂上を眺めて、私はいつかはその上に立ちたいと願っていた。しかし、それはあまりに遠すぎた。

第三は、と私が言いかけると、もう四十年前に平ヶ岳登頂の記録を持った不二さんが横から、

「どこの山へもワンサと人が押しかける時代に、まだろくな登山道もないことだね。」

すると、この地域の山に委《くわ》しい越後小出《こいで》の伊久君が、

「汽車を降りてから、これほどアプローチの長い山は、ほかにないでしょうね」と言いそえた。

たしかに。私たちはバスの終点から頂上まで三日かかり、頂上からバスの始発点まで二日かかった。

近年は平ヶ岳を目ざす人もボツボツふえてきたようだが、それでもまだ、そんな山はどこにありますか、と訊《き》く人が多い。私は古くからその存在を知っていた。『山岳』第十年三号（一九一六年）に載った高頭式《たかとうしょく》氏の「平ヶ岳登攀《とうはん》記」が最初の記録であった。陸地測量部や猟師をのぞけば高頭さんが最初の登頂者であった。只見《ただみ》川の支流白沢を遡《さかのぼ》るコース

を採った。

その次は、大正九年（一九二〇年）、木暮理太郎氏が利根川源頭の山脈を縦走して平ヶ岳の頂上に立った。その時一緒だったのが不二さんである。猛烈な藪《やぶ》こぎだったそうである。その記録は木暮さんの『山の憶《おも》い出』上巻に、「利根川水源地の山々」と題して載っている。この地域の山々を明らかにした最初の文献であろう。

それから二年たって、私の友人の田辺和雄君が、上州側から水長沢《みながさわ》をさかのぼって、頂上に達した。このコースから登った最初である。

そんな風に、私は何十年も前から、先輩や友人の話を聞いて、久しく憧《あこが》れの山の一つであったが、なにしろ道がなく、ひどい藪で、途中野営せねばならぬので、つい後廻しになった。残雪を踏んで行く頃が一番登り易《やす》い。その機会を逃すと翌年延ばしになってしまうのである。

平ヶ岳（平岳と書くのが正しい）という名は、その広く平らな頂上から来たのは言うまでもないが、それは越後側の称呼で、上州側では塗桶《ぬりおけ》山と呼んでいたそうである。これも形から来た名前であろうが、どんな風に塗桶に見えるのか、私にはわからない。

残雪期を逃した私は秋のさ中に、ついに多年の念願を果した。越後側から登って、上州側へ下った。同行は前記の不二さんと伊久君と、小出山岳会のS君と、ポーター一人、都合五人。小出から枝折《しおり》峠を越えて石抱橋までバス、それから舟で近年ダム湖になった北ノ又川の支流中ノ岐川へ入った。二岐沢との出合のワラビ採りの小屋で一泊、翌日その二岐沢を遡って、一八八七米の三角点へ登る尾根に取りついた。そこから名だたる越後の山の藪との悪戦苦闘が始まった。とうとうその日は尾根の中途にやっとテントを張るだけの窮屈な場所を見つけて、そこに泊らざるを得なくなった。

　翌日も猛烈な藪潜りが続いた。方角が分らなくなると、木によじ登って行衛《ゆくえ》を定める。ようやく池ヶ岳の気持のいい草原に出てホッとした。そこから中ノ岐の源流を渡って、又しても藪の中へ入ったが、うるさい枝を掻《か》きわけ掻きわけ登っているうち、ひょっこりき

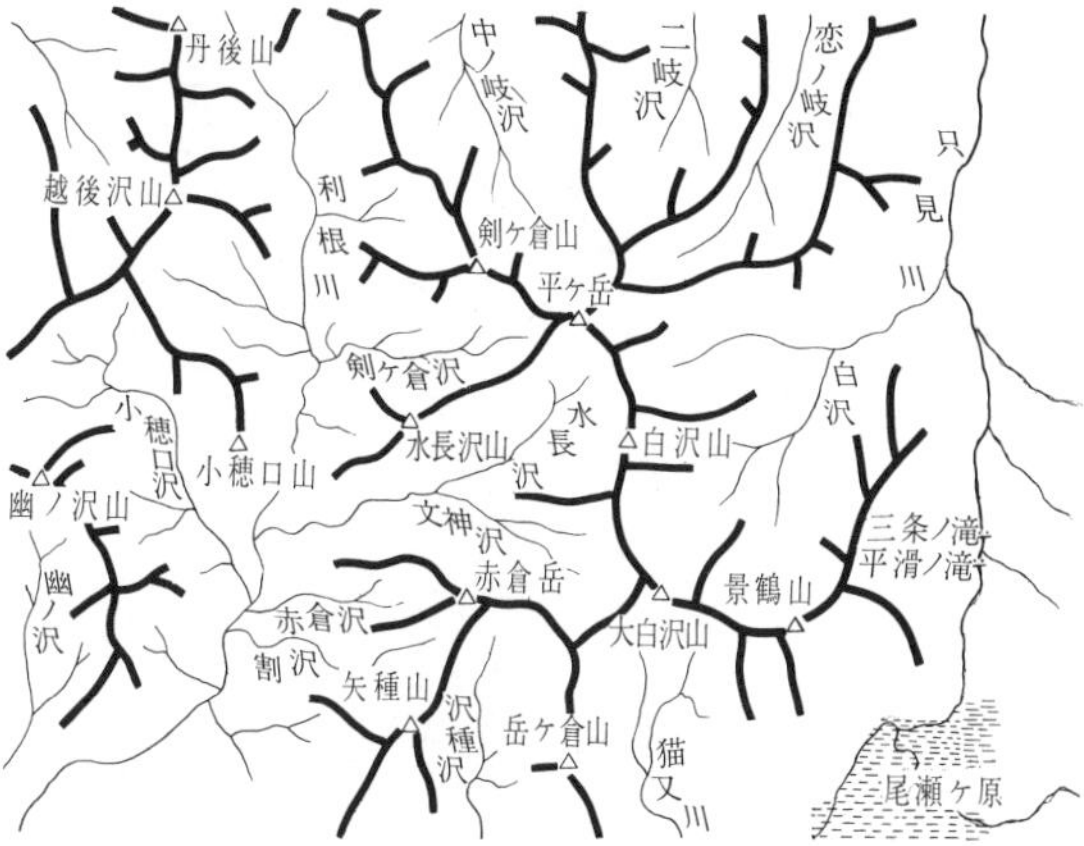

れいな空地へ出た。そこが平ヶ岳の頂上であった。もう午後おそくなっていた。

頂上のテントで明けた朝は、すばらしい天気に恵まれた。ところどころ小池をちりばめた草原には、あの忌《いま》わしい屑《くず》類一つなく、汚されない自然のままの美しさで広々と続いていた。四周には、数えきれぬほどの既知未知の山々が立ち並び、この山の深さを感じさせた。

帰途は水長《みなが》沢を採った。石のゴロゴロした沢を下ると、やがて細々した道が沢を見下ろす山腹に続いていた。これは水鉛《すいえん》採掘のため作られたもので、それが廃坑となった現在、その道もだいぶ荒れていた。おそらく数年のうちに廃道となり、平ヶ岳はふたたび道のない山として、その美しい山頂が保存されるに違いない。

27 巻機山（一九六〇米）

明治二十何年かに、莫大《ばくだい》な費用をかけて、越後と上州とを結ぶ街道がつけられた。それは越後側の登川《のぼりかわ》最奥の部落清水《しみず》から、清水峠を越えて、谷川岳連峰の東面を辿《たど》って上州側へ下るものであった。盛大な竣工《しゅんこう》式が挙げられたが、それから数年後に、雪崩《なだれ》に壊されて廃道となった。今でも所どころにその道の跡が残っている。

上越線が計画された時も、この旧清水峠を通じるものと、現在の線路と二つの案があったそうである。もし前者が採用されていたら、上越国境の中でもあまり人に登られていない桧倉《ひのきぐら》ノ頭《あたま》、柄沢《からさわ》山、米子頭《こめごがしら》山、巻機《まきはた》山の連峰が、もっと世に現われただろう。これらの山々の中で、最も高く、最も立派なのが巻機山である。

山間の僻村《へきそん》清水はこの巻機山の真下にある。部落から少し登ると、巻機山の前に、天狗《てんぐ》岩（あるいは黒ツルベ）と呼ばれる黒々とした岩峰がニョキッと立っているのが印象的である。その右裏に、頂の平らな巻機山がゆったりと伸びている。

越後塩沢の住人鈴木牧之《ぼくし》の『北越雪譜《ほくえつせっぷ》』は、南魚沼郡の雪の話や伝説などを書いた名著とされているが、上下二巻の中で、山の名が二つだけあがっている。一つは苗場山であり、一つは破目山《われめき》である。苗場山はわかっているが、破目山とは聞いたことがない。叙述にはこうある。

「魚沼郡清水村の奥に山あり、高さ一里あまり、周囲も一里あまりなり。山中すべて大小の破隙《われめ》あるを以《もつ》て山の名とす。山の半は老樹枝をつらね、半より上は岩石畳々として、その形竜躍り虎《とら》怒るがごとく、奇々怪々言ふべからず。麓《ふもと》の左右に渓川あり、合して滝をなす。絶景また言ふべからず。云々《うんぬん》」

　この描写から察して、私は牧之の指す破目山とは今の巻機山前峰の天狗岩に相違ないと思う。岩石が奇々怪々であることも、左右に谷川のあることも、村人がその絶景を賞して

いることも、すべて記述通りである。五万分の一の地図では、この岩峰の背後の三角点のある山に割引《わりびき》山と記入されている。割引山とはワレメキ山の聞き誤りに違いない。清水から仰ぐと、天狗岩とその三角点の山とは重なって見える。陸地測量部の人が村の人にこう訊《き》いたのかもしれない。

「あの山は何という名前かね。」

「あれ？　あれはワレメキ山でさア。」

「なに、ワリミキ？　ふん、ワリビキか。」

すぐ地図の上に割引山と記入される。しかも誤ってその背後の山がその名を負ったのだろう。

こうした名前の聞き誤りは、五万分の一の地図には珍しくない。その例はすぐ近くにもある。清水の東に威守松山というのが記入さ

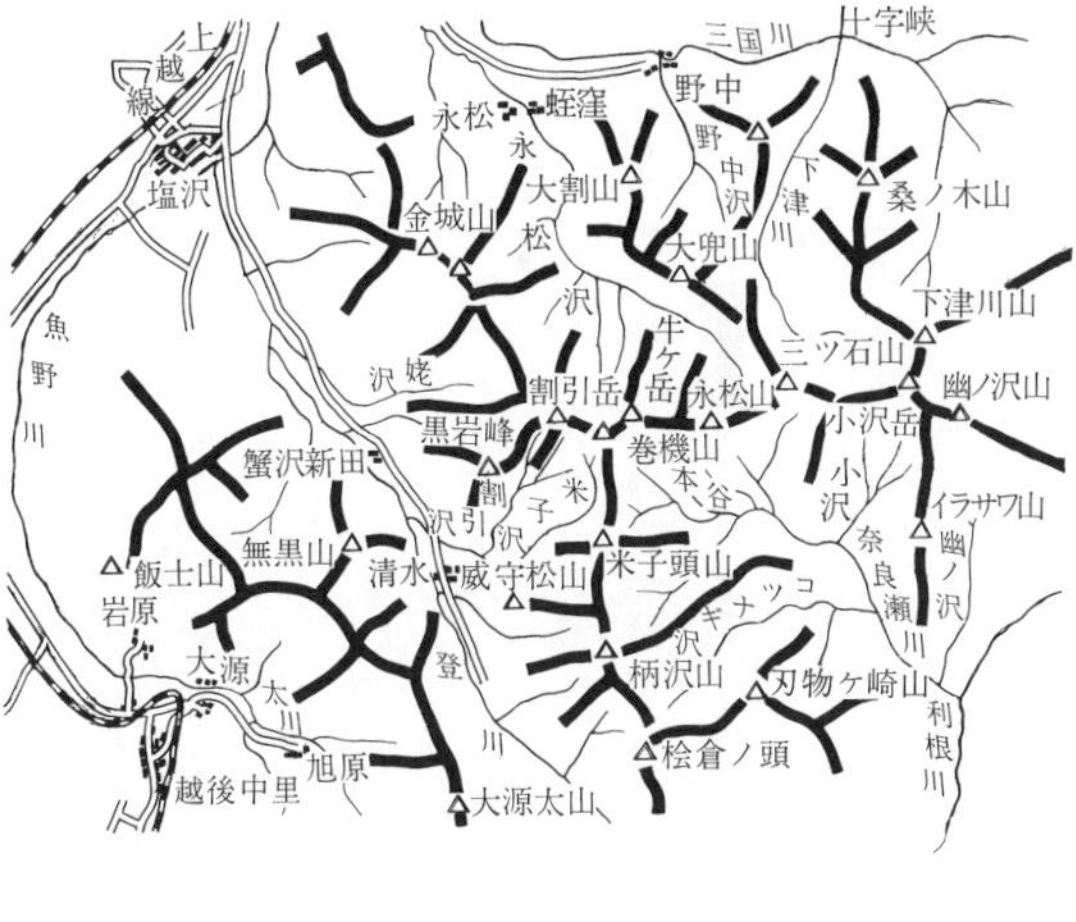

れている。威守松山なんて変テコな名前は、何かの宛字《あてじ》に違いないと考えて、私は次のような結論を得た。

清水は古くから上越をつなぐ間道の要衝であっただけに由緒《ゆいしょ》のある村で、私が泊った百姓家の囲炉裏ばたでいろいろ昔の話を聞いた。村の草分けは阿部衛門尉《えもんのじょう》と名乗る人だそうで、その系図は和泉屋という旧家に所蔵されているという。それで私の気づいたのは威守松山は衛門尉から来たのではないか。村の近くの山に故人の名を冠することは、しばしば例のあることである。

巻機山は、機の神様である巻機さんを祀《まつ》ってあると聞いたことがあるが、さだかでない。養蚕に関係があるのかもしれない。ともあれ『北越雪譜』にもその前峰の名が出ているくらいだから、昔から魚沼郡では知られていた山に違いない。巻機山というやさしい名前と共に、この隠れた美しい山を、私は上越国境中の一名山として挙げたい。

最初に私が登ったのは、昭和十一年（一九三六年）四月であった。その頃私たちの山仲間は、毎年の春先、清水に泊って山スキーを楽しむのが例であった。この雪深い村まで行くと、年によっては五月になってもまだスキーが出来た。巻機山に登ったのは四月八日であったが、村はまだ深い雪の下にあった。上越線の塩沢で下車して、登川に沿って、最奥の部落清水までの長い道を歩き、そこで一泊して、翌日、案内兼荷担《かつ》ぎを一人雇って登った。初っぱなから桧穴《ひのきあな》ノ段と呼ぶ急斜面は辛《つら》かったが、それを登りきると、思わず歓声を発するような気持のいい広々とした雪原に出る。それからもう一度、上桧穴ノ段の急坂を登ると、間もなく前山である。

前山から巻機山の頂上まで三十分足らずだが、その鞍部《あんぶ》は、雪が消えると、お泉水が幾つも現われ、ナンキンコザクラの敷き咲く気持のいい所である。頂上は広々としている。しかし私たちは霧のため、その拡《ひろ》がりを十分に見渡すことが出来なかった。

28 燧岳（二三四六米）

広大な尾瀬《おぜ》ヶ原を差し挟《はさ》んで東西に対立している燧岳《ひうち》と至仏山《しぶつ》。燧の颯爽《さっそう》として威厳のある形を厳父とすれば、至仏の悠揚とした軟《やわ》らかみのある姿は、慈母にたとえられようか。原の中央に立ってかれを仰ぎ、これを眺めると、対照の妙を得た造化に感歎《かんたん》せざるを得ない。

尾瀬沼から燧岳をなくしたら、山中の平凡な一小湖に化してしまうだろう。昔、関東と奥州《おうしゅう》をつなぐ道の一つがこの沼のふちを通っていた。沼田街道と呼ばれるもので、上州の戸倉《とくら》を最後として、会津の桧枝岐《ひのえまた》に出るまで、全くの深い山の中の道であった。その心細い山道の途中で、山と沼と両々相《あい》映発した美しい風景にめぐりあった旅人の心持は、いかばかりであっただろう。

バスの発達した現代の人々にはこの気持は分らないだろうが、昔は長い道を徒歩で辿《たど》って来て、南からする人には三平峠《さんぺい》、北からする人には沼山峠を越えて、尾瀬沼のほとりへ出、その傍《かたわ》らにそびえ立つ燧岳を眼にした時には、それこそ本当の仙境であったに違いない。源平時代にすでに尾瀬大納《だいな》言《ごん》がこの地に移り住んだというような伝説が生れるのも、人里離れた美しい土地であったからだろう。

　尾瀬という名の由来については、木暮理太郎氏の委《くわ》しい考証がある。寛文六年（一六六六年）に編纂《へんさん》された『会津風土記《ふどき》』に小瀬沼とあるのが文献の最初だそうである。それより約二十年前の正保図には「さかひ沼」と記されていたという。

　尾瀬沼は会津と上州の国境線が湖上を通過しているので、「さかひ沼」の称があったのであろうが、燧岳は全く会津領内にある。福島県南会津郡桧枝岐村の地籍で、地理的に言えば、那須《なす》火山脈日光火山群の一峰である。頂上は二峰に分れ、三角点のある方を俎嵓《まないたぐら》

と呼び、他を柴安嵓《しばやすぐら》と呼ぶ。後者が二十米《メートル》あまり高い。クラは岩の意で、マナイタグラは爼のような岩の形に由《よ》るものであるが、シバヤスクラのシバヤスは何かまだわからない。

燧という名前は、そのマナイタグラ東北面に鍛冶鋏《かじばさみ》の形をした残雪が現われるからだという。鍛冶すなわち火打である。それは桧枝岐の方から来て七入橋を渡ると見えてくる。そのあたりから望むと、柴安嵓は爼嵓のかげになって爼嵓だけが颯爽と立っている。その山腹にハッキリした形の鍛冶鋏が認められる。

この山を開いたのは、桧枝岐村の平野長蔵氏で、二十歳の明治二十二年（一八八九年）八月二十九日燧岳に登り、更に九月二十四日頂上に石祠《せきし》を建設した。その後沼畔に長蔵小屋を建て、尾瀬沼山人と名乗ってその一生を尾瀬の開発と擁護に捧《ささ》げた。この尾瀬の主《ぬし》が亡《な》くなってからもう三十数年になるが、私は学生時代に長蔵小屋の炉辺でゆで小豆を食べながら、その意気高らかな気焔《きえん》を聞いたことがある。赭顔《しゃがん》の長蔵老は政治を論じ時局を談じて、気概当るべからざるものがあった。

戦前私は数回尾瀬へ行った。十月半ば雪に降られながら三平峠を越えたこともあれば、初夏の富士見峠を越えたこともあった。この峠の近くのアヤメ平から、広い原の向うの果てに、遮《さえ》ぎるものもなく燧岳の全容を望んだ時は、天下一品という気がした。

おそらく燧の示す最も美しい姿だろう。それは胸の透くような伸び伸びした線を左右に張って、ほぼ純正なピラミッドであった。同じピラミッドでも底辺が長いので、余計立派に見えた。

燧に登った日は快晴に恵まれて、四周の山々を残りなく見渡すことが出来た。日光の山、上越の山、会津の山、越後の山、はては赤城の黒桧《くろび》山の右肩に微《かす》かに富士山さえ見えた。山岳展望台として燧岳は無類の位置を占めている。その下山の途中、ナデックボ（雪《な》崩《で》窪《くぼ》のつまったものか）の雪渓の上で、初めて木暮理太郎さんにお目にかかったのも思い出である。木暮さんは明治二十二年まだ少年の時父に伴なわれて尾瀬を通過されたというから、最も古い尾瀬愛好者の一人であった。

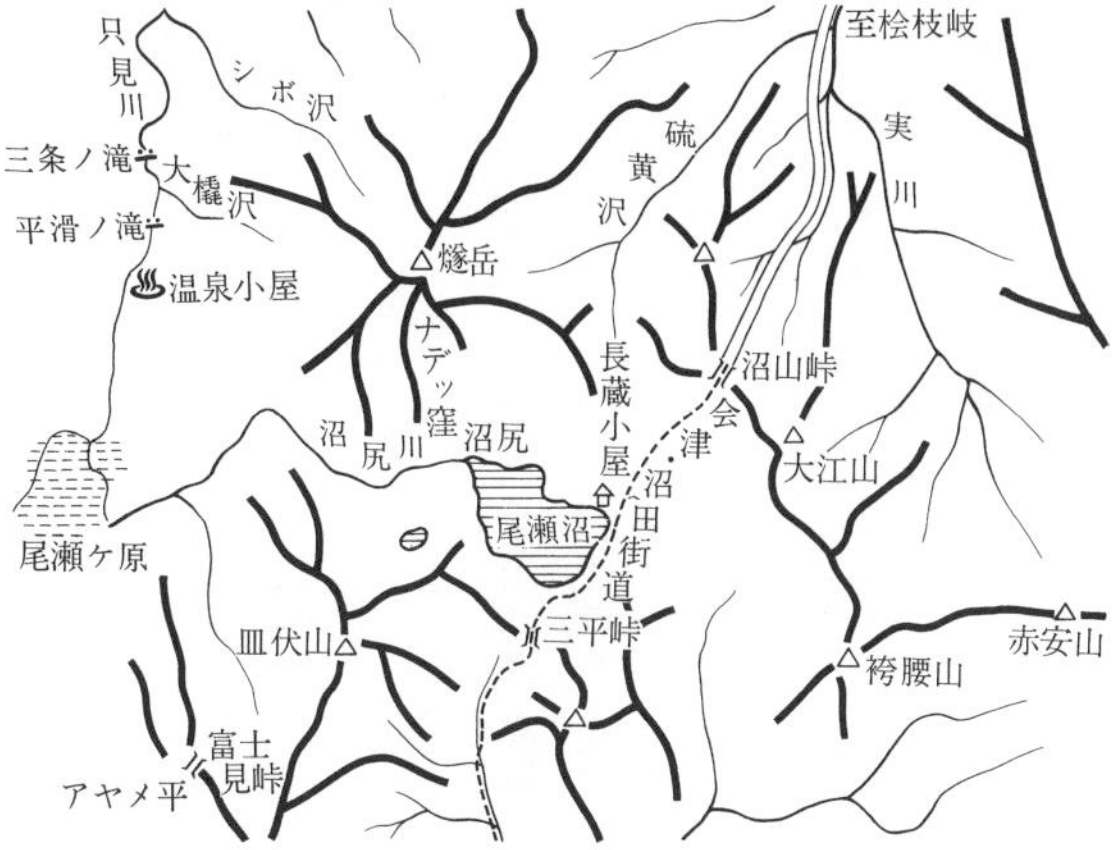

長蔵翁《おう》のあとは、御子息の長英さんが継ぎ、尾瀬のために尽している。長英さん夫妻は短歌をよくし、左のような作がある。

この朝も燧の高嶺《たかね》雪ふりぬいよいよみ冬近づきにけり　平野長英
燧岳の祭を客もうべなひて赤の飯を食《お》すけさの安けさ　平野靖子

尾瀬が日光国立公園に入れられてから、非常に賑《にぎ》わうようになった。尾瀬沼のほとりに真白な水芭蕉《みずばしよう》の咲き充《み》つ頃が一番のシーズンで、尾瀬のすべての小屋が満員になるそうである。

29　至仏山（二二二八米）

尾瀬沼を引立てるものが燧岳《ひうち》とすれば、尾瀬ヶ原のそれは至仏山《しぶつ》であろう。まだ尾瀬が近年のように繁昌《はんじよう》しない戦前のある六月、原の一端にある桧枝岐《ひのえまた》小屋に泊って、そこから見た至仏山が忘れられない。広漠とした湿原の彼方《かなた》に遠く白樺《しらかば》の混った立木が並んで、その上に、悠揚迫らずといった感じで至仏山が立っていた。そしてその山肌の残雪が、小屋の前に散在した池塘《ちとう》に明るい影を落していた。

夕方、近くで摘んできた行者《ぎようじや》ニンニクを腹一ぱい食べて、戸外の据え風呂《ぶろ》に浸り、素ッ裸のまま、長い黄昏《たそがれ》を蒼茫《そうぼう》と暮れて行く山の姿をいつまでも眺めていた。大らかな感動であった。

燧と至仏は尾瀬ヶ原を挟んで相対《あい》しているが、前者の威のある直線的な山容に引きかえ、後者は柔らかな曲線を描いて、何となく親しみ易《やす》い。もっとも反対側の利根《とね》から仰ぐと、頂上の稜線《りようせん》近くはゴツゴツした岩で鎧《よろ》われている。しかし全体としての円《まろ》やかな温和な容《かたち》は、北の平ヶ岳から望んでも、南の武尊《ほたか》山から望んでも、変ることがない。

至仏山は利根川上流を縁取る多くの山々の中の最高峰であって、利根側では岳倉《たけくら》山と呼ばれている。クラというのは岩又は岩壁の意で、頂上の西面がその趣を呈しているからである。至仏という名は東側の片品《かたしな》川方面の称呼であって、どういう意味か定かでない。

寛文六年の『会津風土記《ふどき》』には至仏山、安永三年（一七七四年）の『上野《こうずけ》国志』には四仏山と記されているそうだが、この山には何ら仏教的な謂《い》われもないし、里から遠い奥山であって、古くからお山参りされたという話も聞かない。

おそらく至仏は宛字《あてじ》であろう。この山の頂から北東へ流れ出る貉《むじな》沢というのがある。これはムジナ沢ではなく、ムジナッツァワと呼

ばれているのは、尾瀬沼の早稲沢《わせ》がワセッツァワと促音に発音されているのと同様である。私の友人でしばしば尾瀬へ訪れたことのある田辺和雄君は、ある時土地の人がこのムジナッツァワをシブッツァワとも呼んでいるのを聞いた。シブッツァワは渋沢であって、山ではよくある沢の名である。このシブッツァワの最初の三字が至仏となったのであるまいか。

そんな詮索《せんさく》はさておき、至仏山とはいい名前である。文字もいいし、発音もいい。文学的でもある。しかし昔の人は山には素朴な直接的な名をつけるのが例で、燧岳は残雪が火《ひ》打鋏《うちばさみ》の形に現われるからだし、至仏の南続きの笠《かさ》ヶ岳は笠の形と見たからである。北続きのススヶ峰は笹《ささ》分け峰の詰まったものと言わ

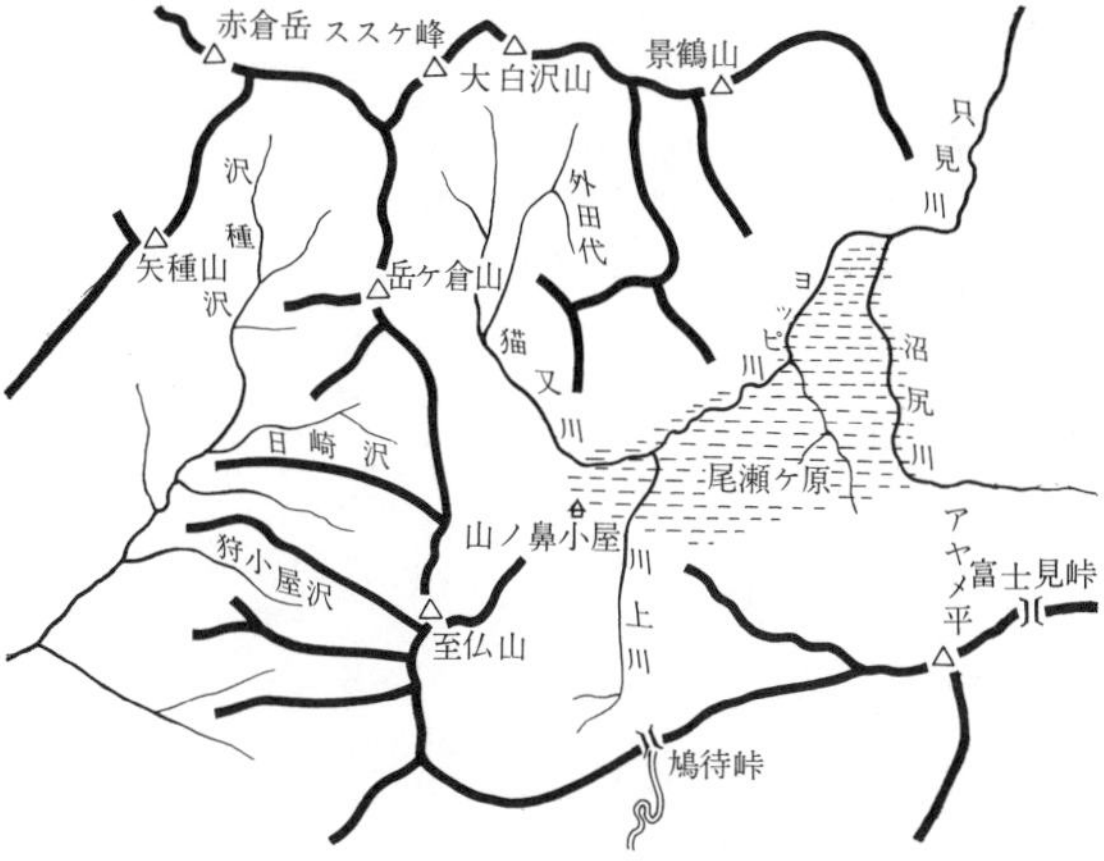

れている。ひとり至仏だけに文学的な名をつけるはずはない。尾瀬ヶ原の北側に景鶴山《けいづる》がある。これなども平鶴山と書いた文献もあるそうだから、ヘエズルから来たのに相違ない。ヘエズルは匐いずるの訛《なま》ったもので、トラヴァースの意である。

私が初めて至仏山の頂上を踏んだのは、大正十五年（一九二六年）の秋であった。当時はまだ上越線の開通以前である。藤原から利根川を遡《さかのぼ》って、狩小屋《かりごや》沢から登った。当時はその沢には道が無く、飛沫《しぶき》を浴びて滝を攀《よ》じたり、岩を匐《は》い上ったりしながら、登って行った。沢を詰めると、頭上に至仏の全容が現われた。満山の紅葉で、その間に点々と浮島のように岩石が立っている。優美な紅葉の色調と、それを引緊《ひきし》めるように峻厳《しゅんげん》な岩と、双方のコントラストが実にみごとな眺めを形作っていた。

燧の火山岩に対して、至仏は古生層に属しているそうで、森林限界が低く、そのため灌木《かんぼく》帯が広くて、豊富な高山植物を保有している。植木屋が市で売るためにシンパク（ビャクシン）を採りによくやってくるという話もその時聞いた。頂上が近くなって、沢を離れて左の尾根に取りついたところ、その深い灌木帯に入りこみ、藪《やぶ》と戦いながらようやくそれを切り抜け、今度は岩石を攀じ登って、遂《つい》に頂上に達した。狩小屋沢の野営地を出てから六時間かかった。

噂《うわさ》に聞く尾瀬ヶ原を見下ろしたのも、その時が初めてであった。原一面まるで燃えるような代赭色《たいしゃいろ》で、それがずっと向うの端、ピラミッドの燧の裾《すそ》まで延びている。美しい尾瀬の第一印象を至仏の頂上で得たことは、私の幸福であった。

空は完全に晴れ、秋の陽のサンサンと降る中に、私たちは一時間半も山頂にいて、周囲の山を数えながら倦《あ》きることがなかった。下りは滑りっこい谿沢を採って、待望の湿原に踏み込み、あの広い尾瀬ヶ原を夕方の陽を浴びながらトボトボと横切っていた。その時の一週間に亙《わた》る山旅で、他の登山者には一人も会わぬという、まだ尾瀬の静かな時であった。

30 谷川岳（一九六三米）

これほど有名になった山もあるまい。しかもそれが「魔の山」という刻印によってである。いま手許《てもと》に正確な調査はないが、今日までに谷川岳《たにがわ》で遭難死亡した人は二百数十人に及ぶという。そしてなおそのあとを絶たない。この不幸な数字は世界のどこの山にも類がない。私の年少のある山好きの友人は、母から登山の許しは受けたが、谷川岳は除外、という条件づきだったそうである。

それほど怖《おそ》れられているにも拘《かかわ》らず、山開きの日は数百人がおしかけて、行列登山をしているさまが新聞の写真で報じられる。東京から近く、二千米《メートル》に近い高度を持ち、しかも標高のわりに岩根こごしい高山的風貌《ふうぼう》をそなえているからでもあろうが、やはり人気の大きな理由は、谷川岳という評判にあるのだろう。これほどしばしば人の耳を打つ山の名は少ない。絶えず何か事件を起している。

こんなに谷川岳が有名になったのも昭和六年（一九三一年）上越線が開通して以来のことである。それまでは一部の山好きの人の間にしかこの山は知られていなかった。

大正九年（一九二〇年）七月、日本山岳会の藤島敏男と森喬の二氏が土樽《つちたる》から登られた時はひどいヤブ山で、その茂みの中に辛うじて通じている切明《きりあけ》を辿《たど》って頂上に立ったという。

もちろんそれ以前にも土地の人は登っていたので、藤島さんたちがオキノ耳の上に着いた時、岩蔭《いわかげ》に小祠《しょうし》があり、中に青銅の古鏡が三面祀《まつ》ってあった。祠《ほこら》には富士権現《ごんげん》（富士浅《せん》間《げん》大明神）を勧請《かんじょう》してあったので、この峰は谷川富士と呼ばれていた。

しかるに五万分の一の地図に山名が誤記されたので、名称の混乱がおこった。現在の谷川岳は古来「耳二つ」と呼ばれていた。そしてさらに、その「耳二つ」の北峰オキノ耳を谷川富士、南峰トマノ耳を薬師岳と称していた。そして谷川岳という名は、今の谷川の奥

にある俎嵓《まないたぐら》に付せられていたのだという。木暮理太郎氏や武田久吉氏など古くから上越の山に親しんだ先輩は、しきりに正しい呼びかたを叫んだが、マスコミ的大勢は如何《いかん》ともすることができず、今では「耳二つ」を谷川岳と呼ぶことは決定的になってしまった。

耳二つとはいみじくも付けられた名前で、上越線の上牧《かみもく》あたりから望むと、遠くに猫の耳を立てたようにキチンと二つの耳が並んでいる。その形が実にスッキリして清く鋭く、この山が昔から奥上州の名山とされたわけも納得される。

上越線が開通して土合《どあい》からの登山道がひらけた。土合はまるで谷川岳登山のためにあるような小駅で、下車するとすぐそこがもう登山口である。こんなアプローチの短い山も珍しい。盛んな時には、夜明けの列車の到着と共に、この山間の小駅は登山者で溢《あふ》れる。

土合から清水峠に向って、谷川連峰の腹を縫って断続した道が見える。これが清水越えの旧道で、明治十八年（一八八五年）四ヵ年の歳月と当時の三十五万円の巨費をかけて、平均三間幅の道路が完成されたのだが、僅《わず》か二年使用しただけで、雪害のため廃道になってしまった。現在はその下に、湯桧曽《ゆびそ》川に沿って小径《こみち》がついている。

この小径を私は数回通ったが、これほどすばらしい景観に恵まれた道も数少なかろう。マチガ沢、一ノ倉沢、幽ノ沢等、凄《すご》い岩壁をつきあたりに持った沢を、一つ一つのぞいて行くのである。こんなに手近に、こんなみごとな岩壁がある以上、岩登りの好きな連中がここに集るのも無理はない。そして谷川岳の遭難の大半はこの岩壁であった。

谷川連峰東面のこの岩壁に最初眼をつけた少数の人々の中に、大島亮吉《りょうきち》氏がある。氏は昭和二年にすでに三回も湯桧曽川の谷へ入っている。続いて、『上越国境』の著者角田吉夫氏、芝倉沢に虹芝寮を建てた中屋健一氏などの先蹤者《せんしょう》が挙げられる。現在ではそれらの岩壁はあらゆるルートで登り尽されたようである。

私が最初に谷川岳に登ったのは昭和八年（一九三三年）の秋で、小林秀雄君と二人で、

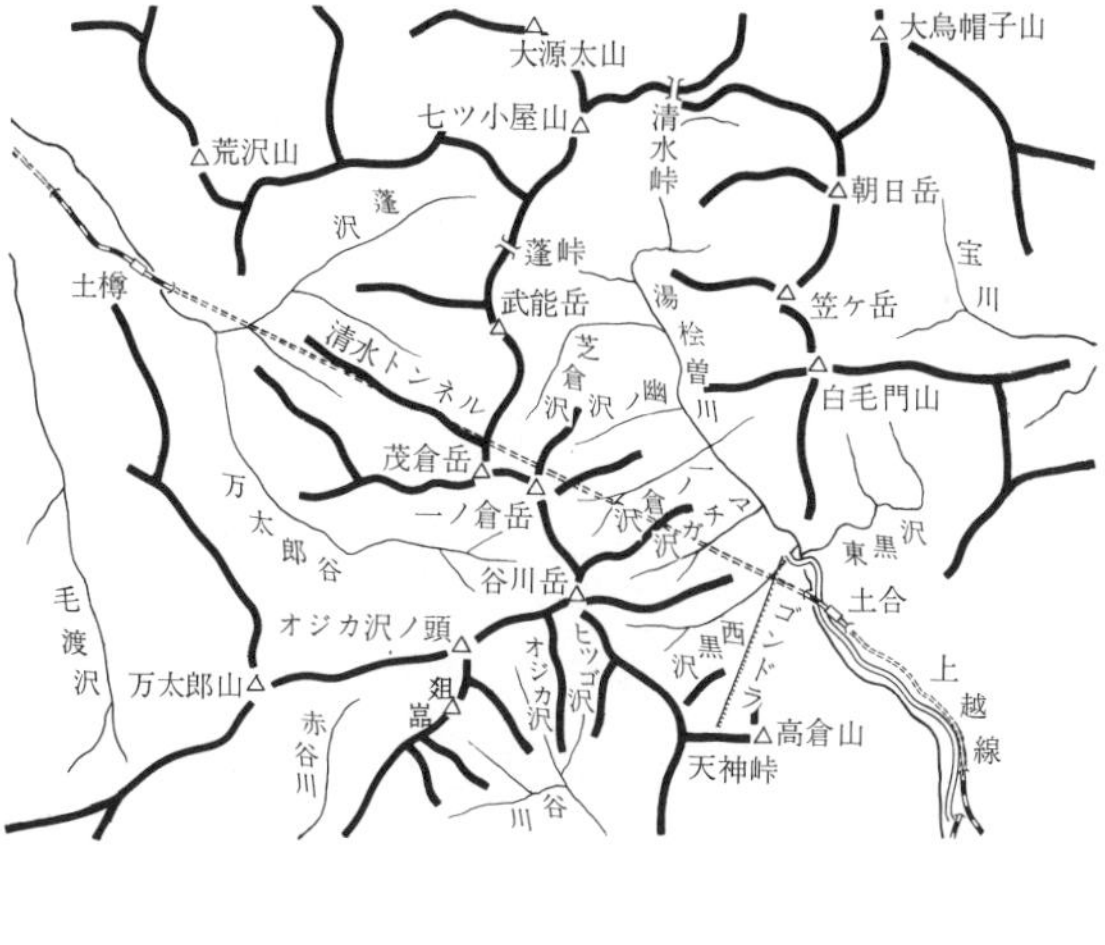

谷川温泉に一泊して、翌日天神峠を経て頂上に立ったが、当時は登山者一人にも出会わなかった。帰途は西黒沢を下り、湯桧曽まで歩いた。まだ土合は信号所で、正式の駅ではなかった。

終戦直後、すべての物に不便な時、私は家内と四歳の長男をつれて西黒尾根から登った。十一月末の無風快晴の日であったが、上の方は新雪が深かったため頂上まで達せず引返した。それ以後久しく私は谷川岳へ行かない。数百の人が列をなして登り、パトロールが徘徊《はいかい》していると聞いただけで、気が挫《くじ》けてしまうのである。

31 雨飾山（一九六三米）

雨飾山《あまかざり》という山を知ったのは、いつ頃だったかしら。信州の大町《おおまち》から糸魚川《いといがわ》街道を辿《たど》って、佐野坂を越えたあたりで、遥《はる》か北のかたに、特別高くはないが品のいい形をしたピラミッドが見えた。しかしそれは、街道のすぐ左手に立ち並んだ後立山《うしろたてやま》連峰の威圧的な壮観に眼を奪われる旅行者には殆《ほと》んど気付かれぬ、つつましやかな、むしろ可愛《かわい》らしいと言いたいような山であった。私はその山に心を惹《ひ》かれた。雨飾山という名前も気に入った。

北面の梶山《かじやま》新湯から、その雨飾山に登ろうとしたのは、太平洋戦争の始まる前であった。その頃はまだハッキリした登山路がなく、散々道を探しあぐねた末、とうとう分らず仕舞いで引返した。しかし北側から仰いだ雨飾山はよかった。左右に平均の取れた肩を長く張って、その上に、猫の耳のような二つのピークが睦《むつ》まじげに寄り添って、すっきりと五月の空に立っていた。やはり品がよく美しかった。

それから暫《しばら》くして、今度は南側から登るつもりで、小谷《おたり》温泉へ行った。こちらからも道はなく、私は山に詳しい土地の人を案内に頼んでもらった。しかし来る日も来る日も雨で、四日間待ったが、ついに空《むな》しく引上げねばならなかった。

三度目の雨飾山は、戦後のある年の十月下旬であった。そして私の長い間の憧《あこが》れが今度は達せられた。登山口はやはり小谷温泉を選んだが、道は途中までしかなかった。頼んだ案内人を先に立てて、私たち四人はみごとな紅葉で塗りつぶされた山へ向った。大海川へ入るともう道は消え、河原伝いに遡《さかのぼ》って行くほかなかった。

大海川は上流で二つに分れ、私たちは左のアラスゲ沢を採った。それまで比較的ゆるやかだった谷が、にわかに急な沢となり、石を飛びこえたり、へつったり、滝を避けるために

藪《やぶ》の中を高捲《たかま》きしたりせねばならなかった。

沢筋に水が無くなって、ゴロゴロした大きな石を踏んで行くようになると、もう森林帯を抜け出て、見晴らしが展《ひら》け、すぐ頭上にすばらしい岩壁が現われた。それはフトンビシと呼ばれる巨大な岩で、その岩の間に廊下のような細い隙間《すきま》が通じていた。

その咽喉《ゴルジュ》を通り抜けて上に出ると、すでに沢の源頭《げんとう》で、あとは枯れた草つきの急斜面を登るだけであった。急登にあえぎながら稜線《りようせん》へ辿《たど》りつくと、ハッキリした道がついていた。それは近年梶山新湯から開かれた登山道であった。それから頂上まで、急ではあったが、一登りにすぎなかった。

ついに私は久恋《きゆうれん》の頂《いただき》に立った。しかも天は隈《くま》なく晴れて、秋の午後三時の太陽は、見

渡す山々の上に静かな光をおいていた。すべての頂には憩《いこ》いがある。梢《こずえ》にはそよとの風もなく、小鳥は森に黙した。風化し磨滅した石の祠《ほこら》と数体の小さな石仏の傍《かたわ》らに、私たちは身を横たえて、ただ静寂な時の過ぎるのに任せた。古い石仏は越後の方へ向いていた。その行手には、日本海を越えて、能登半島の長い腕が見えた。

一休みして、私たちはもう一つのピークの上へ行った。案外近く、三十米《メートル》ほどしか離れていなかった。下から眺めてあんなに美しかった、その二つの耳の上に立った喜びで、私の幸福には限りがなかった。

翌日、私たちは小谷《おたり》から笹《ささ》ヶ峰《みね》牧場へ越すため乙見《おとみ》山峠《やま》へさしかかる途上、再び雨飾山に接した。立派な姿だった。フトンビシの岩壁に鎧《よろ》われた山は、紅葉の氾濫《はんらん》の上に厳として立っていた。

山は心をあとに残す方がいい、と言った人がある。一ぺんで登ってしまうよりも、幾度か登り損ねたあげく、ようやくその山頂を得た方がはるかに味わい深い。私にとって雨飾山がそれであった。

あとで越後の人からの知らせによると、古い猟師の話では、頂上の石仏は、糸魚川地方で有名な羅《ら》漢上人《かんしょうにん》という坊さんが、自身で石を刻み、それをこつこつと山へ運んだものだそうである。山にウラ・オモテがあるとすれば、雨飾山はやはり越後の方がオモテであろう。

雨飾という珍しい名前は、どこから来たものか。小谷温泉へ行く途中で道連れになった婆《ばあ》さんは、アマカサンと呼んでいた。私はアマカサンと雨飾のつながりを考えてみたが、わからない。また、文政年間に出た青生《あおう》東谿《とうけい》の『国群全図』の越後国の地図では、雨節山となっている。これは雨飾の誤記か、あるいは雨節が正名であるか、やはりわからない。しかしそんな詮索《せんさく》はどうでもいい。雨飾山という個性的な美しい名前で十分ではないか。

32 苗場山（二一四五米）

わが国には郷土人がそれぞれ自慢にする山を持っていて、校歌や市町村歌はもちろん、民謡にまでその山の名が取入れられる。駿河《するが》の富士山、越中の立山《たてやま》、加賀の白山《はくさん》、といった風に、大ていの国にはその代表的な名山がある。

ところが、信州や越後のように面積が広くて、しかも山の多い国では、その代表をきめるのはむつかしい。越後ではどこだろう。米山《よねやま》や弥彦《やひこ》山はさておいても、北越には飯豊《いいで》山、中越（魚沼）には八海《はっかい》山、南越（頸城《くびき》）には妙高《みょうこう》山、などの立派な山がある。

「苗場《なえば》山は、越後第一の高山なり」で始まる鈴木牧之《ぼくし》の「苗場山に遊ぶ記」（『北越雪譜』の中にあり）によって、この山もまた越後の名山であることが広く知られた。もっとも越後最高ではない。妙高・火打《ひうち》の方がずっと高い。

大たい昔から名山と称せられているものは、平野からよく見える山である。ところが苗場山は奥山で、街道筋からは見えない。そんな隠れた山に、どうして古くから社が祀《まつ》られたり参拝者が登ったりするほど、あがめられたのであろうか。

鈴木牧之の住んだ塩沢町のある魚野《うおの》川の谷からも、苗場山は見えない。終戦後私は越後湯沢に住んだことがあって、その裏の大峰へ幾度か登ったが、たしかこの頂上からも神楽《かぐら》ヶ峰が邪魔して、苗場山は見えなかった。大峰から高津倉山の方へ進むと、初めてあの厖《ぼう》大《だい》な背を持った苗場が現われてきた。

おそらく魚沼の住人も、朝夕苗場山を仰ぐというわけにはいかないが、時たま高いところへ登った時、前山の彼方《かなた》にこの立派な山を見つけて、それを言い伝え、おのずから信仰の山となったのであろう。

もし苗場が平凡な山であったら、ただの奥山として放っておかれただろう。ところがこ

れは人の眼を惹《ひ》かずにはおかない。そして一ぺんその山を見たら、その名を問わずにはおられない特徴を持っている。すぐれた個性は、どんなに隠れようとしても、世にあらわれるものである。

山岳展望に興味を持つ人なら、白馬岳《しろうま》から、八《やつ》ヶ岳から、赤城山《あかぎ》から、その他方々の頂上から、この独自の姿を持った山をすぐ見分けるだろう。それはゆるく傾いた長い稜線《りょうせん》を持った山である。いわゆる山らしい山のたくさん重なっているあいだに、苗場だけはまるで鯨の背のようにその厖大な図体を横たえている。

この奥山が東京から見えると言ったら、おどろく人があるかもしれない。木暮理太郎氏がそれを証明した。山岳展望に熱心だった木暮さんはいろいろ検討の末ついにそれを認めた。東京から見える山の中では一番遠く、直径にして約百六十粁《キロ》あるという。もっとも見える日は一年を通じて四、五日に過ぎないそうだから、普通の東京人には無縁である。

鈴木牧之の登ったのは、今から百五十年も前の文化八年（一八一一年）で、友人四人と共に従僕を従えて、七月五日塩沢町をたった。その日は三俣《みつまた》村に泊り、翌早朝、神官を招いて浄《きよ》めの祓《はら》いをし、案内人を雇って、山へ向った。多分現在の登山道とほぼ同様だろう。彼等はまず神楽ヶ峰に登り、一たん鞍部《あんぶ》へ下って、それから苗場の頂上に達した。そこのさまはさぞ彼等の眼を驚かせたことだろう。「この絶頂は周《めぐ》り一里といふ。莽々《もうもう》たる平蕪《へいぶ》、高低の所を見ず。山の名に呼ぶ苗場といふ所、ここかしこにあり。そのさま人の作りたる田の如《ごと》き中に、人の植ゑたる様に、苗に似たる草生ひたり。苗代《なはしろ》を半ば取残したる様なる所もあり。」

牧之たちは頂上の小屋で一夜を過し、酒を飲み、詩を賦《ふ》し、歌を詠《よ》んだというから、現今の登山者から見ると随分風流である。翌朝御来光を拝して下山した。

こんな風に徳川時代から名山として登られていた。山の名は頂上の広い沮洳《しょじょ》地が田形をして苗の如きものが生じているからであり、そこには保食神《うけもちのかみ》の銅像が安置され、伊米《いめ》神社がある。

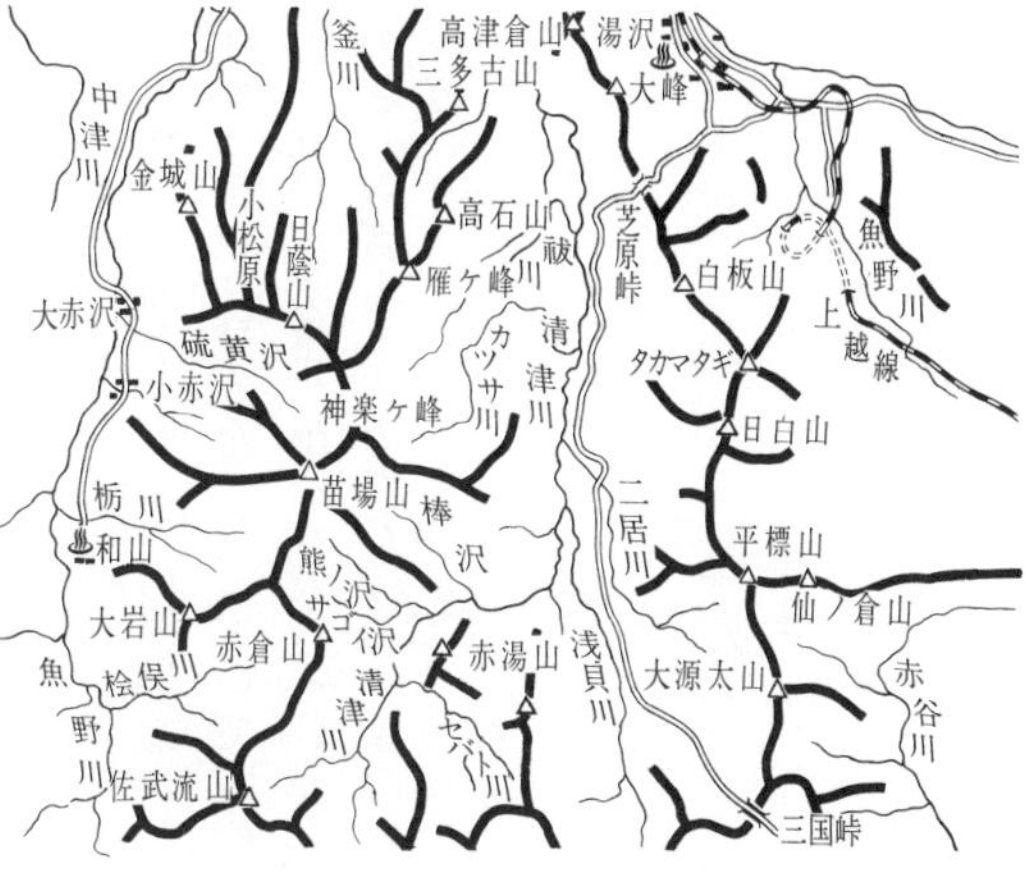

私が登ったのは、もう四十年前の大正十四年（一九二五年）の五月で、まだ上越線も沼田までしか通じていなかったから、そこから歩いて三国《みくに》峠を越え、清津《きよつ》川を遡《さかのぼ》って赤湯へ入った。無人の赤湯で一晩泊って、翌日熊《くま》ノ沢から登ろうとしたがどうしても道が分らず、断念して清津川を引返す途中、温泉宿の人の上ってくるのに出あった。再び赤湯に戻り、翌日宿の人から聞いた道で、難なく頂上に登った。曇っていて眺めは利《き》かず、あのだだっ広い頂で、五月の半ばだというのに吹雪に出あった。それ以後私はスキーで神楽ヶ峰までは二度登ったが、その上から苗場を眺めただけで、まだ再遊を果さずにいる。

33　妙高山（二四四六米）

古典『義経記《ぎけいき》』によると、北国路を辿《たど》って奥州へ逃避行を続けていた義経《よしつね》・弁慶の一行が、直江津《なおえつ》から無人の船を見つけて嵐《あらし》の中を佐渡へ渡ろうとした記述に、「妙観音の岳より下《おろ》したる嵐に帆引掛けて……」という文句がある。この妙観音の岳を妙高《みょうこう》山だとする説が行われている。妙観音の岳が訛《なま》って妙光山の岳、つまり妙高山となったというのである。

しかしそれは違う。妙高山は古くは越《こし》の中山《なかやま》と呼ばれた。その中山が名香《なか》山となり、名香山では漢詩などに詠《よ》みこむのに工合が悪いので、音読して名香山《みょうこうざん》となり、更に字を飾って妙高山となったのだと思う。現にこの山の麓《ふもと》には今も名香山《なかやま》村の名を存している。

わが国には、その土地の名山を中山と呼んだ慣わしがある。万葉集に、きさの中山（大和）、古今集に、きびの中山（備中）、さやの中山（遠江《とおとうみ》）、拾遺集に、みをの中山（近江《おうみ》）等が見える。そしてその命名の流行が越後にも及んで、こしの中山となったのであろう。

こしの中山と呼ばれただけあって、妙高山は越後の名山である。越後富士とも称せられる。越後のみならず、私は日本の名山だと思っている。その均整の取れた山容の気品と言い、ドッシリと安定した量感と言い、のびやかな裾野《すその》の雄大さと言い、名山としての名に恥じない。

長野を出た信越線の汽車が、牟礼《むれ》の隘地《あいち》を過ぎて、柏原の広みへ出ると、初めて妙高山が見えてくる。そしてそれは汽車が日本海に近づくまで望まれるが、一番みごとなのは、関山付近から見た姿であろう。中央の火口丘がスックと高く、その右に神奈《かんな》山、左に前山、この二つの外輪山の尾根が、ちょうど火口丘を首にして両襟《りょうえり》を掻《か》き合わせたようなさまを

呈している。

　この中央火口丘は心《しん》岳と呼ばれている。その頂上に立つとよく判《わか》るが、これほど典型的な円形カルデラも珍しい。心岳を真ん中において、まるでかごめかごめの遊戯のように、神奈山、大倉山、三田原山、赤倉山等が、円く取巻いている。そしてその火口丘と外輪山との間の環状の火口原（と言っても広くはない。原ではなくて谷の趣をなしている）の水が集って、二つの火口瀬、即ち大田《おおた》切《ぎり》川（北地獄）、白田切川（南地獄）となって、あの広い妙高の裾野を貫流している。

　おそらく多くの人は、妙高山の夏よりも冬の姿をよく知っているだろう。山麓《さんろく》の大斜面はわが国の最も古いスキー場として、人々に親しまれてきたからである。私が初めてスキ

ーをおぼえたのもここであった。関温泉は学生の宿で、赤倉温泉はブルジョアの泊る所と見なされていた。当時はまだ志賀高原も蔵王《ざおう》もひらけず、スキー地と言えば妙高山麓か五色《ごしき》温泉に限られていた。関や燕《つばめ》に私は何度もスキーに行ったが、妙高山の頂上に登ったことはなかった。せいぜい神奈山や前山へ出かける程度で、妙高はただ見上げるだけであった。スキーを楽しみに来た者に、あの岩だらけの頂上へ登ってみようという闘志は起らなかった。

リフトがつき、ウィーゼルが動き、花やかな色どりで覆《おお》われるようになった今日の妙高山麓スキー場では、なおさら苦労して妙高に登る人はあるまい。妙高山は、その裾の繁華なスキー場の飾り物として、存在しているかの如《ごと》くである。このすばらしい飾り物がなかったら、妙高山麓スキー場の魅力の大半は消え失《う》せるだろう。

避暑地としての野尻《のじり》湖、そこから見た妙高山は、その形が稍《やや》いびつとは言え、やはり湖を飾る大きな景物の一つである。妙高なくして、野尻湖何ものぞ、である。

学生の頃から私は休暇ごとの帰省に、何十度この妙高の裾を通ったかしれない。もしそれが昼の汽車であり、晴れた日であったなら、私は車窓から妙高山の美しい姿を仰ぎつづけて倦《う》まなかった。

登山路は、赤倉および池ノ平の両温泉からついている。火口瀬の北地獄・南地獄、どちらを通っても、天狗平《てんぐ》で一致する。そこから上が中央火口丘の登攀《とうはん》である。岩ばかりの道で、途中、鉄の鎖や梯子《はしご》のかかった笈摺《おいずる》岩などもあるが、大した難所ではない。

頂上には巨岩が散乱していて、大きい岩は高さ数米《メートル》に及ぶものもある。その間にコケモモやガンコウランの類が毛氈《もうせん》のように敷きつめているから、山上の庭園のような趣がある。

私は六月の初め赤倉から登って、頂上からの快晴の眺望を楽しみ、池ノ平へ下ったが、スキーでお馴染《なじみ》の茅場《かやば》までおりると、そこは草地の大斜面で、眼下には絶えず野尻湖が離れなかった。ちょっと休む間に身の周りのワラビを摘んでも、すぐ手にあまるほどの収穫で、私はそれを土産に、妙高を振返りながら下って行った。

34　火打山（二四六二米）

ある三月の下旬、白馬山麓《しろうまさんろく》へスキーに行った私は、誰もいない丘の上に立って、山を眺めていた。空は青く陽は輝いていた。こんな日に下手なスキーをするより、山を眺めていた方が幸福である。普通の人にはただ白い山の連続にしかすぎない山なみも、私にとっては、どの一つの峰、どの一つの鞍部《あんぶ》にも、追憶があり、憧憬《どうけい》があった。

北にあたって三つ並んだ山が見えた。頸城《くびき》三山と呼ばれるもので、まん中が火打《ひうち》山、右が妙高《みようこう》山、左が焼山《やけやま》である。妙高と焼はまとまった形をしているのに、間の火打は長い稜線《りようせん》を引いた不整三角形である。人はとかく整った形には注目するが、そうでないものには迂闊《うかつ》である。妙高や焼は人目を引き易《やす》いのに、火打は案外見逃されている。

しかしよく見ると火打は立派な山である。その悠揚とした姿にすっかり惚《ほ》れてしまった眼を隣りへ移すと、妙高や焼のキチンとした纏《まと》まりが却《かえ》って見劣りする。三つの中では火打が最も高い。のみならず、緯度的に見て、火打より北に火打より高い山はない。標高二四六二米《メートル》。これは白馬以北の小蓮華《これんげ》山、鉢《はち》ヶ岳、雪倉《ゆきくら》岳等、北アルプス稜線上の山を除けば越後では最高である。

三月下旬ではまだすべての山が雪を置いていたが、とりわけ火打が白かった。どんなに雪が降り積っても山のすべてを覆《おお》うわけにはいかない。どこかに雪をつけない崖《がけ》や岩壁がある。ところが火打だけは完璧《かんぺき》に白かった。こんなに一点の黒もなく真白になる山は、私の知る限り加賀の白山と火打以外にはない。

越後の人高頭式《たかとうしょく》の労作『日本山岳志』に火打山が載っていないのを、私は不思議にも思い遺憾《いかん》ともしている。あれほど諸書や古地図をあさった高頭氏が、どうして火打山を見落したのであろうか。妙高は田口・関山あたりから顕著に見える山であるから古来その名は聞えている。焼山も糸魚川《いといがわ》あたりから見ると目立つ饅頭《まんじゆう》型をしているせいか、徳川時代の

有名な長久保赤水《ながくぼせきすい》の『新刻日本輿地《よち》路程全図』にも記入されている。火打だけは見えない。

『越後土産』二篇（元治元年刊）の中に越後の山の番付けが載っているが、それによると火打山は前頭三枚目になっている。かくも火打が不遇であったのは、平野から易々《やすやす》と見えない山であったからだろう。登山が盛んになって、ようやくその真価値が認められだしてきたのである。

だいたい頸城三山は二千四百米以上の山が三つ頭を並べている点で、侮《あなど》りがたい存在である。私は方々の山からこの三山を幾度も見た。直ちにそれと識別できる目立った山容を持っている。二千四百米と言えば、日本アルプス、八ヶ岳、白山を別にすれば、わが国では高峰に属する。それを望むごとに、私は北方にガッチリと三山が党を組んで、一勢力を誇示しているような印象を受ける。そしてその中の棟梁《とうりよう》はもちろん火打山である。

火打の真価値はそれに近づくに従って発揮される。普通笹《ささ》ヶ峰《みね》牧場から登るが、その登り道が一様ではなく、林あり、平あり、池沼《ちしよう》あり、変化に富んでいる。殊《こと》に嬉《うれ》しいのは雪の多いことである。雪は山を立派に見せる。私が訪れたのは六月の下旬であったが、まだ山の大半は雪に覆われていた。

笹ヶ峰から見晴らしのよい富士見平まで登ると、初めてこの山の大きさを知らされる。何と広々とした山腹であろう。その上に火打の頂がスッキリと潔《いさ》ぎよく立っている。その山腹に豊かな平地を持った高谷《こうや》池がある。池の附近の景色は全くすばらしい。夏ならば高山植物の褥《しとね》である。

高谷池から稜線に取りついて、そこから頂上までの尾根伝いは、匐松《はいまつ》の太い根の入り組んだ道で、チシマザクラが道の脇《わき》に花盛りであった。匐松帯を出て、雷鳥の遊んでいる岩のゴロゴロした最後の坂を登ると、そこが頂上であった。平地のまわりにミヤマタンポポが咲き、隅の方に石の不動さんがおいてあった。

すぐ眼の前に焼山のドームが立っている。

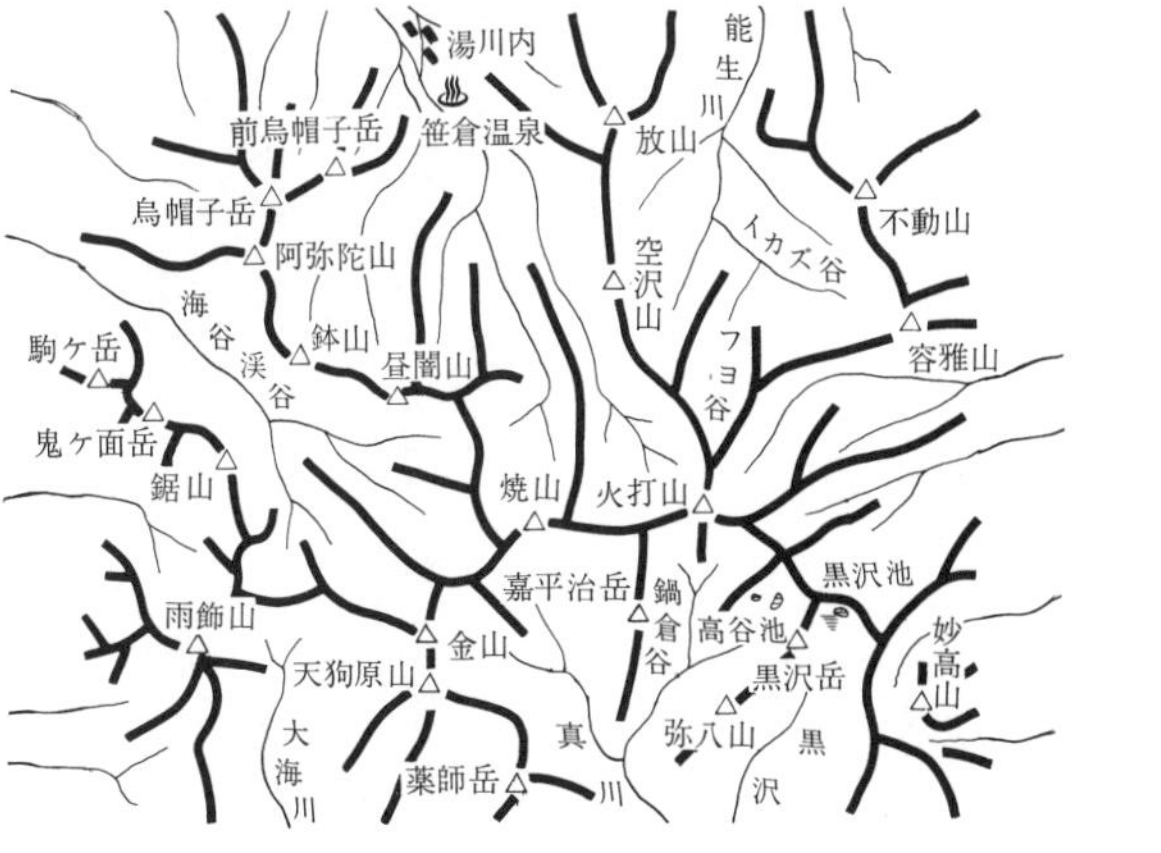

それに続いて金山《かなやま》・天狗《てんぐ》原《はら》山の平たい山稜。焼と金山の間には、わが愛する雨飾《あまかざり》山がつつましく姿を現わしていた。そしてそれらの上に遥《はる》か北アルプス。その北アルプスから幾度私はこの火打を眺めたことだろう。

南に移ると、すぐ眼につくのは高妻《たかづま》に乙妻《おとづま》、私の好きな山だからである。東の方は、これは数えだせばきりがなかった。中で苗場《なえば》山と岩菅《いわすげ》山が顕著であった。そしてお隣りの妙高山、これは外輪山の上に王冠のような頭をもたげていた。

私は戦争前に妙高と焼山には登っていた。三幅対《さんぷくつい》の残りの一つ火打の頂上を踏むのに二十年おくれた。それだけにこの登頂はいっそう嬉しかった。

35　高妻山（二三五三米）

高妻山《たかづま》は戸隠連山《とがくし》の最高峰である。戸隠山は、手力雄命《たぢからおのみこと》が天《あま》の岩戸《いわと》を開いてその戸を空に投げると、それが葦原《あしはら》の中つ国に落ちて山となったという、そんな古い伝説を持っている。戸隠奥社は手力雄命を祀り、中社は思兼命《おもいかねのみこと》を祀《まつ》り、日《ひ》の御子《みこ》社は天鈿女命《あめのうずめのみこと》を祀る。いずれも岩戸開きに参列した神々である。

戸隠は、平安朝の初めから神仏混淆《こんこう》となり、その最盛期は平安朝の末から鎌倉時代の中頃までだったと言われ、奥院、中院、宝光院と三つの群落に別れて、それぞれ数多くの大きな寺社が建立《こんりゆう》され、その栄えは高野《こうや》や比叡《ひえい》にも劣らなかったという。その後兵火にあって大部分が廃墟《はいきよ》になったそうだが、しかし現在でも中社まで行って、厚い萱葺《かやぶ》きの屋根が高々と並んでいるのを見ると、昔がしのばれるようである。

それらの家は皆神官の住まいであって、昔は山伏や修験者《しゆげんじや》を泊めたのであろうが、現在では内部を改造して旅館風な作りになっている。そして夏は、避暑客や生徒の団体や登山者やハイカーで満員の盛況である。以前は軽井沢や野尻《のじり》湖の派手を嫌う少数の知識人が、静かに夏を過す所だったのに、今は観光地なみの賑《にぎ》わいである。

どうして昔こんな辺鄙《へんぴ》な地が栄えたのであろう。海抜千米《メートル》の大きな高原が、こんな山中に拡《ひろ》がっているのも珍しいが、ここに巨刹《きよさつ》が軒をつらねたのは、おそらく戸隠山があったからだろう。修験者は大てい岩の険しい山を選ぶ。大峰山《おおみね》、石鎚山《いしづち》、八海山《はっかい》、両神山《りようがみ》など皆そうである。屛風《びようぶ》のように長々と岩壁をつらねた戸隠山が見逃されるはずはない。

奥社の裏から登って、蟻《あり》ノ戸渡りとか、剣《つるぎ》ノ刃渡りとかいう岩場を通って八方睨《はっぽうにら》み（一九一一米）に達する。ここが普通戸隠山の頂上と見られている。そこから更に岩壁の上っぷちの尾根を一上一下しながら、一不動《ふどう》というキレットまで出て、そこから戸隠牧場へ下

る。これが戸隠の表山で、登山者の多い道である。

この御峰通りには、古くは表山三十三窟《くつ》といって、所々の岩に仏像が祀られていたという。足元から麓《ふもと》の森まで一気に削り落したような岩壁や、その森から飯縄《いいづな》高原まで拡がった濃淡入り混ぜの美しい原や、この尾根道を辿《たど》りながら、楽しい眺めが得られるが、もし本当に山の好きな人だったら、その眼をすぐ反対側に返すことを忘れないだろう。

その側に、すぐ真近に、高妻山がスックと立っているからである。スックという形容がそのままあてはまる気高いピナクルである。殆《ほと》んどその土台から絶頂までの全容が望まれる。

立連なった戸隠表山の端に、一きわ高く峰

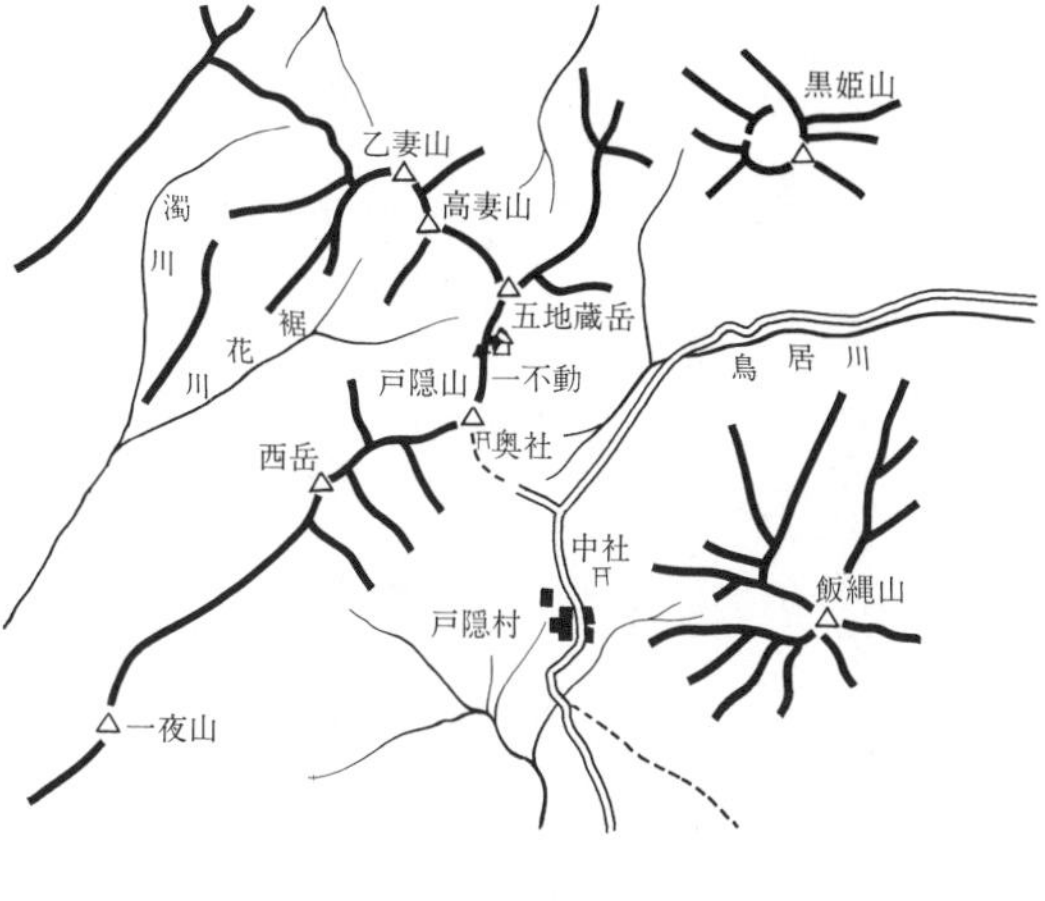

頭をもたげている高妻山、その脇《わき》にかしずくようにつつましく控えている乙妻《おとづま》山。白馬連峰から、志賀高原から、頸城《くびき》の山々から、いつも遠く眺めて見倦《みあ》きない山であった。あまりその名が知られていないのは、平野からすぐ眼につく山ではなく、ごくそばへ近づくか、遠く離れなければ容易にその姿を見せないからである。古くから私の好きな山であった。

高妻は二三五三米、乙妻は二三一五米。戸隠・飯縄・黒姫連山での最高峰であるのみならず、山の品格からいっても一番立派であるに拘《かかわ》らず、登る人が少ない。昔はこの高妻・乙妻も戸隠の御裏山と称して、修験者が登拝した。一不動をお裏巡りの振出しとして、二釈迦《しやか》、三文殊《もんじゆ》、四普賢《ふげん》を経て五地蔵岳（一九九五米）に達した。

もう二十数年前、私は一人で高妻・乙妻へ登るつもりで、この五地蔵まで行って、当時そこにあった破《や》れ小屋に泊った。しかし翌朝は深い霧で、少し先は何にも見えない。霧の晴れるのを待ったがその甲斐《かい》なく、とうとう断念して引返したことがある。

五地蔵から先は、六弥勒《みろく》、七薬師、八観音、九勢至《せいし》を通って、高妻山の頂上には阿《あ》弥陀如来《みだにょらい》がまつってあったそうである。そこから更に、十一阿閦《あしゆく》、十二大日《だいにち》を過ぎると乙妻山で、その頂上には虚空蔵菩薩《こくぞうぼさつ》があったという。

高妻山に登りそこねてから年久しく、私の胸にはいつもプランはありながら機会がなかった。ようやくその宿願をかなえることが出来た。朝の四時に中社の宿を出て、戸隠牧場まで爽《さわ》やかな夜明けを歩き、そこから一不動に登った。そこから先、尾根伝いになる。道ばたに稀《まれ》に石の祠《ほこら》が見つかったのは、昔の霊場巡りの名残りであろう。五地蔵から二つのコブを越えて、高妻山への長い登りは急峻《きゆうしゆん》で、実に辛《つら》かった。ようやく頂上に達して私の喜びは無上であったが、もう乙妻まで足を伸ばす元気がなかった。

36 男体山（二四八四米）

わが国の名山には偉い坊さんによって開かれたものが多いが、大ていは伝説めいている。その中で記録の一番実証性のあるのは、日光の男体《なんたい》山である。その初登頂は、今から約千二百年前の天応二年（七八二年）三月、勝道上人《しょうどうしょうにん》によって果された。この登山のことは『性霊集《しょうりょうしゅう》』という古い本に出ている。筆者は僧空海である。

勝道上人の第一次登山は、神護景雲《じんごけいうん》元年（七六七年）四月上旬に試みられた。彼は大谷《だいや》川北岸の草庵《そうあん》を出発して、男体山に向ったが、山にかかると、雪深く岩けわしく、その上嵐《あらし》にあって、登ることが出来ない。止《や》むを得ず断念して、先に発見した中禅寺湖のほとりに引返し、そこに住んで法を修めること二十一日の後、草庵に戻った。

それから十四年後の天応元年（七八一年）四月上旬、彼は再び男体山を目ざしたが、この時もまた天候に妨げられて、失敗に終った。しかし登頂の念やみがたく、翌年三月第三次の行を起した。（当時の三月は今の暦に直すと、四月から五月にかけての候にあたる。）

今度こそと彼は堅く意を決したのであろう。中禅寺湖畔に至って経を読み仏を礼すること七日、神仏の加護をひたすら祈って登山の足を踏み出した。時に勝道四十八歳、われ若《も》し山頂に至らざれば、また菩提《ぼだい》に至らず、との強い発願であった。

湖畔から山頂まで約千二百米《メートル》の高距《こうきょ》で、ほとんど登りずくめの急坂である。勝道は自ら道を開いて行かねばならない。まだ残雪も深く、樹木の生い茂っている間を攀《よ》じ登って行く苦労は、なみなみではなかった。身は疲れ力は尽き、途中二夜のビヴァークを重ねて、元気を取り直しては登行をつづけ、とうとうその絶頂に立った。その時のさまを、空海の文章はこう記している。

「終《つひ》にその頂を見る。恍恍惚惚《こうこうこつこつ》として、夢に

似たり、寤《さ》むるに似たり……一たびは喜び、一たびは悲しみ、心魂持し難し。」

一たびは喜び、一たびは悲しみ、心魂持し難し——この最後の言葉がまことに簡潔適切である。幾度も失敗した宿望の山頂に遂に達した時、歓楽極まって哀傷多しの感動の起ることとは、大ていの登山家におぼえがあろう。「勝利の最初の歓喜の後に、悲哀の感情がきた。山は屈したのだ、誇り高い頂は遂《つい》に屈したのだと。」と書いたのは、ヒマラヤのナンダ・デヴィに初登頂したティルマンであった。

すべての湖はその傍にそびえ立つ山の姿で生きてくるが、中禅寺湖と男体山という取り合わせほど過不足なく、彼我《ひが》助け合って秀麗雄大な景色を形作っている例も稀《まれ》である。天の造型の傑作というほかない。中禅寺湖が男体登山の表口となるのは当然であって、湖畔に二荒《ふたら》山神社が祀《まつ》られている。

二荒山は男体山の別称であって、その「フタラ」は補陀洛《ふだらく》山からきたものであろうか。日光はもと補陀洛山と呼ばれた。補陀洛は梵語《ぼんご》 Potalaka の音訳で、訳すると、光明山、海鳥山、小花樹山の意だという。また一説には、二荒は「フタアラ」で、それは馬来《マレー》語プトガラの転訛《てんか》であって、プトは白の意、ガラは荒れるの意、即ち「白い煙で荒れる」ということだという。いささかこじつけのようでもあるが、二荒山が噴火で荒れた山であり、日本語を南洋系の言葉で解釈しようと試みる人もある時、一顧に値する説であろう。

男体山という名はどこから来たか。私はこう考える。昔からわが国には二峰並立の山を、一を男神とし、他を女神とする慣わしがある。常陸《ひたち》の筑波《つくば》山、豊後《ぶんご》の鶴見《つるみ》岳などそうであり、諸国にある二上《ふたかみ》山も二神山の謂《いい》である。男体山もそれと同じく、双峰というわけではないが、同じ山続きの女峰《にょほう》山と相対して付けられた名前であろう。しかも男体と女峰との間に、大真名子《おおまなご》・小真名子山（真名子は愛子《まなご》の意か）があり、やや北にそれて太郎山があるのも、いかにも一家族の山という気がして面白い。以上の五山の頂上にはいずれも祠《ほこら》があり、いわゆる峰修行の行者たちはそれらを経巡《へめぐ》ることになっていた。

私が男体山へ登ったのは昭和十七年（一九

四二年）八月五日、特にこの日を選んだのは、二荒山神社の奥宮登拝祭の最中で、社殿の脇《わき》の登山口の門が開かれており、またこの表登山道が勝道上人の取ったルートに最も近いと思ったからである。非常に急峻《きゅうしゅん》で、湖畔から頂上までひたすら登りずくめである。行程を十合に仕切ってあって、三合目で初めて樹間に中禅寺湖を見おろすことが出来た。頂上は細長く鎌《かま》の形に伸びていて、眼下何十丈の深さに爆裂火口が落ちこんでいたが、それは湖畔から眺めただけでは想像出来ない男体山の荒々しい姿であった。

37　奥白根山　（二五七八米）

この山について一番詳しく書かれた一番古い本は、植田《うえだ》孟縉《もうしん》の『日光山志』第四巻（天保七年刊）であって、その記事では、外輪山の一峰を前白根《まえしらね》山、その西の本峰を奥《おく》白根《しらね》山と呼んでいる。普通日光白根山と呼んでいるのは草津の白根山と区別するためである。日光群山の最高峰であり、男体《なんたい》山の奥院とも言われる。

奥日光に遊ぶ人は、すぐ前にある大きい男体山や太郎山に眼を奪われて、奥白根山に注目する人は極めて少ない。中禅寺湖畔から戦場ヶ原の一端に立つと、原を距《へだ》てて左手に連なる前山の上に、奥白根山の尖端《せんたん》が僅《わず》かに見えるが、進むに従って姿を消し、湯元では全く見えない。だから日光白根山と言っても、誰の眼にも親しい山ではない。

この山をよく眺めるには、男体山や皇海《すかい》山、あるいは武尊《ほたか》山や燧《ひうち》岳、それら東西南北の山々から望んだ時、真に日光群山の盟主にふさわしい威厳と重厚をそなえた山容が得られる。かつて平《ひら》ヶ岳の頂上から眺めて、連山を抜いて一きわ高く豪然とそびえている、その立派な姿に驚いたことがある。上信越国境では最高の峰である。浅間《あさま》よりも高い。
麓《ふもと》からその全容を捕えるのに困難な山であるが、遠く離れるとよく見える所がある。それは上野から高崎へ行く汽車の窓からで、赤《あか》城《ぎ》が見えだした頃その右手に、整った円錐《えんすい》形の男体山、それと並んで更に高く、ヴォリュームのある白根山が眺められる。関東平野が冬ざれの一色に塗られている時、その果てに純白の雪を光らせる。

奥白根は上野《かみつけ》と下野《しもつけ》の国境上に位置して、普通下野の日光側から登る人が大部分であるが、この山の表口は上野側であろう。『日光山志』によると、上州では荒山権現《あらやまごんげん》を祀《まつ》り、産土神《うぶすながみ》として崇《あが》め、養蚕の盛んな土地であるから、毎年新繭《しんまゆ》から取った糸を家ごとに携えて登拝したという。その糸を注連《しめ》のように結

びあわせたから、遠くから望むと、布を引いたように見えたという。五万分の一の地図に、上野側からの登路に、遠鳥居、不動尊、六地蔵、賽《さい》ノ磧《かわら》、血ノ池地獄、大日如来《だいにちにょらい》などと記載されているのを見ても、往時の登山の盛んだったことが察しられる。しかし現在ではその跡形らしいものは殆《ほと》んどない。

　私は日光側から登った。湯元から白根沢の急坂を攀《よ》じて前白根山の頂に着くと、眼の前に奥白根山が大きくそびえている。日本山岳会の大先輩高野鷹蔵氏に奥白根登山記があるが、明治時代の紀行文が大てい美辞麗句で飾られている例に洩《も》れず、氏の前白根から奥白根を見た描写も次のようである。「磯《いそ》の浪風《なみかぜ》に揉《も》まれ〳〵て、節くれ立つた、老船頭が、肩肌脱ぎて沖行く舟を眺めて突き立つた様に、

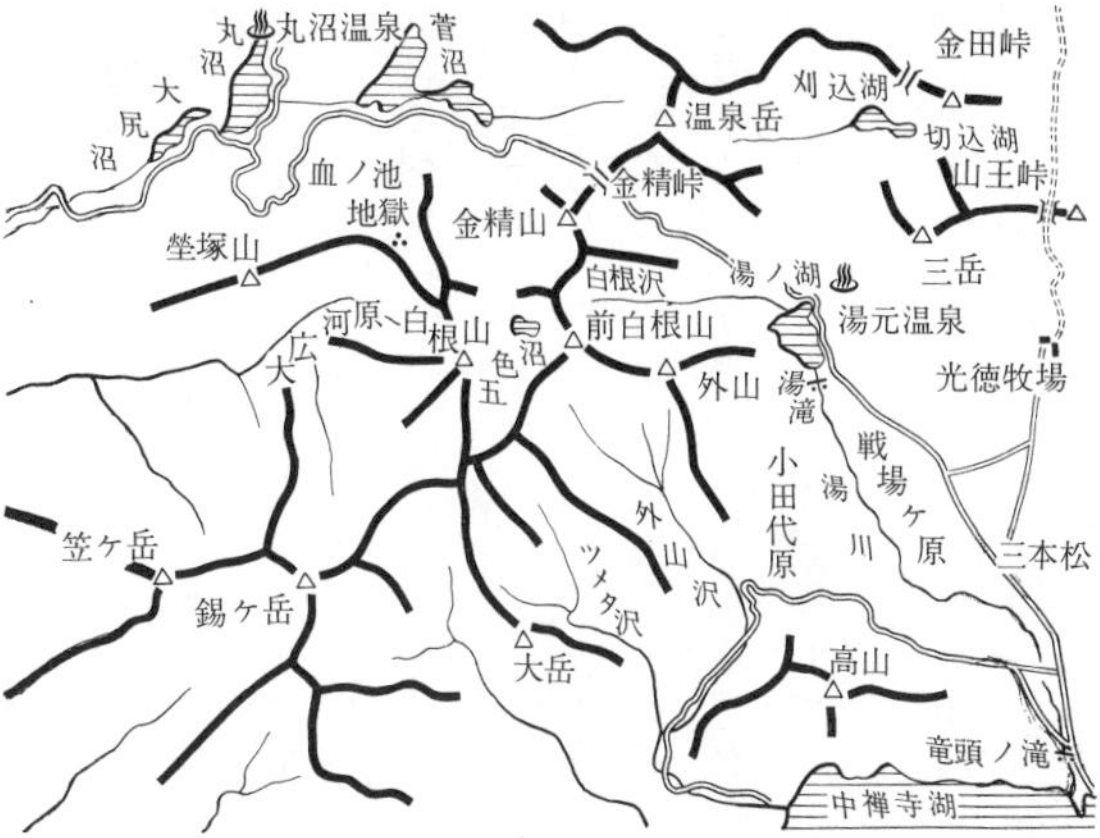

兀々然と赤黒の半身を擡げる。」たしかにそんな風に思えば、そんな風に見えないこともない。

前白根から一たん下って火口原らしい平らな草地へ達するが、その途中眼下に五色沼《ごしきぬま》が見おろされる。『日光山志』に魔《ま》ノ湖《うみ》と名づけられている火口湖で、四周山に囲まれた深い湖だけに、何か悽愴《せいそう》なおもむきがあって、それが魔を感じさせたのであろう。

火口原から奥白根の急登が始まる。樹林の間を喘《あえ》ぎながら登って行くと、やがてザクザクした砂礫《されき》を踏む高山帯となり、ついに巨岩の散乱した頂上に立つ。

奥白根の頂上は一種異様である。それは蜂《はち》の巣のように凸凹がはげしく、どこを最高点とすべきか判じ難い。小火口の跡があちこちに散在しており、それをめぐって岩石の小丘が複雑に錯綜《さくそう》している。その丘の一つに貧弱な小祠《しょうし》があって、白根権現が祀ってある。少し離れた小丘の上に三角点があったから、そこを最高点と見なしていいのだろう。

おもな火口を数えただけでも五指にあまった。この山がいかに激しい噴火を繰返したかを、それは物語っている。記録に残るところでは、最初の噴火は寛永二年（一六二五年）で、その後しばしば爆発があり、明治になってからも六回数えられる。その最後は明治二十二年（一八八九年）であって、十二月四日突然遠雷のような鳴動が始まったので、山麓《さんろく》の人々は磐梯《ばんだい》山の二の舞ではないかと怖《おそ》れて避難したが、大した被害はなかった。

下山の道を私は上州側へ採った。頂上からその側へ大きな薙《なぎ》が崩れ落ちている。これを御釜大割れと称しているが、明治六年の大爆発によって生じたものである。下から見上げたこの大薙は壮観であった。両側は削ったような絶壁で、奈落《ならく》の状を呈している。七味平という気持のいい小草原まで下ると、そこはもう樹林帯で、梢《こずえ》をすかして仰ぐ奥白根は岩襖《いわぶすま》を立てつらねたような凄《すご》い壁になっていた。

38　皇海山（二一四四米）

皇海山《すかいさん》と奇妙な読み方をする山を初めて知ったのは、まだ私の学生時代で、木暮理太郎さんの「東京から見える山」の写生からであった。それは赤城《あかぎ》山と男体《なんたい》山との間に、錯綜《さくそう》した前山の奥に、牛の背のようなドッシリした山容を覗《のぞ》かせていた。

この山に更に私の興味を引きつけたのは、その登山記であった。大正八年（一九一九年）木暮さんと藤島敏男さんの二人で、登山路を探し求めながら、苦労の末頂上に達した紀行である。その頃はまだ日本にもどこから登っていいか分らず、自分で道を見つけ、迷い、藪《やぶ》を漕《こ》ぎ、野しゃがみをし、ようやく頂上に達するという、本当の山登りの楽しさの味わえる山があったのである。

もうそういう山は殆《ほと》んど無くなった。しかし開けてしまった山々のうちでも、皇海山などはまだ訪《おとな》う人の少ない山に数えられよう。木暮さんの登山記の最初に「皇海山とは一体どこにある山か、名を聞くのも初めてであるという人がおそらく多いであろう。それもその筈《はず》である。この山などは、今更日本アルプスでもあるまいというつむじ曲りの連中が、二千米《メートル》を越えた面白そうな山はないかと蚤取眼《のみとりまなこ》で地図を探して、ここにも一つあったと漸《ようや》く探し出されるほど、世に聞えない山なのである」と書かれているが、この言葉は四十年後の今日でも、まだ通用する。皇海山は今なお静寂の中にある。

しかし私はつむじ曲りの精神からこの山を取り上げるのではない。立派な風格をもった山だからである。東京からの見取図では横背の長い山であったが、初めて近くから眺めた時、その横がつまって、颯爽《さっそう》と峰頭をもたげ、一気に下の沢まで落ちている姿は、思わず脱帽したいほどの気品をそなえていた。

のみならず、木暮さんの考証によると、この皇海山はサク山という名で正保（一六四四—四八年）の図にも記入されており、その後

の地誌類にも載っているそうである。サク山は一名笄《こうがい》山とも呼ばれた。コウガイの形をしているからであろう。そのコウガイが皇開と宛字《あてじ》され、それが皇海となり、皇はスメと読むから、皇海をスカイと読むようになったのだろうという木暮説である。

サク山は笏《しやく》山から来たのではないか、これは私の想像である。昔の人は山の名を物の形になぞらえてつけることが多いが、古峰《こぶ》ヶ原あたりから眺めると、突としてそびえているさまは、笏を立てたように見えないこともない。

皇海山の前山の庚申《こうしん》山は馬琴の『南総里見八犬伝』の中にも出てくる。関東では有名な信仰の山であって、徳川時代には栄えたらしいが、その奥ノ院が皇海山だったという。今でも山頂の東方に奉納の青銅の剣が立っていて、それには「当山開祖木林惟一」と記され、明治二十六年七月二十一日という日付が読まれる。木林惟一は東京庚申講の先達《せんだつ》であって、この人が庚申山から皇海山に至る道を開いたのだという。

庚申山参詣《さんけい》の盛んだった徳川時代には、奥ノ院の皇海山へ通じる道はあったのだろうが、明治十二年編纂《へんさん》の郡村誌には「高峻《こうしゆん》ニシテ高サ不詳。峻ニシテ登路ナシ」とあるから、徳川の終りになって道が消え、それが明治中期に再び興《おこ》されたのであろう。そしてその一時期を過ぎるとまた途絶えて、大正時代の木暮さんの頃には道が認められなくなった。

登山の盛んになった現在、道はつけられているが、登る人の少ない証拠には、私たちの行ったのは五月連休の晴天だったにも拘《かかわ》らず、登山者はほかに誰もいなかった。それはこの山の奥深いことにもよるのだろう。まず庚申山に登り、それから十ほど小さなピークを越えて鋸《のこぎり》岳へ達する。ピークに一々名前のついているのは信仰登山の名残りである。鋸から一たん深く鞍部《あんぶ》へ下って、それから皇海の頂上まで一途の登りになる。

　頂上は木立に囲まれた静寂な小平地で、見晴らしは利《き》かない。しかし庚申から皇海まで至る途中で、快晴に恵まれた私たちは素晴らしい山の展望を得た。近くの奥日光、上信越の山々はもちろん、北・南アルプス、富士山までが視界に入ってきて、私たちの足はその

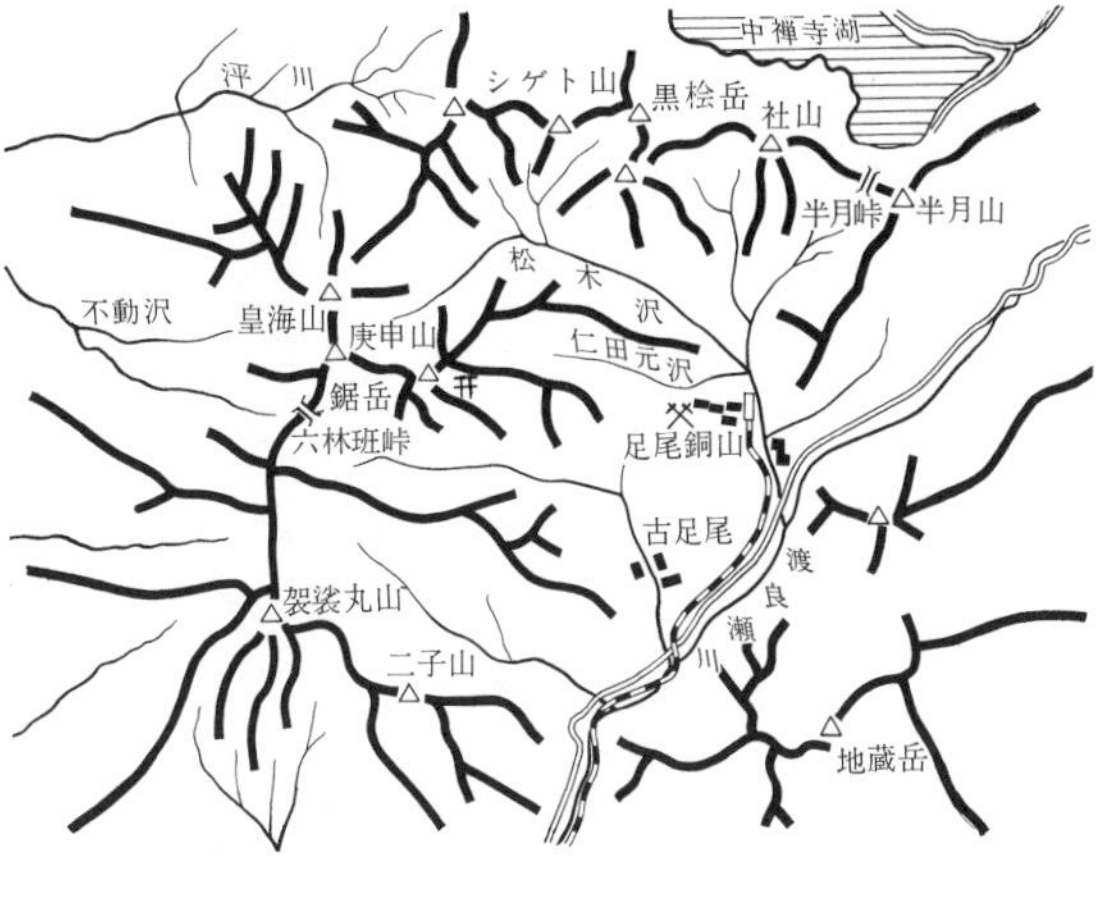

ためしばしば楽しい停止にゆだねられた。

皇海山は、南は六林班峠《ろくりんぱん》を経て袈裟丸山《けさまる》に続き、北は三俣山《みつまた》を経て宿堂坊山《しゆくどうぼう》、錫《すず》ヶ岳、白根山へ伸びている。この長い山稜《さんりよう》も道が開かれているのは一部で、あとは藪と戦わねばならない。それだけにまだ原始的自然美を保っている山域であって、「埋れた山」を探し求める人たちにとって、これから興味の多い舞台となるだろう。

39 武尊山（二一五八米）

武尊をホタカと読める人は、山好き以外にはあまりいないだろう。山名は日本武尊《やまとたけるのみこと》からきたと言われている。前武尊《まえほたか》の頂上には高さ四尺くらいの銅像が立っているが、それは日本武尊を現わしたものである。

日本武尊の東征と山とは縁が深い。碓日峠《うすい》、四阿山《あずまや》、両神山《りょうがみ》、武甲山《ぶこう》、神坂峠《みさか》、それから伊吹山《いぶき》へと、みなこの古《いにし》えの武将の言い伝えが残っている。そして武尊山に至っては、名前まで同じである。しかしここには伝説があるだけで、拠《よ》るべき旧記がない。

武尊山が昔から宗教の山であったことは、最高峰の頂に御岳山大神と刻んだ石が立っていたり、剣ヶ峰の頂に普寛《ふかん》霊神が祀《まつ》ってあったりすることによっても察しられる。大たい日本で古くから行者が信仰的に登る山は共通の性格を持っている。それは大てい厳《いか》つい岩のある山であって、その難所を通過することが修行になっている。関東の両神山や庚申《こうしん》山、信州の戸隠《とがくし》山、関西の大峰山などみなそうである。そして岩場には物々しい鎖や鉄梯子《てつばしご》が取りつけられているが、それらは登攀《とうはん》を容易ならしめるためより、参拝者に畏怖《いふ》の念を起させるための道具立てのようにさえ思われることがある。わざと険しい個所を択《よ》ったりする道のつけ方まで似ている。

武尊山の信仰登山の表道は花咲《はなさき》口からであっただろう。村の端の小祠《しょうし》には、以前は武尊講の札がたくさんかけてあったそうである。社の傍の花咲石は「花咲けるが如《ごと》き紋様あり、故《ゆえ》に花咲石と云《い》う」とあるが、この石にも日本武尊に因《ちな》んだ物語りが残っている。

この登山道の途中には、大正初年までは籠《こもり》堂《どう》があって、石仏が二基あり、その一つの背には御山開闢《かいびゃく》木食《もくじき》上人普寛行者の文字が認められたというから、武尊山は普寛行者が開

いたと見なしていいだろう。きれいな清水の流れている御沢《みさわ》は、登拝の白衣の信者が斎戒《さいかい》沐浴《もくよく》した所だと伝えられる。

しかしそれらのことを知ったのは後のことで、私がまず武尊山に甚だしく惹《ひ》かれたのは、そんな人間臭い山としてではなく、すばらしい立派な自然としてであった。上越国境から、例えば谷川岳の上からでもいい、東の方を望むと、長大な障壁のような山が見える。それは一つの抜きんでたピラミッドとか特異の独立峰として注目されるのではなく、その大きな壁全体として私たちの眼を驚かすのである。

その壁は、沖武尊《おきほたか》、川籠《かわご》岳、家《いえ》ノ串《くし》、剣ヶ峰、前武尊などの連なりからできている。そしてそれらの峰頭はすべて二千米《メートル》を下らな

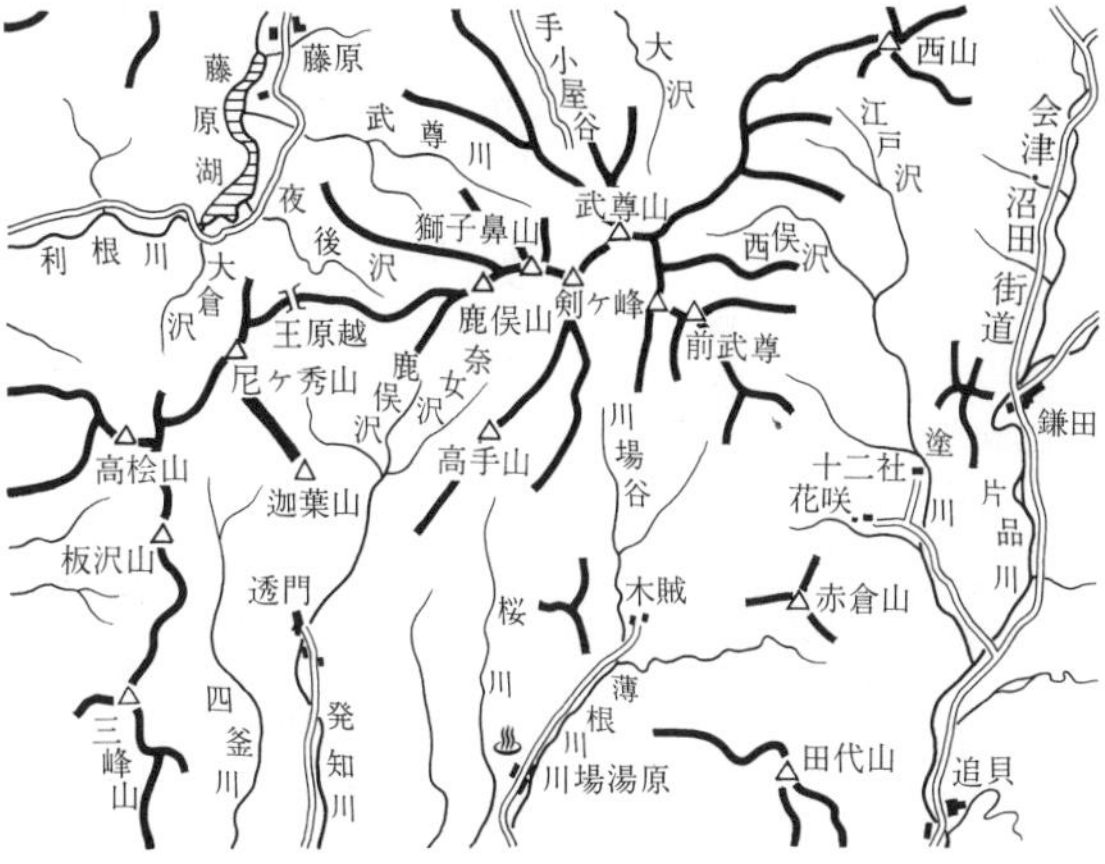

い高さで並んでいる。

私は上州の山へ登る時はいつも、この大きく立ちはだかっている障壁を眺めるのが楽しみであった。いつかその山へ訪れようとは思いながら、あの長い尾根を歩くには相当のアルバイトを要しそうなので、つい後廻しにしていた。

年久しく憧《あこが》れていた武尊山へ、ついに登山の望みを果したのは、ある年の六月であった。

六月という月は日が永く、山上の寒気もゆるみ、しかも夏の雑踏期にはまだ早く、登山にはもってこいの時節だが、一つの難点は、梅雨という厄介物である。しかし梅雨も降りずくめというわけではない。時たま晴れ間がある。その時たまをねらって、私は家内を伴なって出かけた。

中年を過ぎた私たち夫妻は、強行登山を好まない。一日で縦走するのは無理であろうから、途中で日が暮れてもいいように簡単な野宿の準備をして行った。少しでも楽なように、出発点は標高の高い上《うえ》ノ原《はら》の国鉄山の家を選んだ。いわば武尊山の裏から登るわけである。健脚の人の二倍も時間をかけて、まず私たちは最高峰の沖武尊の頂上に立った。沖武尊はおそらく奥武尊の転じたものであって、表口から登ると、ここが一番奥の峰になる。その頂上で展望を楽しんでから、長い尾根伝いにかかった。

川籠岳(かわご)は中腹の熊笹(くまざさ)の中を捲(ま)いて、次の家ノ串の頂に出た。家ノ串の「クシ」は棟(むね)の意味で、上州の袈裟丸山《けさまるやま》にも同名の地がある。山の形から名づけられたものだろう。そこから剣ヶ峰を越えるまでが、痩《や》せた岩稜《がんりょう》で、所どころ鉄の鎖がついている。私にとっては大した所ではないが、素人《しろうと》登山者の家内の心胆を寒からしめるのに十分であった。

前武尊の上で、花咲道と川場道と二つに分れる。私たちは後者を採ったが、これは相当の悪い道で、下って行くうちに果して日が暮れた。暗い中を谷川までおりると、そこに無人の小屋を見出《みいだ》したので、そこで一夜をあかして、翌日川場温泉に出た。出発点から終着点まで、一人の登山者にも出会わぬ静かな山行であった。

山には、きびしさをもって我々に対するものと、暖かく我々を包容してくれるものと、二種類ある。赤城山《あかぎ》はその後者のよい代表である。

赤城ほど人に親しまれてきた山も少ない。と言っても、宗教とか信仰とかの古くさい日本的の山ではなく、高原と湖と牧場の洋画的風景が近代人の嗜好《しこう》に応じたのであろう。志賀直哉《なおや》氏の短篇「焚火《たきび》」を初めとして、赤城の自然は、早くから多くの文化人によって語られてきた。中には、一年に一度は訪れないと気がすまないという赤城宗徒さえいる。亡《な》くなられた私の先輩の関口泰さんなども、その熱心な宗徒の一人で、赤城についてよく語られ、『山湖随筆』という著まである。赤城にシャレーを作って、四季そこへ行くのを楽しみにしておられた。

赤城は、登山というより逍遥《しょうよう》という言葉のあたる、大きなプレイ・グラウンドであって、その中心は、山上の火口湖の大沼《おの》である。それをめぐって、黒桧《くろび》山、地蔵岳、鈴ヶ岳の三つが、鼎《かなえ》の形に立っている。黒桧山が最高と言っても、湖畔から二時間とかからずその頂上に立つことが出来る。頂は草山で眺望はすばらしい。

その黒桧や地蔵岳に登ったり、登ることの嫌な人は湖のほとりを散策したり、少し足を伸ばして小沼《この》を訪ねたり、一日の遊びに事欠くことはない。小沼は山に取りかこまれた、ひっそりと静かな沼で、水面は明るい。あまりに明るく、あまりに静かなので、却《かえ》って底気味の悪い気のしたことを覚えている。以前はこの沼のまわりは大木が繁《しげ》っていて、昼さえ薄暗かったそうである。美女が大蛇に変じて沼の底に棲《す》んでいるという伝説があった。

上野から高崎までの車窓で、一番私たちを楽しませてくれるのは赤城山である。見事なのは、のびのびと裾野《すその》へ引いた稜線《りょうせん》であって、おそらくこれほど大きな根張りは、他に例が

少なかろう。しかも、それが少しのわだかまりも渋滞もなく、ゆったりと優美な線で伸びているさまは、胸がすくようである。

その見事な線を見上げて行くと、山に委《くわ》しい人なら、鍋割《なべわり》山、荒山、地蔵岳、長七郎山、駒《こま》ヶ岳、黒桧山、と順次に高くなって行くのを見分けるだろう。しかしそれらの山々の錯雑も、それを載せた台座のドッシリとした大きさに比べれば、少しもその優美な拡《ひろ》がりを損なうことはない。

その広い裾野の各方面から登路がついている。こんなに登路の多い山も珍しい。それだけ四周の山麓《さんろく》の住民から親しまれてきたのであろう。上州の博徒《ばくと》の親分がこの山へ逃れこんだところで、別に不審ではない。私は先にこの山には信仰登山の風習はないと言ったが、それは白衣を着て六根清浄《ろっこんしょうじょう》式な登山がなかったので、近辺の信心深い住民は、古くからこの山へお参りする習慣はあった。

大沼のほとりに赤城神社があって、この赤城神に、仁明《にんみょう》天皇の承和六年（八三九年）六月に、従五位下《じゅごいげ》の贈位があったほどだから、歴史は古い。神社の創立は年月不詳だが、大同年中だという説がある。いかに尊崇されていたかは、関東の各地に多くの分社があることをもっても察しられる。

しかし今は、そんな宗教臭は殆《ほと》んどなく、現代風なワンダリングの山となっている。

春秋の行楽期のみならず、冬のスキー場としても多くの人が訪れるようになった。赤城をスキー場として開いた人は、かつて大沼湖畔大洞《だいどう》の猪谷旅館主であった猪谷《いがや》六合雄《くにお》さんである。猪谷さんはまだ日本にジャンプが珍しい頃に、逸早《いちはや》く地蔵岳の東面に自分でシャンツェを設計したほどの先覚者であった。スキー界の麟麟児《きりんじ》千春君など、まだこの世に姿も見せなかった頃である。

猪谷さんは、スキー場のみならず、赤城に近代的雰囲気《ふんいき》をもたらした新しい人とも言えよう。その頃赤城に集る人は、大てい猪谷さんに会うのを楽しみにしていた。「焚火」の中に出てくるKはその人である。

私の学生時代には赤城へ行くことが、旅行好きの学生間の一つの慣わしであった。大正

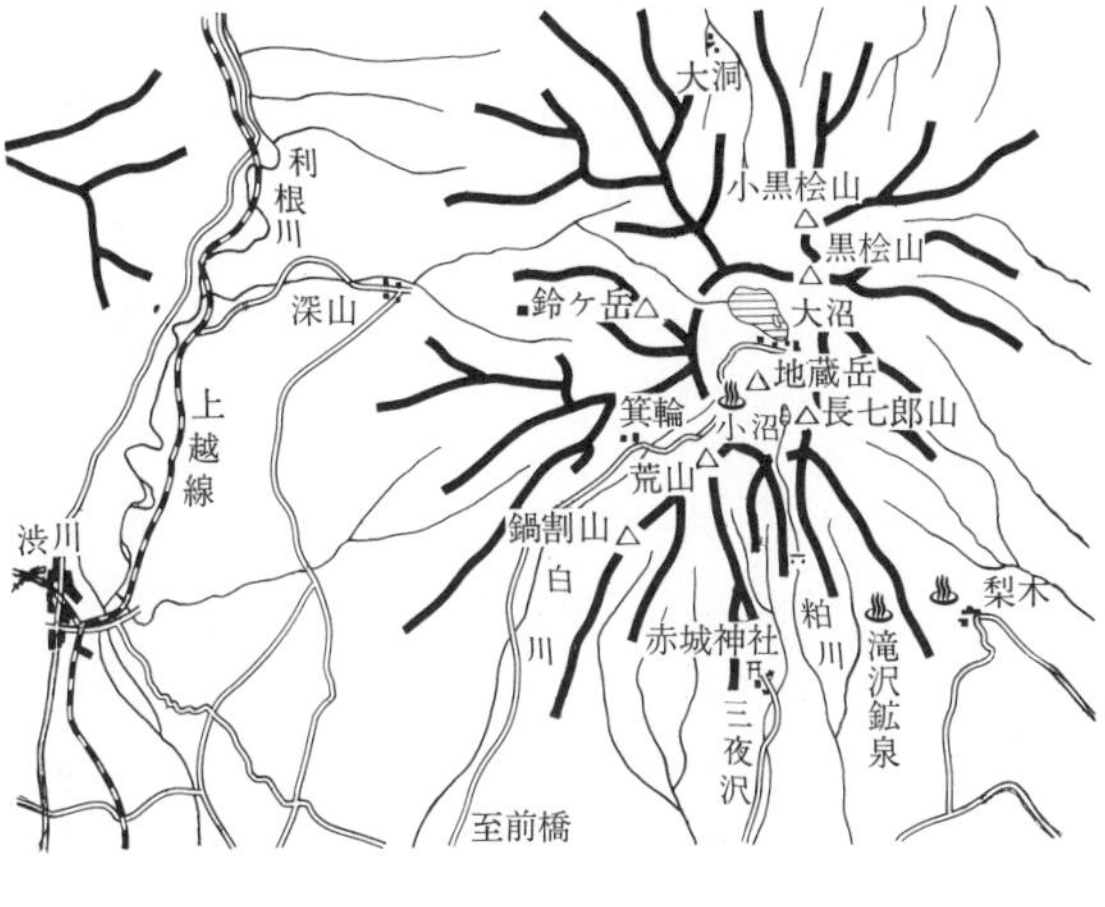

の末年で、まだ猪谷旅館の存在した頃である。今は箕輪《みのわ》から簡単に入れるようになったが、当時は普通水沼から鳥居峠を越えて大沼湖畔に出た。黒桧山に登ったり湖畔を散策したりして、帰路は敷島《しきしま》に出たこともあった。二本楢《にほんなら》を経て片品《かたしな》川の方へ下りたこともあった。どの道を採るにせよ、現在のように山の混雑しない時代だったから、殆んど人に出あわない静かな山であった。

41 草津白根山 （二一六二米）

白根《しらね》と名のつく山は、南アルプスの白根三山（北岳、間《あい》ノ岳、農鳥《のうとり》岳）のほかに、日光白根と草津《くさつ》白根がある。白根が白峰あるいは白嶺から来たことは言うまでもない。

志賀高原から渋峠を越えて草津に出る途中、芳ヶ平あたりで、眼の前にこの山を大きく見あげる。今はバスが通じて便利になったが、以前は馬の背やカゴに揺られて行ったという万座《まんざ》温泉、そこからもこの山は近い。

昔は草津や万座へ行っても、近頃のように一泊二泊の週末旅行でなく、長逗留《ながとうりゆう》であったから、湯治に退屈した浴客たちは、一日を割《さ》いて草津白根山へ登ったものらしい。天保九年（一八三八年）夏、儒者の安積艮斎《あさかごんさい》は草津から一日でこの山に往復して、「白根山に登るの記」という長文の紀行を草している。当時彼は五十歳に近く、同伴の少年は十三歳だったから、白根山は湯治客にとってそんなに困難な登山ではなかった。今でも万座からは、婆《ばあ》さんや子供が嬉戯《きぎ》しながら登山を楽しんでいるさまが見受けられる。

艮斎の文章には「(池ヲ環《めぐ》ル) 諸峰皆硫気ノタメニ薫蒸《くんじょう》スル所トナリ、或《あるひ》ハ黒ク或ハ赭《あか》ク、骨立無膚《こつりつむふ》、絶エテ草木ヲ生ゼズ、怪異卓偉ノ状ヲ極ム」(原は漢文) とある。この骨立無膚という形容が面白い。全山焼けただれて、骨だけになり、皮膚の肉が無くなったという意味だろう。

草津白根山は絶頂を極めて快哉《かいさい》を叫ぶといった山ではない。顕著な頂上らしいものもない。火口をめぐり一高一低の稜線《りょうせん》が連なっていて、その最高点が頂上とは言うものの、この山の特色は頂上よりむしろ、断崖《だんがい》をなした火口壁や火口湖の妙にある。

火口湖は三つ並んでいて、中央の一番大きいのは湯釜《ゆがま》と呼ばれ、白濁した碧色《みどりいろ》の水をたたえている。その色が実に美しい。火口壁を

登って湯釜がパッと眼前にひらけた時、誰しもおどろきの声をあげずにはおかないだろう。それは全く思いがけない不意打ちの美しさである。湖の片隅からは音を立てて噴煙が上っている。

登山客はザクザクした白い砂土を踏んで、火口壁の上の道を行く。元気のある人は一周も可能である。一木一草も留《とど》めない態《てい》の裸山であるから、あたりは広々として、痴呆《ちほう》のように明るい。附近の山々は黒々と樹木に覆《おお》われているのに、この山だけが骨立無膚で、その異様なコントラストは、ますます日本離れのしたユニークな風景を呈している。影のない明るさでありながら、何かをひそめている感じである。

この山の南方約三粁《キロ》に本白根山《もとしらね》がある。こ

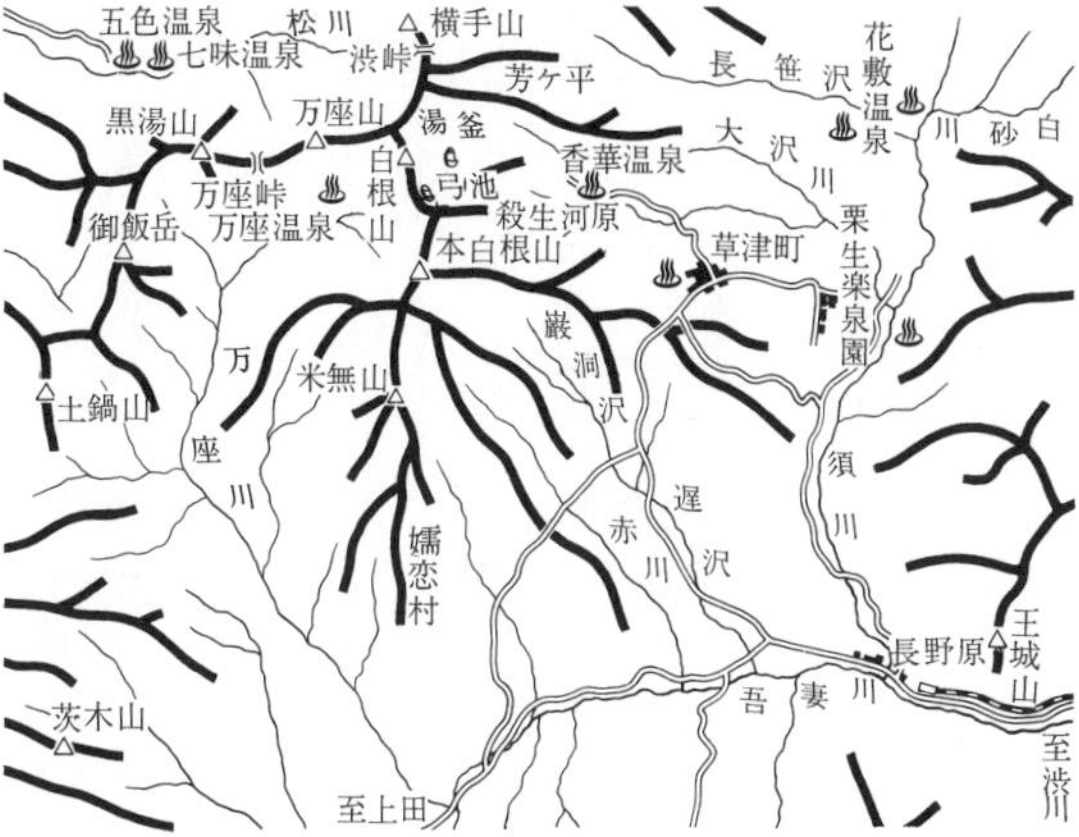

ちらの方が十数米《メートル》高いから、これを草津白根の本峰と見なすべきかもしれない。しかし一般の人は湯釜のある風景で満足して、本白根まで足を伸ばす人は少ないようである。裸山の裾《すそ》にある弓池から、森林帯に入り、一時間とかからずこの山の頂上に着く。

本白根山の頂上は匐松《はいまつ》やコケモモの生茂っている高山帯で、まず何より、そこから見下ろした六里ヶ原の大観におどろく。眼の届く果てまで、大原野がさまざまの屈曲をみせて伸び拡《ひろ》がっている。そしてその向うに、浅間山が帝王のようにそびえている。

ここの頂上も大きな火口を持っているが、とっくの昔活動をやめて、灌木《かんぼく》や岩石に覆われている。それは古代ローマの円形劇場《コロシウム》を思わせる。火口壁の内側に見物人が充満し、火口底の平地で猛獣の闘戯が行われている――そんな光景を想像しても少しも不似合でないほど、それは自然の円形劇場のさまを呈している。

私が草津白根を訪れた最初は六月のことで、信州の須坂《すざか》から「雲の上を行くバス」という宣伝文句のバスに乗り、まさに文字通り雲の上を走って万座に着いた。この山の湯は標高一七四〇米だから、一年中営業している温泉としては、日本で最高のものだろう。

万座から、熊笹《くまざさ》の下生《したばえ》を持った栂《つが》の原生林の中の道を、頻《しき》りに囀《さえず》る小鳥の声を耳にしながら行くと、やがて林が展《ひら》けて、広潤な高原に出る。すぐそこにあるのは弓池で、眼の前に焼けただれた白根山が立っている。私はそこへ登ってから、本白根にも登り、帰途は草津へ下った。まだ雪の残っている谷を下ると、硫黄鉱山に出る。そこからジグザグの急な下りで、殺生河原の沢を横切ると、草津スキー場の天狗原の大斜面に出、温泉街はもうすぐであった。

近年軽井沢から万座にバスが通じ、草津からも大きな道路が伸びている。スキーが盛んになって、弓池附近までケーブルがついた。そのうち草津白根山一帯は、花やかな、しかし俗っぽい観光地の賑《にぎ》わいを呈することは必定《ひつじょう》である。

42　四阿山（二三三三米）

菅平《すがだいら》へスキーに行った人は、正面にそびえた二つの山をおぼえているだろう。四阿《あずまや》山と根子《ねこ》岳。あれがなかったら菅平の値打ちはなくなる。二つ同じような高さに見えるが、四阿の方が百五十米《メートル》も高い。本当の頂上は三角点のある所より十五米ほど高い。上越国境では、浅間を除けば、最高の山である。

日本武尊《やまとたけるのみこと》が東征からの帰り、鳥居峠の上に立って東を振返り、弟橘姫《おとたちばなひめ》を偲《しの》んで「吾《あ》妻《づま》はや」と歎《なげ》かれた。そこで峠のすぐ北にそびえる山を吾妻山と名づけた、と言われる。その山から上州の方へ流れる川は吾《あ》妻《づま》川であり、東側は吾妻《あがつま》郡であり、嬬恋《つまごい》というロマンティックな名前を持った村もある。上州の吾妻山は信州では四阿山と呼ばれる。

四阿《あずまや》という名前もなかなかいい。山の形があずまや（四方の柱だけで、壁が無く、四方葺《ふ》きおろし屋根の小屋。庭園などの休息所とする）の屋根に似ているところから、その名が由来したと言われる。たしかにそんな風にみえる。信越線の上田に近づくと、神川《かん》（四阿山から流れ出る川）の谷の奥に、遥《はる》かにこの山の望まれる所がある。頂上がやや左に傾《かし》いだ屋根型をして、その右端に乳首のような丘が盛りあがっている。いい形である。昔の人はただどんな山でも名山とは呼ばなかった。眺めて美しい、品格のある山でなければならなかった。

近頃は四阿山など誰もあまり見向きしなくなったようだが、私たちのような山のオールド・ボイズにとっては、草鞋《わらじ》や脚絆《きゃはん》で山登りをした者にとっては、必ず登るべき山の一つであった。私の親しい先輩の黒田正夫さんや、藤島敏男さんや、田辺和雄さんなど、みな大正時代に登っている。そして等しくいい山であることを主張している。ピッケル・ザイル党には向かないかもしれぬが、しみじみした

情趣を持った日本的な山である。

　その頃の人の書いたものを読むと、四阿山を信州側の麓《ふもと》でしかわさんと呼ぶこともあったそうである。四阿の「阿」を誤って「河」と読んだのではないかとも疑われたが、この山から流れ出る川がだいたい四方に分流するので、四河山（あるいは四側山か）と称せられることがわかった。

　それでは逆に四河が四阿と誤記されたのではないかとも考えられようが、決してそうではない。四阿山という名は、天保年代に出た「富士見十三州輿地《よち》全図」にもちゃんと載っている。いやそれより遥かに古く、頂上の祠《ほこら》に奉納してあった神鏡には文安三年（一四四六年）の銘記が残っていたという。

　それほど昔から尊崇された山であった。細長い頂上の両端に、信州の方へ向いて立った信州祠と、上州の方へ向いて立った上州祠とがある。信州祠には日本武尊、弟橘姫、イザナミノ命《みこと》を祀《まつ》り、上州祠には大己貴命《おおなむちのみこと》、須《す》勢《せ》理姫命《りひめのみこと》を祀る。祭神については異説もあるが省略する。それが何の命《みこと》であろうと当今の人は無関心であろうから。

　この古くから名高い山を私は久しく登り残していたが、ようやく三月中旬スキーでその頂上に立つことが出来た。二人の友を誘って、スキーをかついで菅平へ出かけたのは、初めから目的はゲレンデではなく、四阿山であった。菅平へ雲集するスキーヤーで根子岳へ登る人は多いが、四阿山まで足を伸ばす人は千人に一人くらいしかないという。根子岳なんて四阿山の附録みたいなものである。私たちは附録では我慢出来ない。

三人は朝八時頃、覆《おお》いかぶさった曇天を懸《け》念《ねん》しながら、菅平の民宿を出発した。スキー選手の宿の若い主人も、まだ雪の四阿山へ登ったことがないというので、一緒について来た。大明神沢を渡って、広大な斜面へ出る。一九一七米の三角点の中腹を捲《ま》くあたりで雲の上に出ると、すばらしい眺望が展《ひら》けた。もうスキーの群集からも下界からも遠く離れて、私たちの相手は数限りなく見える山々ばかりである。

小四阿と呼ぶ前山を過ぎると、アゴの出る急坂になった。それを登りきると、傾斜が緩

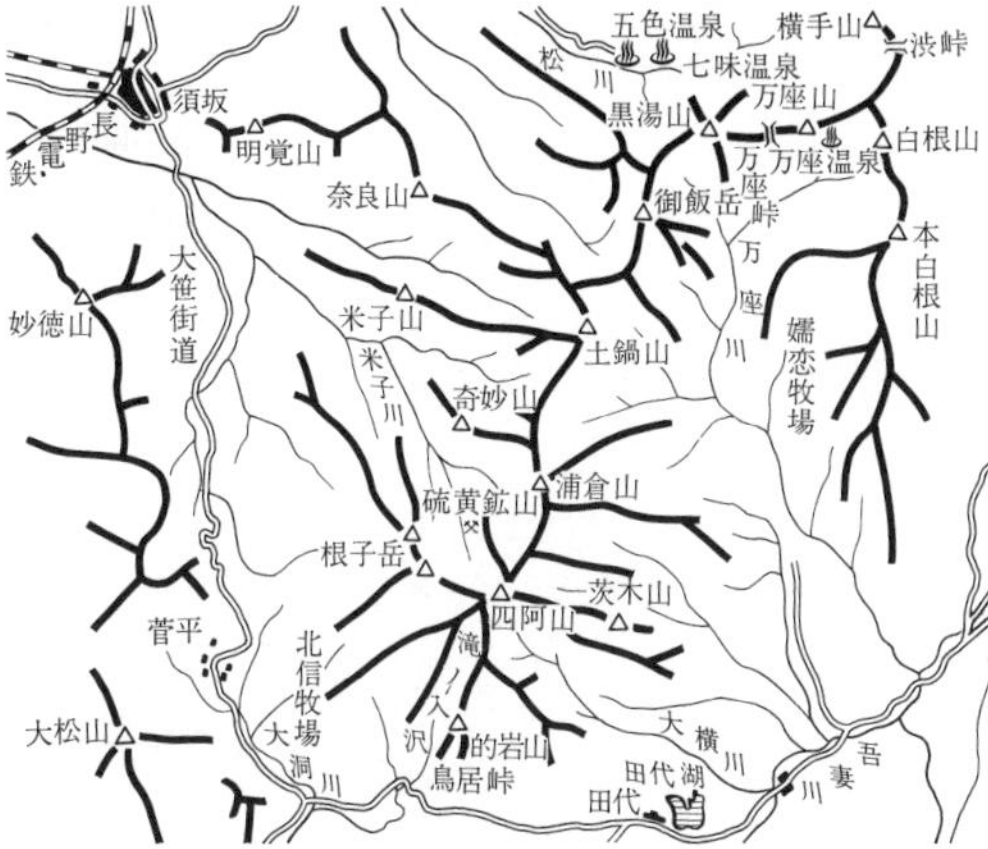

やかになって、広い原が続いていた。それが長かった。ようやくその果てに乳首のような頂上が現われ、最後の一頑張りでその上に立った。

着いた頂上には上州祠があり、雪の瘦尾根《やせおね》を少し辿《たど》ると信州祠があった。両方とも石を積んで囲んであるが、半分は雪に埋れ、建物には海老《えび》のシッポが張り出していた。根子岳はすぐ眼下である。土鍋《どなべ》山、御飯《おめし》岳などというキッチンじみた名前を持つ、上信国境の連山がよく見えた。

風がつめたく、頂上にゆっくりしておられなかった。しかしスキーのシールを剝《は》ぐ間も、私の眼は周囲の大観から離れなかった。

43 浅間山（二五四二米）

上越線廻りの北陸急行がまだない頃、私の郷里からの東京行は信越線によった。夕方汽車に乗ると、軽井沢あたりでうっすら夜が明ける。鋼鉄色をした大空に、ズングリと丸坊主《まるぼうず》の山が浮んでいる。浅間《あさま》山である。長い夜汽車の果て、最初に私を迎えてくれる自然がこの山であった。関東に近くなったな、という感じをこの時ほど新鮮に受けることはなかった。

東京へ遊学以来、休暇毎《ごと》に私は何十回この山の裾《すそ》を通ったことだろう。それはいつも厖大《ぼうだい》な容積《マッス》で、独占的な形で、曝《さら》け出しの肌で、そして頂にはいつも薄い煙を吐いていた。汽車の窓からこんなに眼近《まぢか》く、高く、大きく、秘密なげに仰がれる山は、他に例がない。

昔は古い街道が山裾を通っていた。北から北国街道が、西から中仙道が、山麓《さんろく》の高台へ上ってきて、追分《おいわけ》の宿で一本になる。今の軽井沢はまだ荒涼とした不毛の高原だった。そして旅人の眼を打つのは浅間山であった。ある歌人は、

信濃なる浅間の岳《たけ》に立つ煙をちこち人《びと》の
見やはとがめぬ

とよんだ。俳人芭蕉《ばしょう》は、

吹飛ばす石は浅間の野分《のわき》かな

と詠じた。そんな風流心のない庶民さえ、

浅間さんなぜ焼けしゃんす
腰に追分もちながら

と歌った。哀調で知られている追分節の発生地はここである。
おそらく浅間山ほど芸術の対象になった山

もないだろう。近代になってからでも、島崎藤村の詩によまれ、堀辰雄の文章に現われ、梅原龍三郎の油絵に描かれている。

わが国で火山の代表と言えば、浅間と阿蘇《あそ》である。いつ頃から噴き始めたか知らないが、それは今日に至るまで絶えることなく煙をあげている。浅間山は煙と共に生れ、今も煙によって名を博している。平常は薄い白雲かと見紛《みまが》うようなおとなしい噴き方だが、時々堪忍袋《かんにんぶくろ》の緒を切って大あばれをする。最近二十年間だけでも、大小の爆発は千八百回以上に及んでいるという。昔からの浅間山の噴火史を辿《たど》ったら、莫大《ばくだい》な回数になるだろう。中でも有名なのは天明三年（一七八三年）の大爆発で、数粁《キロ》にわたる熔岩《ようがん》を流して、山《さん》麓《ろく》地帯に大災害を与えた。今は名所となって

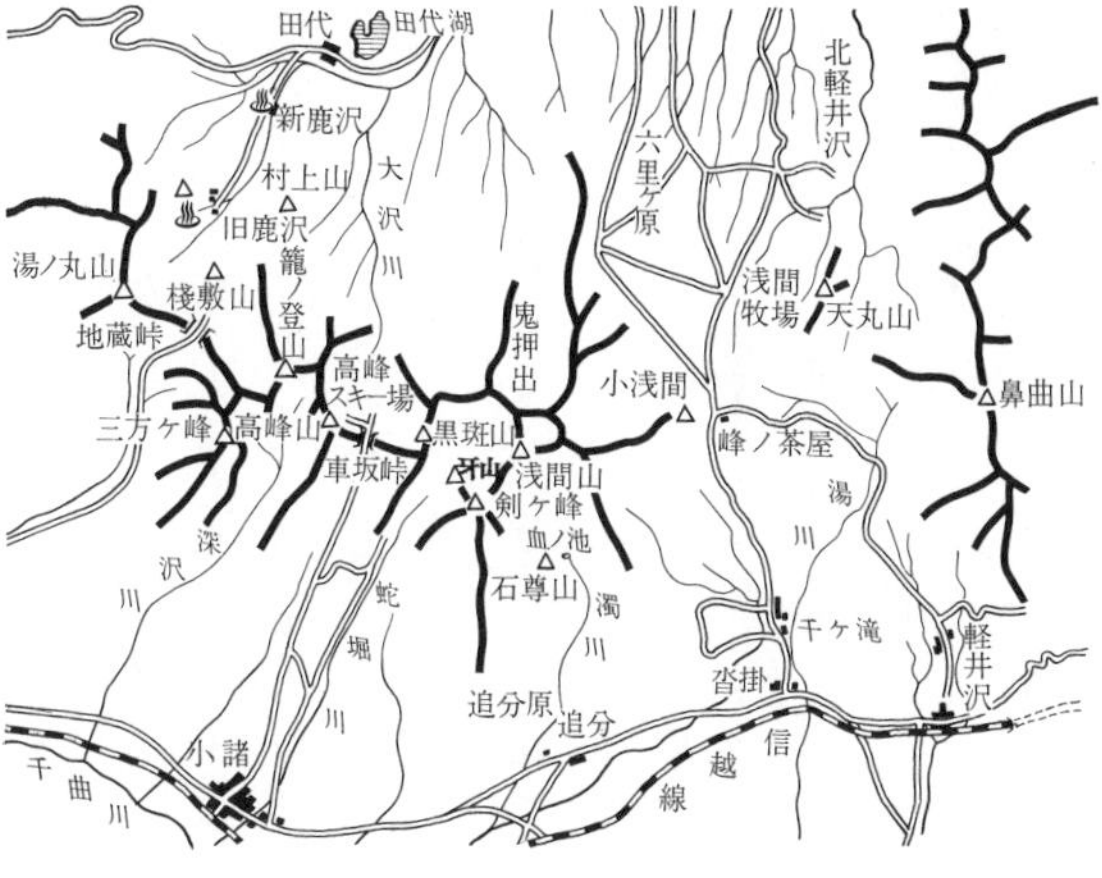

いる鬼押出《おにおしだ》しはその名残りである。

日本中部の山に登る人は、それがどこの山であろうと、そこから浅間山を見逃すことはないだろう。その孤立した大きな山容と、まるで自己の標識のように煙をあげているので、すぐに見当てることができる。厳冬の横手《よこて》山の頂上から真向いに、まっ青な空にモクモクとキャベツのような煙を噴いていた浅間、晩秋の八ヶ岳の上から佐久平を距《へだ》てて、大きなシルエットとなって暮れて行った浅間、浅間ほどどこからでも見える山はない。冬のよく晴れた風の強い朝なら、東京の郊外からでも認めることができる。逆にこれほど四方の山を眺める好展望台はないだろう。日本アルプス、秩父《ちちぶ》、上信越、日光、ほとんどの山を指呼《しこ》することができる。

私が初めて浅間に登ったのは、高等学校一年生の夏であった。小諸《こもろ》から夜をかけて登った。普通峰ノ茶屋からの登りは、ザクザクした砂礫《されき》を踏んで行く単調な道だが、小諸からの登山は、牙《ぎつぱ》山や黒斑《くろふ》山などの岩壁を見上げ、高山植物の咲き乱れる湯ノ平高原を通って、変化の多い楽しい道であった。そこから頂上のドームにかかって、絶頂の火口壁で噴煙に襲われて逃げまどったことを今でもおぼえている。

戦前私は追分で一夏を過したことがあった。脇《わき》本陣の油屋に泊っていた堀辰雄君の世話で、その隣りの、昔お女郎屋であったという古い家の二階を私は借りた。机を据えた前二階の低い窓から、三角に尖《とが》った浅間の剣ヶ峰がよく見えた。その一夏で私は浅間山の周辺はほとんど余す所なく歩いた。小浅間山にも、石尊山《せきそん》（寄生火山の一つ）にも、登ってみた。ゆったりした傾斜を持った大きな裾野の中へ、幾度もさまよいこんだ。落葉松《からまつ》の林の中に続く旧草津街道を辿ってみたこともあった。そしてそれらのワンダリングの決定的なバックをなすものは、常に浅間山であった。

44 筑波山（八七六米）

筑波《つくば》山を日本百名山の一つに選んだことに不満な人があるかもしれない。高さ千米《メートル》にも足りない、こんな通俗的な山を挙げるくらいなら、他にもっと適当な名山がいくらでもあるではないかと。しかし私があえてこの山を推す理由の第一は、その歴史の古いことである。昔、御祖《みおや》の神が所々の神の許《もと》を廻った際、日が暮れて富士山へ着いた。宿を求めると、富士の神は物忌《ものいみ》のゆえをもって断わった。御祖の神は大へん怒って「今後お前のいる山は夏冬問わず雪や霜に閉じこめてやるぞ」と言い残して東の方へ行くと筑波山があった。そこの神はあたたかく迎え、食事の用意をして歓待した。御祖の神の喜びはこの上なく「そなたのいる山は日月と共に幸あれ。今後人々が集《つど》い登り、飲食の物も豊かに捧《ささ》げるであろう。それが代々絶ゆることなく、千秋万歳、遊楽の窮《きわ》まることを知らないであろう」とことほいだ。

これは奈良朝初期に出た『常陸風土記《ひたちふどき》』の中に出ている記事であるが、おそらく常陸の人々の間には、それよりずっと前から語り継がれていた話に違いない。自分たちに近い筑波山を贔屓《ひいき》するために、富士山を悪く言ったのかもしれない。

すでにその頃から多くの人に登られていたことは、おなじく『常陸風土記』によれば、関東諸国の男女は、春花の咲く頃、秋紅葉の節、相たずさえて登り、山上で御馳走《ごちそう》を拡《ひろ》げ、歌をうたって舞い楽しみ、そこで夜を過す者もあった。筑波山へ登ってその会合で男から結婚を申し込まれないような女は、一人前ではないと言われさえした。わが国では宗教登山が最初のように言われるが、筑波山のような大衆の遊楽登山も早くから行われていたのである。

『万葉集』で、山部赤人《やまべのあかひと》と並んで富士山の長歌を残した高橋虫麿《むしまろ》は、山の好きな人だったとみえて、同集所載の三十六首のうち十五首

までが山にかかわりがある。その中で筑波山の歌が三首ある。そのうちの一つ、

草枕　旅の憂を　慰もる　事もあらむと　筑波嶺《つくはね》に　登りて見れば　尾花散る
師付《しつく》の田井に　雁《かり》がねも　寒く来鳴きぬ　新治《にひはり》の　鳥羽《とば》の淡海《あふみ》も　秋風に　白浪
立ちぬ　筑波嶺の　よけくを見れば　長き日《け》に　念《おも》ひ積みこし　憂は息《や》みぬ

反　歌

筑波嶺の裾《すそ》廻《み》の田井に秋田刈る妹がり遣《や》らむ黄葉《もみち》手折《たを》らな

これは秋の歌であるが、虫麿が夏草の茂った暑い頃汗を流して登った歌も巻第九に出ている。

それ以来今日に至るまで、筑波山を題材にした詩歌は無数にあるだろう。雪の富士、紫の筑波は、関東の二名山であって、吟詠《ぎんえい》の対象であったのみならず、江戸に配する好画題でもあった。

スモッグに空を汚された現在でも、東京の高い建物から見える独立した山と言えば、富士と筑波である。大正の初め、田舎から出てきて本郷《ほんごう》向ヶ丘の寄宿寮へ入った青年が、朝、寮の窓から「おお、富士山が見える！」と叫んだ。それは筑波山であったか

ら皆の哄笑《こうしょう》を買ったが、しかし常陸の平野の真ん中に立った筑波は、意想外に高いのである。

私も幾度か眼を疑ったおぼえがある。関東周辺の山から遠くを眺めると、朝靄《あさもや》の上に鋭く立った峰がある。あんな所にあんな高い山はない筈《はず》だが、――と暫《しばら》く戸惑った後、それが筑波山であることを悟るのであった。

昼の東北線に乗る時は、いつも私は筑波山を見るのを楽しみにしている。頂上は二つの峰に分れている。その形が、一番美しく眺められるのは、間々田《ままだ》と小山《おやま》のあいだである。小山を過ぎて小金井までのあいだでは、二峰の間が開きすぎて、さっきのキリッとした緊《し》まりが無くなる。

この二峰並立が筑波山のいい姿であって、

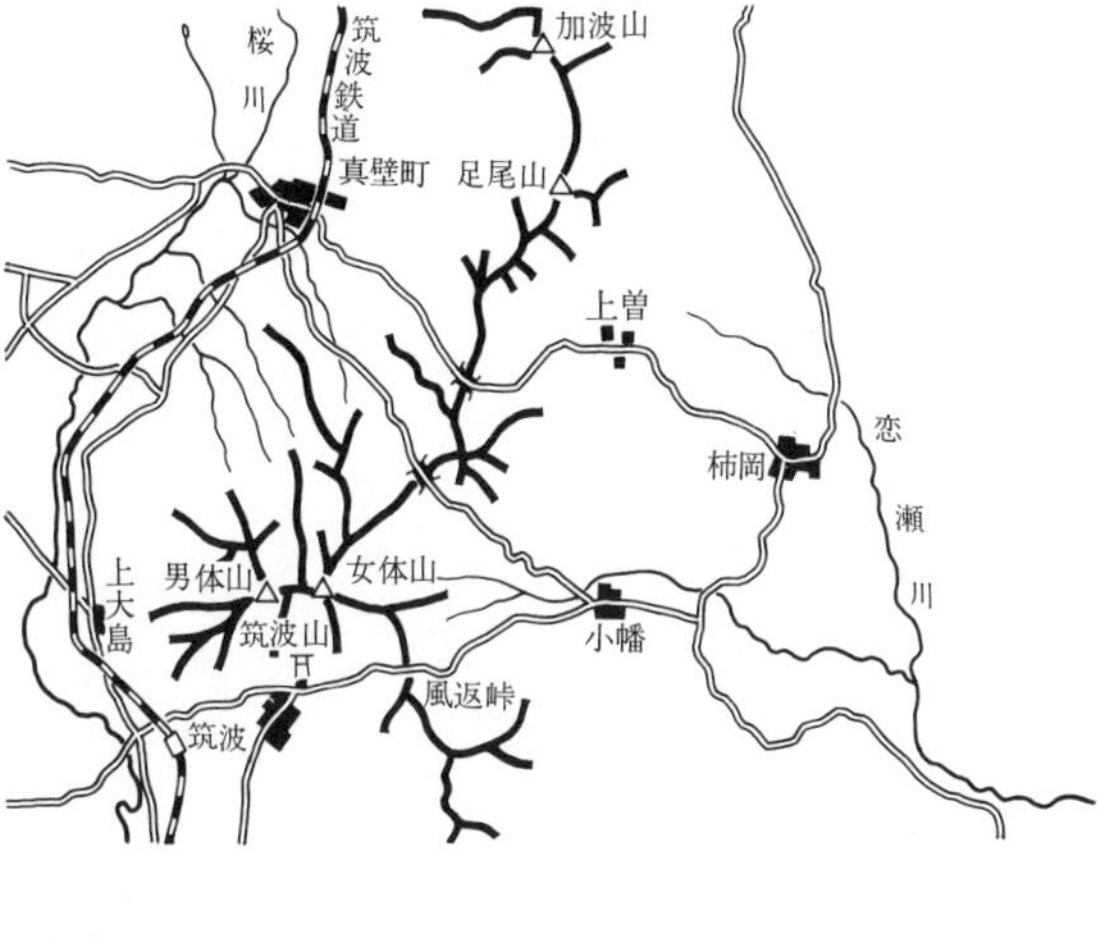

昔から男神女神として崇《あが》められてきた。東峰を女体山としてイザナミノ命《みこと》を、西峰を男体山としてイザナギノ命を祀《まつ》った。

歴史が古いだけに名前の謂《い》われにはいろいろの説がある。常磐《じょうばん》線の石岡あたりから眺めると、二峰が重なって一尖峰《せんぽう》をなし鋭く天を刺している所から、アイヌ語の「聳《そび》え立つ頭」の意のツクバであるとする説もある。また『万葉集』ではツクハと清音でよんだ。これは南方語系のチャム語から来たもので、ツクは月のことで、この地に月の神が鎮座していたために、月の神のいます平野の意でツクハという名が生れた。初めは附近一帯の地名であったが、それが山の名に移された、とも言われている。

45 白馬岳（二九三三米）

日本アルプスへの初見参《はつけんざん》が白馬岳《しろうま》であった人は少なくないだろう。高峰へ初めての人を案内するのに、好適な山である。大雪渓があり、豊富なお花畑があり、眺望がすこぶるよい。私の知人で、この頂上から生れて初めて日本海を見たという人もある。

登りに変化があってしかも易しく、道も小屋も整っている。コースもいろいろあって、正面の大雪渓から登り、帰りは北行して白馬大池を訪《おとな》うもよろしく、南行してわが国最高の露天風呂白馬鑓《しろうまやり》温泉に一浴するのもおもしろかろう。健脚の人は、更に後《うしろ》立山《たてやま》連峰へ足を伸ばすもよし、途中から黒部谷へ下るのも興味がある。いずれにせよ、白馬岳は、槍《やり》ヶ岳と共に北アルプスで最も賑《にぎ》わう山である。

白馬岳は、西側の越中や越後側では、大蓮華《おおれんげ》山と呼ばれた。北に位置しているから雪が多い。その白雪に輝く山容が、日本海側から見ると蓮華の開花に似ていたからだという。信州側から仰いでも実に堂々とした貫禄《かんろく》を持っている。しかし私はこの山を東西の横から眺めるよりも、南北の縦から望んだ姿が好きである。縦から見た白馬岳は、横から見たのと、別人の観がある。東側が鋭く切れ落ち、キッと頭を持ちあげたさまは、怒れる獅子《しし》といった感じをいつも私は受ける。颯爽《さっそう》たる姿である。

この立派な山に、以前は信州側にはこれという名が無く、単に西山と呼ばれていた。それがいつ頃からか代馬《しろうま》岳と名づけられ、それが現在の白馬岳と変った。代馬よりは白馬の方が字面《じづら》がよいから、この変化は当然かもしれないが、それによってハクバという発音が生じ、今では大半の人がハクバ山と誤って呼ぶようになっている。この誤称は防ぎ難い。すでに膝元《ひざもと》からして白馬《はくば》村と唱えるようになった。

代馬岳という名の起りは、山の一角に、残雪の消えた跡が馬の形になって現われるから

であった。田植にかかる前の苗代掻《なわしろかき》をする頃この馬の形が見え始めるので、苗代馬の意味で代馬と呼んだという。もう二十数年前、私の友人田辺和雄君が五月下旬、山麓《さんろく》へ行って、古老の話を聞き、その馬の形をつきとめてカメラに収めてきた。それは主峰よりずっと右に寄った小蓮華岳の右肩のはずれの残雪の中にあった。小さな地肌の黒馬であった。

一説では、主峰と小蓮華との鞍部《あんぶ》の左下に残雪の間に現われる地肌の形を、その馬だと指す人もある。どちらにしても、現地であれだよと指し示されなければ、見分けることの出来ないような形である。しかし朝夕山を仰ぎながら労働している山麓の勤勉な農夫たちにとっては、農事のしおりとなるハッキリした存在だったのであろう。一般の登山者で賑

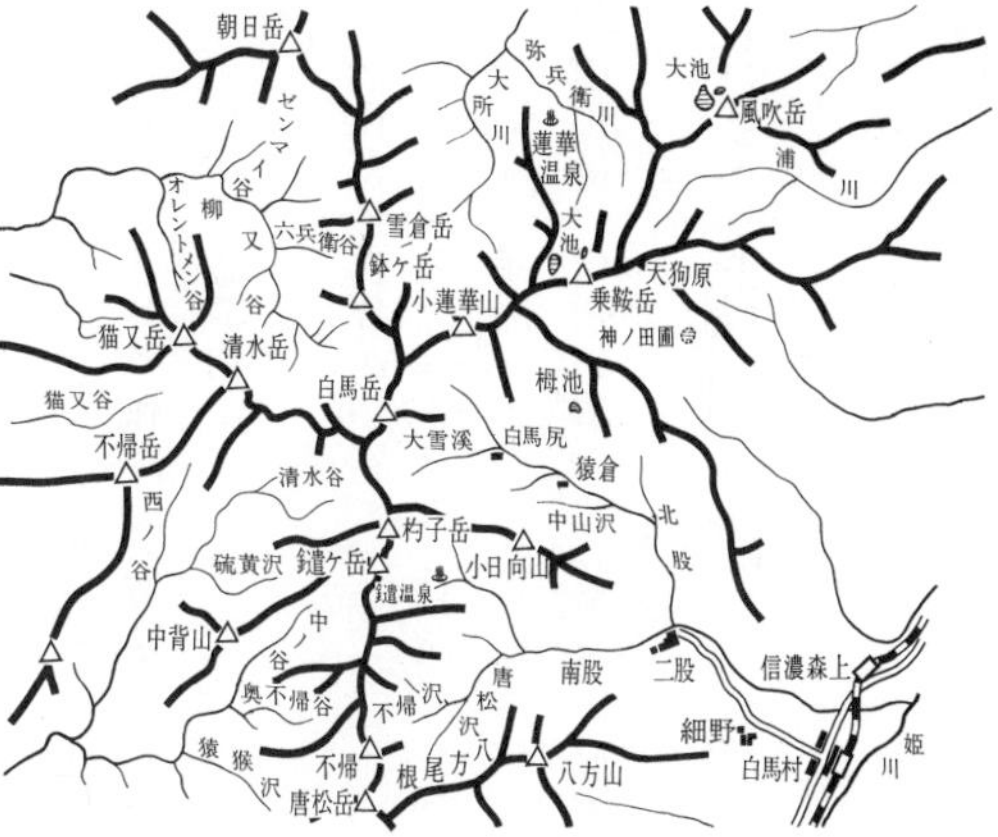

わう七月頃には、もう雪もだいぶ溶けて、馬の形は殆《ほと》んど分らなくなる。

わが国の高山には大ていその頂上に古くから祠《ほこら》が祀《まつ》ってあるが、白馬岳にはそれが無い。この美しい山を讃《たた》えた詩歌の類も、古い記録には見当らない。明治二十七年（一八九四年）ウェストンが頂上に立つまで、おそらく薬草採りや猟師にだけ任された原始的な山だったのであろう。ウェストンは蓮華鉱山の方から登り、大雪渓を下っている。

日本の登山家で最初に登ったのは、河野齢蔵、岡田邦松氏等の一行で、明治三十一年であった。そして白馬岳の記事が初めて現われたのは、その翌年であった。こんな風に白馬岳が世に知られることのおそかったのは、僻遠《へきえん》の地にあったからだろう。今でこそ一夜の汽車で山麓に達しられるが、半世紀前には、信州の奥の北安曇《きたあずみ》まで旅する人は、ごく僅《わず》かであったに違いない。

私の最初の登頂は大正十二年（一九二三年）の七月で、乗物はまだ大町《おおまち》までしかなかった。そこから一日歩いて四谷《よつや》で泊り、翌朝山にかかった。頂上に達して、その日のうちに大池まで往復してきたのだから、当時の元気のよかったことが察しられる。

その後、私は四季を通じて白馬に登った。積雪期には栂池《つがいけ》の方から登り、頂上で腹《はら》這《ばい》になって東面岩壁の氷雪の殿堂を覗《のぞ》いた。新緑の候にはまだ残雪多量の大雪渓を登りながら、両側の尾根のダケカンバのようやく芽ぐんできた美しい色彩を眺めた。紅葉を見に行った秋は、小雨に降られて、ただ一人頂上で濛々《もうもう》たる霧に巻かれるに任せた。

近頃は白馬山麓へスキーに行く人が多くなった。もちろん山へ登ろうなどという気はおこさず、もっぱらリフトに頼って滑降を楽しむだけの人が大部分だが、しかし登山に無縁の彼等スキー大衆といえども、白馬、杓子《しゃくし》、鑓《やり》の、いわゆる白馬三山が白銀に輝いているのを仰いでは、その気高い美しさに打たれずにおられないだろう。

46　五竜岳（二八一四米）

北安曇《きたあずみ》から後立山《うしろたてやま》連峰を眺めると、高さは特別ではないが、山容雄偉、岩稜《がんりょう》峻《しゅん》厲《れい》、根張りのどっしりした山が眼につく。それこそ大地から生えたようにガッチリしていて、ビクとも動かないと言った感じである。これが五竜《ごりゅう》岳だ。北は大黒《だいこく》の岩峰を経て唐松《からまつ》岳へ続き、南は八峰《はちみね》キレットの嶮《けん》によって鹿島槍《かしまやり》岳に連なり、昔は後立山縦走中の難関であった。

この近づき難い山も、近年多くの人々に、より近く、よりハッキリと、眺められるようになった。八方尾根に便利なリフトがついたからである。それがなければ、冬そんな高い所まで行くことがなかったに違いない花やかな女性が「あれは何という山？」と連れの青年に訊《き》いているのを、私は一再ならず耳にした。いかに山に無関心なスキーヤーも訊きたださずにはおられないほど、八方から見た五竜はいかめしい。

それはまるで岩のコブだらけの、筋骨隆々といった上体を現わしている。他の山々のように美しくスマートではない。ゴツゴツした荒々しい男性的な力強さをそなえている。

更に立派な五竜岳を見たい人は、唐松岳の上から眺めることだ。そこからの五竜は壮大である。越中側の餓鬼《がき》谷の底から頂上まで一気にせりあげた姿勢は、実に堂々としている。

昔は越中側の称呼は餓鬼ヶ岳であった。前田氏の藩政時代に奥山廻りと称して信越国境の山々に調査隊が幾度も派遣された。その一番古い記録、元禄《げんろく》十三年（一七〇〇年）の「奥山御境目見通絵図」には歴《れっき》と餓鬼ヶ岳と記されている。その後の絵図にも餓鬼ヶ岳の名は動かない。

日本で餓鬼という地名は大ていい岩のけわしい所を言うようであるが、昔後立山連峰を歩いた人たちが五竜へ来て、その累々《るいるい》とした烈《はげ》しい岩のさまを見て、これを餓鬼ヶ岳と名づ

けたのは当然と思われる。

後立山連峰という呼び方は、北アルプスが一般登山者に開かれてから通用しだしたものである。藩政時代の絵図にも後立山という名はあった。しかしそれは立山《りゅうざん》（立山《たてやま》を昔は立山《りゅうざん》とも呼んだ）から見て、黒部川の対岸の山を後立山《ごりゅうざん》と称したのである。

この方面の古記録に委《くわ》しい中島正文氏の説を借りると「古来針ノ木峠以北餓鬼ヶ岳の間には数座の山々が連列しているが、その最高峰のみ後立山《ごりゅうざん》と呼ばれ、残余のものは無名の山として従属的に後立山の名に包含され来《きた》った。（中略）これが又後年に至って後立山なるものが何《いず》れの山を指すか不明となった遠因を作ったものではあるまいか。」

後立が何れの山を指すかについては、初期『山岳』誌上で盛んな論争があったが、ゴリュウが五竜に通じる点から、今の五竜岳であろうという説が勝を占めた。しかしその後いろいろ検討の末、昔の後立は今の鹿島槍に相当することが確定的になった。

信州側では、戦国時代この地方が武田信玄の勢力範囲だったので、山の残雪の形が武田家の紋章の菱《ひし》に似ているところから、御菱《ごりょう》と呼んだ。それがゴリュウに転訛《てんか》したという説があるが、確かな文献はない。山麓《さんろく》の人々は割菱《わりびし》ノ頭《あたま》と呼んでいた。

ゴリュウに五竜という宛字《あてじ》をしたのは、この山に最も早く登った三枝威之介《さえぐさ》氏で、明治四十一年（一九〇八年）七月のことだった。それ以来五竜は確固として動かなくなったが、この軽佻《けいちょう》なところの少しもないガッチリした山に、五竜という重厚な名は全く打ってつけだと思う。

昔の餓鬼ヶ岳が五竜岳に取って代られて以来、その名は僅《わず》かに、この山から流れ出る餓鬼谷に名残りを留めている。その餓鬼谷の右岸の二一二八米《メートル》峰に餓鬼山の名がついているが、これは持って行き所のなくなった古来の名称を、この一峰に与えたものであろう。（燕《つばくろ》岳の北にも餓鬼岳があるが、これは全く別である。）

五竜岳の北の不帰《かえらず》、南の鹿島槍、それらの東面の岩壁は、近年岩登りの試練場として注目を集めているが、それに比して五竜の東面

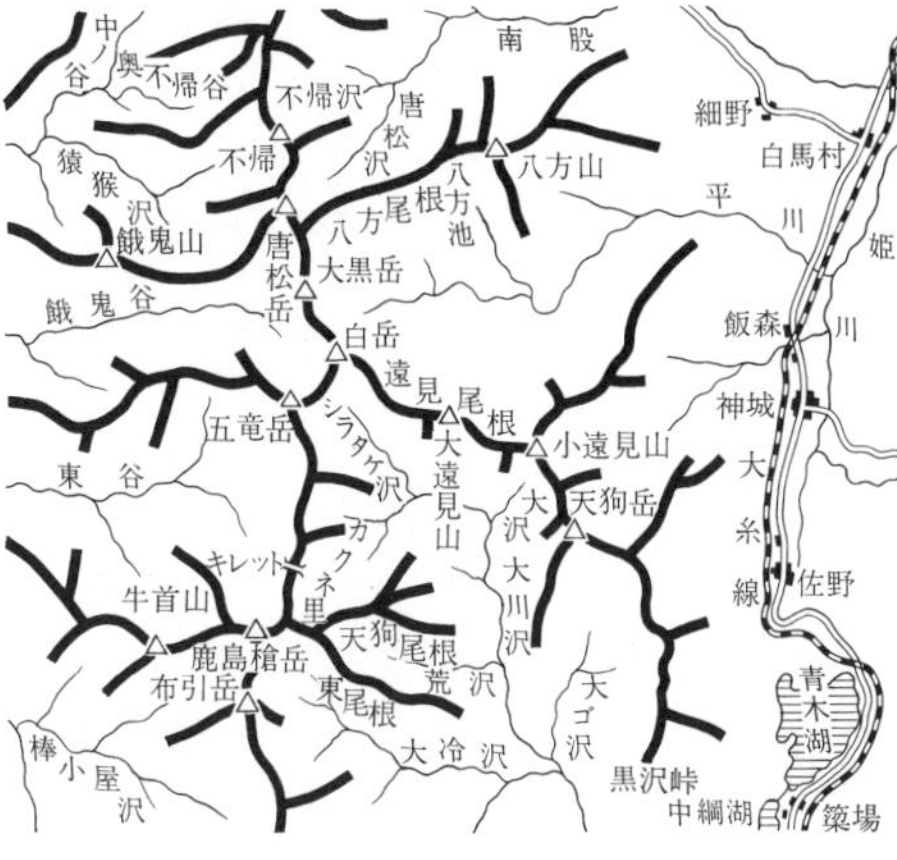

が案外見逃されているのは、ここにはクライマーを魅惑するに足る岩壁に欠けているからであろうか。

直接この山に登るには、信州の神城《かみしろ》から遠見尾根を経て白岳に達し、そこから山頂に向う。越中側からは餓鬼谷の上流の大黒《だいこく》銅山跡から登る。このルートは昔の登山者に選ばれたものだが、今はほとんど採用する人がないようである。一般に五竜岳だけに登ろうとする人は少なく、多くは後立山縦走中にこの峰を踏む。私が三十年前初めて五竜岳の頂上に立ったのも、やはり縦走の途次であった。現在縦走路は五竜の頂上を敬遠して信州側をからんでいるが、一足労をわずらわして是非この雄偉な峰の上に立つべきであろう。

47 鹿島槍岳 (二八九〇米)

昼の雲
舟のさまして動かざる
鹿島槍《かしまやり》てふ
藍《あゐ》の山かな

これは三好達治君の歌である。この詩人はずっと以前志賀高原の発哺《ほっぽ》に滞在していたことがあって、その時の作である。発哺温泉から眺める北アルプスの大観はすばらしい。眼路《めじ》の果てに、妍《けん》を競うように高岳雄峰が立並んでいる。その見事なパノラマの中で、鹿島槍《かしまやり》岳の美しい形が三好君の眼を惹《ひ》いたに違いない。

鹿島槍は私の大好きな山である。高い所に立って北アルプス連嶺《れんれい》が見えてくると、まず私の眼の探すのは、双耳峰を持ったこの山である。北槍と南槍の両峰がキッとせり上っていて、その二つをつなぐ、やや傾《かし》いだ吊尾根《つりおね》、その品のいい美しさは見倦《みあ》きることがない。

一口に美しいと言っても、笠《かさ》ヶ岳のように端正でもなく、薬師のように雄大でもなく、剣《つるぎ》岳のように峻烈《しゅんれつ》でもない。そういう有り合わせの形容の見つからない、非通俗的な美しさである。粋《いき》という言葉が適当しようか。粋でありながら決して軽薄ではない。大ざっぱに山を見る人には見落されがちな謙遜《けんそん》な存在であるが、一たんその良さがわかると、もう好きで堪《たま》らなくなる、そういう魅力を持った美しい姿である。

魅力は何と言っても両槍とその間の吊尾根の美しさだが、殊《こと》にこの山を真横から見るより、斜めか、或《ある》いは縦に眺めた方が、いくらか冗漫に思われる左右の稜線《りょうせん》が縮まって、一層引緊《ひきし》まった美しさになる。

この山は信州側から見るのがよく、越中側からでは、例えば立山連峰から眺めては、やや精彩を欠く。魅力的な吊尾根が間延びしてしまう。信州側からはどこから見てもいいが、殊に印象的だったのは、糸魚《いとい》川《がわ》街道の湖のほとりを歩いていて、湖水の向うを仕切る前山の上に、二つの槍がスックと頭をもたげているのを見つけた時だった。或いは、五竜岳の頂に立って、深い谷を距《へだ》てたすぐ真向いに、流れ行く薄雲の合間に隠見する吊尾根を望んだ時だった。ああいう構図は、どんな天才的な画家も思いつくまい。

　鹿島槍岳という名前は明治以後で、山麓《さんろく》の鹿島部落の名を採ったものである。この部落は平家の落武者の住んだ所と伝えられ、更にその奥の、鹿島槍北面の岩壁の下にはカクネ

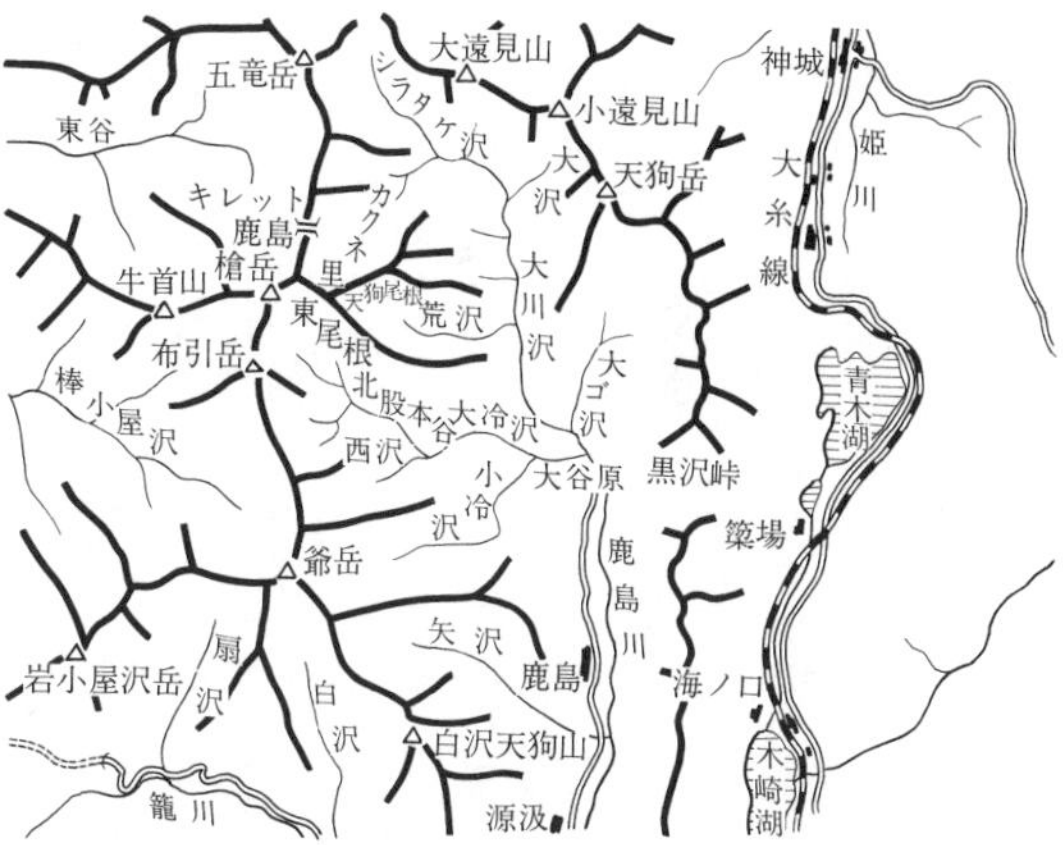

里という地名さえ残っている。カクネ里はカクレ里の転訛《てんか》であろうか。

しかしそれ以前、ずっと古くからこの秀《すぐ》れた山には名前があった。信州側では、背比べ、或いは鶴《つる》ヶ岳と称したという。背比べは双耳峰から来たものであり、鶴ヶ岳は残雪の模様に因《ちな》んだものである。越中側では、後立山《ごりゅうざん》という称呼があった。越中の古文献に後立山という名があり、その山がどれを指すものかいろいろ論議があったが、結局は今の鹿島槍がそれであることが確かになった。

登山者がこの山に注目して登り始めたのは明治末年であって、それ以後次第に多くの人が行くようになり、所謂後立山《いわゆるうしろたてやま》縦走という言葉が、生じるほどになった。

鹿島槍の積雪期初登頂は大正十五年（一九二六年）四月、私の山友達の田辺和雄、塩川三千勝、石原巌の三君によって成されたことを、彼等の名誉のために書添えておこう。その後、冬期の登山はしだいに盛んになって、近年は正月の休暇に北アルプスで最も賑《にぎ》わう山の一つとさえなった。ロック・クライミングの舞台としても名高くなって、東面北面の険絶な岩壁がねらわれ、東尾根、天狗《てんぐ》尾根なども相ついで登攀《とうはん》され、今や鹿島槍の信州側の岩壁や沢筋や尾根は殆《ほと》んど極め尽され、吉田二郎君の『鹿島槍研究』というすぐれた一冊の本さえ生れたほどである。

山はその頂を踏むことによって一層親しみを増すものだが、私は昭和九年（一九三四年）の夏小林秀雄君と二人で初めてその頂上に立った。それ以来鹿島槍は私の心を擒《とりこ》にして今日に及んでいる。山が好きで一生山の絵ばかり描いて、六十すぎて遂《つい》に山で亡《な》くなった茨木猪之吉《いばらぎいのきち》画伯も鹿島槍が好きで、よく青木湖あたりへ写生に出かけられた。私は茨木さんに頼んで鹿島槍を描いて貰《もら》ったが、その遺作は今も私の部屋を飾っていて、私は仕事の手を休めては、それに見入っている。

48 剣岳（二九九八米）

北アルプスの南の重鎮を穂高とすれば、北の俊英は剣岳《つるぎ》であろう。層々たる岩に鎧《よろ》われて、その豪宕《ごうとう》、峻烈《しゅんれつ》、高邁《こうまい》の風格は、この両巨峰に相通じるものがある。大学山岳部が有能な後継者を育てるための夏期合宿、精鋭を誇るクライマーのクラブが困難なルートを求めて氷雪に挑む道場を、大ていはこの穂高か剣に選ぶのも故《ゆえ》あるかなである。

『万葉集』に載っている大伴家持《おおとものやかもち》の「立山《たちやま》の賦《ふ》並《ならび》に短歌」に讃《たた》えられている立山《たちやま》は、今の立山《たてやま》ではなく、剣岳であろうという見解を私は持っている。太刀《たち》（剣）を立ちつらねたようなさまであるから「たちやま」と名づけられた。家持の歌に出てくる「可《か》多加比河《たかひ》（片貝川）の清き瀬に……」とか、その歌に和して大伴池主《いけぬし》の作った歌の中の「厳《こご》しかも岩の神《かむ》さび……」とかいう描写は、剣岳以外には考えられない。

まことに剣岳は、そんな昔から、それを仰ぐ人々の心を高揚する山である。何よりその風采《ふうさい》の豪毅《ごうき》にして颯爽《さっそう》たる点である。日本アルプスの高峰にはそれぞれの風格があるけれど、一つの尖端《せんたん》を頂点として胸の透くようなスッキリした金字塔を作っているのは、この剣岳と甲斐駒《かいこま》ヶ岳ぐらいであろう。

全く剣岳は太刀の鋭さと靭《つよ》さとを持っている。その鋼鉄のような岩ぶすまは、激しい、険しいせり上りをもって、雪をよせつけない。四方の山々が白く装《よそお》われても、剣だけは黒々した骨稜を現わしている。その鉄の砦《くろがねとりで》と急峻な雪谷に守られて、永らく登頂不可能の峰とされていた。弘法《こうぼう》大師が草鞋《わらじ》千足を費しても登り得なかったという伝説はさておき、日本アルプスの山々が登り尽される最後までこの峰は残った。

その剣岳の神秘の開かれる日がきた。明治四十年（一九〇七年）七月十三日、陸地測量部の一行によって、遂《つい》にその頂上が踏まれた。

ところが、人跡未踏と思われていたその絶頂に初めて立ったのは彼等ではなかった。彼等より以前にすでに登った者があった。測量部一行は頂上で槍の穂と錫杖《しゃくじょう》の頭を発見したのである。

槍の穂は長さ約一尺、修行者が頂上で修法する時に用いた宗教用の剣であった。錫杖の頭は、長さ八寸一分、厚さ三分、これは極めて古いもので、シナの竜門洞窟《どうくつ》仏像の錫杖と同じものと思われ、唐時代の作であろうと学者によって鑑定された。槍の穂も錫杖の頭も多年の風雪に曝《さら》されて、少し間隔をおいて遺《のこ》されていた。前者はさほど深銹《ふかさび》とも見えないが、後者は非常に奇麗な緑青色《ろくしょういろ》を呈していた。

古来登山者絶無と見なされていたこの峻嶮《しゅんけん》な山に、誰か勇猛果敢な坊さんが登っていたのである。それはいつの頃で、どのコースを取ったのであろうか。分らない。槍の穂と錫杖の頭は、同一人の持物であったのだろうか、別々の人の物であったのだろうか。分らない。そしてまたこれらの品は、記念のため頂上に遺されて行ったのか、或《あ》るいは登攀《とうはん》者が天候の異変にあって倒れ、所持品だけが残ったのか。分らない。とにかく不退転の勇気と鉄の意志を持った修行僧が、はげしい信仰の念にかられて、この頂上に達したことだけは歴然とした事実である。

この発見から二年後に、純粋な登山を目的とする四人のパーティによって登頂されたが、それを案内したのは、前の測量隊に同伴した宇治長次郎であった。そしてこの時一行の登路に採った雪渓に長次郎谷という名が与えられた。

宇治長次郎と並んで、わが国近代登山黎明《れいめい》期の越中の名ガイドと呼ばれた佐伯平蔵は、やはり剣岳東面の雪渓に平蔵谷の名を遺した。そして長次郎谷と平蔵谷とを分つ岩稜は、やはり名ガイドの一人の名を採って、源次郎尾根と呼ばれている。

どこから見ても断崖《だんがい》と岩壁に鎧《よろ》われていて、どこから登り得るか見当のつけようさえなかった剣岳も、現在ではあらゆるコースが採られ、若い勇敢なクライマーたちは困難な岩壁ルートを求めている。そして、大窓、小窓、三ノ窓、八ッ峰などの古風な名前と共

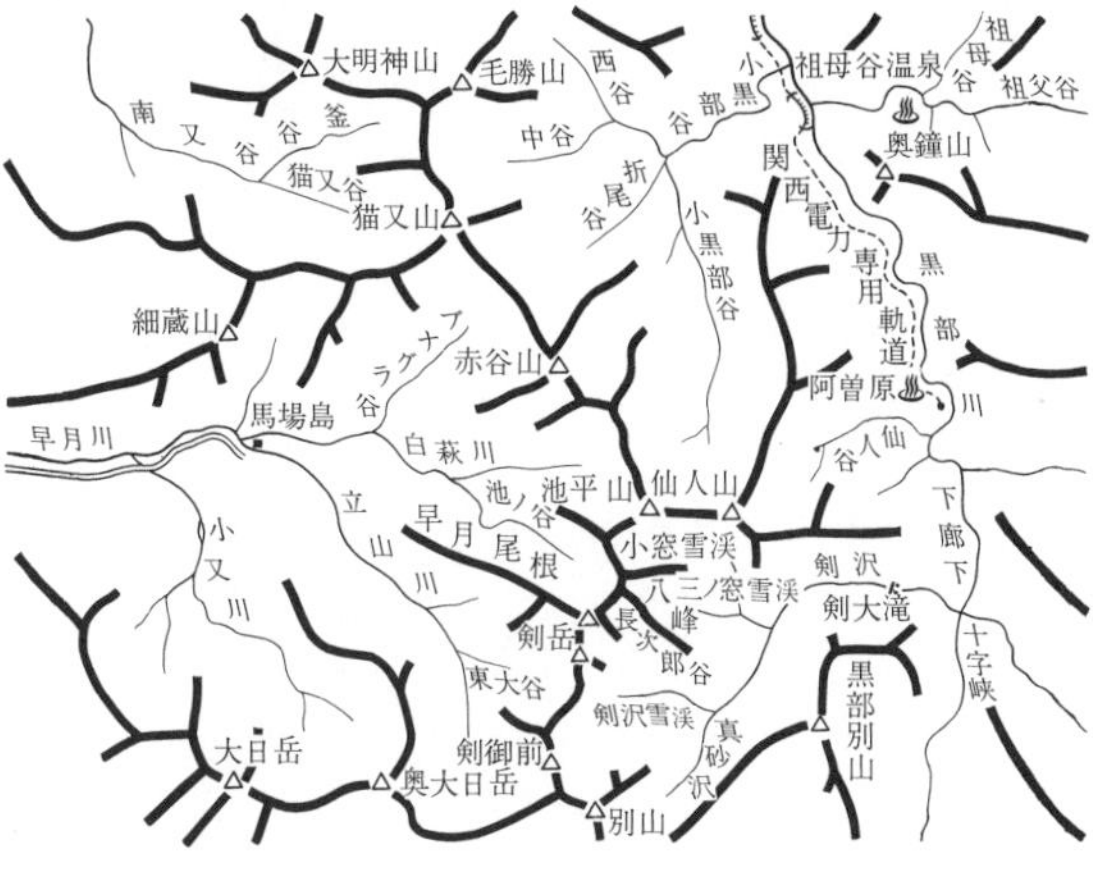

に、ニードル、チンネなどという西洋風な名も混って、万葉集の太刀山《たちやま》は、中世修験者《しゆげんじや》の剣岳は、近代的なクライミングの試練場となっている。

おそらく剣岳の一番みごとな景観は、仙人池あたりから望んだものであろう。眼前に、岩と雪の交錯したダイナミックな光景が迫ってくる。雄々しい岩峰と、その間隙《かんげき》に光る純白の雪。これほどアルプス的な力強い構図は他に類がない。その男性的な眺めに緊張した眼を下へ移すと、そこにはメルヘン的な原がやわらかに拡《ひろ》がって、そこの池沼《ちしよう》に岩と雪の剣岳が逆さに映っている。

49 立　山（三〇一五米）

立山《たてやま》はわが国で最も早く開かれた山の一つである。縁起によれば、大宝元年（七〇一年）佐伯有若《さえきのありわか》が越中の国司として在任中、その子の有頼が白鷹《しらたか》を追うて立山の奥深く入り、弥陀《みだ》三尊の姿に接して随喜渇仰《かつごう》し、慈興と号して立山大権現《だいごんげん》を建立《こんりゆう》したという。

その縁起はともかく、国史『三代実録』にも「清和天皇貞観《じようがん》五年（八六三年）九月甲寅《きのえとら》正五位下なる雄山《おやま》神に正五位上を授けられ」たという記録がある。雄山神とは立山のことである。

『万葉集』に詠《よ》まれた立山《たちやま》はおそらく剣岳であろうということを、私は剣岳の項で述べたが、その歌の中の「皇神《すめがみ》の主宰《うしは》き坐《いま》す」というのは雄山神と見ていいだろう。昔は立山も剣も一様に立山と総称されていたのに違いない。

越中の平野から望むと、立山は特にピラミッドにそびえた峰でもなければ、左右に際立《きわだ》った稜線《りようせん》をおろした姿でもなく、つまり一個の独立した山というより、波濤《はとう》のように連なった山といった感じである。殊《こと》に富山あたりからでは、その前方に大日《だいにち》岳が大きく立ちはだかっていて、立山はその裏に頭を出しているだけなので、山に詳しい人でなければ、立山を的確に指摘することは出来まい。

そのような立山が古くから栄えたのは、立山権現の宣伝のおかげだろう。明治維新の神仏分離までは、山麓《さんろく》の岩峅《いわくら》寺には立山寺があり、芦峅《あしくら》寺には仲宮寺があって、両寺とも多数の坊を有していた。立山権現の奉祀《ほうし》者はこの僧侶《そうりよ》たちで、各坊は殆《ほと》んど日本中に分担して檀家《だんか》を持ち、毎年檀家廻りをして立山のお札を配り登拝を勧誘した。おそらくこれが越中の売薬行商のもとをなしたものだろう。

立山まいりの白衣姿は全国から集った。立山権現の功徳《くどく》もさることながら、この山が非

常に変化に富んでいて、登山の楽しみの多いことも魅力の一つであっただろう。芦峅から頂上までの旧道には、昔の繁栄を偲《しの》ばせるような伝説や古蹟《こせき》が到《いた》るところに残っている。

まず材木坂がある。多角形の柱状節理を持った安山岩が、材木のようなさまで縦横に横たわっている。昔女人堂を建てようとして材木をここまで運んでおいたところ、ある尼さんが来てそれを跨《また》いだため、一夜のうちに材木が全部石に化したと伝えられる。

それから広濶《こうかつ》な弥陀《みだ》ヶ原にかかると、左手に称名《しょうみょう》滝が落ちている。四段になって断崖《だんがい》に懸かり、日本有数のみごとな滝である。弥陀ヶ原は美しい山上の大高原で、池塘《ちとう》が散在し、高山植物が咲き詰め、俗界から登って来た人々はここで天上にある思いをする。

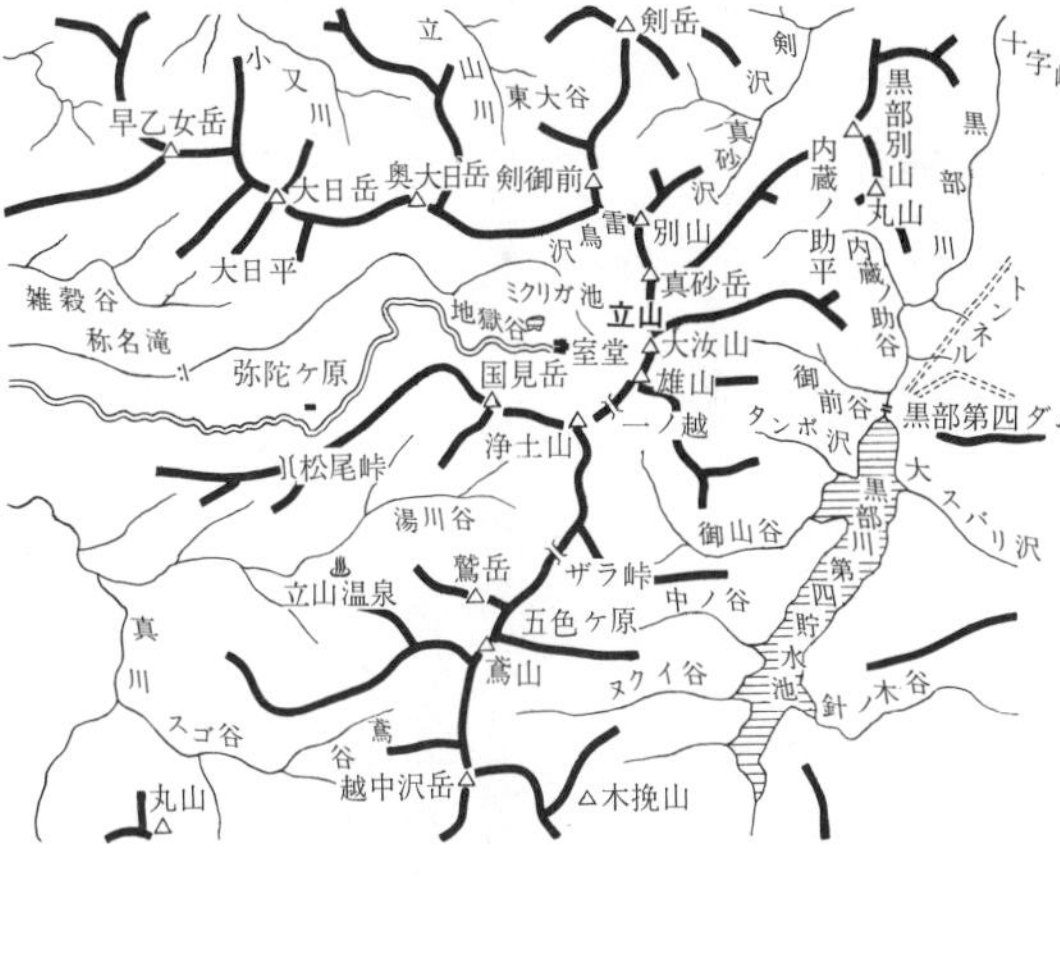

それから、昔の修験者《しゆげんじや》が練行したという獅子《しし》ヶ鼻を通り抜けると、鏡石という直径三米《メートル》もあるやや扁平《へんぺい》な大石がある。開基の有頼を慕って乳母がそこまで登ったが、それ以上進めず、せめての思いに懐《ふとこ》ろの鏡を投げたところ、それが石になったのだという。近くに姥石《うばいし》というのもある。

しかし立山で最も人の眼を驚かすのは地獄谷であろう。谷一面灰白色に焼けただれ、あちこち音を立てて蒸気を噴きあげている凄惨《せいさん》な光景で、昔の人がこの世の焦熱地獄と見たのも肯《うな》ずける。罪障の深い者が死後にこの地獄に堕《お》ちたという話が『今昔物語』に出ているし、またこの地獄に行けば死に別れた父母や妻子に会えるという話も謡曲『善知鳥《うとう》』の中に残っている。

地獄谷から登った所に三《み》繰《くり》ヶ池と呼ぶ紺碧《こんぺき》の水をたたえた美しい湖がある。もちろん伝説なしには済まない。昔、ある僧が人の留めるのもきかずこの池で泳いだ。最初は懐剣を口にくわえていたので無事だったが、池を見くびってそれ無しで泳いだところ、一巡り、二巡り、三巡り目に、池の中心深く沈んだまま遂《つい》に現われなかった。三繰ヶ池という名はそこから出たという。やがて私たちは室堂《むろどう》に着く。この建物は元禄《げんろく》八年（一六九五年）金沢藩主の造営というから、現存の日本最古の山小屋だろう。

こういうかずかずの古い由緒《ゆいしよ》を持つ立山も、現在では一変して近代的な観光地になりつつある。ケーブルカーが通じ、新しい自動車道が開かれ、旅舎があちこちに建って、もはや人々は労せずして都会の服装のまま、高山の気に接しられるようになった。聞くところによれば、近くその山腹にトンネルが穿《うが》たれて、黒部の谷へ観光道路がつくそうである。お山まいりの立山は消え、登山の対象としての立山も消え、一途に繁華な山上遊園地化に進んでいるふうにみえる。

立山は、私がその頂を一番数多く踏んだ山の一つである。中でも頂上の雄山《おやま》神社の社務所に泊めて貰《もら》って、早暁《そうぎょう》、日の出を拝した時の印象は忘れられない。四方の山々が雲海の上に眼ざめるように浮び上ってくるのを眺めながら、やはり立山は天下の名峰であることを疑わなかった。

50 薬師岳（二九二六米）

薬師《やくし》岳は、白馬《しろうま》や槍《やり》のような流行の山ではないが、その重量感のあるドッシリした山容は、北アルプス中随一である。ただのっそりと大きいだけではない。厳とした気品もそなえている。

立山の弥陀《みだ》ヶ原まで上ってきて、まず眼を惹《ひ》くのはこの薬師岳だろう。南北に長い山の背を、弥陀ヶ原からは縦に望むことになるので、山の形が引緊《ひきし》まって、堂々とした貫禄《かんろく》のある山にみえる。そのヴォリュームの大きさを満喫するには、雲ノ平から望めばいい。ここからはその長大な尾根を、値打ち通り横から眺めることになる。全く呆《あき》れるくらい巨大な壁が眼路の正面を扼《やく》している。

私が初めて薬師岳へ向ったのは、私が大学一年生、連れは一高生の熊谷太三郎君、二人でテントをかついで出かけた。熊谷君は現在熊谷組の社長である。当時は立山行の電車は千垣《ちがき》までしか通じていなかった。千垣で一泊して、そこから和田川に沿って登ること七里、もう飛騨《ひだ》境に近い高原に有峰《ありみね》と呼ぶ村があった。昔はここが薬師岳の登山口であった。しかし私が行った時にはすでに廃村になっていた。村人は水力電気会社に祖先以来の地を売って、金をふところに山を下った後で、軒が破れ柱の傾いた廃屋が点々としていた。草むらの中に崩れた墓の並んでいるのも哀れであった。

この有峰の高原から眺めた薬師岳の姿は、今も記憶に残っている。むかし有峰の人は、お山は日に五たび色が変る、と言ったそうだが、夕方、頂上近くの残雪が赤く映えて、下の方から紫色に暮れて行く美しさは、何とも言いようがなかった。八月下旬で、あたりの草原には虫が無間断《むげんだん》に鳴いていた。人里を遠く離れたこの山中の孤村もついに滅びかけている、そして平和だった村人が朝夕拝したおごそかな美しい山だけが不壊《ふえ》の姿で残ってい

る、そういう感慨が、まだ若かった私の感傷を揺さぶった。

有峰に一泊した私たち二人は、翌日太郎兵衛平《たろべえだいら》に登る途中で道に迷い、おまけに豪雨に襲われ、薬師登山を断念して、真川《まがわ》を沢筋について下った。この沢には悪いところがあって、常願寺川へ出るまでに二日かかった。思い出の多い山旅であった。それから三十年後有峰ダムの建造に熊谷組が従事することになって、熊谷太三郎君が現地を見に行き、曽遊《そうゆう》を思い出して感慨無量だと便りをくれた。さもあろう。

その後、私は薬師岳の頂上に二度立った。一度は立山温泉から五色ヶ原を経て、尾根伝いに行った。越中沢山を越えて、薬師の稜線《りょうせん》に取りかかってから頂上までが、実に長かった。この厖大《ぼうだい》な山は、行けども行けども、頂上はなおその先にあった。やっと頂に達したが、それは薬師北峰と呼ばれるもので、本峰までそれからまた大きな岩のゴロゴロした長い道のりを行かねばならなかった。

本峰の絶頂には祠《ほこら》があって、その前に献納の宝剣の錆《さ》びて折れたのがたくさん散乱していた。昔、有峰が登山口であった頃、登拝の人々はそれぞれ鉄で作った宝剣を携えて、それを頂上の祠に奉納するのが習慣だったらしい。その名残りである。私はその中から形のよい剣の鉄片を選んで持って帰り、いまもこの原稿を書いている机の上で、文鎮の用に使っている。

有峰が滅びてから、薬師岳だけを単独に登る人はなくなり、大てい立山の方から槍ヶ岳へ縦走の途中、その頂上を通過するようになった。ところが近年有峰ダムが竣工《しゅんこう》して、再び有峰口からの登山が盛んになってきた。もう昔の有峰は水底深く没してしまったが、交通が便になったので、ここから手軽に登れるようになった。

　私の二度目の登山はそのダムからであった。朝、汽車で富山に着いて、その夕方にはもう太郎兵衛平小屋で一ぱいやっていたのだから、隔世の感があった。小屋から薬師岳への道は、広々した高原を一たん鞍部《あんぶ》まで下って、そこから森林帯を登って行くと、丈の低いオオシラビソと小さな池の布置のよろしい、美しい小庭園のような原に出る。

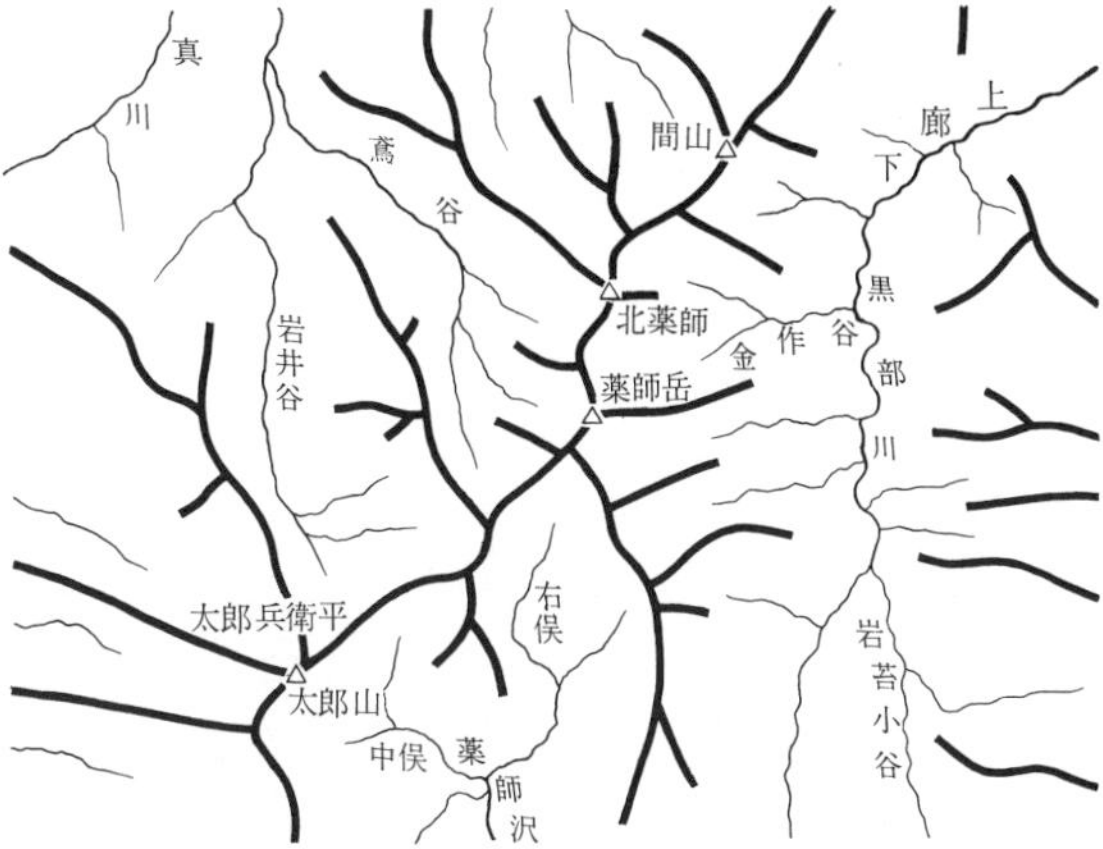

それから先は白い砂礫《されき》のザクザクした尾根で、右手には黒部の谷を距《へだ》てて雲ノ平の大きな台地を望み、左手には有峰のダム湖が覗《のぞ》かれる。稜線と言うより斜面と言いたいくらい幅の広い尾根であるから、もし吹雪《ふぶ》かれて視界を失うと、かつての愛知大学の大量遭難のようなこともおこるのである。頂上に近づくと、右手に大きなカールが眼下に口をあけていて、その内壁の縞《しま》が美しい。もう昔の祠は無くなり、宝剣の破片も片づけられて、新しい小さな祠が岩の間に祀《まつ》られていた。

51　黒部五郎岳　（二八四〇米）

黒部五郎《くろべごろう》は人名ではない。山中の岩場のことをゴーロという。五郎はゴーロの宛字《あてじ》で、それが黒部川の源流近くにあるから、黒部のゴーロ、即ち黒部五郎岳となったのである。北アルプスには、ほかに野口五郎岳がある。二つのゴーロの山を区別するため、黒部と野口を上に冠したのである。

ある年の夏の夕方、私は三ッ俣蓮華《みまたれんげ》の方から雨に濡《ぬ》れて双六《すごろく》小屋に辿《たど》りついた。そこで図らずも中村清太郎画伯にお会いした。この温顔童心の山の大先輩は、もう半月も前からこの山小屋に来て、小屋番と狭い部屋に同居しながら、絵を描いておられたのであった。翌日一日雨が降り通したのを幸いに、私は中村さんと語り過した。中村さんは黒部五郎岳のカールが描きたくて、ここからわざわざ雲ノ平まで写生に通っているとのお話だった。

もしそれぞれの人に、こころの山というものがあるとしたら、中村清太郎さんのそれは黒部五郎岳に違いない。画伯は中学生の頃すでに白馬の頂上から、笠《かさ》ヶ岳に似たこの山を遠望して、非常に惹《ひ》かれたという。その後上高地で嘉門次老からそれが黒部五郎という山だと教えられて、心がおどった。その願いが叶《かな》って登頂されたのは、明治四十三年（一九一〇年）、三枝威之介氏と二人で、三人の人夫を連れて行かれた。もちろんまだ道もなく、人けもない、凄《すご》いほどの荒ら山だった。黒部五郎岳が世に紹介されたのは、この時の登山記によってである。

それまでは殆《ほと》んど知られていなかったこの山の頂上に、中村さんたちが立たれた時、思いがけずそこに柱状の自然石が二つあって、その一つに薄れた墨で「中之俣《なかのまた》白山神社」と書かれてあった。この荒ら山にも祭神が祀《まつ》られ、参拝者の登ったことがあったのである。中之俣とは双六《すごろく》谷のことで、飛騨の金木戸《かなきど》の

方から登路が採られたものと思われる。この山が一名中《なか》ノ俣《また》岳と呼ばれるのも、その方面での名づけであろう。しかし、現在では一般に黒部五郎岳の方が通用しているのは、中村さんの功である。

　中村さんがいかに黒部五郎ビイキであるか、その登山記の一節を引こう。「連嶺《れんれい》中の山は往々にして高さは高いながら、比隣の峰との関係上、境域が曖昧《あいまい》であつて、嶄然《ざんぜん》頭を抜くことが出来ず、徒《いたづ》らに大連嶺を形造るためのみじめな犠牲になつてしまつて、一個の山としては総《すべ》てが貧しく、一言に言へば個性を失つた態があるのに比べて、わが黒部五郎岳は、連嶺中に位しながら、連嶺の約束に囚《とら》はれず、立派に自らの個性を発揮した天才の俤《おもかげ》がある。自分はこの山が実に好きで耐《たま》ら

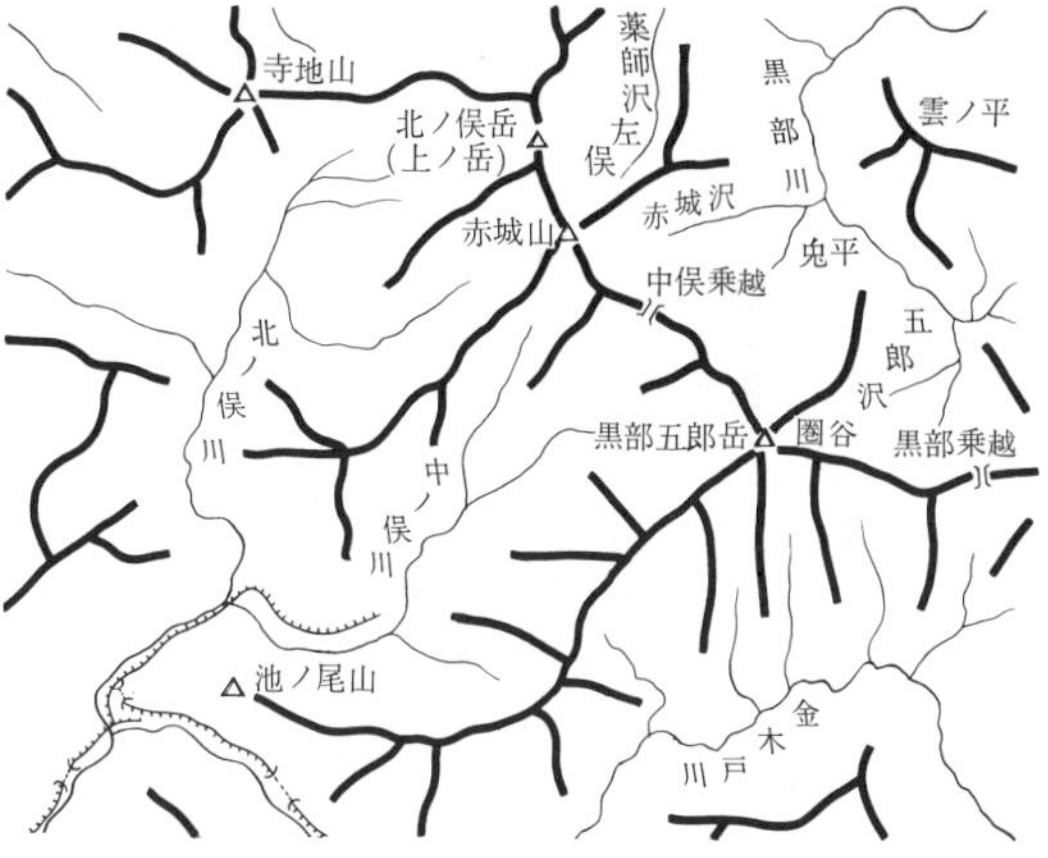

ないのである。」

中村さんは「わが黒部五郎岳」と呼ばれる。初心失わず、今なお老軀《ろうく》をひっさげて山小屋に籠《こも》り、愛する山の写生に専念される。貴い気持ではないか。

私も黒部五郎は大好きな山である。これほど独自の個性を持った山も稀《まれ》である。雲ノ平から見た姿が中でも立派で、中村さんの表現を借りれば「特異な円錐《えんすい》がどつしりと高原を圧し、頂上のカールは大口を開けて、雪の白歯を光らせてゐる。」

私がこの山へ登ったのは、まだ今日のように登山が盛んにならない頃である。上《かみ》ノ岳の方から匐松《はいまつ》の間を通って、黒部五郎岳の肩に着くと、眼の下が、巨人の手でえぐり取ったように、大きく落ちこんでいる。三方を高い壁に囲まれて、いかにも圏谷《けんこく》といった感じである。その肩から私は頂上へ登った。昔の縦走路はこの頂上を経てカールの上辺についていたが、現在は肩から圏谷の底へ下る道ができたので、頂上までわざわざ行ってみる人は少なくなったようである。しかし私は愛する山の頂上に触れずに過ぎることはできない。霧のために何にも見えなかったが、ガラガラした石を踏んで頂上に立ち、満足して肩へ引返した。

肩から圏谷の底へ急斜面を下る道には、真夏でもまだ若干の雪が残っている。底から見あげたカールは実に立派である。三方を岩尾根に包まれて、青天井の大伽藍《だいがらん》の中に入ったようである。すばらしい景色はどこにでもあるが、ここは他に類例のないすばらしさである。圏谷の底という感じをこれほど強烈に与える場所はほかにない。

中村清太郎さんは黒部五郎岳を不遇の天才にたとえられた。確かに、世にもてはやされている北アルプスの他の山々に比べて、その独自性において少しも遜色《そんしょく》のないこの見事な山が、多くの人に見落されている。しかしそれでいい。この強烈な個性が世に認められるまでには、まだ年月を必要としよう。黒部五郎岳が To the happy few の山であることは、ますます私には好ましい。

52 黒岳（二九七八米）

黒岳《くろ》は南北二つの岩峰から出来ていて、その北峰にある三角点の二九七八米《メートル》が、この山の高度と見なされている。しかしその三角点から眺めると南峰の方が優に二十米は高い。すると黒岳の最高点は三千米を越えていることになる。三千米峰の少ない北アルプスで、この高さはもっと尊重されていい。

高さだけではない、また一番奥深い山でもある。大ていの山は、その頂上から俯瞰《ふかん》すると、平野か、耕地か、煙の立つ谷か、何か人気《ひとけ》臭いものを見出すが、黒岳からの眺めは全くそれを絶っている。四周すべて山である。文字通り北アルプスのどまんなかであって、俗塵《ぞくじん》を払った仙境に住む高士のおもかげをこの山は持っている。

烏帽子《えぼし》から三ッ岳・野口五郎岳を経て三ッ俣蓮華《みまたれんげ》に至る尾根伝いは、以前は静かなコースであったが、近年は裏銀座などという名が付けられて、登山者が非常にふえてきた。黒岳はその縦走路から少し北に外れているおかげで、空缶《あきかん》や紙屑《かみくず》の難から免れているのは嬉《うれ》しい。ただ先を急ぐことのみを能とする縦走病患者は、この立派な山を割愛して、少しも惜しいとは思わないようである。

黒岳を立派に眺める場所が二つある。一つは縦走路中の赤岳と野口五郎岳との中間あたりから望むもので、二つの峰頭がキッと立ち、その頂稜《ちようりよう》からごごしい岩尾根が二、三条、谷へ向って、巨獣の骨のように下っている。双耳峰が左右に引いた稜線の直下に、私のような地形学に暗い者にもすぐそれと分る、はっきりしたスリバチ型のカールがある。辻村太郎博士の説によると、その氷河地形は、立山や槍《やり》、穂高についで立派なものだそうである。

もう一つは雲ノ平からで、ここでは黒岳はすぐ眼の前に仰ぐ位置にあるので、ドッシリした重量感をもって迫ってくる。雲ノ平は山に包まれた美しい高原であるが、そこから眺

めて一番まとまりのある堂々とした山は黒岳である。もしこれがなかったら、高原の値打ちの半分は減じるだろう。北方に見える薬師岳の長い（長すぎる）頂稜の灰白色に対して、黒岳はその名の如《ごと》く黒々と男性的な強さを持っている。

黒岳の名はそこから来たのであろう。殊《こと》に近くの赤岳の赤褐色にただれた無惨《むざん》な断《だん》崖《がい》を見た眼には、対照的に黒岳が黒い印象を与える。黒いのは岩の色である。雪のある頃でも、三ッ俣蓮華岳あたりから眺めると、その頂上だけは、岩が雪を振り落して黒々としている。

越中の奥山廻りの古い記録では、中岳剣或《ある》いは中剣岳、或いは六方石山と記されている。中岳というのは赤岳の古名である。越中側から眺めて古人は黒岳の岩峰を剣と見立てたのであろう。そして越中の剣岳と区別するために、中岳剣、或いは中剣岳と呼んだのであろう。六方石山とは、頂上の累々《るいるい》たる岩を指したものか、それとも六方に結晶した石、つまり水晶を指したものか。

黒岳の別名は水晶《すいしょう》岳である。この名は棄《す》て難い、どころか、むしろこの方を本名としたいくらいである。というのは今でも赤岳から黒岳へ行く道筋で、岩の中に白く光った水晶が見出《みいだ》されるからである。立派な印材を拾おうなどという欲深い人は、尾根筋から谷の方へ下って、一日根気よく探しても見つかるかどうか疑わしいが、登山記念のための水晶ならば、小さいながら六角に結晶した半透明のものが、容易に手に入るだろう。

　私がその頂上に立ったのは、九月下旬の快晴の日であった。岩の間の匐松《はいまつ》に混って、クマコケモモが真紅に燃えている美しい日であった。南峰も北峰も積み重なった岩ばかりの頂上であるが、その岩の一つに腰をおろして、私は山頂の幸福に酔った。

　すぐ眼下に、岩苔小谷《いわごけこだに》の深い流れを距《へだ》てて雲ノ平が横たわり、その向う側に、どこが最高点か判じ難い上《かみ》ノ岳の長い頂が伸び、それから左に続いて私の大好きな黒部五郎岳が、特色のあるカールの大きな口をあけていた。その左に遠く、その名に忠実な笠《かさ》ヶ岳が黒い頭をあげていた。岩苔小谷は近頃注目されだ

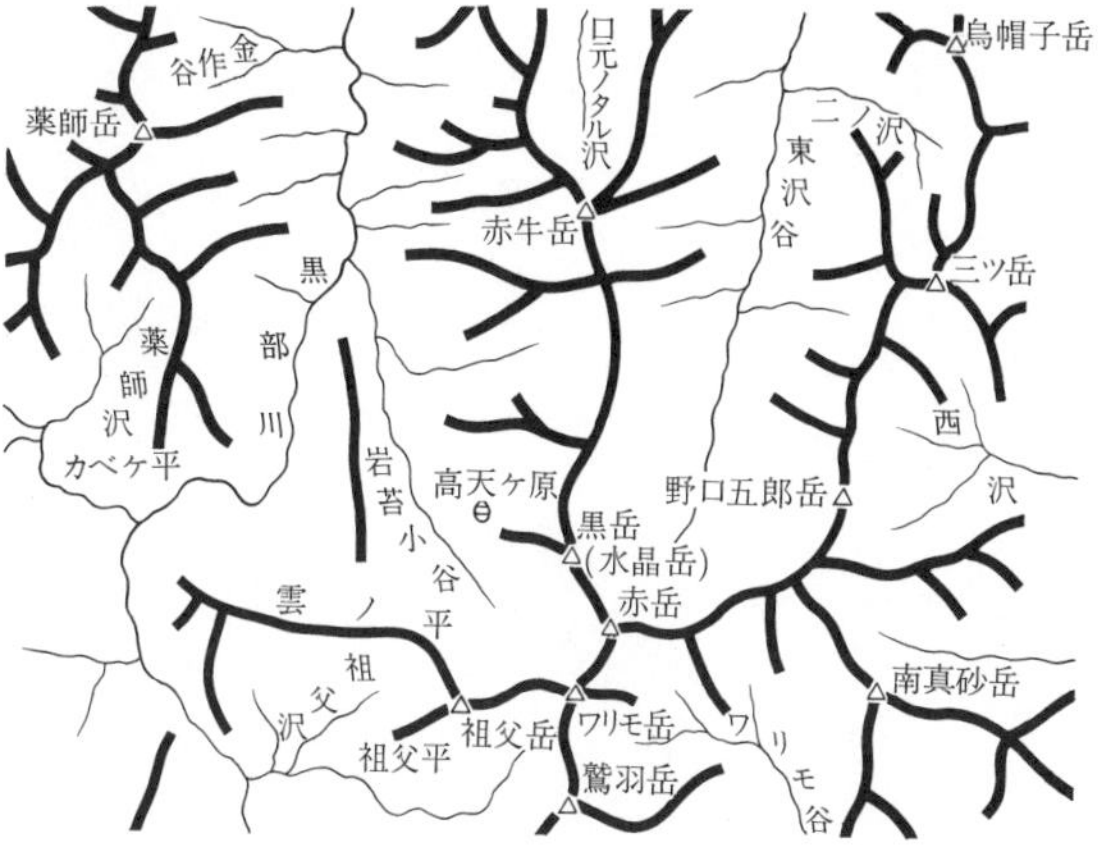

した黒部の支流で、小さな池のある原が見おろされた。そのあたりは高天《たかま》ヶ原《はら》と呼ばれる別天地だそうである。

反対側へ眼を移すと、黒部の一番大きな支流の東沢の源流がはいりこんでいた。これは岩苔小谷の狭い源流と対照的に、豊かな懐《ふとこ》ろを拡《ひろ》げていた。その向うに、全山白い砂で覆《おお》われた野口五郎岳、これは二千九百米を越える厖大《ぼうだい》な山だが、あんまりズンベラボウ過ぎて取りとめがない。それに続いて三ッ岳、更にその奥に後立山《うしろたてやま》の峰々。それらの峰々を正確に指摘するのが、私の楽しい趣味であった。

53 鷲羽岳 （二九二四米）

日本山岳会発行の『山岳』第三二・三三・三四年（一九三七・三八・三九年）に連載された、中島正文氏の「黒部奥山と奥山廻り役」と題する長文の記事は、登山をただスポーツとのみ見る人たちには退屈な読物かもしれないが、私のように登山をもっと広く考え、たとえ山へ行かなくても、書斎で山の本を読み山の由来を尋ね山を思慕することをも、山岳人の立派な資格に数えている者にとっては、まことに興味津々《しんしん》の有益な文章であった。

中島氏は黒部奥山の乏しい古記録・古絵図を蒐《あつ》め、それを検討しておられる。それらの旧記類は大かた前田藩の藩主が越中の農民に命じて、自領内の黒部川源流の山々を探査させた結果であって、伝説や臆説《おくせつ》を交えず、実地の調査記録であるだけに信頼できる。ここに取り上げるのは、その中の鷲羽《わしば》岳である。

北アルプスの山名は、立山《たてやま》、薬師《やくし》、笠《かさ》、槍《やり》などの著明なものを除くと、明治末年近代登山のパイオニアたちが、案内の猟師たちから聞いて名づけたものが多い。ところが鷲羽岳は、今から二百七十年前、元禄《げんろく》十年（一六九七年）の奥山廻りの記録以来その名が現われているのである。当時は鷲ノ羽ヶ岳と言った。鷲羽岳と変ったのは文化年代以後であった。

初め鷲羽岳とは今の三《み》ッ俣蓮華《またれんげ》岳を指していた。そこは三国の御境目であったから、名前の存したのは当然だろう。ところが文政の頃の記録に、その三国境の鷲羽岳の東北方にある顕著な一峰に東鷲羽岳の名が現われた。現在の鷲羽岳はその東鷲羽岳である。しかしこの峰にはもと竜池ヶ岳という名前が存在していた。竜池は現在の鷲羽池である。

この昔からの歴《れつき》とした名前が現在のように変更されたのは、そう古いことではない。現に私が学生時代に持って歩いた五万分の一に

は、今の三ッ俣蓮華岳は鷲羽岳となっていた。どうしてそれが改悪されたか。それは北アルプスの初期登山家たち、われわれの尊敬する日本山岳会の先輩たちの軽率な誤りから来たものだが、今ここにその事情を詳述する余裕はない。中島正文氏の記事を参照願いたい。

もう今となっては元の正しさに返すことはできまい。それに旧鷲羽岳（現三ッ俣蓮華岳）は根張りの大きい堂々とした山ではあるが、山容の俊秀な点では、旧東鷲羽岳又は竜池ヶ岳（現鷲羽岳）の方がそれを凌駕《りょうが》し、標高もそれより高い。鷲羽の本家はこちらが適当かもしれない。

鷲羽という名はどこから来たか。中島氏の文にも書いてない。この山を黒部川の対岸薬師岳や太郎兵衛平《たろべえだいら》から眺めると、山肌の岩と

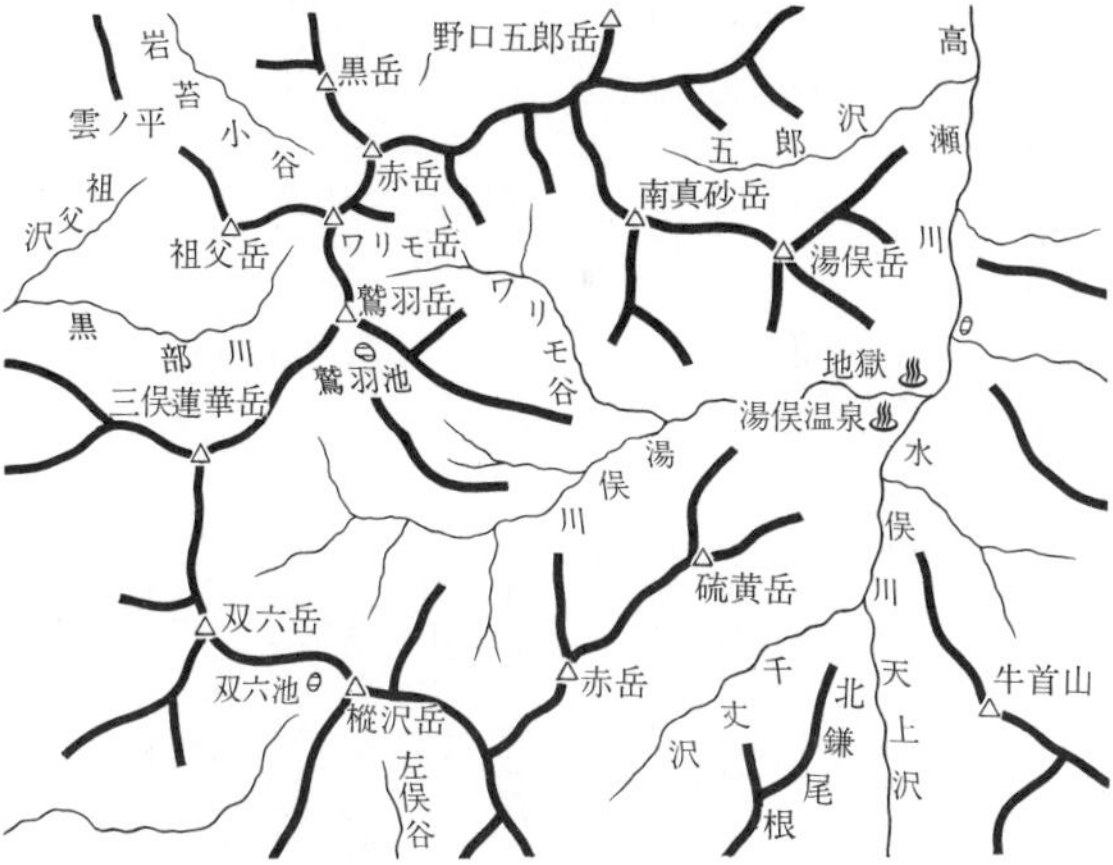

雪の模様が鷲の羽のように見える、そこから由来したのだという説を、私は何かの本で読んだおぼえがあるが、真偽は保《ほ》しがたい。

黒部と言えば、その谷の深さと険しさと美しさとで有名だが、その黒部川が産声《うぶごえ》をあげるのが鷲羽岳である。この山の頂に立つと、黒部川の幼年時代の発育ぶりが手に取るようにわかる。源流は一跨《ひとまた》ぎ出来るささやかな流れである。その水がやがて切り立った絶壁の間を、潭《たん》となり淵《ふち》となり滝となって、猛々《たけだけ》しく流れて行くのである。激しい青壮年時代を運命づけられた人のまだ幼な顔が、黒部のみなかみに見出《みいだ》される。(残念ながら現在は、黒部川のその旺盛《おうせい》な青壮年期はダム湖に埋れてしまい、幼少期だけが昔のまま残っている。)

以前は鷲羽岳へ達するには、どの出発点からしても途中二泊は要した。それほど山深かった。頂上から南へ下った鞍部《あんぶ》は鷲羽乗越《わしばのっこし》と呼ばれ、黒部川と高瀬川の分水嶺《ぶんすいれい》をなしている。近年その高瀬川の源流湯俣《ゆまた》川を遡《さかのぼ》って、乗越へ通じる新道が開かれ、われわれは初めて、長い尾根を辿《たど》ることなしに、北アルプスの核心へ容易に踏み入ることが出来るようになった。

鷲羽乗越は匐松《はいまつ》で覆《おお》われた広い台地で、その緑の中に埋れたように山小屋がある。そこから鷲羽岳への登りが始まるが、小屋の前から仰ぐ鷲羽の姿は雄々しく美しい。

急坂を登って行くと、稜線《りようせん》の右側にスリバチ形の火口湖があって、その底に水を湛《たた》えている。これが、旧称竜池、現在の鷲羽池である。ここから第一等の眺めは槍ヶ岳で、槍を望む所は方々にあるが、ここほど気品高く美しく見える場所は稀《まれ》だろう。その遥《はる》かな岩の穂がこの池まで影をおとしに来る。

登山者として鷲羽岳に最初の足跡を印したのは、明治四十年（一九〇七年）の夏、志村烏嶺《うれい》さんであった。志村さんは烏帽子《えぼし》の方から縦走して来て、鷲羽の絶頂を踏み、「南方眼下に、一小湖水を発見す、こは全く一噴火口なり、……鷲羽の噴火口、恐らく何人の耳にも新しき事実なるべし」と記している。日本アルプス探検時代には、こんな思いがけない発見が至る所にあったのであろう。昭和の今日、登山はしごく便利になったが、もはやこういう驚きはなくなった。

54　槍ヶ岳（三一八〇米）

今さら槍《やり》ヶ岳について語るのも愚かなくらい、周知の山である。三千米《メートル》を越える高さと言い、颯爽《さっそう》とした鋭い形と言い、わが国の山の中で最もユニークな存在である。

富士山と槍ヶ岳は、日本の山を代表する二つのタイプである。一つは斉整なピラミッドで悠然と裾《すそ》を引いた「富士型」であるに反し、他の一つは尖鋭《せんえい》な鉾《ほこ》で天を突く「槍型」である。この二つの相対するタイプは、他の地方の山々に多くの「何々富士」や「何々槍」を生んだ。

私たちがどこかの山へ登って、「あ、富士が見える！」と喜ぶのと同様に、「あ、槍が見える！」という叫び声を聞く。実際そのユニークな岩の穂は見紛《みまが》うことはない。ひと眼で認め得るのである。どこから見てもその鋭い三角錐《すい》は変ることがない。それは悲しいまでにひとり天をさしている。

槍ヶ岳の初登頂者は、播隆《ばんりゅう》という越中生れの念仏僧であった。彼は諸国を遍歴して多くの信者を持っていたが、文政六年（一八二三年）信者と共に飛驒《ひだ》から笠《かさ》ヶ岳に登った。その頂上から遥《はる》かに槍ヶ岳の神々《こうごう》しい姿を望んで心を打たれ、槍登頂の大願を起したという。

三年後播隆は信濃の安曇《あずみ》郡小倉村に来て、そこの村役人中田九左衛門宅に泊った。槍登山の志を告げると、彼も賛成してくれたので、さっそく準備を整え、山にくわしい又重郎（九左衛門の女婿《じょせい》）を案内に連れて山へ向った。まず大滝《おおたき》山、蝶《ちょう》ヶ岳を越えて上高地《かみこうち》に入り、梓《あずさ》川を遡《さかのぼ》って槍沢の岩屋（現在の坊主《ぼうず》岩小屋）に根拠を定め、そこで念仏修行をしながら、槍ヶ岳の登頂をねらった。しかしその年は偵察で終った。

信仰の厚い播隆はそれで挫折《ざせつ》することなく、それから二年間諸国をめぐって浄財を集め、再び槍ヶ岳に向った。背には阿弥陀如来《あみだにょらい》、観《かん》

世《ぜ》音《おん》菩《ぼ》薩《さつ》、文殊《もんじゅ》菩薩の三尊を負っていた。その加護を念じて、播隆はついに文政十一年（一八二八年）七月二十八日槍の頂上に達した。宿願を果した彼は頂上に三尊を安置し、仏恩の高さに感謝した。

播隆はその後二回も槍ヶ岳に登り、道を直したり、頂上を均《な》らしたりして、信者に登拝を勧めた。登拝者の安全を図るため岩に鉄鎖を下げることを計画した時、たまたま天保の大飢《き》饉《きん》があり、一部の村人はその凶作を彼の登山のせいにしてその計画を禁止した。しかしやがて豊作の年が来て、彼の念願が聞き届けられ、鉄鎖をかけることが許された。まことに播隆は偉大なアルピニストであった。彼の功績を讃《たた》えた名著に穂苅《ほかり》三寿雄《みすお》氏の『播隆』がある。日本アルプスの先駆者として、播隆の名はもっと多くの人に認識されるべきであろう。

その後槍ヶ岳登山は途絶えていたが、明治になって、この顕著な日本のマッターホルンが打捨てられておかれるはずはない。明治十一年（一八七八年）日本アルプスの名付け親、英人ウィリアム・ガウランドが登頂した。続いて明治二十五年（一八九二年）ウォルター・ウェストンが登頂した。日本の登山家では小島烏《う》水《すい》が最初で、明治三十五年（一九〇二年）であった。それ以後次第に登る人が多くなり、槍沢からする正面コースだけでなく、四方からの道が開かれるようになった。

槍ヶ岳は東西南北四つの山稜《さんりょう》を引き、それが痩《や》せて険しいところから鎌《かま》尾根と呼ばれている。双六《すごろく》に続く西鎌や、穂高に連なる南鎌（とは普通言わないが）が初めて歩かれたのは、明治も終りに近くなってからであった。中でも悪いのは北鎌で、今でもこの尾根を登るのは熟練者に限られている。しかも数人の犠牲者を出している。単独登山者として有名な加藤文太郎氏が行衛《ゆくえ》を絶ったのも、この岩尾根であった。この北鎌が初めて登られたのは大正十一年（一九二二年）七月で、早稲田《わせだ》と学習院の両パーティがその初登攀《とうはん》を争ったという劇的な挿話《そうわ》も残っている。

私が最初に槍に登ったのは、やはり同じその年の七月で、槍沢からの普通コースであった。燕《つばくろ》の方から槍へ向ったが、まだ喜作新道

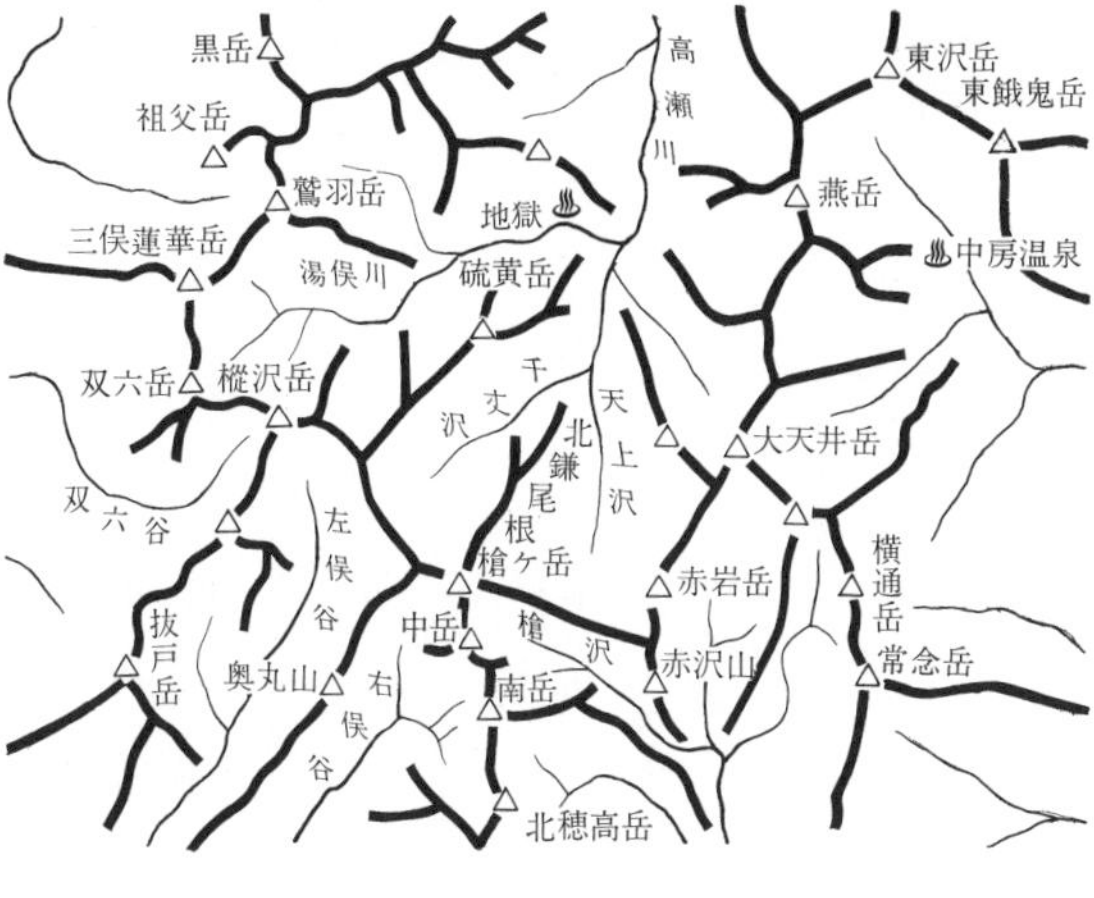

（即ち東鎌）は拓《ひら》かれていなかった。燕尾根から常念《じょうねん》へ廻り、一ノ俣谷から中山峠で二ノ俣谷へ越え、それから槍沢に出た。東鎌尾根の道がつけられたのはその翌年であった。四十年前のことだから記憶は茫々《ぼうぼう》としているが、その頃ただ一つきりの小屋であった殺生《せっしょう》に泊って、翌日晴天の槍の頂上に立った。私の最初の三千米峰であった。

現在では、上高地から槍までの途中に幾つも小屋ができ、夏は登山者が列をなしている。一生に一度は富士山に登りたいというのが庶民の願いであるように、いやしくも登山に興味を持ち始めた人で、まず槍ヶ岳の頂上に立ってみたいと願わない者はないだろう。

富士山が古い時代の登山の対象であったとすれば、近代登山のそれは槍ヶ岳である。

55 穂高岳（三一九〇米）

穂高岳《ほたか》は昔御幣岳《ごへい》ともいった。空高くそびえる岩峰が御幣の形に似ていたからである。また奥岳とも呼ばれた。人里から遠く離れた奥にあったからだろう。梓川《あずさ》ぞいにバスが通じて以来、人々はたやすく神河内《かみかわち》（上高地）に入り、そこから穂高を仰ぐことができるようになったが、それ以前は徳本峠《とくごう》を越えねばならなかった。峠に立った時、不意にまなかいに現われる穂高の気高い岩峰群は、日本の山岳景観の最高のものとされていた。その不意打ちにおどろかない人はなかった。幸田露伴も書いている。

「眼の前に開けた、深い広い傾斜、その向うの巍々《ぎぎ》堂々たる山、何という男らしい、神々《こうごう》しさを有《も》った嬉《うれ》しい姿であろう。思わず、知らず、涙ぐましいような心持になって、危く手をさしのべたいような気がした。吾《わ》が魂に於《お》いて、彼を看《み》たのか、彼に於て、吾が魂を看たのか、弁《わき》まえがたいような瞬間であった。」

穂高の名は、岩の秀《ほ》の高いところから来たのだろう。秀は穂に通じる。その俊秀な姿から古くは穂高大明神の山と言い伝えられ、単に明神岳とも呼ばれた。現在では明神岳は、穂高から梓川へ下る岩稜《がんりょう》の峰の名になっている。その裾《すそ》に穂高神社があり、明神池がある。

信濃もかつては海であった。わたつみであった。安曇《あずみ》はわたつみの転訛《てんか》だという。その大綿津見《おおわたつみ》神の御子の穂高見《ほたかみ》ノ命《みこと》がこの山に垂《すい》迹《じゃく》し給《たも》うた、と穂高神社の縁起に記されている。命《みこと》は安曇の水を治められたので、今でも水の神として祀《まつ》られている。

そんな風にこの山は大昔から霊岳としてあがめられていた。岩根こごしい山であるから、登拝は困難で、ただ遥拝《ようはい》していたのであろう。近辺の笠《かさ》ヶ岳や槍《やり》ヶ岳が信仰の厚い僧侶《そうりょ》によって登頂された後も、穂高だけ残ったのは、むずかしい山であったからだろう。それでも文政丁丑《ひのとうし》（編集部注　高頭式『日本山岳志』によるが、文政年間に丁丑の年はなく、丁丑は、文化十四年、一八一

七年にあたる。）の夏、安曇郡穂高村の医師・高島章貞は、友人に誘われて登り、その地理を写して、「穂高岳記」という文章を残した。しかしその記文から推して、彼が頂上に立ったとは考えられない。

穂高に登った最初の人は、明治二十六年（一八九三年）の夏、嘉門次を連れたウェストンであった。もっともそれより二週間前、陸軍省の視察員がやはり嘉門次を連れて登っている。しかしこれらのパイオニアの登頂したのは、今の前穂高であって、当時これが最高点と思われていた。

明治の末年頃から、日本山岳会の先輩たちが相ついで登り、それまで一括して穂高と呼ばれた岩峰群に、北穂高、奥穂高、涸沢《からさわ》岳、前穂高、西穂高、明神岳という風に、それぞ

れの名称が与えられるようになった。その最高は奥穂であってわが国第三位である。初登頂は明治三十九年（一九〇六年）陸地測量の時で、それから三年おくれて登山家として鵜殿正雄氏が最初であった。

大正年代に入ると、穂高は岩登りと積雪期登山の道場になった。三千米のピークが四つもある岩の大伽藍《がらん》である。当時の前衛的な大学山岳部の若者たちは競ってこの山を目ざした。彼等は次々と新しい登攀《とうはん》ルートを開いて行った。そしてジャンダルムだの、ロバの耳だの、クラック尾根だの、松高ルンゼだのと、西欧アルプス風な名が到《いた》る所の岩場に付けられたのは、昭和になってからであった。

こうして大戦前までに、この大伽藍の尾根や岩壁や沢筋が、ほとんど探り尽された観があった。それでも松方三郎氏が書かれているように、「あの穂高のどこかの一角に三方は断崖《だんがい》で守られ、背中の方もまた絶壁になっていて、よほどのお山の達人でないと寄りつけないような小さな、いわば天狗《てんぐ》のおどり場とでもいったようなテラスがあって、そのたなにたどりついて見ると、そこらあたりは一面のお花畑でエーデルヴァイスなどが咲き乱れている、などという想像にふけったりするのである。」そんな空想を許すのも穂高のヴォリュームの大きさである。

終戦後は冬期の岩登りが盛んになって、正月休みなどには多くのパーティがあちこちの氷壁をねらって、果敢なアタックを試みるようになった。そしてもはや冬期初登攀のルートさえ無くなったようである。

おそらく山岳団体に属する人で、涸沢生活の経験を持たない人はないだろう。夏には幾十というテントがそこに並び、グリセードや岩登りの訓練に出かけて行く。穂高はアルピニストのメッカとなった。

しかし、そこで永遠に眠った人も多かった。大島亮吉《りようきち》も、茨木猪之吉も、穂高を墓にした。近年は冬期登山に毎年のように犠牲者を出している。小坂乙彦も死んだ。魚津恭太も死んだ。死ぬ者は今後も絶えないだろう。それでもなお穂高はそのきびしい美しさで誘惑しつづけるだろう。

56 常念岳（二八五七米）

評論家臼井《うすい》吉見《よしみ》氏が書いていた。松本の氏の小学校の校長はいつも窓から外を指して「常念《じょうねん》を見よ」と言ったが、その言葉だけが今も強く記憶に残っている、と。また松本に数年住みながら、一向山登りに興味を持たない男だったが、ただ常念だけは一度登ってみたかった、と洩《も》らした友人がいた。松本平から見た常念岳を知っている人にはその気持がわかるだろう。

それはわが友人だけではない。六十年も前にウェストンが言っている。「松本附近から仰ぐすべての峰の中で、常念岳の優雅な三角形ほど、見る者に印象を与えるものはない」と。ウェストンもやはりその美しい金字塔に惹《ひ》かれて登ったのだろう。彼がその頂上に立ったのは明治二十七年（一八九四年）の夏だった。

金字塔と呼ばれるにふさわしい山はわが国に幾つも数えられるが、その最も代表的な一つとして常念岳が挙げられよう。ウェストンはその頂上に小さなケルンを見つけた。彼より以前にもう熊《くま》やカモシカを追う猟師たちが登っていたのである。かつて天《てん》狗《ぐ》を祀《まつ》った小祠《しょうし》もあったそうだが、ウェストンはそこに二つ三つの石が散らばって残っているのを見ただけだった。日本アルプスのパイオニアであるこの外国の登山家から、私たちは常念の名前の謂《い》われまで教えられる。彼が道案内の猟師から聞いた話によると、昔、密猟者がこの山の谷間で野営していると、頂上から風に乗って夕べの勤行《ごんぎょう》のお経と鐘の音が聞えてきた。それが夜通し続くので、密猟者は良心の呵責《かしゃく》にあい、再びこの山へ近づこうとしなかった。それを聞き伝えた麓《ふもと》の人々は、この山に常念坊という名前を付けたという。常に念じている僧のいる山の意である。また一説には、いずこの者とも知れぬ僧形《そうぎょう》が麓の酒屋に現われて奇蹟《きせき》を示したので、人々はこれを山の精の化身として常念坊と呼んだ

とも伝えられる。昔は常念岳とは言わず常念坊と呼んでいた。

日本の登山家で最初に常念岳を世に紹介したのは小島烏水《うすい》で、彼が登ったのはウェストンよりおくれること約十年の明治三十九年（一九〇六年）の夏であった。その頃はまだ北アルプスも詳しく知られず、槍《やり》ヶ岳が富士山につぐ日本第二の高峰とされていたが、その槍と常念とどちらが高いかと、真面目《まじめ》に論議されたりした。それほど常念岳は天空を突いて、眼につく山であった。烏水は大天井《おてんしょう》岳の方から縦走してきて、この頂上に立った。頂にかかる下に匐松《はいまつ》で編んだ毀《こわ》れた小屋が傾いていた。

この破《や》れ小屋が後の常念小屋のもとになったのだろう。常念小屋の建ったのは大正八年（一九一九年）で、それから三年おくれて私はその小屋に泊った。そこから大きな石がゴロゴロ乱雑に堆積《たいせき》しているのを踏んで頂上に達した。小屋には二晩泊ったので、その様子は今も記憶にある。広いただの一部屋で、その隅の方で小屋番が炊事をしていた。同行の友が、燕《つばくろ》岳からここへ縦走の途中暴風雨と疲労とで人事不省になり、小屋へ担《かつ》ぎこまれてようやく息を吹き返した。そんな事件があったから一層記憶が濃いのであろう。

常念小屋は日本アルプス中で最も古い小屋の一つであったが、その後常念のぬしとも言うべき山田利一さんによって改築された。山田さんは戦後梓《あずさ》川べりに横尾山荘を建て、その裏手から蝶《ちょう》ヶ岳へ登る道を新しく開いた。私はその道を辿《たど》って久濶《きゅうかつ》の常念岳へ行く約束を山田さんとしていたが、それを果さないうちにぬしは亡《な》くなった。常念岳のために一生尽した人であった。

　山にはそれぞれ御ヒイキがある。常念には若い勇敢なクライマーを誘い寄せる岩壁や困難な沢はないが、その美しい形をもって、芸術家気質《かたぎ》の人々を惹きつける。画家や写真家に、この山は多くの材料を提供してきた。その一例として、私は田淵行男さんの写真集『尾根路』を思いだす。田淵さんは常念岳のすぐ麓の牧村に住んで、この山を裏庭くらいに馴染《なじ》み深くなった人である。「私の一番多く登っている山は、言うまでもなく常念、大《おお》滝《たき》である。回数にすると百をはるかに越えて

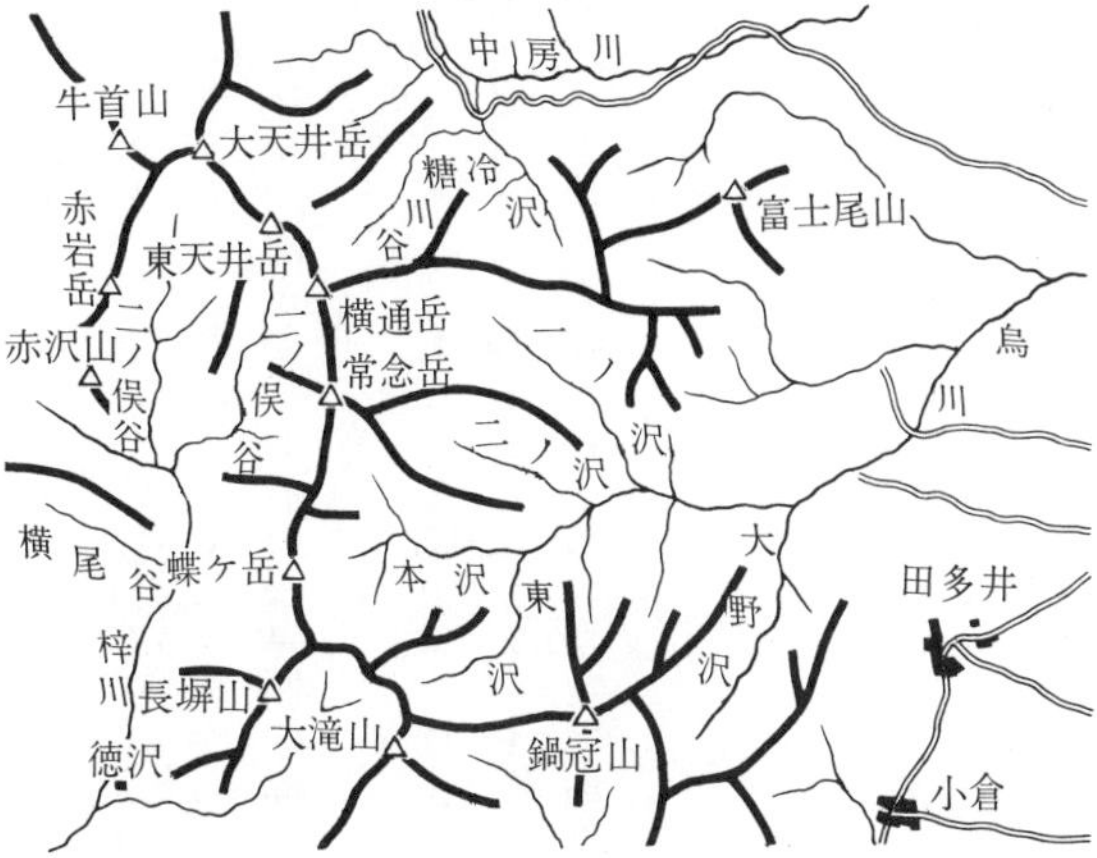

いる」というのだから、その傾倒ぶりも尋常ではない。それだからして常念の表情を知悉《ちしつ》しているような優れた写真が生れたのであろう。

常念岳は北アルプスの他の深山とは違って麓の風景とマッチしているところに、芸術家気質の人に親しまれる理由があるのだろう。しかしいざ登ろうとすると里からは遠い。だから大ていの登山者は燕《つばくろ》か大滝《おおたき》山からの尾根の縦走か、あるいは裏側の梓川べりから登るのが常である。

松本から大町へ向って安曇野《あずみの》を走る電車の窓から、もしそれが冬であれば、前山を越えてピカリと光る真白いピラミッドが見える。私はそこを通るごとに、いつもその美しい峰から眼を離さない。そして今年こそ登ろうと決心を新たにするのが常である。

57 笠ヶ岳（二八九八米）

山の名には、冠だの、烏帽子《えぼし》だの、笠《かさ》だの、頭にかぶるものの名称を取ったものが多い。同じ笠にも、編笠山や遠笠山や衣笠《きぬがさ》山などあるが、やはり一番多いのは単なる笠《かさ》ヶ岳である。もちろんそれは笠の形をしているから名づけられたに違いないが、名前だけでは信用出来ない。表から眺めると笠に見えても、横に廻ると全く形の変るものがあるからである。

それらの多くの笠の筆頭に挙げられるのは、北アルプスの笠ヶ岳である。そしてこの山ほどその名に忠実なものはない。どこから望んでも笠の形を崩さない。遠い立山から見ても、近い穂高から見ても、山麓《さんろく》の平湯《ひらゆ》から仰いでも、飛騨《ひだ》の高山市から眺めても、すぐそれと指摘出来る、文字通りの笠ヶ岳である。

それほど目立つ端正な山だから、古くから人々の注意を引き、信仰の山となったのは当然だろう。その初登頂者は円空上人《えんくうしょうにん》と伝えられる。円空は鉈《なた》一丁で仏像を刻んだ奇僧で、近年その彫刻が有名になり、展覧会が催されたり、作品の写真集が出たりした。上人は天和三年（一六八三年）高山に来て五岳練行をした。五岳とは、笠、槍《やり》、穂高、焼、乗鞍《のりくら》のことで、彼はその中の乗鞍と笠に登ったと言われる。それ以前にも各地を遍歴し、蝦夷《えぞ》地まで行ったほどの人だったから、この登頂は信じていいだろう。

その後、天明二年（一七八二年）、高山の宗《そう》猷寺《ゆうじ》の南裔《なんえい》上人が登った。これにはちゃんと記録がある。それから約四十年おくれて播《ばん》隆《りゅう》上人が登頂した。文政六年（一八二三年）六月のことで、下山してから山麓の人と語って登山道を完成した。そして同年八月五日、播隆を先達《せんだつ》として同行十八人が絶頂を極めると、御来迎《ごらいごう》が雲の中に浮び、阿弥陀仏《あみだぶつ》が三度出現したので、一同随喜の涙をこぼして奉拝した。これについては播隆の書いた「迦多賀《かたが》

岳再興記」という詳しい記述が残っている。

翌文政七年八月五日、播隆は又も同勢六十六名を伴なって笠ヶ岳に登頂し、阿弥陀仏を納めた。この日も御来迎の出現が数度に及んだという。彼はこの頂上から遥《はる》かに槍ヶ岳の英姿を望んで、それへの登頂の念願をおこし、ついに槍の初登頂者となったことは有名な話である。

北アルプスへ行って笠ヶ岳を見落した人はあるまいが、その頂上に立った人は案外少ないようである。それは普通の縦走路から外れているからでもあろう。私が行った時には、幹線の双六《すごろく》小屋は満員であったが、笠ヶ岳の支脈へ入ると殆《ほと》んど人影がなかった。

双六からは気持のいい静かな道で、深い谷を距《へだ》てた向う側には、槍から穂高に続く三千

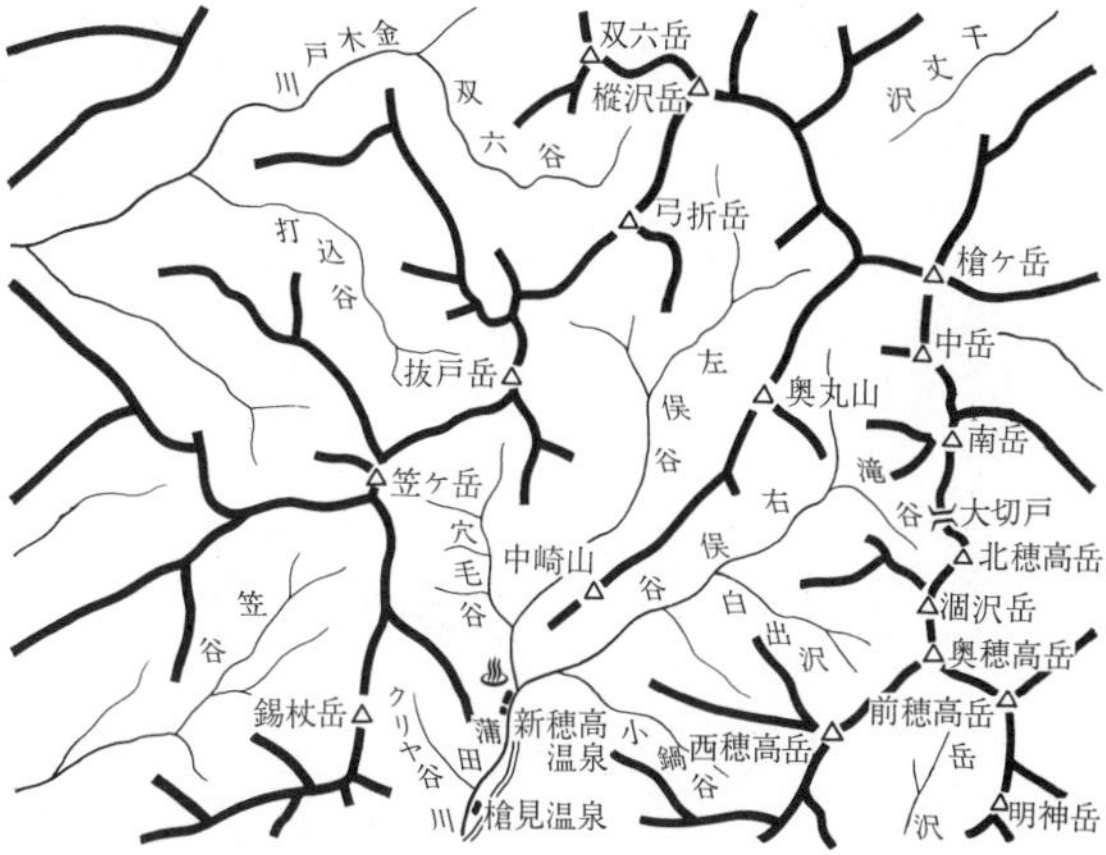

米《メートル》の山なみが、大自然の壁を作っていた。これだけ大規模な壁は日本には例があるまい。その荒々しい岩襖《いわぶすま》に引きかえ、反対側は、丸みを持った大まかな緑の斜面が、ゆったり双六谷に落ちていた。尾根筋は広く、高原のようにのんびりした所もあって、一夜テントで過してみたいような池沼《ちしょう》を持つ風景もあった。殊《こと》に抜戸《ぬけど》岳を経て笠までの間は、全く天然公園のように美しく、匐松《はいまつ》が褥《しとね》を敷き、その蔭《かげ》に逃げこむ雷鳥の親子も見られた。

頂上は清潔で、紙屑《かみくず》、空缶《あきかん》一つなかった。風雨で洗われた平たい石片で覆《おお》われて、一隅に石の仏が置いてあった。その磨滅した石面を探ると、文政七年、迦多賀岳、という文字が読めた。笠ヶ岳は昔は肩ヶ岳と呼はれ、その肩ヶ岳を迦多賀岳と書いたのである。播隆が最初に登った時大《かさ》ヶ岳と呼んでいるから、あるいは迦多賀岳はその転《てん》訛《か》かもしれない。大《かさ》ヶ岳は傘《かさ》ヶ岳から来たとも言われる。

私が頂上に立った時には、残念ながら霧に包まれ、展望を得られなかった代償に、播隆上人と同じく御来迎にめぐりあった。蒲田《かまだ》谷に面した雲の中に円光が現われて、その輪の中に、阿弥陀仏ならぬ自分の影を見出《みいだ》した。まだ北肩の小屋が無かった時だったので、その日のうち槍見温泉まで下ったが、この道は長かった。

昔、僧侶《そうりょ》の登ったことはさておいて、明治になってからの初登頂者はウェストンであった。この山好きの宣教師は明治二十五年（一八九二年）から二年続けて不便な山麓までやってきたが、迷信深い村民に拒まれて登ることが出来ず、ようやく三年目の八月一日念願の頂上に立った。若い猟師が村人の迷信をあざ笑って、こっそり案内してくれたのであった。ウェストンは素朴な日本の山村を愛したが、麓《ふもと》の蒲田の人たちは、笠ヶ岳の絶壁や渓谷には魔力を持った山の精が住んでいると信じていた。そしてよその人を神聖な山に案内すると、怖《おそ》ろしい嵐《あらし》が村を襲うと信じていたのである。明治二十年代の奥深い村は、大ていそんな状態であったのだろう。

58 焼 岳 （二四五八米）

島々《しましま》からバスで上高地に入ろうとする時、釜《かま》トンネルを抜けると不意に眼の前に、あたかもこれから展開する山岳大伽藍《だいがらん》の衛兵のように、突っ立っているのが焼岳《やけ》である。よく知っている風景とは承知しながらも、いつも私はここで、初めての景色に出あうような新鮮な驚きを感じるのは、どうしたわけであろうか。

焼岳は微妙な色彩のニュアンスを持っている。濃緑の樹林と、鮮やかな緑の笹原《ささはら》と、茶褐色の泥流《でいりゅう》の押出しと、――そういう色が混りあって美しいモザイクをなしている。しかも四季の推移によって、そのモザイクも一様ではない。ある秋の晴れた日、焼岳はまるで五色の着物を着たようにみごとだった。

あの形なども簡単に見過すとただのコブにすぎないが、よく見つめると、岩や亀裂《きれつ》の工合が複雑な山容を作っている。学問の方では鐘状《しょうじょう》火山といって、類の少ない火山だそうである。こぢんまりしていて、足元からてっぺんまで山全体を一と目で見得ることも、北アルプスでは珍しい。

焼岳は附近の群雄に比べたら、取るに足らぬ小兵《こひょう》かもしれぬ。だがこの小兵は他に見られぬ独自性を持っている。まず、日本アルプスを通じて唯一《ゆいいつ》の活火山である。頂上から煙が上っている山はほかにない。

それから小兵の分際で、梓《あずさ》川の風景を一変した。その爆発で大正池を作りあげたのである。人はよく「国破れて山河あり」という文句を引いて自然の不変を説くが、一挙にしてあの大きな変貌《へんぼう》をおこした焼岳の潜勢力は偉大である。

大正四年（一九一五年）六月六日、焼岳は地震を伴なって爆発し、頂上旧火口から幅三百三十米《メートル》、深さ二米余の泥流を押し出して梓川を堰《せ》きとめた。大正池はその副産物である。池中に枯死した白樺《しらかば》が林立し、その水面

に穂高や焼が影を落すという、ちょっと日本に類のないエキゾチックな風景を現出した。そしてその眺めは、絵葉書になり、白樺細工になって、今では上高地の最も代表的な名所となっている。河童《かっぱ》橋と大正池は、アマチュア写真家のカメラから逃れることができない。

その大正池も年月と共に浅くなり狭くなり、名物の白樺の立枯れも少なくなって、以前の面目を失いつつある。池はしだいに川に還元しつつあるような感じを受ける。焼岳は表面穏和を装《よそお》いながらも、次に打つ手を考えているかもしれぬ。学者の説によると、休止期に近づいた火山だそうであるが、最後の一あばれをして、また何か新しい風景を上高地に加えてくれるかもしれない。（後記。こう書いてから三年後、果して焼岳は大爆発をした。）

焼岳の噴火は大正池の時が最初ではない。『善光寺道名所図会《ずえ》』はよく山岳誌家に引用される古い文献であるが、その中に「常に所々に烟《けむり》立て、寒天にも雪を置かず、麓《ふもと》に温泉湧出《ゆうしゅつ》」と出ているところを見ても、かなり昔から噴火していたのであろう。焼岳という名前が何よりもそれを証明している。

私が初めて上高地へ入ったのは、大正池ができた数年後である。山に関する限り物持ちのいい私は、その時使った五万分の一の「焼ヶ岳」図幅（その後「上高地」と変った）を今も保存している。その古びた地図を見ると、噴火山の大きい方すなわち今の焼岳には硫《い》黄《おう》岳の名が付され、今の硫黄岳（中尾峠のすぐ東北にある約二千百米峰）が焼ヶ岳となっている。これは飛驒《ひだ》側の人々の呼び慣わしだったそうで、陸地測量部員がそれに従ったのである。ところが信州側の呼び方はそれと反対で、その方が妥当である。その後地図もそのように修正され、現在ではもはや焼と硫黄の位置は動かすことができないものとなった。

近来上高地はいよいよ繁昌《はんじょう》して、登山地というより観光地となった。純粋登山派はさっさと素通りして山に向い、レーン・コートに短靴の純粋遊覧派だけが、河童橋や大正池のほとりを散歩している。せめて焼岳へでも登

れば彼等の上高地遊覧に大きな収穫が加わるだろう。半日で往復できる易しい山である。

収穫の第一等は、中尾峠まで登って、そこからの展望である。今まで見えなかった錫杖《しやくじよう》、笠《かさ》、抜戸《ぬけど》の連峰がすぐ眼前に展《ひろ》がる。特に笠ヶ岳の金字塔がこんなに立派に見える所は他にない。峠でゆっくり休んでから、崩れ易《やす》い急な山背を登って行くと頂上である。深く落ちこんだ噴火口に池があって、紺碧《こんぺき》の水を湛《たた》え、その一隅から勢いよく湯気を噴きあげている。まざまざと活火山という印象を強く受ける頂上である。

59 乗鞍岳（三〇二六米）

どこの山もそれぞれの信者を持っていて、その信者たちにはそれぞれ独自の雰囲気《ふんいき》があるように思われる。例えば近代登山精鋭分子の道場である北アルプス、その中で穂高と乗鞍《のりくら》を挙げてみると、両信者の間にはどこかニュアンスの差異がある。

それを少し誇張して言うと、穂高信者は闘争的で、現実的で、ドライなのに引きかえ、乗鞍信者は平和的で、浪漫的で、ウェットである。もちろんここで言う乗鞍信者とは、信仰登山のそれではなく、まして遊覧バスで運ばれてくる大衆ではない。お金はあまり無いが暇は十分あるという学生時代に乗鞍に住んだことのある人たちを指す。全く、乗鞍は登ると言うより、住むと言った方が似つかわしい山である。

その信者たちの参詣《さんけい》口は絶対に大野川であらねばならぬ。島々《しましま》を出て、前川渡《まえかわど》で梓《あずさ》川と別れて大野川の方へ入ると、彼等の胸は喜びで震える。番所《ばんどころ》まで行って、前山のうしろに頭をもたげている乗鞍を見ると、彼等は久し振りにわが家へ帰ったような気になる。

位ケ原《くらいはら》まで登って、初めて真正面に、遮《さえ》ぎるもののない乗鞍岳それ自身に接する。ここからの眺めを、私は日本で最もすぐれた山岳風景の一つに数えている。まずその姿がいい。雄大で、しかも単調ではない。ゆったりと三つの頭を並べたその左端が主峰である。その主峰の右肩の巨大な岩が、間延びを引緊《ひきし》めるアクセサリーになっている。それから前景の豊かな拡《ひろ》がりがいい。胸の透くように伸びてコセコセしたところがない。

乗鞍は北アルプスに入れられているが、遠くから眺めると、北アルプスの連嶺《れんれい》とは独立した形で、御嶽《おんたけ》と並んで立っている。そして御嶽の重厚に対して、乗鞍には颯爽《さっそう》とした感じがある。

うるはしみ見し乗鞍は遠くして一目とい
へどながくほこらむ

これは長塚節《ながつかたかし》の歌だが、全く、乗鞍の姿を一ぺん見た人は、その山を忘れることが出来ないだろう。

当然、昔から尊崇された山であった。その開山はいつ頃かハッキリしないが『乗鞍山縁起』という本には、大同二年（八〇七年）田村将軍が乗鞍三座の神に祈願をこめ、その後建暦二年（一二一二年）社殿が造営されたが、応仁《おうにん》以後次第に荒亡したと出ている。行者の信仰登山が興《おこ》ってからは幾人かの大先達が現われて、その中には木食上人《もくじきしょうにん》や円空《えんくう》上人の名も見え、そしてそれぞれの伝説を残している。

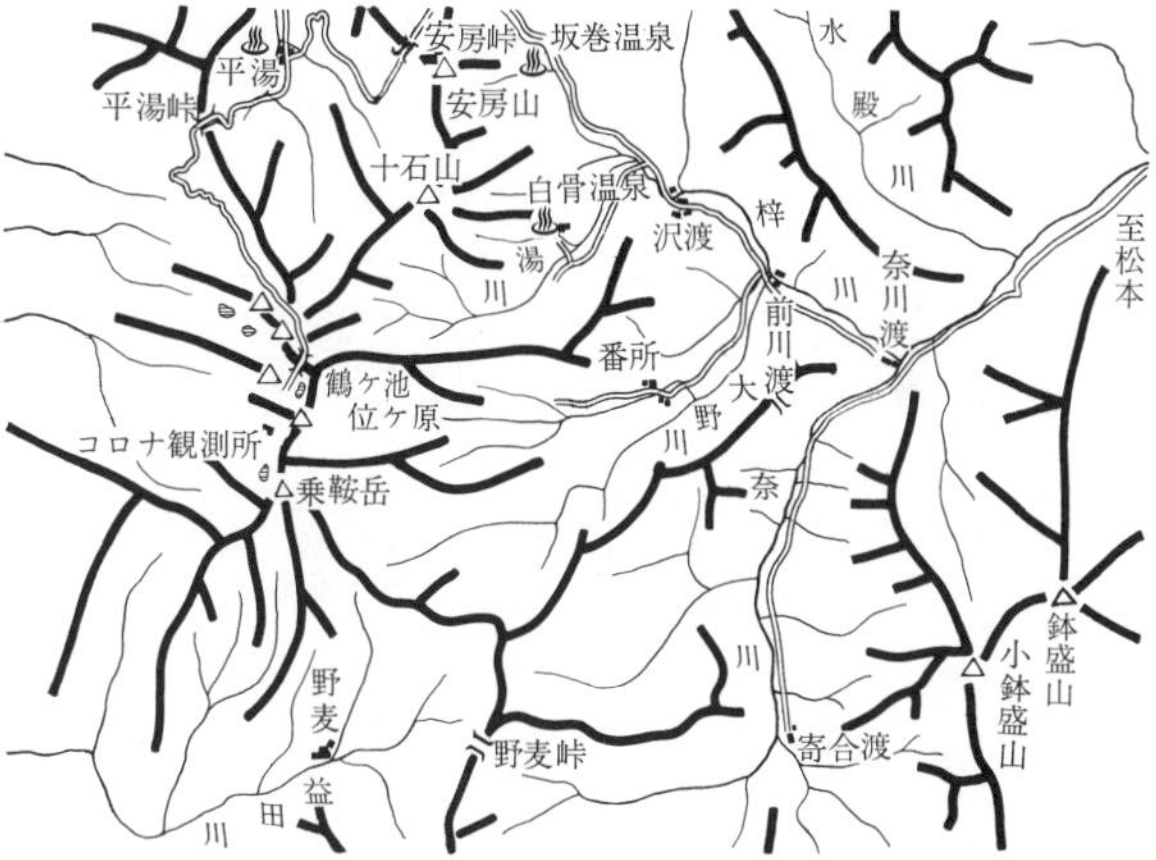

わが国にはその山容から「鞍」の字のついた山が多く、乗鞍をその代表と見なしていいだろう。古くは鞍ヶ嶺と呼ばれ、頂がたるんで騎鞍《のりくら》の形をしているところから山名となった。騎鞍禅定《のりくらぜんじょう》といって、夏に人々は中腹の騎鞍権現遥拝所《のりくらごんげんようはいじょ》まで登って頂上を拝んだという。

近代の乗鞍信者は信州の大野川から登るが、昔の登拝者は多くは飛騨《ひだ》側からであった。この山を詠《よ》んだ多くの詩歌の類が飛騨側にあるところを見ても、昔は乗鞍は飛騨の山であった。そして幾筋かの登山路もその側から開かれていた。

戦後、頂上まで登山バスの通じたことは一つの驚異であった。街を歩く恰好《かっこう》で三千米《メートル》の雲の上を散歩出来ようとは、誰が予想しただろう。しかし自動車道路がついたために、その道路から外れた所は却《かえ》って寂《さび》れて、本当に山の好きな者に静かな場所を残してくれることになった。

現在、夏の頂上はちょっとした繁華街のおもむきを呈しているそうだが（私はまだ知らない）、しかし乗鞍の全体は、バス道路くらいで通俗化するようなチッポケなマッスではない。これほどの豊かさと厚みを持った山も稀《まれ》である。四ッ岳から大丹生《おおにう》岳、恵比須《えびす》岳、富士見岳、乗鞍主峰と続く広大な山城には、多くの山上湖があり、森林があり、高原がある。

ただ頂上を極めるだけでは倦《あ》き足らない人、そこの湖沼《こしょう》や森林や高原に暇をかけてさまようことに楽しさを見出《みいだ》す人、——私の言う乗鞍信者が多くはロマンティストであるのもそこから来ている。変化のある風景と情趣とは、この山においては無尽である。

私が最初に主峰に立ったのは、戦前の初冬快晴の日で、そこから眺めた日本アルプスは言わずもがな、眼前に大きく御嶽《おんたけ》、遠くに美しく白山、そしてその二つの間には、限りもない果てまで山なみが続いていた。目立つ高い山はないが、山また山の重なりである。あらまし眼で数えただけでも十四重もあった。

ここにして飛驒こそ真の山の国という感が深かった。

60 御嶽（三〇六三米）

普通御嶽《おんたけ》は日本アルプスの中に入れられるが、この山は別格である。そういうカテゴリーからはみ出している。北だの、中央だの、南だのと、アルプスは混みあっているね、そんな仲間入りは御免だよ、といいたげに悠然と孤立している。

たしかにこのヴォリュームのある山は、それだけで一王国を形成している。一個の山として、これだけ図体の大きい存在も稀《まれ》である。山頂は、最高の剣ヶ峰を初め、継《まま》母岳《ははだけ》、摩利支天《まりしてん》山、継子《ままこ》岳などからなっていて、その間に、二ノ池、三ノ池、水の涸《か》れた一ノ池、あるいは賽《さい》ノ河原と呼ばれる広々とした原、ザクザクした外輪壁などがあちこちにあって、甚だ変化に富んでいる。しかし遠くから望むと、それらすべてが一つの大きな頂上となって、そこから裾《すそ》へ向っておおらかな斜線をおろしている。

この斜線がみごとである。厖大《ぼうだい》な頂上を支えるのに十分な根張りをもって、御嶽全体を均衡のとれた美しい山にしている。遠望では裾野まで見ることは出来ない。前山の上に浮いた上半身である。それが一層この山を神々《こうごう》しく見せるのであろう。昔から木曽《きそ》の御嶽さんは夏でも寒いとうたわれて、信仰の山となったこともうなずかれる。

　富士山、鳥海《ちようかい》山、立山《たてやま》、石鎚《いしづち》山など、古くから宗教登山が盛んであったが、現在では一般登山の中に解消されている。信仰登山の組織と戒律と風俗を今でも濃厚に保っているのは、御嶽だけだろう。夏に表口の王滝《おうたき》や黒沢から登って行くと、道が白く見えるくらい白衣装束の信者が続いている。それが子供から爺《じい》さん婆《ばあ》さんに及んでいる。彼等は登山に趣味を持っているわけではない。私の知っているある下町のお茶屋のおかみさんは、およそ山に縁のない人だが、毎年オンタケサンにはお詣《まい》りを欠かさない。

　広い頂上の然《しか》るべき所には、あちこちに宗教的モニュマンが建っていて、信者の一群を

率いた先達《せんだつ》が、そこで加持祈禱《かじきとう》をしているさまが眺められる。信者にお祓《はら》いを施す時の先達の形相《ぎょうそう》は物凄《ものすご》い。全くここは信仰の山、庶民の山であって、ピッケルに登山靴のアルピニストは、疎《そ》外者《がいしゃ》のような感じである。彼等はそういう山を俗化と呼んで敬遠する。僅《わず》かに季節はずれの時期に、少数の純粋登山者を見るくらいである。

しかしこの茫洋《ぼうよう》と大きい山は、まだまだ未知のものをたくさん含んでいる。おかしな話だが、登山者に敬遠されたおかげで、この山の秘密が保たれている。その上、この山の原始性を守ったのは、乱伐を許さない広大な御料林である。ヒノキ、アスナロ、コウヤマキ、サワラ、ネズコが木曽五木と称せられて昔から有名だが、御嶽の周辺を覆《おお》う鬱蒼《うつそう》とした森林は、まことにみごとである。

俗化と見られるのは、表参道口だけであって、裏の飛驒側へ下れば素朴な嶽ノ湯がある。もっとも近年この湯の近くまでバスが延びてきたから、こちら側も次第に繁《はん》昌《じょう》を来たすだろう。人間臭を嫌う人は、近年開田《かいだ》からの登山道を択《えら》ぶようである。

五万分の一の御嶽の地図を見ていると、この山の大部分はまだ原始の姿に残されていることが察せられる。その未知の境へ踏みこんだなら、けだものの匂《にお》いのする深い林や、美しい瀬や淵《ふち》を持った谷川や、そこに半日も寝ころんでいたいような静かな草地が、方々に見つかるに違いない。俗化されたと思われているこの山が、実は一番俗化されていないのである。

山麓《さんろく》をめぐって、忘れられたような幾つかの峠を上り下りし、物寂びた人情のあつい村々を訪ね歩くのも、山旅の大きな楽しみであろう。御嶽と乗鞍《のりくら》の周りには、そういう静かな、まだあまり知られていないコースが、いろいろ探しあてられそうである。

木曽路の奈良井《ならい》から、旧街道は鳥居峠へ登った。その峠の上が御嶽遥拝所《ようはいじょ》であって、そこに祠《ほこら》を祀《まつ》り、その石の鳥居から峠の名前が来た。昔の旅人は峠から初めて眺めた御嶽に、さぞ感激したことだろう。木曽路に入ってしまえば、もうその深い谷底から御嶽を望む機会はなくなってしまうのである。

すべて古くから畏敬《いけい》されたものには、それに滲透《しんとう》すればするほど、別の新しい発見や鮮

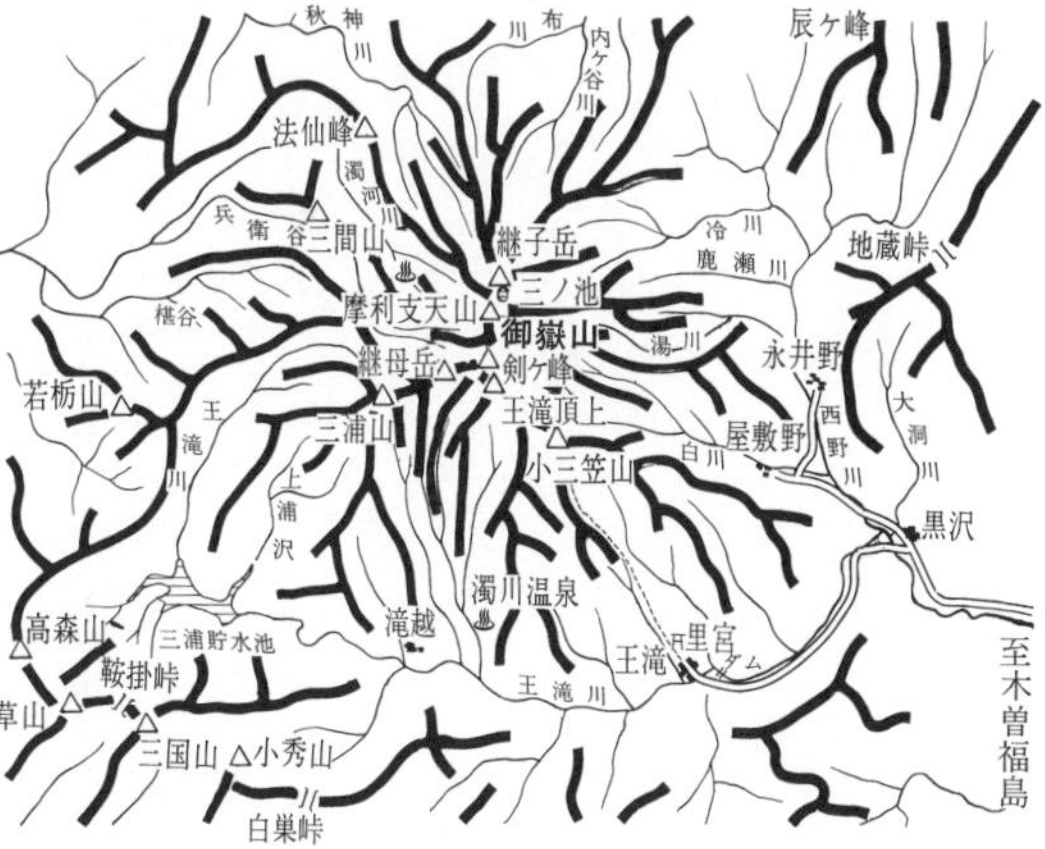

やかな驚きがあるものだが、御嶽の偉大さもそれに似ている。この山の無尽蔵ぶりは、まだ大部分がアンカットの厖大な書物のようなものである。その分厚な小口《こぐち》を見ながら、これからゆっくり読んでいく楽しい期待がある。どのページを切っても、他のどの本にも書いてないことが見つかるだろう。そんな山である。

61　美ヶ原（二〇三四米）

高原《こうげん》という言葉は、新村出《しんむらいずる》博士の説によれば、明治以前の辞書には登録されていないそうである。タカハラと呼ぶ地名はあった。しかし今日私たちが言うところの高原は、多分西洋の地理学が入ってきて、プラトー又はテーブル・ランドの訳語として、登用されるようになったのだろうという。

高原の語義もさることながら、高原の趣味もたしかに明治以後に起ったものである。それまでの日本人の自然観は、専《もっぱ》ら南画風の林泉の趣に執着して、開濶《かいかつ》な草原を愛した形跡は、芸術作品上にも見られない。封建時代が終って、自由な思想が拡《ひろ》がり、外国文学の自然描写や洋画の影響もあって、次第に高原に美を見出《みいだ》してきたのであろう。西洋人によって軽井沢が開かれたことなども、一つの素因かもしれない。

その後登山が盛んになるにつれて、高原を愛する人も多くなり、やがて山と高原と並び称せられるようにさえなった。白樺《しらかば》という、それまでは雑木扱いされていた木が、ロマンティックな風景として役立ち、農耕牛馬の放し飼いの荒涼地が、牧場という新しい言葉で呼ばれ、遠くの山々がセガンティニの絵のように眺められるようになって、もはや高原逍遥《しょうよう》は登山の大きな分野を占めてしまった。起りが西洋趣味であるから、高原という言葉が手擦《てず》れてくると、近頃はアルプという語が用いられ始めた。アルプの本来の意義は、スイスの高山山腹の夏季牧場だそうである。私たちはすぐ明るい太陽と、爽《さわ》やかな風と、色さまざまな花のしとねと、牝牛《めうし》の鈴の音とヨーデルを想像する。

そういう高原の中で第一に挙げたいのが美《うつくし》ヶ原《はら》である。ここほどその条件にかなった所もないだろう。大体二千米《メートル》前後の高度を保って豊かに起伏した原である。北アルプスの二、三の原（例えば五色ヶ原や雲ノ平）を除いては、これだけ高い原はない。その高、

さに、広さを加えると、まさに日本一かもしれない。そのさまは尾崎喜八氏の「美ヶ原熔《よう》岩《がん》台地」にみごとに歌われている。

登りついて不意にひらけた眼前の風景に
しばらくは世界の天井が抜けたかと思う。
やがて一歩を踏みこんで岩にまたがりな
がら、
この高さにおけるこの広がりの把《は》握《あく》にな
おもくるしむ。
無制限な、おおどかな、荒っぽくて、新
鮮な、
この風景の情緒はただ身にしみるように
本原《ほんげん》的で、
尋常の尺度にはまるで桁《けた》が外れている。

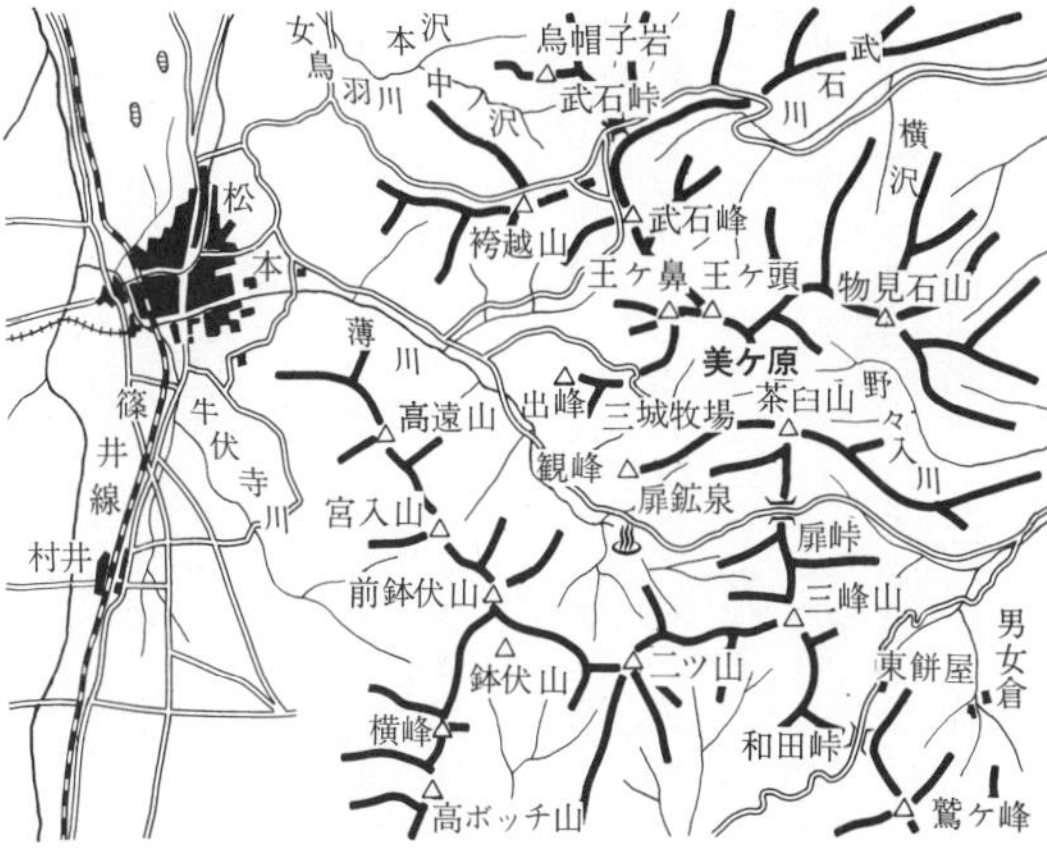

全く、桁が外れて広い。美ヶ原の範囲はどこまでを指すのか知らないが、南の茶臼《ちやうす》山から北の武石《たけいし》峰まで、広濶な山上の草原が、果てしもないように続いている。さあ、どこでも勝手にお歩きなさい、といった風に続いている。

その広さに、更に眺めを付け加えよう。以前松本平の人々は、美ヶ原を東山、北アルプスを西山と呼んだそうだが、その西山の最重要部分、槍《やり》、穂高の連嶺《れんれい》を、東山からまざまざと眺めることが出来る。その豪快な山容を鑑賞するのに、最も適した距離である。その眺めに呆然《ぼうぜん》としてから、眼を他へ移すと、別の多くの山々が我も我もと名乗りをあげてくるのに接するだろう。

昔は美ヶ原という名はなかった。二百七十年前の元禄《げんろく》時代に放牧場として利用したという記録があり、その後も農閑期の牛馬の休養場になったことはあったが、人間の楽しむ美しい原として登場したのは、昭和になってからだという。山麓《さんろく》の住人の山本俊一氏がこの高原を愛して、道を開き、粗末な笹《ささ》小屋をたてた。それが今の山本小屋の基である。以来訪れる人が次第に多くなり、現在では多すぎるという歎息《たんそく》さえ生じてきた。故山本翁《おう》を記念した「美《うつくし》ノ塔」が建ち、その裏面に前記尾崎喜八氏の詩が刻んである。

しかしその詩人も、今日の原の滔々《とうとう》たる俗化を歎《なげ》き、「雄大な展望だけは昔に変らぬ朝夕を、私の詩が吹きわたる風の中でその挽歌《ばんか》を歌っている……」と記している。それでは、五月さなかというのに人ひとり出あわなかった美ヶ原を知っている私は、幸福者だったと言わねばなるまい。その時私は、白樺と牛や馬の散在と花ざかりの小《こ》梨《なし》とで絵のように美しい三城《さんじろ》牧場から、原の一角に登り、金の風に吹かれながら武石峰までさまよい歩いて、この高原の高さと広さと眺めを、全く孤独の中に、存分に味わったのであるから。

62 霧ヶ峰（一九二五米）

妙な言い方だが、山には、登る山と遊ぶ山とがある。前者は、息を切らし汗を流し、ようやくその頂上に辿《たど》り着いて快哉《かいさい》を叫ぶという風であり、後者は、歌でもうたいながら気ままに歩く。もちろん山だから登りはあるが、ただ一つの目標に固執しない。気持のいい場所があれば寝ころんで雲を眺め、わざと脇道《わきみち》へ入って迷ったりもする。

当然それは豊かな地の起伏と広潤《こうかつ》な展望を持った高原状の山であらねばならない。霧《きり》ヶ峰《みね》はその代表的なものの一つである。

まだ戦争の始まらない頃、私は霧ヶ峰で一夏を過し、遊ぶ山の楽しさを十分に味わった。もうとっくに焼けて無くなってしまったヒュッテの二階の、そこから真正面に乗鞍《のりくら》、御嶽《おんたけ》、木曽駒《きそこま》の見える一室を私が占め、隣りの部屋には小林秀雄君がいた。二人は、天候さえよければヒュッテの主の長尾宏也君を引っぱり出して、広い高原を歩き廻った。

遊ぶ場所には事欠かなかった。霧ヶ峰の最高峰は車《くるま》山であるが、それも骨の折れる山でなく、ゆるやかな傾斜をのんびり登って行くうち、いつか三角点に達するといった風である。その細長い頂から、すぐ真向いに蓼《たて》科《しな》・八《やつ》ヶ岳の連峰が手に取るように見えた。殊《こと》に夕方、落日を受けた赤岳が、その名の通り赤く映えた姿は、美しさの限りであった。

車山の裾《すそ》は、どこまでも果てしないと思われるほど、広い広い草地が伸びていて、その中に踏跡らしいものが幾筋もついていた。そんな八幡《やわた》の藪《やぶ》知らずのような細道を迷わずに辿《たど》れるのは、ヒュッテの主くらいであった。もっとも迷ったところで大したことはない。私など車山へ登る毎《ごと》に道が違っていた。

夏の高原は、背丈ほどあるシシウドの白い花と、ニッコウキスゲの橙色《だいだいいろ》で覆《おお》われた。私は外へ出る毎にさまざまの花を摘んできて、

それを植物図鑑で確かめるのを楽しみにしていた。そこを住みかにする狐《きつね》や鷲《わし》も長尾君は知っていた。

八島平《やしまだいら》と呼ばれる大きな湿地は、以前は沼だったのが次第に蘚苔《せんたい》類の生長によって湿地に変ってきたのだそうで、その沼の名残りが八島池・鎌《かま》ヶ池となって一隅に残っていた。ひっそりと静かで、しかも明るい沼であった。

その近くに旧御射山《もとみさやま》という丘があって、鎌倉時代にはそこが国家的演武場だったという。その丘が見物席で、今でも桟敷《さじき》のような段々が幾筋もついていた。頼朝がここで狩座《かりくら》を催したことは、信ずべき古い記録に出ているそうである。

丘の附近の藪の中に小さな祠《ほこら》があった。それが諏訪《すわ》明神の元だそうで、祠の前の細い流れの底から、大昔の土器のかけらを拾うことができた。霧ヶ峰は歴史的にもそういう古い土地なのである。広大な高原の東を大門街道、西を中仙道が区切っているが、おそらくその両街道の間の間道として、この山地を横切る細道が昔は利用されたのであろう。

実際この広い地域には何でもあった。森林が見たければ、蝶々御山《ちょうちょうみやま》と物見山の鞍部《あんぶ》の細道を辿って東側へ下れば、そこは樹木で覆われていた。沢が欲しければ東俣《ひがしまた》へ入ればいい。そこには清冽《せいれつ》な流れが薄暗い谷底を流れていた。有名な諏訪の大祭の御神木は、この東俣御料地から伐《き》り出されたのだそうである。

霧ヶ峰という名があるくらいだから、霧は多かった。濃い時は、ちょっと外へ出ただけでヒュッテのありかも分らなくなる。霧は幾つものかたまりになって、それが押しあい揉《も》みあうようなさまで寄せて来、流れて行く。窓ぎわに据えた机から、終日そんな渦巻を見ながら過す日も少なくなかった。

だから晴れた日は貴重だった。霧ヶ峰はちょうど本州の真ん中に位置するから、そこからの山の眺めに申し分なかった。山を見ることの好きな私は、朝起きて、もし奇麗に晴れておれば、欠かさず薙釜《なぎかま》社のある高地まで登って、倦《あ》くほど遠い山近い山を眺めた。

夏の初めはまだ多かった遠山の雪も、夏の

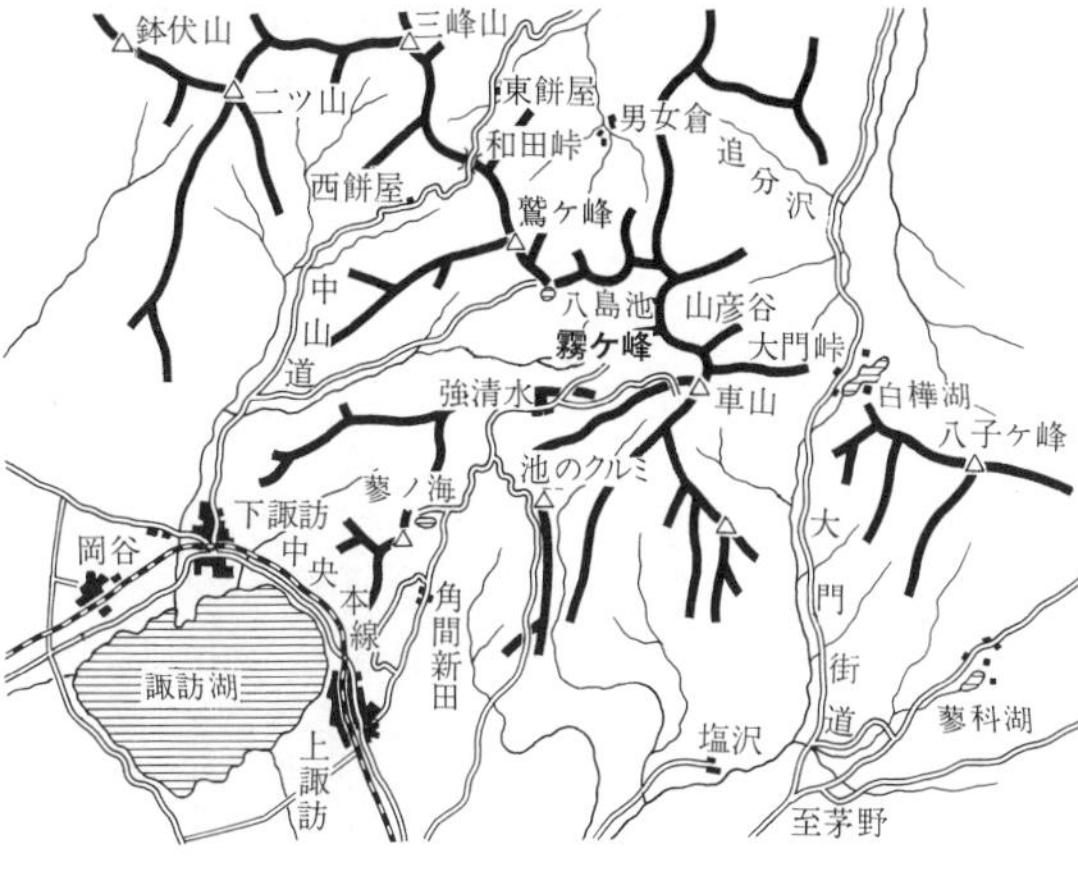

闌《た》けるに従って次第に乏しくなり、下旬には、もう白い所は、乗鞍の肩ノ小屋あたりと、穂高・槍連峰中の大喰《おおばみ》の雪渓だけになった。

暑中休暇も終り、登ってくる人も少なくなって、高原には、賑《にぎ》やかだった盛宴の後のような哀傷があった。あんなに旺《さか》んだったシシウドも醜く枯れて、そのあとへ薄紫の可憐《かれん》な松虫草が一面に咲き乱れた。九月の初めずっと雨が続いて、ようやく晴れ上った日、原へ出てみておどろいた。一帯の緑は狐色に変っていた。高原はもう薄《すすき》の秋であった。

63　蓼科山（二五三〇米）

古い本によると、浅間山を北岳、蓼科山《たてしな》を南岳と呼んで、この二山を東信州の名山としている。両方とも円錐《えんすい》形の恰好《かっこう》のいい山だから、昔の人の好尚《こうしょう》にかなったのであろう。中仙道を下って北佐久《きたさく》の岩村田あたりまで来ると、千曲《ちくま》川の谷を差しはさんで、相対立したこの二つの山が旅人の眼を惹《ひ》くのである。

蓼科山は俗に北八ッと称せられる連嶺《れんれい》の一番北の端に、一きわ抜きんでている峰で、その余威は更に北に向って、次第に高さを落しながら広大な裾野《すその》となる。しかしそれは赤城《あかぎ》山のようにスムーズな美しい線ではなく、幾らか不整形なので人々の眼はただその円頂のみにそそがれる。この円頂はどこから望んでも端正な形を崩さず、蓼科山が名山として讃《たた》えられたゆえんも、ここにあるのだろう。

名山であるから古くからいろいろな呼び名がある。昔は立科と書かれた。諏訪《すわ》から望むと、完全な円錐形をしているので、諏訪富士とも呼ばれた。蓼科山は円錐形上に更に円錐丘を戴《いただ》いた複火山であって、富士に模されるのは実はこの円錐丘である。この円錐丘はなかなか傾斜が急峻《きゆうしゆん》で、山頂に近いところでは三十二度ある。少し下っても二十八度を示している。

　草枯丘いくつも越えて来つれども蓼科山はなほ丘の上にあり

と歌った島木赤彦の見たのも、この円錐丘であった。諏訪に住んだ赤彦には蓼科山は親しい山であった。「草枯丘いくつも越えて」という描写は、蓼科南側の、いま蓼科高原と呼ばれている地勢を指すものであって、この方面から眺めた蓼科山が最も姿がいい。

島木赤彦に誘われて、『アララギ』の歌人たちは蓼科高原を訪れて、秀《すぐ》れた多くの歌を残した。

信濃には八十《やそ》の高山ありといへど女《め》の神《かみ》山《やま》の蓼科われは　伊藤左千夫《さちお》

蓼科はかなしき山とおもひつつ松原なかに入りて来にけり　斎藤茂吉

中でも左千夫の絶唱であるところの、

さびしさの極みに堪《た》へて天地《あめつち》に寄する命をつくづくと思ふ

は、やはりこの高原にあっての感動であった。それから四年経て、左千夫は東京の陋巷《ろうこう》で死んだ。彼の眼底には時折蓼科の「天《あま》の花《はな》原《はら》」が去来したことであろう。

飯盛《いいもり》山と別称されたのも、円錐丘の形から

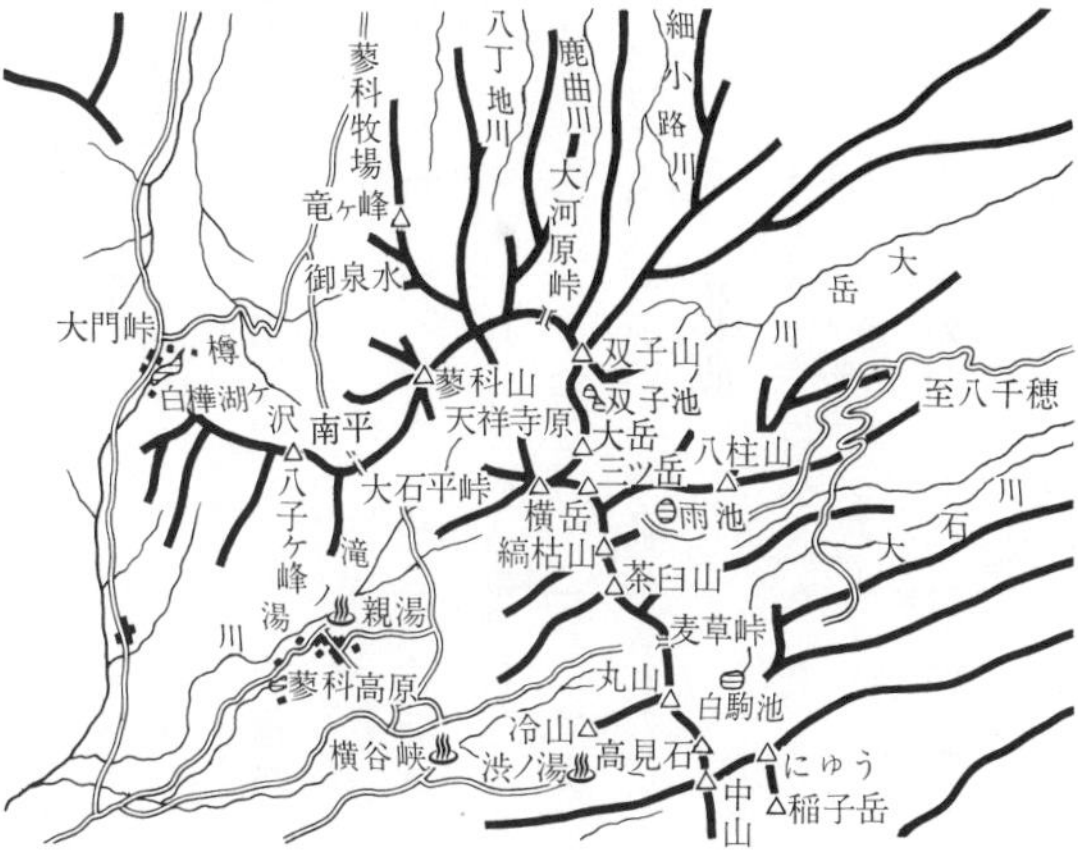

来たものである。高井山とも呼ばれたのは、高井は鷹居で、鷹が住んでいたからであろう。そう言えばやはり古い本に「山中には雷鳥・雷獣など棲《す》みて、夏時雷雨の起るや出没奔飛す」と書いてある。蓼科山は鬱蒼《うっそう》とした深い森林に包まれている。鳥獣にとっては恰好な住所であろう。

『三代実録』に、陽成《ようぜい》天皇元慶《がんぎょう》二年（八七八年）叙位の事が出ているから、大昔から尊崇された山で、登山者も多かった。

もう三十年も前、秋の初め私は一人で大門峠から蓼科牧場へ行き、そこの牧場事務所で泊めてもらい、翌朝頂上へ向った。蓼科高原という名は山の南の諏訪側に付せられているが、高原という感じはむしろ北の北佐久側の方にふさわしい。こちらは実に広大な裾を引いていて、その中に、協和牧場、蓼科牧場、赤沼平、御泉水などの、高原らしい風景が随所に拡《ひろ》がっている。

牧場といっても、畜舎があったり、乳をしぼったりする牧場ではなく、近在のお百姓が牛や馬を預けに来て、この高原に放し飼いされるのである。彼等は日頃の鼻輪や手綱を取りはずされて、一夏を悠々と大自然の中に暮す。その間に本然の野性を取戻すのか、秋に連れて帰る時には、いくらか気性が粗暴になるそうである。

牧場事務所からの登山道は、御泉水を通過すると、原始林の中を真っすぐ頂上目ざして通じていた。急峻な代りにドンドン高くなって、やがて尾根に出る。特徴のある円錐丘はそこから上である。森林が尽きて、大きな岩が累々《るいるい》と散乱している所を攀《よ》じ登ると、頂上の一端に取りつく。

頂上は一風変っている。大きな石がゴロゴロころがっているだけの円形の広地で、中央に石の祠《ほこら》が一つあるきり。（現在は小屋が出来たそうである。）秋風に吹かれながら、石ばかりの頂上で私は一時間あまり孤独を味わった。帰りは反対側の諏訪側におりた。円錐丘を下って森林帯に入り、そこからただひたすら下り一方の道で、やがて蓼科高原の親湯《しんゆ》温泉へ出た。

64　八ヶ岳（二八九九米）

中央線の汽車が甲州の釜無谷《かまなしだに》を抜け出て、信州の高台に上り着くと、まず私たちの眼を喜ばせるのは、広い裾《すそ》野《の》を拡《ひろ》げた八《やつ》ヶ岳である。全く広い。そしてその裾野を引きしぼった頭に、ギザギザした岩の峰が並んでいる。八ヶ岳という名はその頭の八つの峰から来ているというが、麓《ふもと》から仰いで、そんな八つを正確に数えられる人は誰もあるまい。

芙蓉八朶《ふようはちだ》（富士山）、八甲田山、八重岳（屋久島）などのように、山名に「八」の字をつけた例があるが、いずれも漠然と多数を現わしたものと見なせばいいのだろう。克明にその八つを指摘する人もあるが、強《し》いて員数を合わせた感がないでもない。詮《せん》索《さく》好きな人のために、その八峰と称せられるものを挙げれば、西《にし》岳、編笠《あみがさ》岳、権現《ごんげん》岳、赤《あか》岳、阿弥陀《あみだ》岳、横《よこ》岳、硫黄《いおう》岳、峰《みね》ノ松目《まつめ》。そのうち、阿弥陀岳、赤岳、横岳あたりが中枢《ちゆうすう》で、いずれも二千八百米《メートル》を抜いている。二千八百米という標高は、富士山と日本アルプス以外には、ここにしかない。わが国では貴重な高さである。この高さがきびしい寒気を呼んで、アルピニストの冬季登山の道場となり、この高さが裸の岩稜《がんりょう》地帯を生んで、高山植物の宝庫を作っている。

最高峰は赤岳、盟主にふさわしい毅《き》然《ぜん》とした見事な円錐《えんすい》峰である。ある年の十一月初めの夕方、私は赤岩（硫黄岳西南の二六八〇米の岩峰）の上から、針葉樹に埋れた柳川の谷を距《へだ》てて、この主峰を眺めたことがあるが、降ったばかりの新雪が斜陽に赤く、まるで燃えているように染まって、そのおごそかな美しさといったらなかった。

岩崩《く》えの赤岳山に今ぞ照るひかりは粗《あら》し
眼に沁《し》みにけり　島木赤彦

八ヶ岳のいいところは、その高山地帯につ

いで、層の厚い森林地帯があり、その下が豊かな裾野となって四方に展開していることである。五万分の一「八ヶ岳」図幅は全体この裾野で覆《おお》われている。頂稜から始まる等高線が、規則正しく、次第に目を粗くしながら、思う存分伸び伸びと拡がっている見事な縞《しま》模様は、孔雀《くじやく》が羽を拡げたように美しい。そしてその羽の末端を、山村が綴《つづ》り、街道が通り、汽車が走っている。

その広大な斜面は、野辺山《のべやま》原、念場《ねんば》原、井出《いで》原、三里原、広《ひろ》原、狙《まないた》原などに区分されて、一様のようでありながら、それぞれの個性的な風景を持っている。風景というより、むしろ雰囲気と言おうか。例えば高原鉄道小海《こうみ》線の走る南側の、広闊《こうかつ》な未開地めいた素朴な風景と、富士見あたりの人親しげな褶曲《しゆうきよく》の多い風景とは、どこやら気分が異なる。高原を愛する逍遥《しようよう》者にとって、八ヶ岳が無限の魅力を持っているのは、こういう変化が至る所に待っているからだろう。

昔は信仰登山が行われていたというが、現在ではそういう抹香《まつこう》臭い気分は微塵《みじん》もない。むしろ明るく近代的である。阿弥陀とか権現とかいう名前さえも、私たちに宗教を思いおこさせる前に、ヨーデルの高らかにひびく溌剌《はつらつ》とした青年子女の山を思い浮ばせる。

それほど八ヶ岳は若い一般大衆の山になった。広濶な裾野、鬱然《うつぜん》とした森林、そして三千米に近い岩の頂——という変化のあるコースは、初心の登山者を堪能《たんのう》させる。しかもその頂上からの放射線状の展望は、天下一品である。どちらを眺めても、眼の下には豊かな裾が拡がり、その果てを限ってすべての山々が見渡せる。すべての山々？　誇張ではない。本州中部で、この頂上から見落される山は殆《ほと》んどないと言っていい。

八ヶ岳の細長い主稜線は、普通夏沢峠によって二分され、それ以北が「北八ッ」という名で登山者に親しまれるようになったのは、近年のことである。北八ッの彷徨《ほうこう》者山口耀久君の美しい文章の影響もあるだろう。八ヶ岳プロパーがあまりに繁昌《はんじょう》して通俗化したので、それと対照的な気分を持つ北八ッへ逃れる人がふえてきたのかもしれない。

四十年前、私が初めて登った時は、八ヶ岳はまだ静かな山であった。赤岳鉱泉と本沢温泉をのければ、山には小屋など一つもなかった。五月中旬であったが登山者には一人も出会わなかった。もちろん山麓《さんろく》のバスもなかった。

建って二、三年目の赤岳鉱泉に泊り、翌日中岳を経て赤岳の頂上に立った。横岳の岩尾根を伝って、広やかな草地の硫黄岳に着き、これで登山が終ったとホッとしたが、それが終りではなかった。そのすぐあとに友の墜落死というカタストロフィーがあった。

今でも海《うみ》ノ口《くち》あたりから眺めると友の最後の場であった硫黄岳北面の岩壁が、痛ましく私の眼を打ってくる。

65 両神山（一七二四米）

上野から高崎まで、関東平野を縦貫する汽車の窓から、この平野を囲む多くの山を見ることができる。赤城《あかぎ》、榛名《はるな》、妙義《みょうぎ》の上州三山や浅間山は、誰の眼にもすぐわかる。注意深い人は更に多くの山を見出《みいだ》すことができよう。

私がいつも気をつけて見る山に、両神山《りょうがみ》がある。それは秩父《ちちぶ》の前山のうしろに岩乗《がんじょう》な岩の砦《とりで》のさまで立っている。大よその山は、三角形であったり屋根形であったりしても、左右に稜線《りょうせん》を引いて山の体裁を作っているものだが、両神山は異風である。それはギザギザした頂稜の一線を引いているが、左右はブッ切れている。あたかも巨大な四角い岩のブロックが空中に突き立っているような、一種怪異なさまを呈している。古くから名山として尊崇されているのも、この威圧的な山容からであろう。それはどんな山岳重畳《ちょうじょう》の中にあっても、一と目ですぐそれとわかる強烈な個性を具《そな》えている。

両神山はイザナギ・イザナミの両神を祀《まつ》ってあるところから、その名が来たと伝えられている。わが国の各地にある二上山《ふたかみ》も、もとは二神山であって、二峰相並んで雌雄神のさまに立っている。ところが両神山はどう見ても二峰聳立《しょうりつ》の形ではない。それならばどうして両神山と呼ばれるに至ったのだろう。

この山には八日見《ようかみ》山の別称があり、また竜《りゅう》神《がみ》山とも呼ばれていた。木暮理太郎氏は山名の考証に執拗《しつよう》なくらい熱心な人であったが、氏も初めは、八日見山あるいは竜神山は両神山の転訛《てんか》だろうと思っていた。ところがその後いろいろ古文献を詮索《せんさく》の結果、この山の一番元の名は八日見《ようかみ》山であって、それが竜神《りゅうがみ》となり、両神となったのであろうと述べている。イザナギ・イザナミを祀ったのは、両神山と呼ばれるようになってからであって、それ以前にはこの二神には何の関係もなかった。

木暮氏の考証は非常に念入りな長文である

が、縮めて言えば大よそ次のようになる。

八日見という山名の由来は、日本武尊《やまとたけるのみこと》が東夷《とうい》征伐の時、この山を八日間見《み》給《たま》うたから、八日見山と名づけられたと伝えられる。しかしそれはヨウカミに八日見と宛字《あてじ》したための伝説で、ヨウカミという呼称はヤオガミから来たものである。ヤオガミの「ヤ」は八の意、「オガミ」は大蛇《おろち》の意で仏教でいう竜王のことである。つまりヤオガミは八つの頭を持った竜王で、この山の古縁起に「竜頭大明神を祭神とする」と記されてあるのと一致する。

わが国には古事記以来「オガミ」信仰の伝統があって、竜王を祀った社は各地にある。相模《さがみ》の大山《おおやま》（雨降《あふり》山）の山神に源実朝《みなもとのさねとも》が歌を奉《たてまつ》って、「八大竜王雨やめたまへ」と祈っ

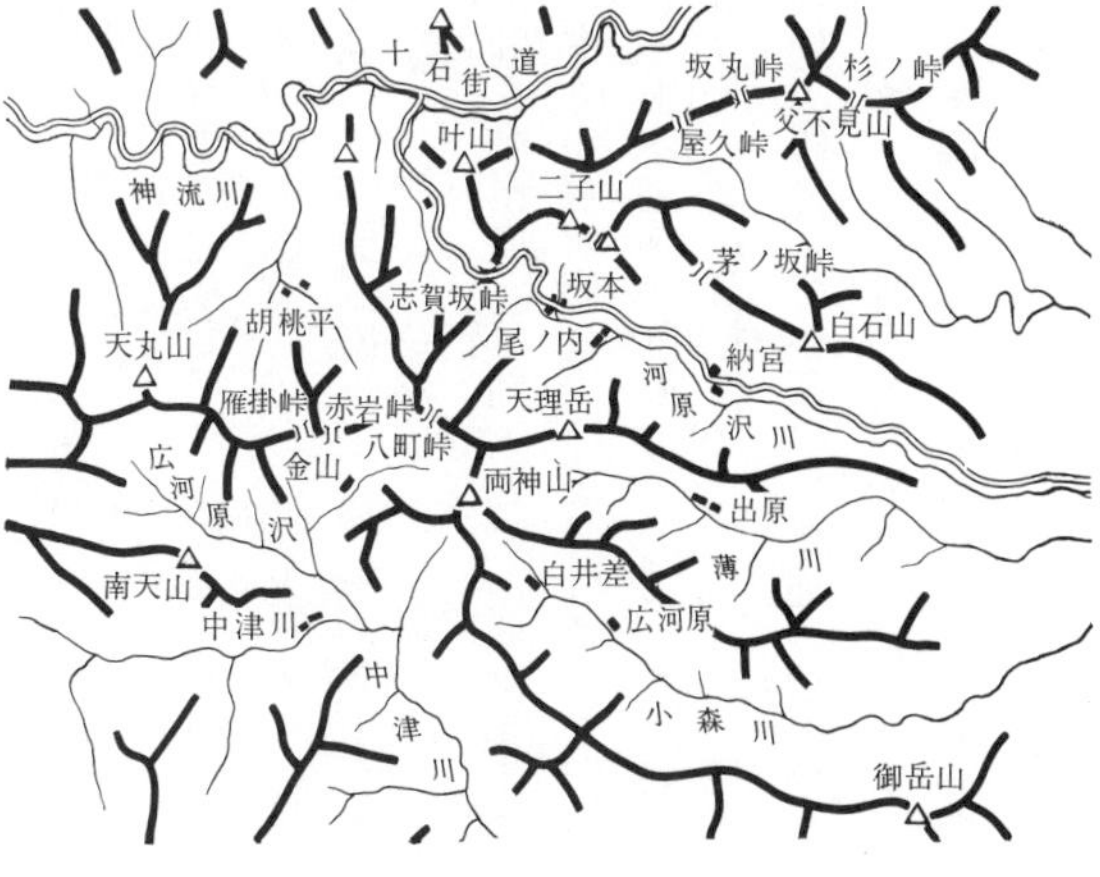

たのもその例であろう。現在の両神山も始源はヤオガミであり、それが音便でヨウカミとなり、八日見という字を宛てられたのである。また、ヤオガミから竜神或《りゆうがみある》いは竜頭が導かれ、それが両神と変ったのである。

両神山がその特異な山容で人の眼を惹《ひ》くことは前述の通りで、私も久しくこの山を遠くから眺めながらも、アプローチの不便さを念慮して敬遠していた。ところが近頃とみに発達したバス路線のおかげで、東京を朝発《た》って、翌日の正午にはその頂上に立ち、多年の宿願を果すことができた。

秩父《ちちぶ》の町から納宮《おさみや》までバス、そこから楢尾沢《ならおざわ》峠を越えて、日向大谷《ひなたおおや》にある両神山の社務所に泊った。翌日山頂へ向ったが、さすが古くから信仰登山の山だけあって、途中には碑や石像などが幾つも立っており、由緒《ゆいしよ》のある名前が随所についていた。神官の服装をした導者に率いられて降りてくる一団の人々にも出あった。

山頂に近く両神神社の本社があって、その前に二頭控えているのは普通の狛犬《こまいぬ》でなしに、グレイハウンドに似たオオカミであることが、私の注意をうながした。というのはやはり木暮理太郎氏の考証に、このオオカミが出てくるからである。オオカミ即ち「お犬さま」は、両神神社の眷属《けんぞく》であって、秩父の三峰《みつみね》神社同様、ここでもお犬さまの霊験あらたかなお守りを出している。

頂上には祠《ほこら》があり、その裏の一坪ばかりの岩の平地に三角点があった。幸いに絶好の秋晴れに恵まれ、そこから四周の大観をほしいままにすることができた。頂上は岩の瘦尾根《やせおね》で、両側は急峻《きゅうしゅん》な傾斜で一気に落ちている。帰途はその瘦尾根を辿り、筍《たけのこ》のようにニョキニョキ立っている岩峰を幾つも越えて八町峠《はっちょう》へ出た。峠から振返ると両神山は岩屏風《いわびょうぶ》を立てたように立ちはだかっていて、昔から名山に数えられただけの貫《かん》禄《ろく》を示していた。

66　雲取山（二〇一八米）

紀州の南部に、大雲取《おおぐもとり》、小雲取という山がある。那智《なち》山に詣《まい》る熊野《くまの》街道中辺路《なかへち》に当るだけに、昔から有名で、和歌や俳句にうたわれている。しかしここに取りあげたのは、それではなしに、関東の雲取《くもとり》山である。ここにも大雲取、小雲取がある。『武蔵《むさし》通志』によれば、「大雲取山、西多摩郡氷《ひ》川《かわ》村、日原《につぱら》村ノ西北ニアリ、秩父《ちちぶ》郡大滝村ヲ界《さかい》ス」とあり、その南に続く小峰が小雲取山と呼ばれている。

登山者によって奥秩父と称せられている、小川山から東に向って雲取山まで続く連《れん》嶺《れい》は、その延長と高度から言って、わが国で日本アルプスと八ヶ岳連峰を除けば、他に例を見ない大山脈である。殊《こと》にその中の甲信国境をなす金峰《きんぷ》山から甲武信《こぶし》岳までは二千五百米《メートル》の高度を保ち、甲武信以東も二千米を失わず、破風《はふ》山、大洞《おおぼら》山などの甲武国境を走って、その最後の雄を誇っているのが雲取山である。

この大山脈も雲取山以東は幾多の小山脈に分れて、次第に武蔵野に落ちて行く。これを逆に言うと、「武蔵の平地に波瀾《はらん》を起した幾多の小山脈が、彼方《かなた》からも此方《こなた》からもアミーバの偽足のように絡《から》みあって、いつとなく五六本の太い脈に綜合《そうごう》され、それが更に統一されて茲《ここ》に初めて二千米以上の高峰となったものが雲取山である。」このカギの中の巧みな表現は木暮理太郎氏のものである。木暮さんが生涯一番愛されたのは、尾瀬と秩父であったかもしれない。

三多摩が東京都に編入されて以来、この大首都はその一隅に二千米の高峰を持つ名誉を獲得した。あえて名誉という。煤煙《ばいえん》とコンクリートの壁とネオンサインのみがいたずらにふえて行く東京都に、原生林に覆《おお》われた雲取山のあることは誇っていいだろう。忘れてならないことは、東京都民の生活の根源をなす水道は、この山の東面の大森林を水源地としていることである。

雲取山は大東京都一円を俯瞰《ふかん》している。逆に都からこの山を眺めることを知っている人は、あまり多くはあるまい。空のきれいに晴れた日、私はよく近くの高所へ山を見に出かけるが、まず眼の行くのはこの東京都の最高峰である。それは殊更顕著な特長は持たないが、力のあるドッシリした山容を示している。東京からは秩父連嶺を縦に見るために、奥秩父の高峰群は打ち重なって容易に見分けがたいが、雲取だけはハッキリと大きく高く現われる。殊に冬になると、頂から南へかけての草地に積った雪があざやかに眺められる。

雲取という名前の由来は知らない。俗に解すれば、雲を手に取らんばかりに高い、といった意味であろうか。『新編武蔵風土記《ふどき》稿』によると、有名な秩父の三峰神社のある三峰は、妙法岳、白岩山、雲取山の三峰が高くそびえているので山号にしたのだという。「雲採《くもとり》ハ本社ノ巽《たつみ》向キ七里半ホド御林山ノ内ニアリ、茲《ここ》ニ石権現《ごんげん》ヲ祭リ、小石祠《せきし》ヲ立ツ」と書いてある。

雲取山は東京から一番近く、一番深山らしい気分のある二千米峰だけあって、高尾山や箱根などのハイキング的登山では物足りなくなった人が、次に目ざす恰好《かっこう》な山になっている。山頂に通じる道は、氷川から、日原から、鴨沢《かもざわ》から、幾筋も開かれているが、一番やさしい普通のコースは、三峰神社までケーブルカーであがって、それから尾根伝いに、白岩山を経て達するものであろう。どのコースを取るにしても、相当距離が長いので、途中一泊を予定しなければならない。

私は学生時代に雲取山の周辺は幾度か歩いたが、いつも頂上を逃し、その上に立ったのはようやく近年になってからである。三十数年ぶりで奥多摩に足を入れてその変り様におどろいた。小河内《おごうち》ダムを見てから、バスの終点丹波《たば》で下車して、サオラ峠に上り、その夜は三条ノ湯で泊った。翌日、あまり世に知られていないが、規模の大きい青岩谷の鍾乳《しょうにゅう》洞《どう》を見物し、それから二時間ほどのゆるい登りで雲取から大洞山に続く稜線《りょうせん》の鞍部《あんぶ》に取りついた。南面の甲州側は明るいカヤト、北面の武州側は暗い森林、という秩父特有の明暗

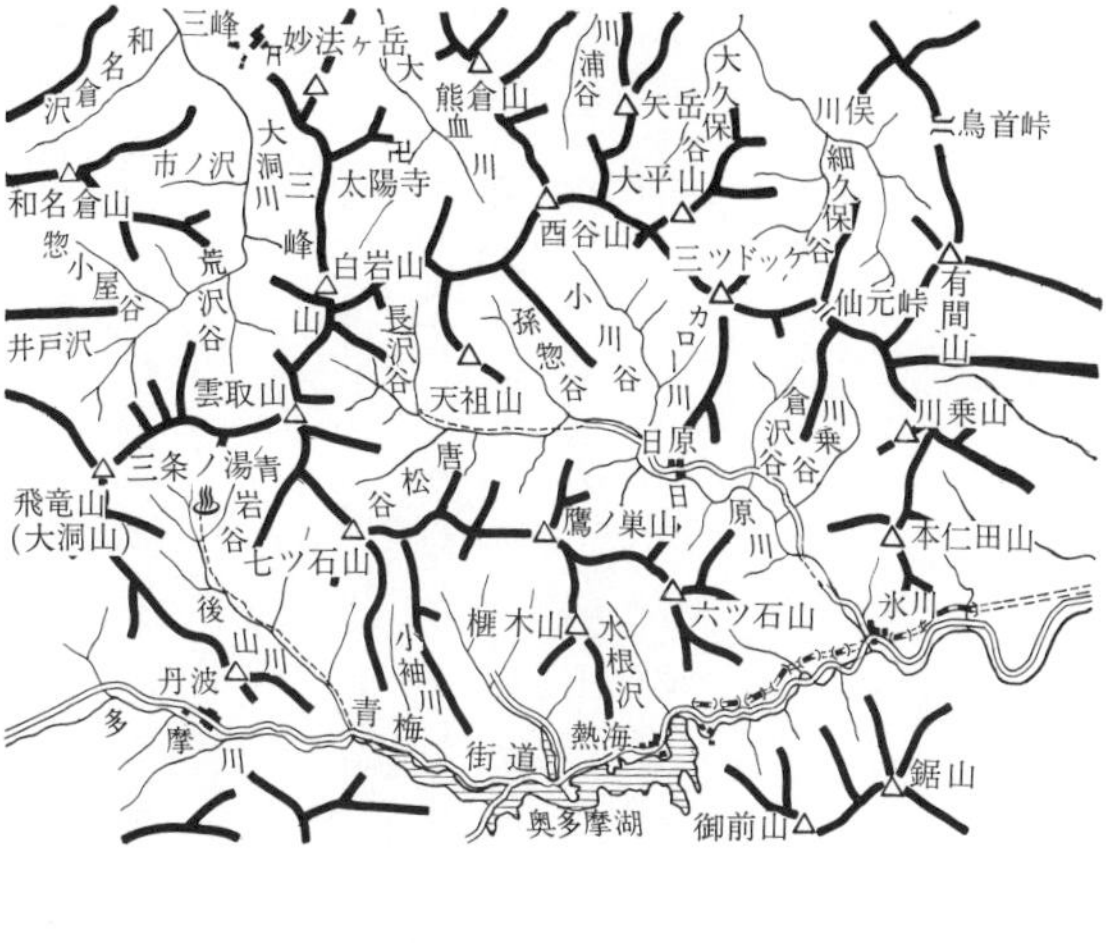

の対照はこの鞍部にもあった。

その北面の暗い原生林の中の道を「山の家」まで辿《たど》った。高い枝にはサルオガセが揺れ、太い幹は蒼古《そうこ》として白い粉をふいている。夕方近くなって静かなほの暗い樹間に霧が流れてきた。足ざわりの柔らかな腐植土を踏んで歩きながら、私は久しぶりで秩父の山の気分を満喫した。

翌日の朝、雲取の頂上に立った。あいにく曇って、南方に富士、北方に浅間が雲の切れ間に見えたが、間もなくそれも隠れてしまい、ただ眼前に、無神経なくらい厖大《ぼうだい》な和名倉《わなぐら》山がデンと坐《すわ》っているのが、唯一《ゆいいつ》の見ものであった。下山には、新しく出来たばかりの富田新道を採った。雲取山の仙人と呼ばれた「山の家」の主人富田治三郎さんが独力で開いた新道で、やはり静かな森林の中を細々と通じていた。この仙人ももうこの世にはいない。

67 甲武信岳 (二四六〇米)

私のおぼえている最初の山の遭難は、甲武信《こぶし》岳のそれであった。あの騒ぎは大きかった。何しろ田舎の少年にも大事件として伝わったのだから、当時の世間に与えたショックの大きさが察せられる。このごろのように一週間に一ぺんは登山者の死が報じられるような登山ラッシュ時代ではなく、あれはたしか大正五年（一九一六年）であったから、まだ一般には登山が冒険と見なされていた。しかも五名の遭難者の四人が帝大（現東大）へ入ったばかりの前途有望な青年であったことが、一層騒ぎを大きくしたのだろう。一人だけが生き帰った。

甲武信岳という名が私の頭に沁《し》みついたのはそれ以来であった。あとになって知ったが、帝大生の遭難は甲武信岳ではなく、そこへ登る途中の破風《はふ》山であった。密林中に道を失い、豪雨に叩《たた》かれて疲労死したのである。しかし、一般には「甲武信岳の遭難」と伝えられ、それは私の読んでいた少年雑誌にも大きく出た。

おそらく甲武信岳という山の存在を世間に広く教えたのは、この遭難事件だろう。

昔から名山とたたえられた山ではない。頂上に祠《ほこら》もなければ、三角点もない。奥秩父《おくちちぶ》でも、甲武信より高い峰に国師《こくし》や朝日があり、山容から言ってもすぐ北の三宝山《さんぽう》の方が堂々としている。甲武信は決して目立った山ではない。

にも拘《かかわ》らず、奥秩父の山では、金峰《きんぷ》の次に甲武信をあげたくなるのはどういうわけだろうか。おそらくそれはコブシという名前のよさ——歯切れのよい、何か颯爽《さっそう》とした山を思わせるような名前のせいかもしれない。拳《こぶし》という字の宛《あ》てられているのを見たこともあるが、今は甲武信が流布《るふ》している。甲州、武州、信州の三国の継ぎ目に位しているからで、この至極当り前の名前のつけ方にも魅力がある。

山の形は遠望して際立《きわだ》って特徴があるわけではないが、三国に跨《また》っているということは、連嶺《れんれい》上の突起にすぎない単純な山よりも、姿態が複雑である。甲武信岳から、千曲《ちくま》川、荒川、笛吹川、三つの川の源流が出ている。その点か

ら言っても、甲武信は奥秩父のヘソと言いたい山である。甲州、武州、信州から、その川の源を深く探って行くと、どちらからもこの山の頂上に出る、というのもおもしろいではないか。頂上に降った一滴は、千曲川に落ちて信濃川となり日本海に入る。他の一滴は荒川に落ちて大東京を貫流し東京湾に注ぐ。更に次の一滴は笛吹川に落ちて富士川となり太平洋のものとなる。

　私が東京の学校に入った頃は、まだ今のように上越の山も開けず、北アルプスも不便な時代で、私の山行の大半は奥秩父であった。田部重治氏の『日本アルプスと秩父巡礼』や、古本屋で見つけた『山岳』の秩父号が、その案内書であった。まだ登山路も整備されず、山小屋にも乏しく、指導標などというものは

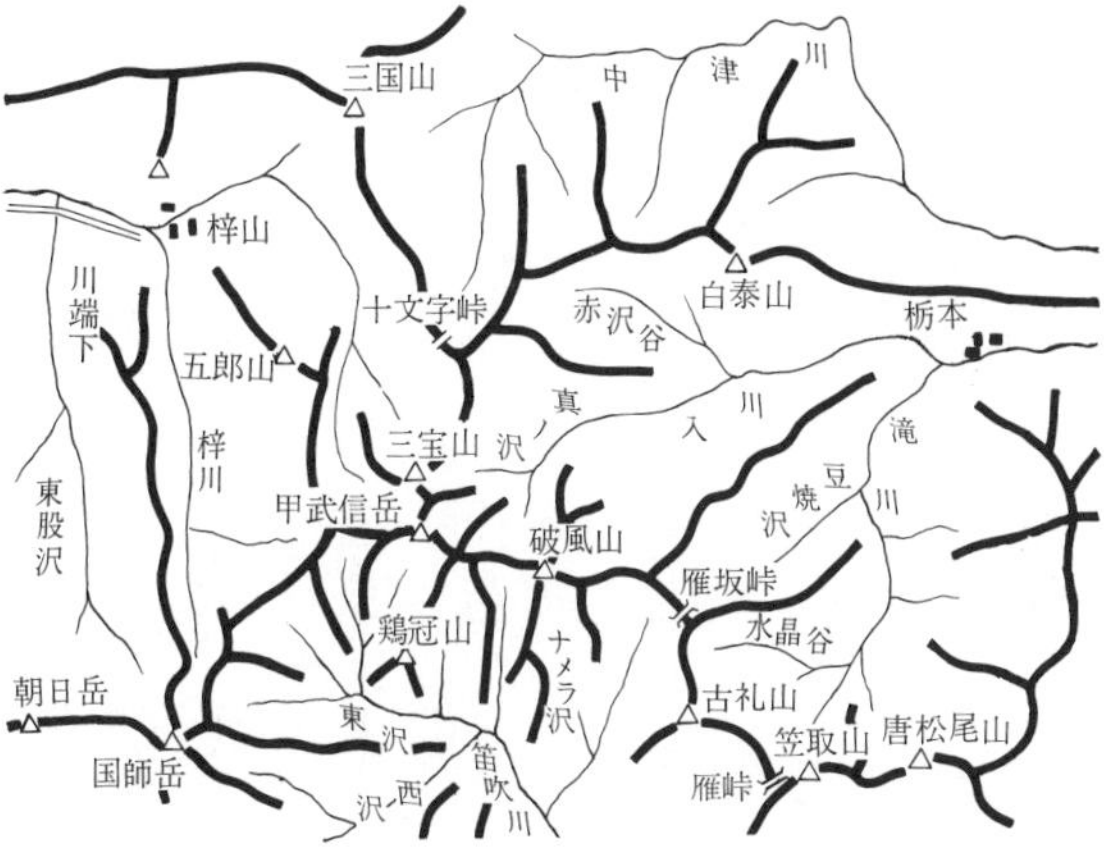

殆《ほと》んどなかった。私たちは米や味噌《みそ》を用意し、鋸《のこぎり》や鉈《なた》を持って、無人の山へ出かけた。休みが二、三日も続くと、東京にいるよりも秩父の山を歩いている方が多かった。

その頃私は甲武信岳へ二度登った。思い出は模糊《もこ》としているが、最初は新緑の候に笛吹川の上流東沢をつめて頂上に立った。秩父の特色である深林と渓谷の美しさをこの時初めて知った。殊《こと》に釜《かま》ノ沢の美しさには眼を見張った。甲武信岳の頂上から少し下った所に、山仕事のための粗末な笹《ささ》小屋があって、そこで泊った。翌日は頂上から木賊《とくさ》山、破風山を越えて雁坂《かりさか》峠へ出たが、途中で道を間違えたりして峠の上に出た時はすっかり暗くなっていた。

その次は紅葉の頃の東沢を遡《さかのぼ》って、同じく甲武信の頂上に立った。十一月の初めで、笹小屋のその夜の泊りが物すごく寒かったことだけをおぼえている。翌日は真《しん》ノ沢へ下って、荒れ果てた小屋に一泊し、雁坂峠を越えて帰った。

木暮理太郎さんの本を見ると、信州側の麓《ふもと》梓山《あずさやま》では甲武信岳をもと三方山と呼んでいた。甲武信岳の名が流布するようになってから、その三方山は三宝山と字を改めて、北隣りの山に移されたという。三宝山は一等三角点がおかれただけあって眺望がよい。梓山から十文字峠に至り、それから三宝山を越えて甲武信岳への道がついている。

また、古い地図や地誌にはこの三国の境に立つ山に、国師岳の名が与えられている。

しかし国師という山は別にちゃんと存在している。「おそらく土地の人はコブシと呼んでいたのを、コクシの訛《なまり》と誤認した結果、甲信界の国師岳を無造作に甲武信三国の境に引き移してしまったのではあるまいか」と木暮さんは推量している。

68 金峰山（二五九五米）

われわれ山岳党の大先輩木暮理太郎氏に次のような言葉がある。

「金峰山《きんぷざん》は実に立派な山だ。独り秩父《ちちぶ》山脈の中に嶄然《ざんぜん》頭角を抜いているばかりでなく、日本の山の中でも第二流を下る山ではない。世に男の中の男を称えて裸百貫という諺《ことわざ》があるが、金峰山も何処《どこ》へ放り出しても百貫の貫禄《かんろく》を具《そな》えた山の中の山である。」

金峰山に対してこれ以上の讃辞《さんじ》はあるまい。私もそれに賛同する。秩父の最高点はこれより僅《わず》か数米《メートル》高い奥千丈岳に譲るにしても、その山容の秀麗高雅な点では、やはり秩父山群の王者である。一般に奥秩父の山々はこれという特徴がなく、しかも複雑に重なり合っているので、遠くから眺めて、一々の山を指摘するのがむずかしい。そんな時私はまず第一に金峰山に眼をつける。この山も漠然と見ただけでは、特に他と区別するような山相は持っていないけれど、ただその頂上の五丈石（御像石）が目じるしになる。

五丈石は高さ十五米もあろうか。近寄れば突兀《とっこつ》とした大岩だが、遠望では眇《びょう》たる一突起で、左右にゆったりと稜線《りょうせん》を引いた美しい山容の均衡を破るほどのものではない。荻生徂徠《おぎゅうそらい》の『峡中紀行』には「北ノ山、ソノ最モ遠ク最モ峻《けは》シク、而《しかう》シテ岝崿《さくがく》トシテ天ヲ刺スモノ、金峰山ナリ」とあるが、これはやはり漢文口調の誇張であって、甲府盆地から仰ぐ金峰山は決して嶮峻《けんしゅん》といった感じではなく、むしろ柔和で優美である。

古くから甲州人がこの山を州の北鎮《ほくちん》として尊崇し、その景を詩に作り歌に詠《よ》んだことも不思議ではない。そして多くの人が登拝したことは、『甲斐《かい》国志』に登山口を九つ示し、その道筋を細かに記していることを以《もっ》ても証せられる。甲州ではキンプと呼び、信玄文書には金凬山と書いたものもある。信州の人はキンポウと呼んだ。

金峰という名はどこから来たか。『峡中紀行』に書かれているところによれば、頂上はみな黄金の地であって、神はそれをひどく愛惜し、登山者は下山に際してワラジを脱いで跣足《はだし》で帰らねばならない。ワラジにくっついた一粒の金といえども持ち出すことができない。

金のある山だから金峰？　しかし金峰山と名づけられた山は他に幾つもある。一種の山の美称であろうか。それとも大峰《おおみね》山脈の金峰山（山上岳）を初めとして、羽前《うぜん》の金峰山（七葉山）、肥後の金峰山、薩摩《さつま》の金峰山、それからこの甲州の金峰山、それらの頂上には皆、蔵王権現《ざおうごんげん》が祀《まつ》ってある。つまり昔大和の金峰山から蔵王権現を遷座《せんざ》した山を、すべて金峰山と名づけたのではあるまいか。甲州の金峰も古くは修験道《しゅげんどう》の盛んな山であった。

五丈石の南の平らな敷地は、奥宮のあったところで、籠堂《こもりどう》があり、その正面の厨子《ずし》には蔵王権現の像が安置してあったそうである。今はない。五丈石からやや離れて、三角点のある頂上になる。そこからの山岳展望がいかに素晴らしいかは、この山の位置を考えただけでも納得できるだろう。

金峰山は私の長い山歴の中で、ごく初期に登った山の一つである。関東大震災の年の秋で、まだ私は一高の生徒であった。その時つけておいた手帳を見ると、当時の中央線の始発点飯田町《いいだまち》駅を夜九時四十分の汽車に乗って、翌朝四時半に甲府へ着いている。今なら、松本へ行くにもそんなにはかからない。

もちろんバスなど無い頃だから、歩いて昇《しょう》仙峡《せんきょう》へ行った。そのどんづまり御岳《みたけ》の金桜《かなざくら》神社で昼弁当を食べて、さらに奥の黒平《くろびら》村へ向った。それが金峰山登拝の表参道である。従って途中いろいろの名がついている。黒平へ行くまでに猫坂というのを越えた。その峠の上から金峰・朝日と続く奥秩父連山を一望に収めて、まず最初の快哉《かいさい》を叫んだ。

予定では御室《おむろ》川の河原で泊ることにしていたが、上黒平に着くと、そこの宿屋の前に大きな熊《くま》の皮が貼《は》りつけてあり、熊の肉を食わせるから泊って行けというあるじの誘いに乗

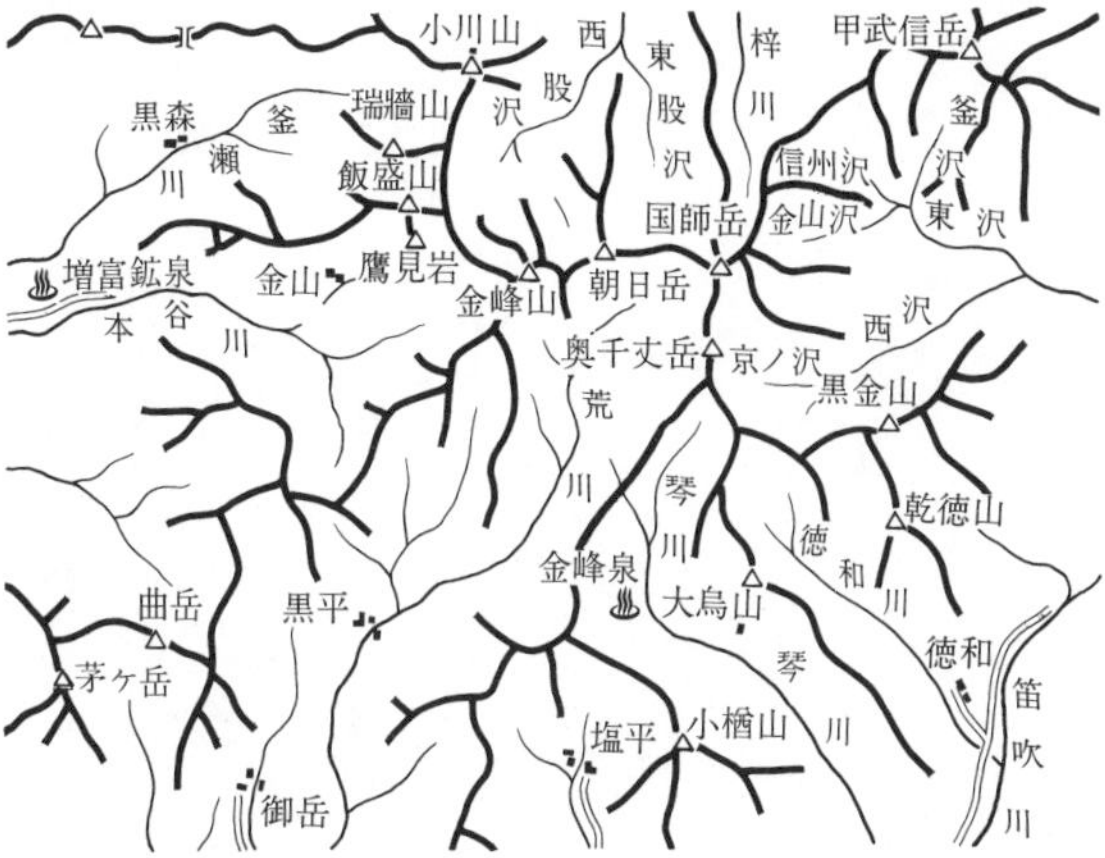

って、そこで脚絆《きやはん》を解きワラジを脱いだ。

翌朝早く出発したが、道を間違えたりして暇どり、御室川からの急な登りにあえぎながら、頂上へ着いたのは十二時半だった。空は完全に晴れて、四周の眺めに私は狂喜した。しかしその頃はまだ、そこから見える山々のうち数えるほどしか登っていなかった。

頂上で一時間ほど休んで、鉄山へ向って尾根を進みかけたが、匐松《はいまつ》が深くて道が分らない。断念して川端下《かわはけ》へ下る道を採ったが、とうとう途中で日が暮れ、おまけに雨が降りだし、寒い野しゃがみの一夜を送って、翌日ようやく梓山《あずさやま》へ出た。

69 瑞牆山 （二二三〇米）

昔の人は山の名をつけるのに、今の山岳団体が会誌の名前を考えるように凝《こ》らなかった。抽象から遠く、ごく現実的な名をつけた。山の形や色や地勢から推して、槍《やり》だの赤岳だの大崩《おおくずれ》だの。それからまた卑近な身廻りの道具の名を取って、笊《ざる》だの鞍《くら》だの屛風《びょうぶ》だの、とつけた。

だから今、美しい文学的な山の名があれば、それはたいてい後世の宛字《あてじ》と見ていい。例えば上越の七ッ小屋山も、以前その頂にシシ小屋があり、シシがシチと聞き誤られ、そのシチが七つとなったのだろう、と私は考えている。シシ小屋よりも七ッ小屋の方が芸術的である。

瑞牆《みずがき》山も、昔の人はこんな凝った名前をつけない。大たい民衆はこんなむずかしい字さえ知らなかっただろう。私は気をつけて甲州の古地図や記録を見ているが、いまだに瑞牆という文字に出くわさない。もっとも私はあの丹念で執念深い書物の紙魚《しみ》ではないから、見逃しはあるだろう。

瑞牆山を麓《ふもと》の村では以前瘤岩《こぶいわ》と呼んでいたそうである。私は次のように考えてみた。三つの山稜《さんりょう》が集る所を三《み》繋《つな》ぎと呼ぶことがある。瑞牆山は、金峰《きんぷ》山から小川山に至る山稜の途中から西に派出した尾根上の突起である。山稜が三つに分れるところが、三繋ぎと呼ばれ、そのミツナギが聞き誤られ、ミズガキという風流な名前になって今の峰に冠せられたのではなかろうかと。もちろんこれは私の勝手な憶測である。

旧記によると、金峰を玉塁《たまがき》とした古図があるそうで、小尾・比志の里人は金峰山の麓を指して瑞塁《みずがき》と呼んだという。瑞牆の名はそこから来たのかもしれない。

由来はどうでもあれ、瑞牆という名は私は大へん好きである。そしてこの名はこの山に

ふさわしいと思う。瘤岩と呼ばれたほど、大きな岩のゴツゴツ立っている山である。その大岩の群を、神の宮居の玉垣すなわち瑞牆と見立てられないことはない。

瑞牆山という名は古記には見当らないが、しかしこの山が古くから知られていたことは、弘法《こうぼう》大師文字とか古代文字とか称せられるものが、アマドリ沢上流の岩壁に刻せられていたという言い伝えを以《もっ》ても察せられる。私はまだその文字を見たことがないが、ともかくそんな説があるだけでも、由緒《ゆいしょ》のある山である。

それは想像だけではない。金峰山と関連して考えれば納得出来る。金峰は昔からの名山である。多くの修験者《しゅげんじゃ》が登った。修験者は修行上、岩窟《がんくつ》のある岩山を好むものだが、金峰

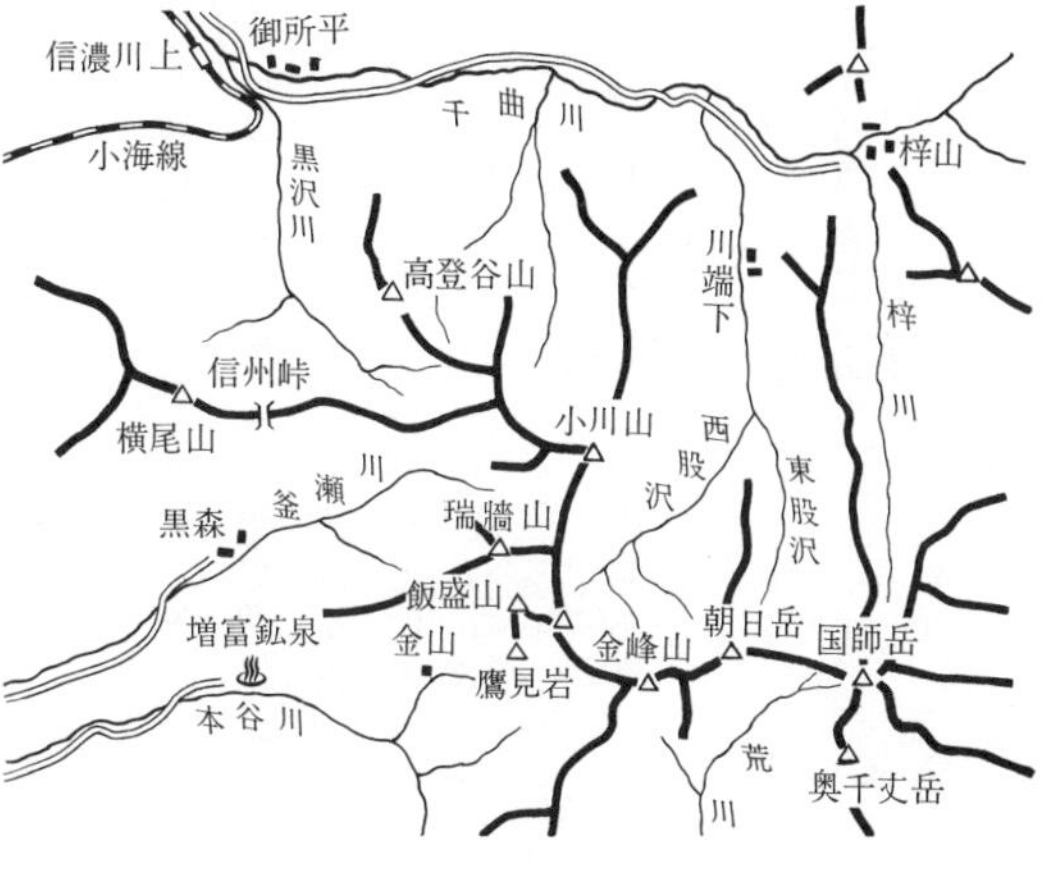

山に登った彼等が、その西北方にあるこごしい岩山を見逃す筈《はず》はあるまい。かつて、岩茸《いわたけ》採りが瑞牆山の十数丈の岩壁に窟《いわや》らしいものを見つけたので、そこへ登ってみると、窟内に剣一振《ひとふり》が奉献してあったそうである。

普通瑞牆山に登るには、韮崎《にらさき》から、増富《ますとみ》ラジウム鉱泉までバスに乗り、そこから本谷川に沿って登ること約五粁《キロ》、牧歌的な高原金山《かなやま》に達する。ここまで来て瑞牆山を初めて見ることが出来る。この山は岩峰の集合体とでも言うべきか。岩峰群を持った山は他にもあるが、瑞牆山のユニークな点は、その岩峰が樹林帯と混合しているところである。まるで針葉樹の大森林から、ニョキニョキと岩が生《は》えているような趣である。奥秩父《おくちちぶ》の草分けとも言うべき木暮理太郎氏は、この金山の高原が好きであった。それに因《ちな》んでここに木暮さんの胸像がおかれた。像の作者は佐藤久一朗氏である。そして毎年その碑前祭が行われている。

私はその碑前祭に列した機会に瑞牆山へ登った。かつて千曲《ちくま》川の上流から信州峠を越えて甲州へ抜けた時、その途中から見た奇岩乱立の瑞牆山の印象が深く残っていた。おそらくその途中からの眺め、すなわち釜瀬川上流の黒森部落からの眺めが、瑞牆山の最も立派で美しい姿であろう。金山からの眺めはそれには劣るが、しかしここからの登山は変化のある楽しい道であった。鈴蘭《すずらん》の咲き敷いた草原を通り、日射《ひざ》しの明るい白樺《しらかば》の林を行き、清流の谷川を渡ると、間もなく縦に割れ目の入った巨岩が現われる。みごとな岩である。そのあたりから秩父特有の鬱蒼《うっそう》とした原生林の中を、九十九《つづら》折《おり》の登りになる。

さまざまの形をして突っ立っている見事な岩峰が、眼の前に現われてくると、それがもう頂上に近いしるしである。岩の間を攀《よ》じ登ると、頂上もまた滑らかな大きい岩で、その上にトカゲをきめこんで、直下の岩峰群をのぞきこみながら、仲間とペチャクチャしゃべりあった小一時間はたのしかった。

70 大菩薩岳 (二〇五七米)

中里介山《なかざとかいざん》の『大菩薩峠《だいぼさつとうげ》』が出て、この峠はひどく有名になったが、私が初めて行った大正十二年(一九二三年)にはまだ訪れる人も稀《まれ》で、五月の晴れた日曜であったに拘《かかわ》らず、全く登山者に出会わなかった。嘘《うそ》のような話である。

それは関東大震災の前で、私は自分の学校の旅行部の人たちと一緒に、未明初鹿野《はじかの》で下車し、嵯峨塩《さがしお》鉱泉から雁《がん》ヶ腹摺《はらすり》・小金沢《こがねざわ》山を経て、大菩薩峠に達した。古い話で記憶は茫《ぼう》としているが、道の長かったこと、峠から雲峰寺《うんぽうじ》へ下った時は暗くなっていたこと、そこで食べた蕎麦《そば》のうまかったことなどおぼえている。

私は雁ヶ腹摺とか大菩薩とかいう名前に、大へん魅力を感じた。小説『大菩薩峠』が次第に評判が高くなって、机竜之助や米友《よねとも》という人物が、われわれの話題になってきたのは、それから後だったと記憶する。その厖大《ぼうだい》な長篇は、次のような書出しで始まっている。

「大菩薩峠は江戸を西に距《さ》る三十里、甲州裏街道が甲斐《かい》の国東山梨郡萩原村に入つて、その最も高く最も険しきところ、上下八里にまたがる難所がそれです。」

むかし甲州表街道を何かの理由で憚《はばか》った旅人は、この裏街道（一名青梅《おうめ》街道）を採用した。その最高所大菩薩峠の上には妙見堂があって、そこに立つと甲州、武州両方面の山岳重畳《ちょうじょう》が見渡された。明治初年、青梅街道が丹波《たば》川に沿って付け変えられてから、峠を越す人も稀になり、道は荒れるに任せたが、その廃道が再びハイキング・コースとして復活し、現在の繁昌《はんじょう》を見るようになった。今の大菩薩峠は、妙見堂のあった昔の峠より少し南に通じている。

大菩薩峠の名が文学に現われたのは、中里介山より遥《はる》か以前に樋口一葉《ひぐちいちよう》がある。その『ゆく雲』の中に、「我が養家は大藤《おほふぢ》村の中萩《なかはぎ》

原《はら》とて、見わたす限りは天目山《てんもくざん》、大菩薩峠の山々峰々垣《かき》をつくりて……」とある。一葉の両親は峠の下の萩原村の農家出身で若い時東京へ出た。そして一葉が東京で生れたが、おそらく両親から土地の風景を聞かされていたのであろう。

大菩薩峠が大勢の人に親しまれるようになったのは、その名前の文学的魅力だけではない。初心者にとってまことに恰好《かっこう》な山だからである。東京から日帰りができるし、いろいろ変化のある安全なコースが開かれているし、展望はすばらしく雄大だし、それに二千米《メートル》の高さの空気を吸うことができる。

峠から大菩薩岳（嶺《れい》）にかけて甲州側は広々とした明るいカヤトで、そこに寝ころんで富士や南アルプスを眺めているのは、全くいい気持である。

頂上までは峠から四十分位で達せられる。この連嶺の最高峰である。「嶺」という字は「とうげ」と読まれて、以前は大菩薩嶺とは大菩薩峠を指す名称であったらしいが、今はその名は最高峰に移されて、ハイカーの間では略して「れい」と呼ばれている。地図もそうなっている。『甲斐《かい》国志』では大菩薩嶺《だいぼさつとうげ》であって、その名の起りを次のように記している。「新羅《しんら》三郎奥州ヲ征スル時、此路《この》ニ登リシニ、山中ノ草木繁茂シテ道ヲ弁ジ難シ。時ニ樵者《しょうしゃ》ノ馬ヲ牽《ひ》キ来ルアリ、為《た》メニ嚮導《きょうどう》シテ嶺上ニ達シ、忽然《こつぜん》トシテソノ所在ヲ失フ。義光《よしみつ》遥カニ西眺シテ笛吹川辺ヲ臨眺スレバ、八旒《りゅう》ノ白旗風ニ飄《ひるが》ヘルヲ見ル。即チ神軍擁護ノ験《しるし》ナリトテ、遥拝《ようはい》シテ、オ、八幡《はちまん》大菩薩ト高声ニ讃嘆《さんたん》ス。是《これ》ニ由《よ》リテ遂《つい》ニ嶺名トナレリト云《い》フ。」

大菩薩峠への登山口に雲峰寺という古い寺がある。本堂は入母屋《いりもや》造り桧皮《ひわだ》ぶきの美しい建物で、国宝に指定されている。天平十七年（七四五年）行基《ぎようき》菩薩がこの山中で修行しているうちに霊感があって、ここに一寺を建てたと伝えられる由緒《ゆいしょ》ある寺である。大菩薩という名はこの寺から由来したとも言われる。

ある秋のさ中に、私は数十年ぶりで大菩薩岳を訪れた。土曜の晩、山小屋勝縁荘に泊って、山荘のあるじ益田勝俊さんから、いろいろ面白い話を聞いて、夜の更《ふ》けるのも忘れた。あくる日曜、あさ表へ出ておどろいた。蜒々《えんえん》たるハイカーの行列が登ってくるではな

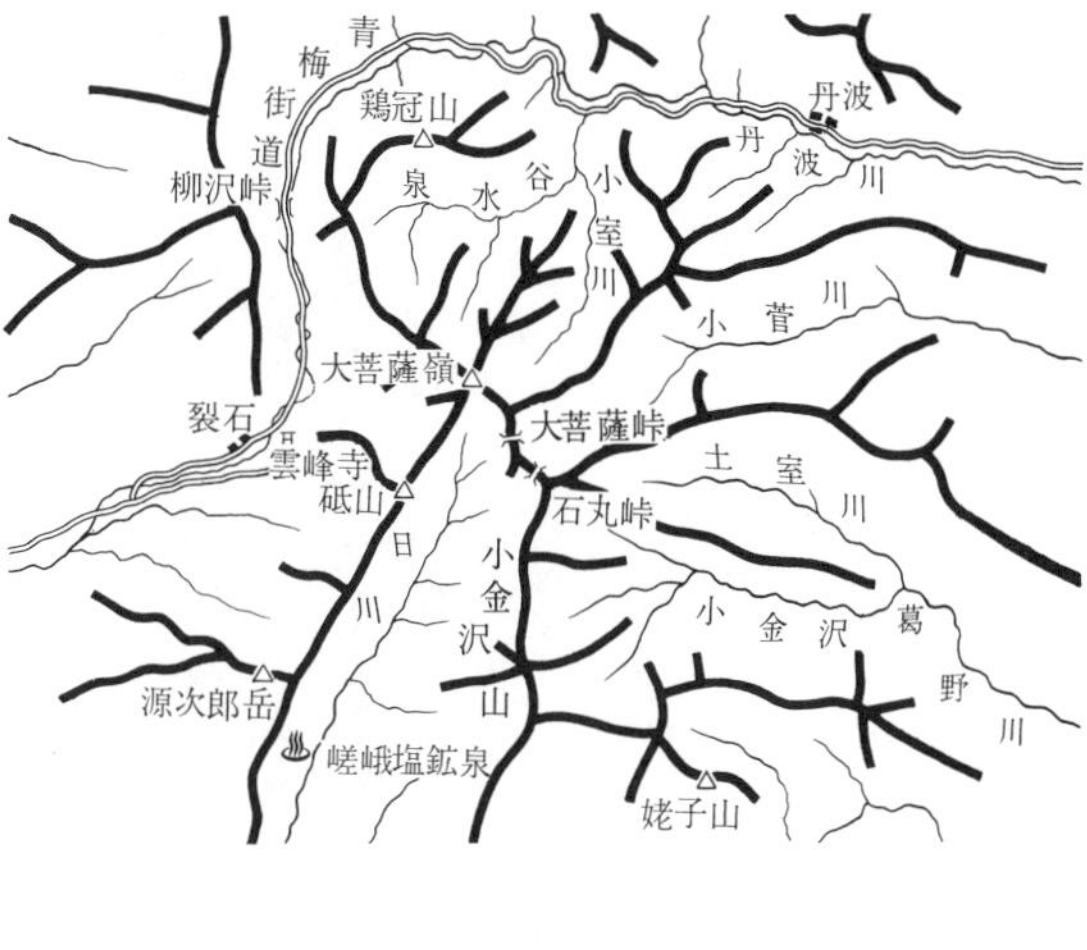

いか。大かたはズック靴に小リュックという軽装で、中にはレーン・コートに短靴・手提げというのも混っている。

その大衆はやがて峠から嶺《れい》にかけての、あたたかい陽を受けたカヤトのあちこちに群がっていた。花やかな女だけの一団もあれば、相思らしい二人組もある。夜行の寝不足を補う昼寝をむさぼっている者もあれば、円陣を作って合唱している組もある。底抜けに晴上った秋天の下に、健康な青春謳歌《おうか》の風景が展開されていた。もう私の頭から文学的・歴史的懐古など跡形もなく消えて、ただ爽やかな生命の息吹《いぶき》を感じるばかりであった。

71 丹沢山（一六七三米）

丹沢《たんざわ》山が今日のように登山者で賑《にぎ》わうようになったのは、いつ頃からだろうか。少なくとも私がむかし丹沢へ行った時は、まだあまり知られていなかったようである。たしか私は『山岳』に出ていた丹沢縦走記を頼りに、青野原から焼山《やけやま》に登りヒメツギあたりまで行って、道が分らなくなって引返した。それが最初だった。

もちろんもっと早くから武田久吉博士などによって、丹沢山塊は紹介されていたが、それはその頃はまだ数少なかった山好きの間だけだった。武田さんは丹沢には非常に熱心で、この山塊の開拓者あるいは恩人と言ってよいだろう。山の文献や科学に関しては厳密無比の博士の眼が光っている間は、迂闊《うかつ》なことは言えない。戦前のことだが、私は自分の本の中で、丹沢の特徴として、どの谷も立派な河原をそなえていることをあげた。他の山では中流以下に持っているような広々とした河原を、丹沢ではすでに上流にそなえている。これは山が古いからその陵夷《りょうい》運動が発達して、次第に平坦《へいたん》に均《なら》されようとしている過程だろう、などと生兵法《なまびょうほう》のことを書いた。

するとそれが武田博士の眼にふれて早速葉書が来た。「丹沢山塊の谷の河原を賞讃《しょうさん》され候《そうら》し中に、谷の歴史が古いから？　と申され候へ共、その反対にてあれは大正十二年と翌年一月の震災、又それに続く雨で山が崩れ、押出しの石片が谷を埋めた為《ため》にて……云々《うんぬん》」。私は今もその葉書を大切に保存している。

丹沢という名前が世間一般に強く印象されたのは、関東大震災だろう。その震源地として急に有名になった。しかし登山者が大勢押しかけるようになったのは、それよりずっと後で、おそらく山麓《さんろく》を小田急電車が走るようになり、距離の近い横浜山岳会が塔《とう》ヶ岳の上に山小屋を建てた頃からであろう。横浜山岳会の丹沢に対する貢献も忘れてはなるまい。

東海道線の小田原あたりから、丹沢山塊中

でよく見える最も顕著なのは大山《おおやま》であって、昔の人はこういう形のいい山を放ってはおかない。頂上に大きな岩があって、それが御神体として祀《まつ》られている。天平勝宝《てんぴょうしょうほう》七年（七五五年）華厳《けごん》宗の祖である僧良弁《ろうべん》によって開山されたと伝えられる。

大山を一名雨降《あふり》山と呼ぶのは、この山の頂上にはいつも雲や霧が多く、大いに雨を降らすからで、そのため雨乞《あまごい》の山ともなっている。今でもその表登山口には、め組だの、は組だの、消防の寄進の碑がたくさんあるのは、火消しと雨とは関係が深いからだろう。

時により過ぐれば民の嘆きなり八大竜王
雨やめたまへ

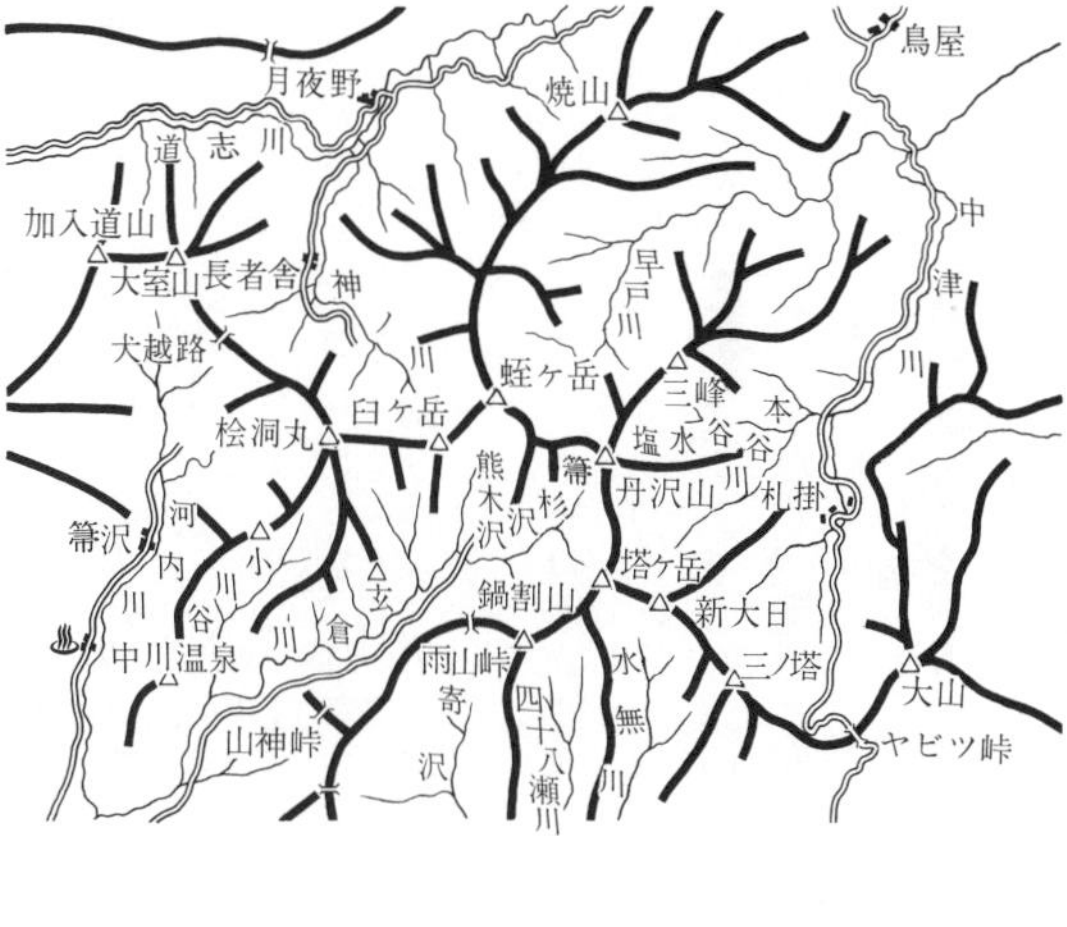

という実朝《さねとも》の歌は、この大山の山神に献じられたものだと言われる。

しかし現代の登山者は、そういう因縁じみた人間臭い山を避けて、もっと自然のままの原始的な山に惹《ひ》かれる。大山は丹沢山塊の別格であって、主に登山の対象とされるのは、塔ヶ岳、丹沢山、蛭《ひる》ヶ岳等一連の山脈、及びそれらの山々へ食い入る沢筋である。もっとも、里に近い塔ヶ岳などは昔からよく人が登ったらしく、頂上の近くに黒尊仏と呼ばれた高さ五丈八尺の巨大な岩（大震災で崩壊した）があって、尊崇されたようである。相模《さがみ》は昔から博打《ばくち》の盛んな所で、毎年五月十五日塔ヶ岳に登る道筋には博徒が参集して賑やかに開帳したと聞いている。

最高峰は蛭《ひる》ヶ岳（毘盧《ひる》ヶ岳）で、一名薬師ヶ岳とも呼ばれた。私がその頂上に立ったのは随分前のことだが、いかにも深山の感じがしたのは、そこから見渡すあたりが鬱蒼《うっそう》たる森林のためだったろう。今はどうか。蛭ヶ岳から西に、ズングリした頭の桧《ひのき》洞丸《ぼらまる》がある。丹沢で第二の高峰であるが、樹木で覆《おお》われていて道がなく、怪峰とか秘峰とか呼ばれたものだが、今はどうか。

私が百名山の一つに丹沢山（丹沢山というのは山塊中の一峰である）を取りあげたのは、個々の峰ではなく、全体としての立派さからである。丹沢山塊という名称は、多分、高頭式《たかとうしょく》の『日本山岳志』から始まったのだろうと思うが、ただ表尾根を歩くだけでなく、その奥深く入れば、山の規模は大きく複雑で、容易にその全貌《ぜんぼう》をつかめない。

『山岳』第一年一号（一九〇六年）に載っている長文の塔ヶ岳登山記を見ると、案内人を連れている。その後の大正時代の登山者も、多くは案内人を伴なったようである。それほど未知の山であったのに、今日の繁昌《はんじょう》ぶりはどうだろう。第一の原因は東京に近く、手軽に行けるからだろう。谷川岳と丹沢山は東京の大衆登山の二大流行地となった。そして谷川岳に劣らずこの山にも遭難事件が頻繁《ひんぱん》に起っている。

72 富士山 (三七七六米)

この日本一の山について今さら何を言う必要があろう。かつて私は『富士山』という本を編むために文献を漁《あさ》って、それが後から後から幾らでも出てくるのにサジを投げた。おそらくこれほど多く語られ、歌われ、描かれた山は、世界にもないだろう。

世界一の資格はそれだけではない。山岳史家マルセル・クルツの書いた『世界登頂年代記』を見ると、富士山は六三三年に役《えん》ノ小角《おづぬ》に登頂され、そしてそんな高い山へ登ったのは、これが世界最初となっている。小角の登山は伝説的であるが、しかし平安朝に出た都良香《みやこのよしか》の『富士山記』には頂上の噴火口の模様が書いてあるから、もうその頃には誰かが登っていたに違いない。一番早く富士山が人間の到達した最高峰の記録を樹《た》てたわけである。しかもこの記録はその後長い間保持され、一五二三年ポポカテペテル(五四五二米《メートル》)の登頂まで続いた。約八、九百年もレコードを保っていたことになる。一夏に数万の登山者のあることも世界一だろう。老いも若きも、男も女も、あらゆる階級、あらゆる職業の人々が、「一度は富士登山を」と志す。これほど民衆的な山も稀《まれ》である。

というより、国民的な山なのである。日本人は子供の時から富士の歌をうたい、富士の絵を描いて育つ。自分の土地の一番形のいい山を指して何々富士と名づける。最も美しいもの、最も気高いもの、最も神聖なものの普遍的な典型として、いつも挙げられるのは不二の高根であった。

世界各国にはそれぞれ名山がある。しかし富士山ほど一国を代表し、国民の精神的資産となった山はほかにないだろう。「語りつぎ言ひつぎゆかむ」と詠《よ》まれた万葉の昔から、われわれ日本人はどれほど豊かな情操を富士によって養われてきたことであろう。もしこの山がなかったら、日本の歴史はもっと別な道を辿《たど》っていたかもしれない。

全くこの小さな島国におどろくべきものが噴出したものである。富士を語ってやまなかった小島烏水《うすい》氏の文章に「頂上奥社から海抜一万尺の等高線までは、かなりの急角度をしているとはいえ、そこから表口、大宮町までの間、無障碍《むしょうがい》の空をなだれ落ちる線のその悠揚さ、そのスケールの大きさ、そののんびりとした屈託のない長さは、海の水平線を除けば、凡《およ》そ本邦において肉眼をもって見られ得べき限りの最大の線であろう」とある。

おそらく本邦だけではない、世界中探してもこんな線は見当らないだろう。頂上は三七七六米、大宮口は一二五米、その等高差を少しのよどみもない一本の線で引いた例は、地球上に他にあるまい。

八面玲瓏《れいろう》という言葉は富士山から生れた。東西南北どこから見ても、その美しい整った形は変らない。どんな山にも一癖あって、それが個性的な魅力をなしているものだが、富士山はただ単純で大きい。それを私は「偉大なる通俗」と呼んでいる。あまりにも曲がないので、あの俗物め！　と小天才たちは口惜《くや》しがるが、結局はその偉大な通俗性に甲《かぶと》を脱がざるを得ないのである。

小細工を弄《ろう》しない大きな単純である。それは万人向きである。何人をも拒否しない、しかし又何人もその真諦《しんたい》をつかみあぐんでいる。幼童でも富士の絵は描くが、その真を現わすために画壇の巨匠も手こずっている。生涯富士ばかり撮って、未《いま》だに会心の作がないと嘆いている写真家もある。富士と睨《にら》めっこして思索した哲学者もある。

　地面から噴き出した大きな土のかたまり、ただの円錐《えんすい》の大図体《ずうたい》に過ぎぬ山に、どこにそんな神秘があり、そんな複雑があるのだろう。富士山はあらゆる芸術家に無尽のマチエールを提供している。「不尽《ふじ》の高嶺《たかね》は見れど倦《あ》かぬかも」とうたったのは山部赤人《やまべのあかひと》であった。「雲霧のしばし百景をつくしけり」と詠んだのは芭蕉《ばしょう》であった。大雅《たいが》は富士に登ること数回、その度に道をかえ、あらゆる方面から観察して「芙蓉峰《ふようほう》百図」を作った。北斎もまた富士の讃美者《さんびしゃ》で、その富嶽三十六景の中の傑作「凱風《がいふう》快晴」と「山下白雨」を残し

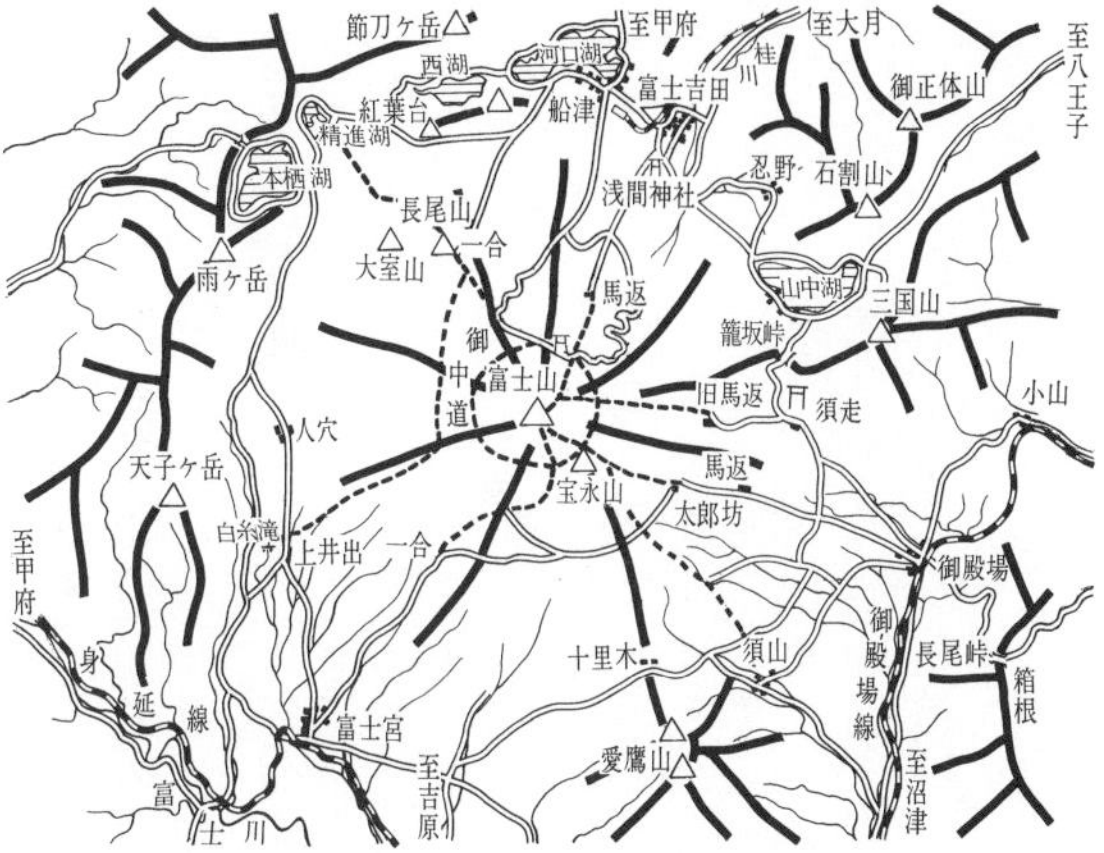

た。夢窓国師は造園の背景に富士を取り入れ、北村透谷は富岳に詩神を見出《みいだ》した。

富士山は大衆の山である。俗謡小唄《こうた》にうたわれ、狂歌狂句にしゃれのめされ、諺《ことわざ》や譬《たとえ》にも始終引用されている。新聞の初版りの第一ページは大てい富士山の景であるし、富士の名を冠した会社・商品の名は挙げるに堪えまい。

富士山は万人の摂取に任せて、しかも何者にも許さない何物かをそなえて、永久に大きくそびえている。

73　天城山（一四〇七米）

天城《あまぎ》は昔から私にはなつかしい名前であった。旧制高等学校にいた頃、休暇が終って寮へ戻って来ると、友人の誰かがきっと伊豆《いず》旅行の話をした。その話の中に、天城山や、その谷々にある鄙《ひな》びた温泉の名がしきりに出た。おそらくその時代、伊豆旅行は学生の間の一つの流行であった。名作『伊豆の踊子』の作者川端康成《やすなり》氏などもその一人だったのだろう。あの作に出てくるような高等学校の生徒が多かったのである。

しかしその頃から山の好きだった私は、信州や甲州へばかり出かけて、伊豆は知らなかった。そんな旅行で暇と金を費すのは惜しかった。とは言え、天城という山は私の心に印されて、その名を聞くごとに、南国のあたたかそうな、詩と伝説の沁《し》みこんだ山が想像された。

天城山へ登る機会を逸していた一つの理由に、その五万分の一の地図が無かったせいもある。要塞《ようさい》地帯だったからだ。地図を持たない登山は私には興味索然である。天城で一番高いのは万三郎《ばんざぶろう》岳、次は万二郎《ばんじろう》岳というくらいは心得ていても、やはり地図の等高線を数えながら登るようでないと面白くない。

終戦後、軍が廃止されて天城の地図が出た。五万分の一「伊東」図幅である。美しい自然をそなえた日本に、秘密地帯のなくなったのは嬉《うれ》しいことであった。しかしあまりに開けすぎて、ひなびた静かな所が無くなっても困る。伊豆の山も次第にせばめられてきそうな形勢である。

物の本によると、今の伊豆半島のある所は百五十万年前は大海原であった。(どうしてそんな年数の勘定ができるのだろう。学問とはえらいものである。) そこへ先ず猫越《ねっこ》火山が噴出し、続いて、天城、達磨《だるま》、熱海《あたみ》の四つの火山が活動を始めて、大きく高くなって行くうちに、お互いつながりあって大きなグル

ープとなった。それが長年の間に、陥没や浸《しん》蝕《しょく》で原型が毀《こわ》され、現在のような地形になったのだという。

現在、地図の上で天城山脈と記されているのは、東海岸から起って、遠笠《とおがさ》山、万二郎岳、万三郎岳、それから天城峠を経て、猿山、十郎左衛門山、長九郎山と続いて、西海岸に終っている。つまり一つを指して天城山と呼ぶ峰はなく、伊豆半島の中央を東西に横切ったこの山脈を眺めて、そのうちのどれであろうと構わず、人はただ天城山と呼んでいる。

後年になって、私は伊豆の海岸を通ったことはあるが、まだ山は知らなかった。そこへ登ったのは近年のことである。十二月下旬、私は天城山脈を東から西まで歩くつもりで出

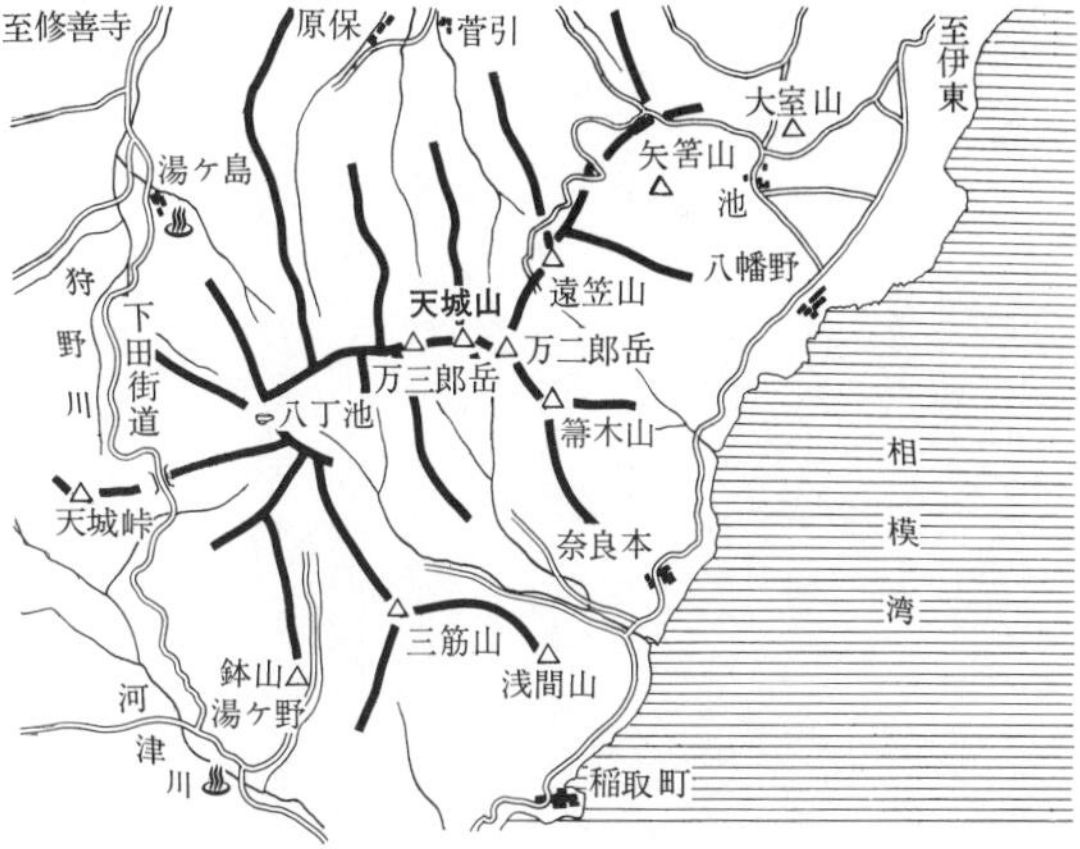

かけた。まず伊東からバスに乗って、丘陵の間に切り開かれたドライヴ道路の立派さに驚きながら、大室山《おおむろ》の下まで行った。大室山はお仏供《ぶく》さんのように大きく丸く盛り上り、全山ラクダ色に枯れて一点のかげもなく曝《さら》け出しの裸山で、どこに寝ころんでものんびり日向《ひなた》ぼっこできそうな、あたたかい冬陽に包まれていた。

明るい大室山と対照的に黒々とした矢筈《やはず》山、その名の通り双頭峰が典型的な矢筈の形をしている山を見ながら、私はなだらかな草枯れ丘を越えて、遠笠山の麓《ふもと》にあるロッジに着いて一泊した。この白堊《はくあ》の近代的建築までは今は自動車道路が完成したそうである。観光業者が次第に天城山を蚕食して行く一見本である。

翌日はまず遠笠山に登った。ゆったりと稜線《りようせん》を引いた饅頭笠《まんじゆうがさ》の形をした山だ。そこから一たん広い原へ下りて、万二郎岳にかかる。万二郎岳から万三郎岳のあたりは天城の中枢部《ちゆうすうぶ》だけあって、さすが奥山という感じがする。アセビやヒメシャラや、丈の高いシャクナゲの多いのは、暖国の山らしいが、しかし千三百米以上だけあって、風がつめたく、日中霜柱が溶けずに残っていた。

天城のいいことの一つは、見晴らしである。煙を吐く大島を初め、伊豆七島がそれぞれの個性のある形で浮んでいる海が眺められるし、いつも真正面に富士山が大きく立っている。全く大きい。天城の写真と言えば、大てい富士山が取り入れられてある、それくらい天城にとって欠くことのできない背景である。山の好きな人だったら、富士山の左に遠く南アルプスの山々が連なっているのを見落さないだろう。

万三郎岳から天城峠までの尾根を幾つかの物寂びた峠が横切っている。その尾根伝いに八丁池まで来て、私は静かな天城の山中で一夜をあかすつもりでいたが、そのロマンティックな計画は、あまりの寒さで挫折《ざせつ》した。天城峠から湯ヶ野に下った。温泉に恵まれていることも天城の特典で、湯ヶ野の安宿で朝眼をさますと、谷川を距《へだ》てた向うの丘に、椿《つばき》と蜜柑《みかん》が暖国らしい色彩をほどこしていた。

74　木曽駒ヶ岳　（二九五六米）

同じ信州の木曽《きそ》谷と伊那《いな》谷の間を仕切って、蜿々《えんえん》と連なった山脈、普通これを中央アルプスと呼んでいる。その主稜《しゆりよう》は、北の茶臼《ちやうす》山から南の越百《こすも》山までの長い間、二千五百米《メートル》以下に下ることがない。全くの屏風《びようぶ》である。その中の最高峰が駒《こま》ヶ岳で、それと相対して東のかた伊那谷を距《へだ》てて真向いにある南アルプスの駒ヶ岳と区別するため、前者を木曽駒（西駒）、後者を甲斐《かい》駒（東駒）と呼び慣わしている。

山名の由来に就いてはいろいろな説がある。『続日本紀《しよくにほんぎ》』に「天平十年春正月一日、信濃国神馬ヲ献ズ、黒身白髪尾……」とあるので、それをもってこの山名の始まりとする説、山麓《さんろく》地方の竜ヶ崎観音、羽広《はびろ》の観音など馬の病を祈って効験があるので、駒という名を山につけたという説、『新著聞集』の中に、この山に凄《すご》い形相《ぎようそう》の葦毛《あしげ》馬が住んでいると書いてあるところから、山名が来たとする説。しかしそれらよりも、岩や残雪によって山肌に駒の形が現われるという説が、一番拡《ひろ》がっているようである。

その駒形説にも幾種かあるが、伊那側から見て、中岳の側面の黒い大岩を駒の胴とし、左上方から右下方に向って、黒駒の姿が残雪中に現われるというのが、具体的なだけに一番もっともらしい。

古書にこの山について「今村に竜飼山あり、宮所に竜ヶ崎あり、みな是《こ》れ山脈竜を以《もっ》て号《よ》ばれるなるべし」とあるが、古人が山脈を竜と見立てたところに、彼等のナイーヴな感受性が認められる。伊那の谷から、或《ある》いは天竜川東方の段丘上から打ち眺めると、崩壊を重ねて盛壮年期に達し、山肌が赤味を帯びて長々と連なったこの山脈は、確かに竜が天空にのたうっているような趣に見える。竜は駒に通じる。（馬八尺以上を竜という。）駒ヶ岳の名はそういうところから来たのかもしれない。

木曽谷・伊那谷の両側から登山路がついて

いるが、どちらが山の表か裏かは決めがたい。もし信仰登山を主とすれば木曽側が表であろう。登山口の上松《あげまつ》から頂上まで、何々講中の建造物がやたらに立っている。そして最後の頂には、花崗岩《かこうがん》の玉垣をめぐらした立派な祠《ほこら》がある。

天文元年（一五三二年）七月、木曽の徳原長大夫春安が頂上に保食大神《うけもち》をお祀《まつ》りした。その後本社を山麓に移して、これが産土神《うぶすながみ》となった。木曽は昔からよい農耕馬を産したので、駒ヶ岳は古い時代から崇《あが》められたのであろう。徳川時代に行者《ぎょうじゃ》登山が盛んになって、この山は木曽谷をはさんで御嶽《おんたけ》と共にますます栄えた。

木曽側の宗教的通俗化に対して、伊那谷からの登路は原始的なさまを保っている。しかしこの側の登山も歴史は古い。それは信仰からではなしに、山の調査や登山が目的であった。元文《げんぶん》元年（一七三六年）と宝暦六年（一七五六年）の両夏、当時伊那谷を領していた高遠《たかとお》藩の士が大部隊を組んで登山した記録が残っている。その第一回の時など、藩士が従者と共に二十一人、人足九十三人、合計百十四人が登った。

おそらくその影響は庶民にも及んで、その後集団登山の風習が長く伝わったのかもしれない。大正二年（一九一三年）八月、伊那郡中箕輪《なかみのわ》小学校の職員生徒と同窓会員の一行三十七名が、山上で暴風雨にあい、校長以下十一名の凍死者を出し、当時山の大遭難事件として世を驚かせた。

駒ヶ岳が多くの登山者を見るのは、伊那側にせよ木曽側にせよ、里に近いからでもある。近い代りに登りが急である。両側とも里のある所は標高六、七百米くらいで、そこから三千米に近い高さまで登るのだから、急なのは当り前である。

　息を切らしながら森林帯の中の急路を登って、ついに高山帯に出た時の壮快さは格別である。濃《のう》ヶ池というのは氷河の遺跡の圏谷《けんこく》の底にあるが、濃い青色の水を湛《たた》えて、頂上に近い登山路から深く見下ろされる。昔からこの池が神秘化され伝説化されたのも当然と思われる。そのほとりで雨乞《あまご》いをすると効験がたちまち現われるというので、木曽・伊那の農民は時々ここまで登って雨を祈ったという。

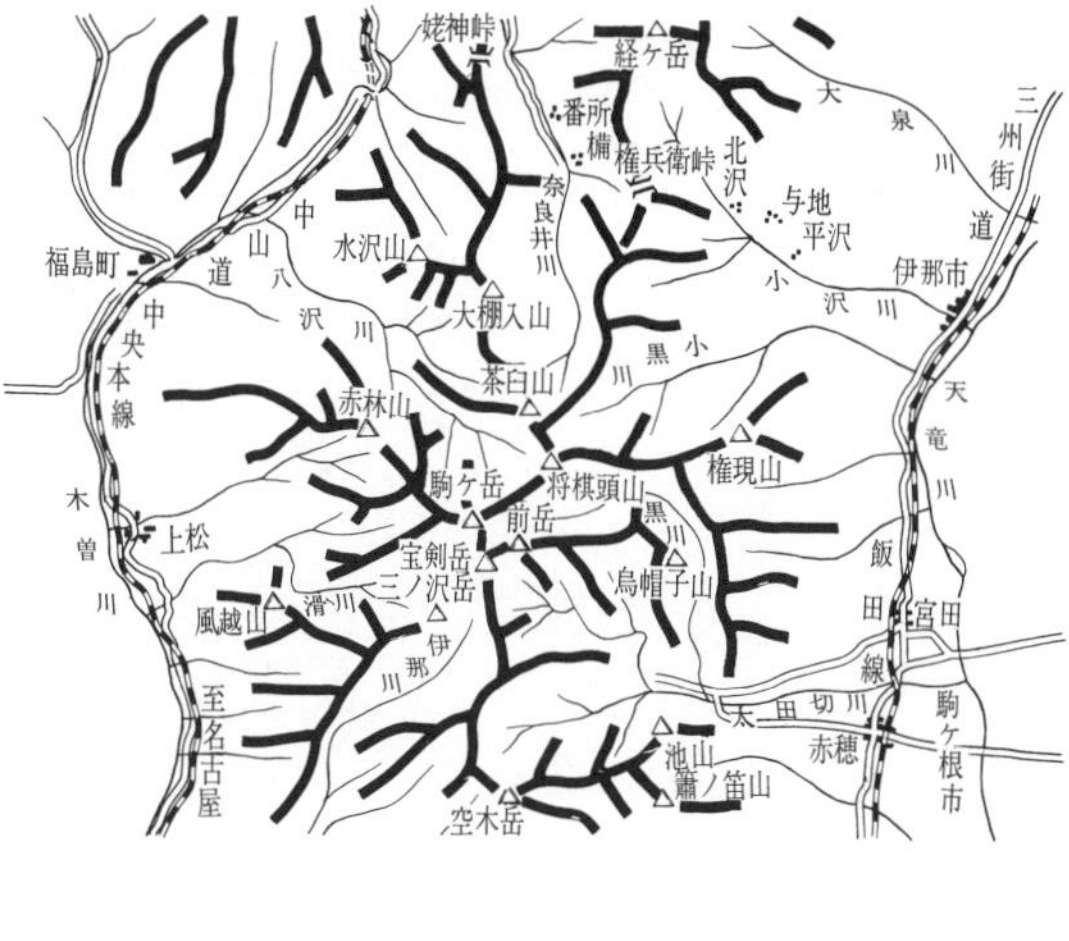

私はこの山頂に二度立った。いずれも戦争前で、最初は伊那から登って木曽へ下り、その次は南の越百山《こすも》から主稜を縦走してこの山頂へ来た。その時はすばらしい天気に恵まれて、四周の眺望をほしいままにした。何より立派なのは西方に大きく裾《すそ》を拡げて泰然とそびえた御嶽で、東の方には南アルプスと八ヶ岳、南に眼を移すと、鋭い岩峰の宝剣岳の右に、空木岳《うつぎ》と南駒ヶ岳の二つが背比べをするように並んで立っていた。頂上（本岳と呼ぶ）と中岳の中間はお庭と称する広々した美しい原で、そこをブラブラさまよっていると、時のたつのも忘れた。

75　空　木　岳　（二八六四米）

中央アルプスの北半分に主峰駒《こま》ヶ岳があって、多くの登山者で賑《にぎ》わうが、南半分を訪ねる人はぐっと少なくなる。その南半分の最高が空木《うつぎ》岳である。登山者というロマンティストは美しい山の名に惹《ひ》かれる。心の中に、まだ訪れたことのない、しかしその美しい名前だけは深く刻みこまれている、幾つかの山を持っているものだ。

私にとって、空木岳はその一つであった。空木、空木、何というひびきのよい優しい名前だろう。もし私が詩人であったなら、空木という美しい韻を畳み入れて、この山に献じる詩を作りたいところだ。

空木はおそらく植物のウツギから来たのだろう。三千米《メートル》に近い頂上には、もちろんそんな落葉灌木《かんぼく》はない。山の上部がまだ雪で輝いている頃、山麓《さんろく》ではすでにウツギの花ざかりである。その景色から来た名前かもしれない。

私が空木岳を訪ねたのは、南の越百《こすも》山から山稜《さんりょう》を北上してであった。長い尾根道は、一面に匐松《はいまつ》に覆《おお》われ、磊磊《らいらい》というむずかしい漢字が似合うような岩の群が、巨人のおもちゃ箱をひっくり返したように散乱していて、しかもそれが皆白い花崗岩《かこうがん》なので、匐松の緑と相映じて、美しい景色を作っていた。仙涯嶺《せんがいれい》、南駒ヶ岳を越えて空木岳に近づくと、巨石の散乱はますますはげしく、その錯雑《さくざつ》した間を通ってついに頂上に達した。小さな祠《ほこら》が立っていた。

頂上で休んでから、その東側へ三十分あまり下った所にある空木小屋へ行って泊った。近くに駒石と呼ぶ大きな四角い岩があって、たて横に定規で引いたような割れ目が入っていた。大地震でもあったら、バラバラと積木のように崩れそうに思われた。

小屋は山ふところの小さな原っぱの一端にあった。草地のところどころにダケカンバが立ち、すばしっこく細流が走っている。丈の

高いバイケイソウに混ってエゾノイブキトラノオがたくさん咲いていた。そんなむずかしい花の名を私が知っているのは、同行の友人が高山植物学者だったからである。私たち二人は夕餉《ゆうげ》の支度を人夫に任せて、暮れて行く空木岳を倦《あ》かず眺めた。

翌朝、暗いうちに出発した。空木岳の空は幾らか明るくなっていたが、山窪の泊り場ではまだ足元もはっきり見えなかった。再び空木岳目ざして登って行くうちに、薄紙をはがすように次第に明るくなって、一面色とりどりに咲いた高山植物が美しかった。そのお花畑から偃松地帯に移ろうとするあたりで、南アルプスの影絵《シルエット》の上に出る、遮《さえ》ぎる雲一筋ない完全な日の出を迎えた。

一時間ほどで私たちは再び頂上に立った。

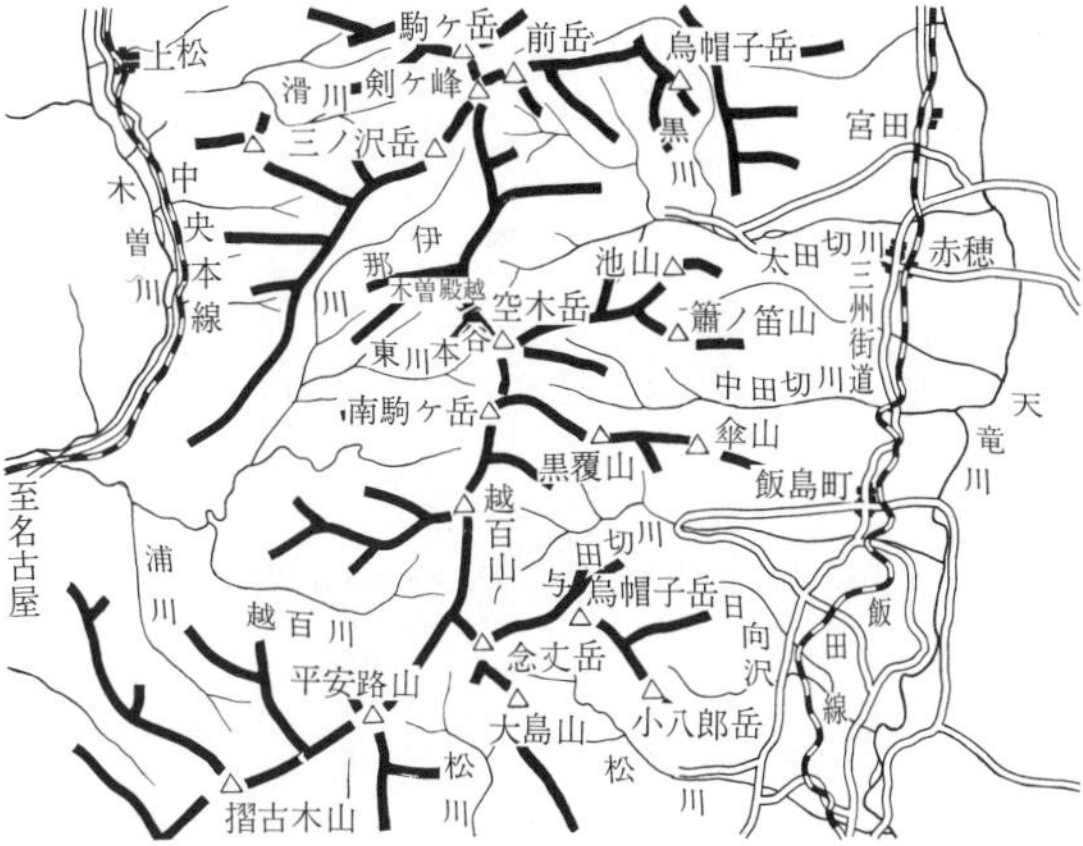

伊那《いな》谷はすっかり雲の下にあった。雲海の上に頭を出しているのは旧知の山々だけである。南アルプスの左手には、八ヶ岳連峰が横長い陸地のように浮いていた。空木山頂からの朝のすばらしい大観に満足して、私たちは木曽殿越《きそどのごえ》の鞍部《あんぶ》へ向って、急坂を下った。

それから先の行程は、鞍部から更に山稜を北へ登り、二千七百米級の峰を幾つも上ったり下ったりして、宝剣岳を越え、駒ヶ岳本峰まで達した。本峰に立って振り返ると、経てきた長い山稜がうねうねと遠くまで続いていた。その中に一きわ高く、空木岳と南駒ヶ岳の二つが睦《むつ》まじそうに並んで立っているのを見逃しはしなかった。

南駒ヶ岳も堂々とした恰幅《かっぷく》の山である。山に気質があるとしたら胆汁質だろう。私は日本百名山に、木曽山脈南半分から一つだけ選ぼうとして、空木にしようか、南駒にしようか、迷った。どちらも優劣のない立派な山である。しかし接近したこの二つとも挙げるわけにはいかない。僅《わず》かに背が高いことと、その名前の美しさから、空木岳を採ることにしたのである。

空木岳には別に前駒ヶ岳の称があるが、やはり空木岳という美しい名にしておきたい。すぐ北へ下った鞍部の木曽殿越、こんな所を果して義仲が通ったのかどうか知らないが、いかにも木曽殿越という名に似つかわしい鞍部であった。それから空木岳から東に伸びた尾根の上に、簫《しよう》ノ笛《ふえ》山というのがある。どんないわれか知らないが、これも優しい名前である。

空木岳、木曽殿越、簫ノ笛山、こういう一連の名前を織りこんで、才能ある作家は古い時代の一大ロマンを仕上げるがいい。これらの美しい名前は、読者の想像力に拍車をかけるにちがいない。

私が行ったのはもう随分前のことであるから、越百《こすも》山から木曽駒までの縦走路で一人の人にも出あわなかった。そんな静かな山であった。近年伊那谷側で開発に力を入れて、新しい登山路をつけ、小屋を建て、大へん便利になったそうである。

76 恵那山（二一九〇米）

島崎藤村の『夜明け前』を読んだ人は、美濃の十曲峠《じつきよく》を登って木曽路《きそじ》にかかる入口の馬籠《まごめ》を忘れないだろう。その馬籠から南に当って、大きく恵那《えな》山がそびえる。幼少年時代の藤村があけくれ眺めた山である。当然『夜明け前』の中にこの山がしばしば出てくる。例えば恵那山を描写したこんな一節がある。

「遠く美濃の平野の方へ落ちている大きな傾斜、北側に山の懐《ふところ》をひろげて見せているような高く深い谷、山腹にあたって俗に『鍋《なべ》づる』の名称のある半円状を描いた地形、蕨《わらび》平、霧ヶ原の高原などから、裾《すそ》野つづきに重なり合った幾つかの丘の層まで、遠過ぎもせず近過ぎもしない位置からこんなにおもしろく眺められる山麓《さんろく》は、ちょっと他の里にないものであった。」

藤村のこの大作を読んだのは随分前のことだが、その頃から恵那山は私に強い印象を残した。

まだある。それはウェストンである。日本アルプスの父とまで呼ばれた、山好きのこのイギリスの宣教師は、私の生れる十年も前に、すでに恵那山に登っている。まだ東海道線から分れて中津川まで汽車も通じていない時代に、彼ははるばるこの山へ向った。ウエストンの名著『日本アルプス　登山と探検』に収められている恵那山紀行も、かねがね私の登山欲をそそっていた。

それほど古くから知られた山でありながら、登山にも一種の流行のようなものがあって、どうやら恵那山は忘れられた山になっている。その証拠に、私の友達でこの山に登った人はごく稀《まれ》である。中にはその所在さえ知らない人もある。

恵那山は元は胞《えな》山で、イザナギ・イザナミの二神が天照大神《あまてらすおおみかみ》をお生みになった時、その胞を、この山頂に納めたので、その山名ができ

たと言われている。そんなに昔から伝えられているのも、この山が平野からよく見えたからだろう。名古屋から見え、津市に住む私の友人の家からも見えた。そのあたりから望むと、頂上の稜線《りょうせん》が長く、ちょうど舟を伏せた形に見えるので、舟覆山《ふなぶせ》と呼ばれている。

東海道から分れて中仙道へ入り、木曽路にかかろうとする所に、関守のように立っているのが恵那山である。大昔は中仙道は恵那山のすぐ東北に当る神坂《みさか》峠を越えて伊那谷へ出た。神坂《みさか》という名は日本 武 尊《やまとたけるのみこと》が東征の帰り通過したからだと伝えられている。事実、万葉集にも「千早《ちはや》ぶる神のみさか」という歌が載っている。この御坂《みさか》は和銅年間（八世紀初頭）には主要道路であったのだが、南北朝分裂の争乱の頃から、この道は廃《すた》れて、今の木曽路が中仙道として選ばれるようになった。だから昔の神坂の旅人は倦《あ》くほど恵那山を眺めながら通った。有名になったのも当然だろう。

白雲の上より見ゆる足引の山の高根やみさかなるらむ

これは『後拾遺集』中の能因《のういん》法師の歌だが、もし彼が「白河の関」のでんでなく、本当に実景を見て作ったのであったら、この「山の高根」は恵那山であろう。神坂《みさか》は恵那山から続いた山稜上の一鞍部《あんぶ》に過ぎないのだから。

恵那山の表登山口は、中津川市から南へ川を上った所にある川上《かおれ》という小村である。ここに恵那神社があり、またここに古くから伝わる人形芝居は、川上文楽として無形文化財に指定されている。この登山口から頂上まで随分登りでがある。普通の山は一合目から始まって十合目が頂上だが、ここは二十合目まである。

近年この長い道を棄《す》てて、もっと近い便利な登山道が開かれた。私が採ったのはその新道で、それは川上《かおれ》よりもっと奥まで川に沿って上り、恵那山の南東稜に取りついて頂上に

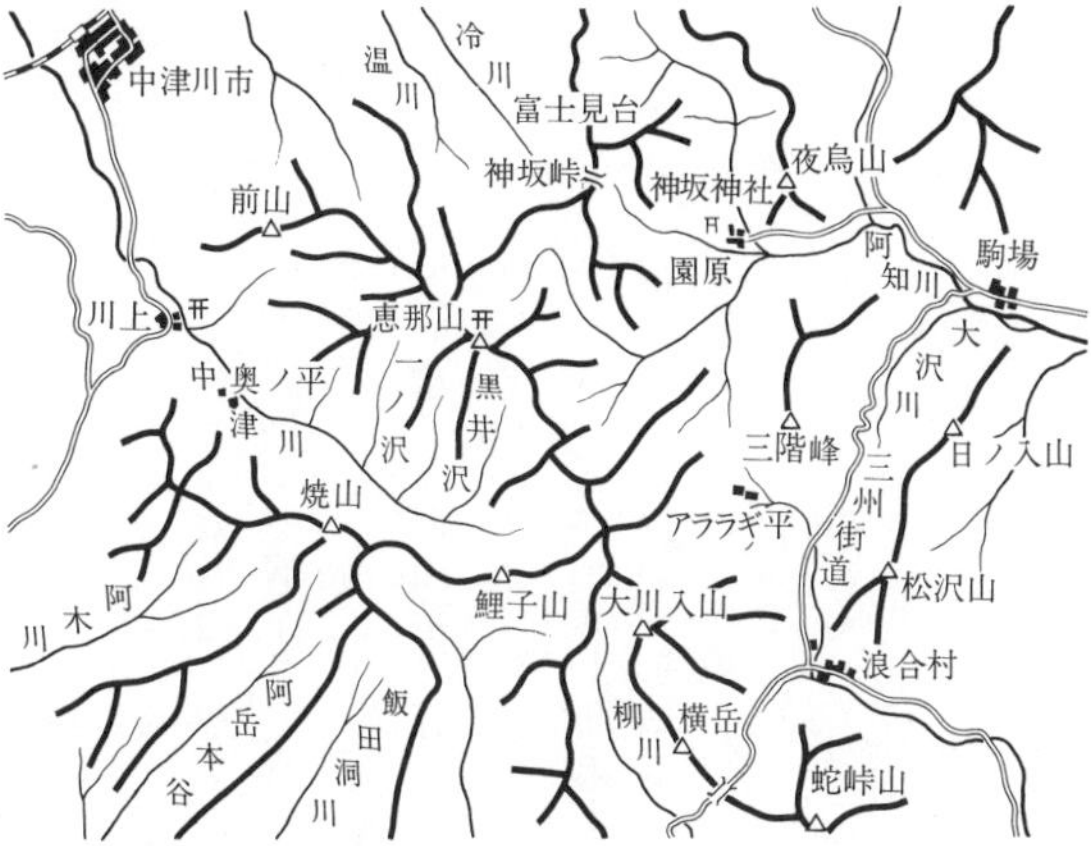

至るものであった。四月下旬であったが、まだ上の方には雪があった。

頂上からの南アルプスの大観はすばらしかった。ずらりと白雪を輝かせて連峰が競い立っている姿は全く息を飲むような眺めであった。ウェストンの紀行では、赤石岳の南肩に富士山が覗《のぞ》いていることになっているが、それは見えなかった代り、思いがけない賜物が私にあった。それはわがふるさとのやま白山《はくさん》が、白無垢《しろむく》の清浄さで遠い空に浮んでいるのを見出《みいだ》したからである。

イザナギ・イザナミの二神を祀《まつ》った祠《ほこら》は台風のため倒れていた。その山頂を辞して、高低のある長い頂稜を辿《たど》り、神坂《みさか》峠へ続く尾根を下った。その夜は峠の近くの小屋に泊り、翌朝そこからすぐ近くの富士見台を散歩した。広々とした高原で、夏は牧場になる。その原から幾度も私は恵那山を眺め返した。雪を点綴《てんてい》した頂の長い恵那山は、まるで長城のように悠然とそびえ立っていた。

77　甲斐駒ヶ岳　（二九六六米）

東京から山の国甲斐《かい》を貫いて信州に行く中央線。私たち山岳宗徒にとって最も親しみ深いこの線路は、一たん甲府盆地に馳《は》せ下った後、今度は釜無《かまなし》川の谷を左手に見おろしながら、信州の方へ喘《あえ》ぎながら上って行く。さっきまで遠かった南アルプスが、今やすぐ車窓の外に迫ってくる。甲斐駒《かいこま》ヶ岳の金字塔が、怪異な岩峰摩利支天《まりしてん》を片翼にして、私たちの眼をおどろかすのもその時である。汽車旅行でこれほど私たちに肉薄してくる山もないだろう。釜無川を距《へだ》てて仰ぐその山は、河床から一気に二千数百米《メートル》も突きあげているのである。

日本アルプスで一番代表的なピラミッドは、と問われたら、私は真っ先にこの駒ヶ岳をあげよう。その金字塔の本領は、八ヶ岳や霧ヶ峰や北アルプスから望んだ時、いよいよ発揮される。南アルプスの巨峰群が重畳《ちょうじょう》している中に、この端正な三角錐《すい》はその仲間から少し離れて、はなはだ個性的な姿勢で立っている。まさしく毅然《きぜん》という形容に値する威と品《ひん》をそなえた山容である。

日本アルプスで一番奇麗な頂上は、と訊《き》かれても、やはり私は甲斐駒をあげよう。眺望の豊かなことは言うまでもないとして、花崗《かこう》岩《がん》の白砂を敷きつめた頂上の美しさを推したいのである。信州ではこの山を白崩《しろくずれ》山と呼んでいたが、その名の通り、遠くからは白砂の峰に見えるのである。私が最初にこの峰に立った時は、信州側の北沢小屋から仙水峠を経、駒津《こまつ》峰《みね》を越えて行った。六方石と称する大きな岩の傍《そば》を過ぎると、甲斐駒の広大な胸にとりつくが、一面に真白な砂礫《されき》で眼映《まば》ゆいくらいであった。九月下旬のことでその純白のカーペットの上に、所どころ真紅に紅葉したクマコケモモが色彩をほどこしていて、さらに美しさを添えていた。ザクザクと白い砂を踏んで、頂上と摩利支天の鞍部《あんぶ》へ通じる道を登

って行くのだが、あまりにその白砂が奇麗なので、踏むのがもったいないくらいであった。南アルプス中で、花崗岩の砂礫で美しいのは、この甲斐駒とお隣りの鳳凰《ほうおう》山だけである。

頂上に花崗石の玉垣をめぐらした祠《ほこら》のほかに、幾つも石碑の立っているのをみても、古くから信仰のあつかった山であることが察しられる。祭神は大己貴命《おおなむちのみこと》で、昔は白衣の信者が登山道に続いたものだという。その表参道ともいうべきコースは、甲州側の台ヶ原あるいは柳沢から登るもので、両登山口にはそれぞれ駒ヶ岳神社がある。この二つの道は、山へ取りかかって間もなく一致するが、それから上、頂上までの道の途中に、鳥居や仏像や石碑が点綴《てんてい》されている。

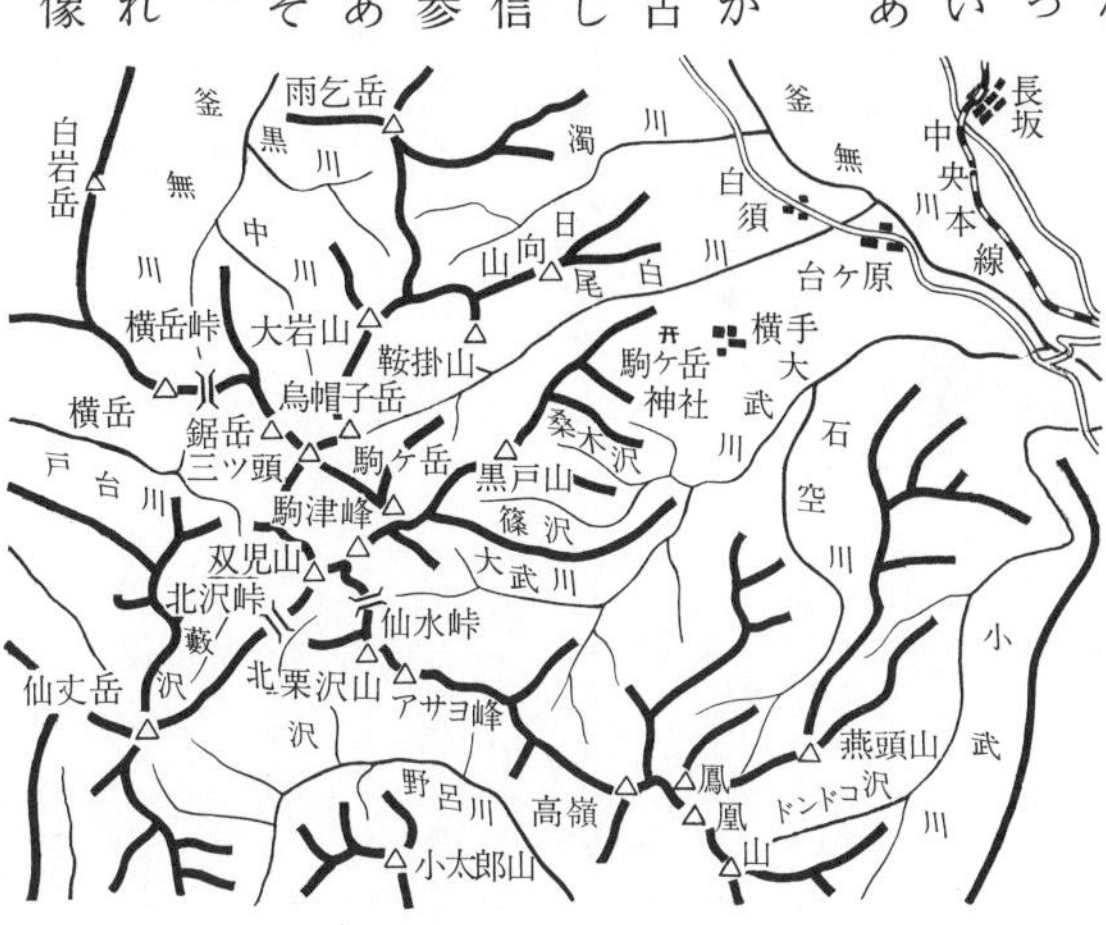

日本アルプスで一番つらい登りは、この甲斐駒ヶ岳の表参道かもしれない。何しろ六百米くらいの山麓《さんろく》から、三千米に近い頂上まで、殆《ほと》んど登りずくめである。わが国の山で、その足許《あしもと》からてっぺんまで二千四百米の高度差を持っているのは、富士山以外にはあるまい。木曽駒ヶ岳は、木曽からも伊那《いな》側からも、それに近い高度差を持っているが、登山道は緩く長くつけられている。甲斐駒ほど一途に頂上を目がけてはいない。

甲斐駒の表参道は、途中の黒戸山あたりの弛《たる》みを除けば、あとは急坂の連続である。上へ行くにつれて傾斜は激しくなり、険しくなり、梯子《はしご》や鉄の鎖や針金などが次々とあらわれる。山麓から一日で頂上へ達するのは普通不可能であって、五合目あるいは七合目の小屋で一泊しなければならない。

わが国には駒ヶ岳と名のつく山が多いが、その筆頭は甲斐駒であろう。西にある木曽駒ヶ岳と区別するために、以前は東駒ヶ岳と呼ばれたが、今は甲斐駒で通っている。山名の由来は、甲州に巨摩《こま》郡、駒城《こまき》村などの地名のあるところから推しても、かつて山麓地方に馬を産する牧場が多かったので、それに因《ちな》んだものと思われる。

甲斐駒ヶ岳は名峰である。もし日本の十名山を選べと言われたとしても、私はこの山を落さないだろう。昔から言い伝えられ崇《あが》められてきたのも当然である。この山を讃《たた》えた古い漢詩を一つ最後にあげておこう。「駒ヶ岳ヲ望ム」と題し、僧海量の作である。

甲峡ニ連綿トシテ丘壑《きゆうがく》重ナル
雲間独リ秀《ひい》ズ鉄驪《てつり》ノ峰
五月雪消エテ絶頂ヲ窺《うかが》ヘバ
青天ニ削出ス碧芙蓉《へきふよう》

言うまでもなく鉄驪ノ峰とは甲斐駒のことである。これは甲州側から咏《えい》じたのだが、信州側からすれば、碧芙蓉でなく白芙蓉ということになろうか。

78 仙丈岳 (三〇三三米)

私の好みで、日本アルプスで好きな山は北では鹿島槍《かしまやり》、南では仙丈《せんじょう》である。何よりその姿がよい。単純なピラミッドでもなければ鈍重な容量《マッス》でもない。その姿に軽薄や遅鈍のないところが好きなのである。スッキリとして品《ひん》がある。ちょっと見ては気づかないが、しばしば眺めているうちに、次第にそのよさがわかってくるといった山である。

南アルプスの山はたいてい連嶺《れんれい》の形を取っているが、その中で仙丈岳は独立のおもむきをそなえている。もちろん山脈に連なっているのだが、隣峰との間に著しい降下がある。遠くから眺めて、ゆったりとしたスカイラインを引いているのが、いかにもおおらかで重厚である。しかも、その厖大《ぼうだい》な山容が少しも鈍重に見えないのは、みごとなアクセントがついているからだろう。

アクセントとはその山頂部にある三つのカールである。その顕著な刻みが山容を引《ひき》緊《し》めている。三つのカールは、藪《やぶ》沢、小仙丈沢、大仙丈沢、それぞれの源頭《げんとう》に大きく口を開いている。甲斐駒《かいこま》から望むと、藪沢と小仙丈沢のカールが、北岳からは小仙丈沢と大仙丈沢のカールが、ハッキリ見える。この三つの窪《くぼ》みには一番おそくまで雪が残るので、特に鮮明な印象を与えられる。

普通もっとも多くの人が採る登山道は、北沢峠から国境尾根を辿《たど》って頂上へ達するものである。峠から深い森林の中を一途に登る道は、かなり急で長い。しかしその密林を抜け出て、匐松《はいまつ》地帯にかかるとあたりは広濶《こうかつ》に展《ひら》けて、甲斐駒ヶ岳、北岳が手に取るごとくである。頂上に至る手前のコブを小仙丈岳と呼ぶ。

小仙丈の頭を過ぎると、岩の山稜《さんりょう》になるが、そこから右手に藪沢のカール、左手に小仙丈のカールが控えている。いかに地形学に弱い

人でも納得できるような典型的なカールである。頂上に立って、帰路は藪沢のカールへ下ろう。その底にあたる所に石室がある。そこまでおりて振返った時、なるほどこれが圏谷《けんこく》というものか、とふたたび分明に認識するであろう。

仙丈岳は奥深い山である。それは甲州からは見えない。古い紀行では奥仙丈岳とも呼んでいる。仙丈はおそらく千丈から来たものだろう。山の高さを現わす形容である。丹後に千丈ヶ岳があり、秩父《ちちぶ》にも奥千丈岳がある。

信州側では別名前岳とも小河内《おがち》岳とも呼ばれた。前岳とは甲斐駒ヶ岳に対していわれたのであろう。伊那《いな》谷から見ると甲斐駒は後に退いて、仙丈がその前山のおもむきを呈している。前山とはいえ、仙丈の方が高い。しかし駒のように派手なところがない。したがって駒が主、仙丈が副に見られたのであろうか。

小河内岳という名は、小河内谷の源頭にある山だからである。現在では小河内谷は尾勝《おかち》谷と書かれる。小河内という名称は他にもあるから、紛らわしさを避けるための改字かもしれない。

見たところ派手でない山は歴史的に疎《うと》んじられたのは止《や》むを得ない。古典的地誌『甲斐国志』にも「白峰ノ西北ニアリテ能呂川ト北沢ヲ距《へだ》テタリ、是亦《これまた》伊奈郡ニ界《さかい》スル高山ナリ」とあるだけである。いつ頃から登られたのであろうか。はっきりした記録は、明治の末年から大正の初頭にかけてである。南アルプスの黎明《れいめい》期、少数のパイオニーアが土地の猟師を案内に雇って、未知の境に踏み入ってからである。彼等は三峰《みぶ》川の源頭から、尾勝谷から、野呂《のろ》川から、道のないところを辿って頂上に達したのであった。

しかし、われわれが活字で読むことの出来る一番古い記録、明治四十二年（一九〇九年）の河田黙氏の登山記では、その絶頂に、前岳三柱大神、明岳大神、国常立尊《くにのとこたちのみこと》、国狭槌尊《くにのさづちのみこと》と彫りつけた三つの石が建ててあったというから、やはり古くから登拝者はあったのであろう。そしておそらくその信仰登山は市野瀬からであっただろう。仙丈の頂から西へ伸びた長い尾根、それが昔の登山路であっただろうことは、途中に地蔵岳と名乗る

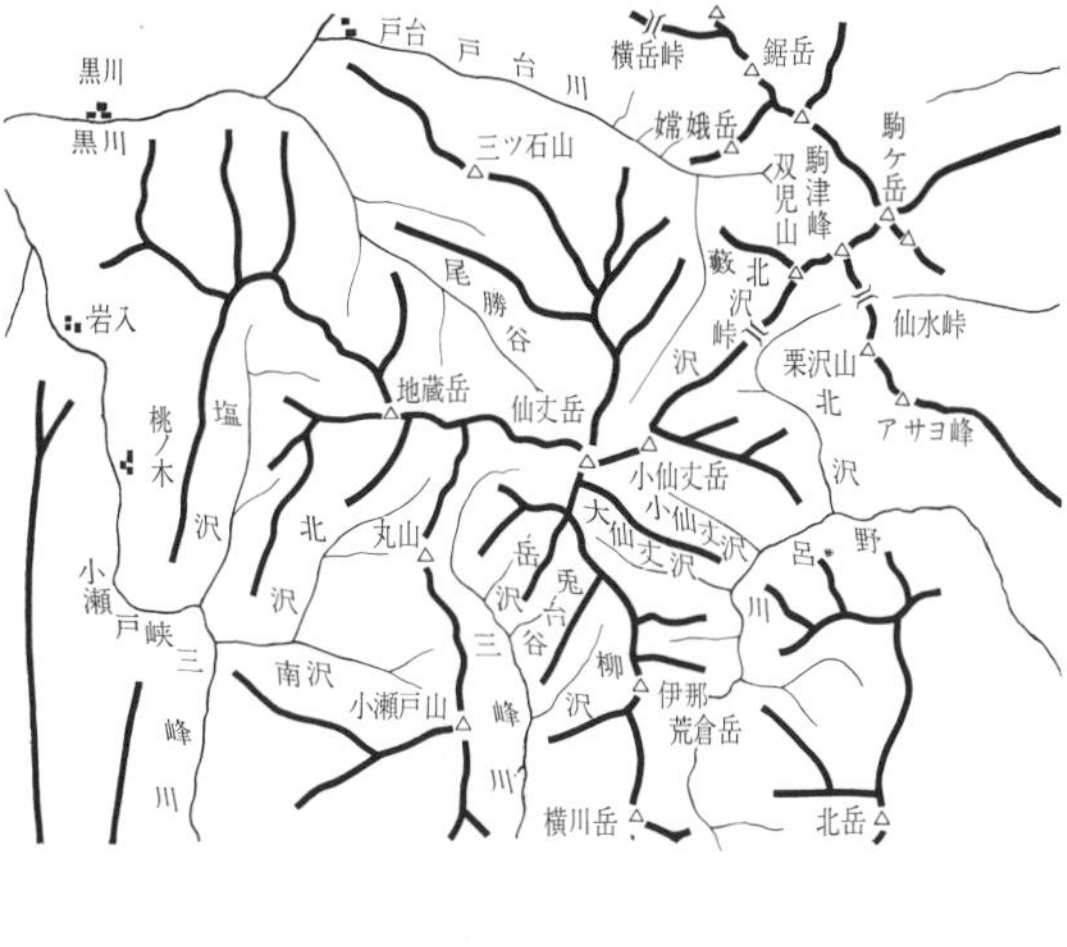

ピークがあることをもってても察せられる。

戸台《とだい》までバスが入るようになった現今では、その終点から赤河原の小屋まで歩いて、そこから一日で頂上へ往復することができる。昔は奥深い山に思われた仙丈岳も、今は南アルプスの中で一番取りつき易《やす》い山になった。近い将来に野呂川と戸台川を結ぶ産業道路が開通するという話である。その暁には北沢峠附近は賑《にぎ》やかな観光地になって、ますます仙丈登山者がふえることであろう。

私は年傾いてからよく古女房《にょうぼう》を連れて山へ行くが、仙丈岳もその一つであった。九月下旬、北沢の長衛小屋から登りについた。山頂には遭難者の追悼碑を兼ねた立派な方向盤が建てられていたが、昔はそんなものはなかった。何であれ山頂には造営物を置かない方が私には願わしい。

79 鳳凰山（二八四一米）

鳳凰《ほうおう》山とは、現在では、地蔵岳、観音岳、薬師岳の三峰の総称になっている。この三峰がそれぞれどの峰を指すかについては異論もあるが、ここでは五万分の一「韮《にら》崎《さき》」図幅の示す所に従おう。が同図幅では、観音、薬師を鳳凰山とし、地蔵岳は別にしてあるが、やはりこの三峰を含めて鳳凰山と呼んだ方が妥当と思われる。

地蔵岳の絶頂に、二個の巨石が相抱くように突っ立っている。古人はこれを大日如《だいにちにょ》来《らい》に擬して尊崇したところから、法皇山の名が生じたと言われている。その後徳川時代の中期から地蔵仏の信仰が盛んになって、この巨石も形が似ているので地蔵仏と呼ばれるようになった。私が登った頃には、地蔵岳の下の賽《さい》の河原と称する所に、昔の信仰登山者のおいて行った小さな石の地蔵が、壊れた形で散らばっていた。

またこんな伝説を読んだこともある。天平宝字《てんぴょうほうじ》二年（七五八年）五月、剃髪《ていはつ》して法皇となられた孝謙天皇が、夢のお告げによって、遥《はる》か東国の早川の上流奈良田に遷居《せんきょ》された。天平宝字八年、南都に還幸して重祚《ちょうそ》されたが、それまで七年間奈良田に滞在され、その地を山城《やましろ》国奈良に因《ちな》んで山代《やましろ》郡奈良田と名づけられたという。法皇及びその従者は奈良田滞留中に芦安《あしやす》から北の山に登られた。即ち現在の鳳凰山であって、それは法皇山から来たものである。そして今も残っている北御《きたお》室《むろ》、南御室、御《み》座石《くらいし》などの名は、その当時の名残りだと伝えられている。

　地蔵仏は高さ約十八米《メートル》、極めて印象的なオベリスクで、甲府盆地からでもよく注意すると認めることができる。それは、鳳凰山のシンボルのように立っている。その巨石に初めて攀《よ》じ登ったのはウォルター・ウェストンで、明治三十七年（一九〇四年）の夏であった。ウェストンの『日本アルプス　登山と探検』は有名だが、その後に出た"The Play-ground of the Far East"は割合知られていな

い。その本の中に地蔵仏のクライミングが委《くわ》しく書かれている。

二つの巨岩の接合部に、高いチムニーが入っている。ルートを観察して、彼はまず低い方の岩の凸角《コンペックス》の上に出ればいいと見当をつける。彼は小さな棚の上に立って、人夫に命じてピッケルで足許《あしもと》を安定させながら、接合点の頂上のクラックに向って、八十フィートのザイルの端に結びつけた石を投げかける。幾度も失敗してやっと石がクラックにはさまった。彼はザイルを左手につかんで、一歩一歩苦しい登りを続ける。突き出た岩のブロックのため、ザイルに頼ることができなくなり、それから指先で身体《からだ》を保ちながら、ようやく、低い方の岩の上に出る。そこから最高点までは殆《ほと》んど垂直であったが、比較的易し

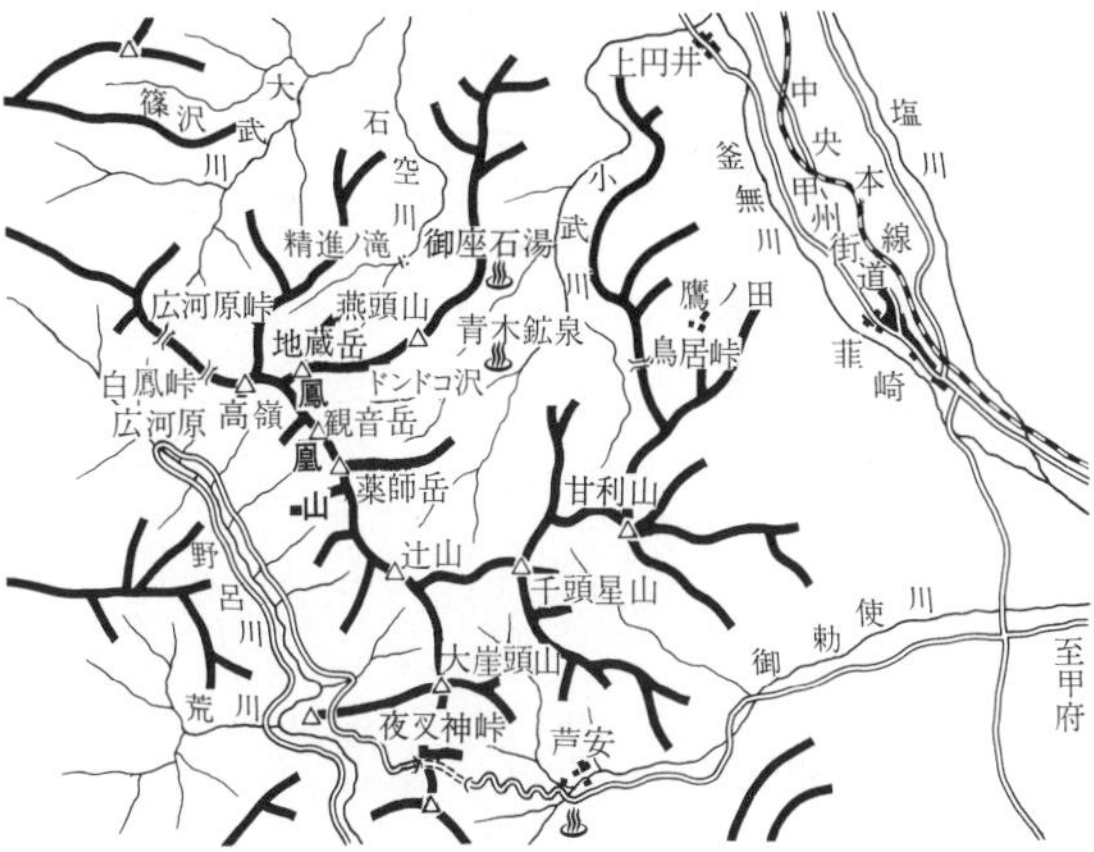

く、手や足のホールドもしっかりしていた。そして遂《つい》にクライミングを完成して頂に立った。

おそらくこれがわが国でアルピニズムの最初であり、そしてまた岩登りの記事の最初だろう。

「四、五フィート平方の小さな台の上に立った。それがホーオーザンの最高点であった。私は大満足をおぼえた。私の生涯で初めて、いまだ人間の足の印せられたことのない頂上を踏んだからである。」

ウェストンの地蔵岳の初登攀《とうはん》は、彼に伴なった猟師たちの間にセンセーションをおこした。彼等はウェストンに向って、あなたはあの神聖なむずかしい岩の上へ初めて立ったのだから、山麓《さんろく》にお社《やしろ》を建てて神主になれと勧めた。牧師ウェストンにとって、こんな珍妙な宗教的申し出は初めてだった。

地蔵仏の第二登は、それから十三年経て一九一七年の十月、神戸のドーントの率いる三名のパーティによって成された。このパーティは芦安の三人の熟練した強力《ごうりき》に導かれて、北側から登り、ウェストン・ルートを下った。

私が最初に登ったのは、昭和七年（一九三二年）の秋だったから古い話である。小林秀雄と今日出海《こんひでみ》の二君が一緒だった。いま手許に残っている当時の古い写真を見ると、二人ともワラジに脚絆《きやはん》という、甲斐々々《かいがい》しい恰好《かっこう》をしている。

その時私たちは韮崎でガイドを一人雇って、青木湯からドンドコ沢を登った。手を使って攀《よ》じ上るようなこの急坂は、山に初見参の今君には少し残酷すぎるようであった。「初《しょ》っぱなからひでえ所へ連れて行きやがった」と彼はその後よく述懐したものである。ドンドコとはどんな意味か知らないが、何となくこの急峻《きゅうしゅん》な沢の感じが出ている。その夜は北御室小屋で明かし、翌日地蔵仏の下まで行ったが、巨岩へは登らなかった。小林君はそれが山の病みつきとなって、その後屢々《しばしば》私と山行を共にするようになった。

80 北岳（三一九二米）

日本で一番高い山は富士山であることは誰でも知っているが、第二の高峰はと訊《き》くと、知らない人が多い。北岳《きただけ》だよと教えても、そんな山はどこにあるかといった顔つきである。甲斐《かい》の白峰《しらね》だと言うと、その名前だけは承知している。平家物語に、

……宇津の山辺の蔦《つた》の道、心細くも打ち越えて、手越《てごし》を過ぎて行けば、北に遠ざかりて、雪白き山あり、問へば甲斐の白峰といふ。その時、三位《さんみの》中将、落つる涙をおさへて、

惜しからぬ命なれども今日までにつれなき甲斐の白峰をも見つ

という有名な一節があるからである。私はかつて冬のよく晴れた一日、その駿河《するが》の「手越を過ぎ」たあたりまで、山を見に行ったことがある。富士山の西側を通して遥《はる》か遠く白銀に光る山を眺めた。しかしそれは北岳ではなかった。もっと手前の赤石岳《あかいしだけ》

や悪沢岳《わるさわ》であった。

しかし駿河を過ぎて武蔵国《むさし》へ入ると、汽車の窓から甲斐の白峰、つまり白峰三山と呼ばれる北岳、間《あい》ノ岳、農鳥岳《のうとり》がハッキリ見える所がある。戦前私は鎌倉に住んでいたが、東京へ出てくる途中、六郷川《ろくごう》鉄橋を渡るあたりで、もしキリッと空気の澄んだ日であると、眼を北の空へやることを忘れなかった。そして彼方《かなた》の青空に、純白の山が三つ並んでいるのを見逃さなかった。そのたびに私の好きな「北に遠ざかりて、雪白き山あり」を口ずさむのが常であった。

汽車からもっともよく見えるのは、中央線の笹子《ささご》トンネルを抜け、勝沼《かつぬま》から甲府盆地へ駈《か》け下るしばらくの間である。盆地を距《へだ》てた真向うの空を仕切って、白峰三山が威厳と優

美を兼ねて連なっているのを望んでは、山の好きな人で胸の高鳴らぬ者はあるまい。三山のうちの最高峰が、一番北に位置する北岳であって、昔から甲斐ヶ根という名前は、この峰にあてられていた。『甲斐国志』に「この山、本州第一の高山にして、西方の鎮《しづめ》たり、国風に詠ずるところの甲斐ヶ根これにして」とあり、その頂上に日の神を祀《まつ》ったという記載があるから、少なくとも二百年前から北岳の存在は歴《れっき》として認められていたのである。

そんなに古くから名の聞えた山であり、わが国第二の高峰でありながら、あまり人に知られていないのは、一つにはこの山が謙虚だからである。どうだおれは、といったような、抜きんでて人の眼を惹《ひ》こうとするところがない。奇矯《ききょう》な形態で、その存在を誇ろうとするところもない。それでいて高い気品をそなえている。いつも前山のうしろに、つつましく、しかし凛《りん》とした気概をもって立っている。奥ゆかしい山である。

この北岳の高潔な気品は、本当に山を見ることの好きな人だけが知っていよう。白峰三山の中でも、北岳は形がスッキリしていて、清秀な高士のおもかげがある。南の間ノ岳や農鳥岳から見ても立派であるが、少し近すぎる。むしろ北の駒《こま》ヶ岳やアサヨ峰まで退いて望んだ時の北岳の姿は、まさに絶品である。屹《きつ》と天を突くような鋭い頭角をあげ、颯爽《さつそう》として軽薄でなく、ピラミッドでありながら俗っぽくない。惚《ほ》れ惚《ぼ》れするくらい高等な美しさである。富士山の大通俗に対して、こちらは哲人的である。

しかもその肩から上の秀抜さを支えている、下半身の腰廻りの大きいことはどうだろう。これほどドッシリした土台を踏まえた峰は稀《まれ》である。野呂《のろ》川が大きくこの山を巻いているが、それに流れこむ多くの沢、その沢のどの一筋を遡《さかのぼ》るのも容易でないことを思えば、そのみごとな大きい根の張りかたが察しられよう。

私が頂上に立ったのは、十月半ばすぎの奇麗に晴れた午後おそくだった。その朝私たちは池山小屋を出発して、吊尾根《つりおね》と呼ばれる山《さん》稜《りょう》を辿《たど》った。急坂を登りきって、匐松《はいまつ》の敷いている緩やかな広い尾根へ出た時、ひょっこり北岳が私たちの前に現われた。ずっとそれ

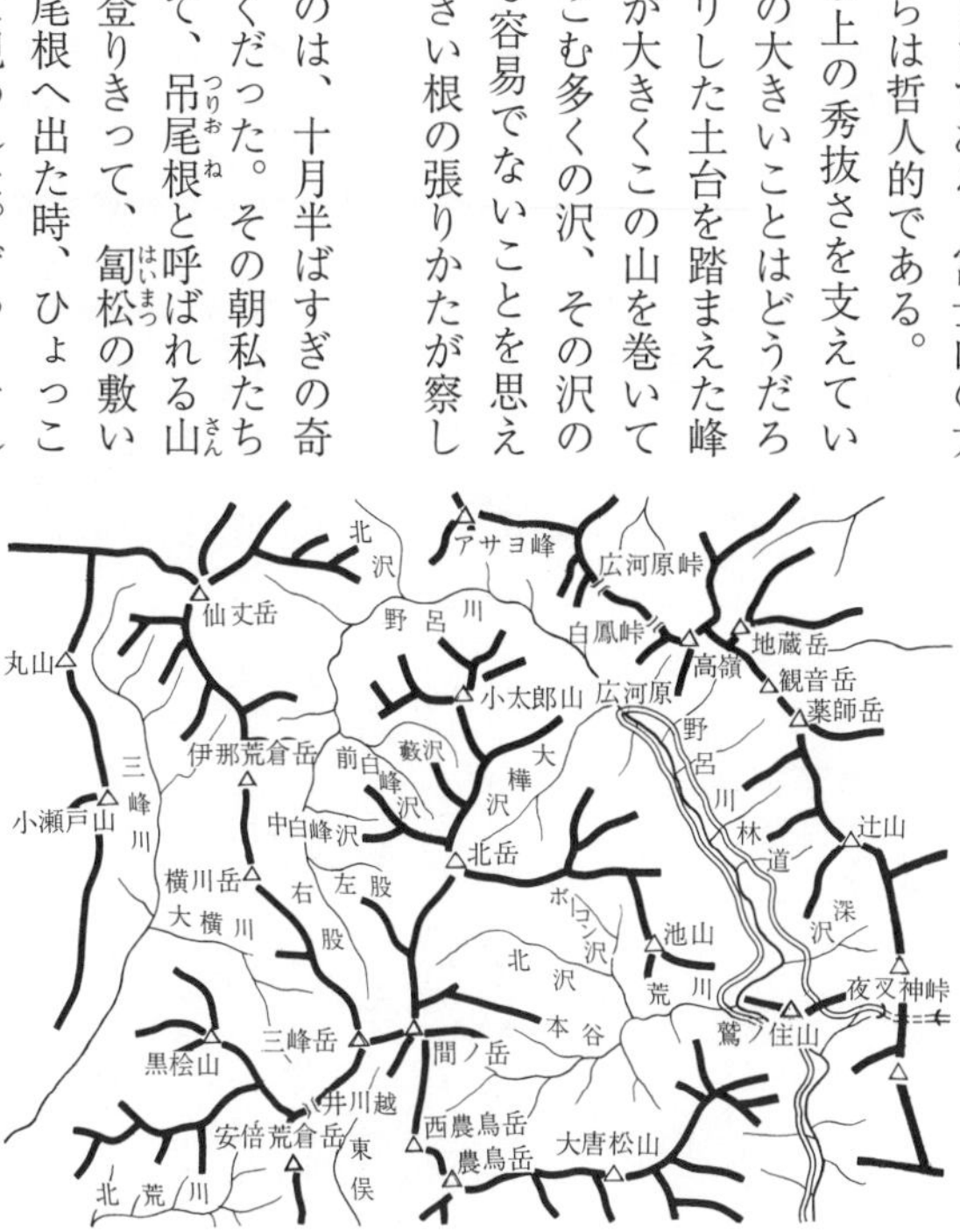

まで隠れていた峰が、あまりにも不意に、あまりにも高く、あまりにも近く、私たちを驚かすように姿を見せた。クライマーの道場になっている北面バットレスが、手にとるように見えた。それは頂上からすぐ絶壁に近い傾斜で、テラスやガリーやリッジを刻んでいた。

頂上は静かだった。ソヨとの風もなかった。北岳の大きな三角の影が、大樺沢《おおかんば》を距てた向う側の山に次第に這《は》い上ってきた。澄んだ空に、富士山はもちろん、南アルプスの山々が、私たちを取巻くように勢揃《せいぞろ》いしていた。頂上の至福であった。

近年芦安《あしやす》から夜叉神《やしやじん》峠をトンネルで抜けて野呂川の広河原まで車道が完成し、奥深い山であった北岳も簡単に登られるようになった。喜ぶべきか、悲しむべきか、私は後者である。

81 間ノ岳（三一八九米）

北岳《きた》・間《あい》ノ岳・農鳥岳《のうとり》は普通白峰《しらね》三山と呼ばれているが、これは白馬《しろうま》三山（白馬・杓子《しやくし》・鑓《やり》）や、立山《たてやま》三山（雄山《おやま》・浄土《じようど》・別山《べつ》）のように、一括して呼ぶにはあまりに規模が大きすぎる。三山ともそれぞれ独立した山の風格を持っている。それは穂高群の奥穂・前穂・北穂などの差の比ではない。例えば北岳から間ノ岳を眺めよう。おどろくほど厖大《ぼうだい》な山がデンと坐《すわ》っている。山容から言っても、距離から言っても、全く別の山という感じである。

白峰三山という呼称は、『甲斐《かい》国志』に「南北へ連なりて三峰あり」という記事から出た。そしてその三峰は「その北方最も高き者を指して、今専《もつぱ》ら白峰と称す。……中峰を間ノ岳或《ある》いは中岳と称す。この峰下に、五月に至りて雪漸《ようや》く融《と》けて鳥の形をなす所あり、土人見て農耕とす、故《ゆえ》に農鳥山とも呼ぶ。その南を別当代《べつとうしろ》と云《い》う。皆一脈の別峰にして、総《すべ》て白峰なり。」

即ち『甲斐国志』の三峰は、白峰、間ノ岳（又は中岳、又は農鳥山）、別当代、ということになっているのだが、その三峰のそれぞれは、果して現在の峰のどれに相当するかという点について、小島烏水《うすい》氏と高頭式《たかとうしょく》氏との間に一大論争があった。それは『山岳』の第七年から第九年（一九一二―一四年）に亙《わた》って載っているが、互いに古地図や古文献を持ち出しての博引旁証《ぼうしょう》、その上第三者・第四者の横槍《よこやり》が入って喧々囂々《けんけんごうごう》、まことに当時の岳人たちののんきな日永を思わせると同時に、それほど山名詮索《せんさく》に熱を入れていた先輩たちに敬意を感じざるを得ない。

『甲斐国志』の指す三峰がいずれにせよ、白峰三山は現在の北岳・間ノ岳・農鳥岳であることに間違いはない。ただ私にとってやや惜しく思われるのは、農鳥という山の名を間ノ岳のために取っておいて欲しかったことであ

る。そして現在の農鳥岳には、南岳或いは別当代の名を当てたかった。

現在の農鳥岳が確定したのは、その頂上の僅《わず》か一尺ほど下の所に、残雪の鳥の形が望見されたことが唯一《ゆいいつ》の根拠になっている。ところがその後、間ノ岳にも歴《れっき》とした鳥の形の現われることが知られた。双方とも甲州側からの眺めであるが、前者は南を向いた水鳥の姿が白く浮ぶのに引きかえ、後者はそれよりもっと大きく、もっと分明に、嘴《くちばし》を南へ向けた山鳥或いは雄鶏に似た鳥と言われ、この方は雪が消えて地肌がその形になるというのであった。それは間ノ岳の頂上から出ている二大尾根の間の雪の深い沢に眺めることができた。

おそらく『甲斐国志』に言われた鳥の形は、この間ノ岳のものだろうと思う。前述の論争

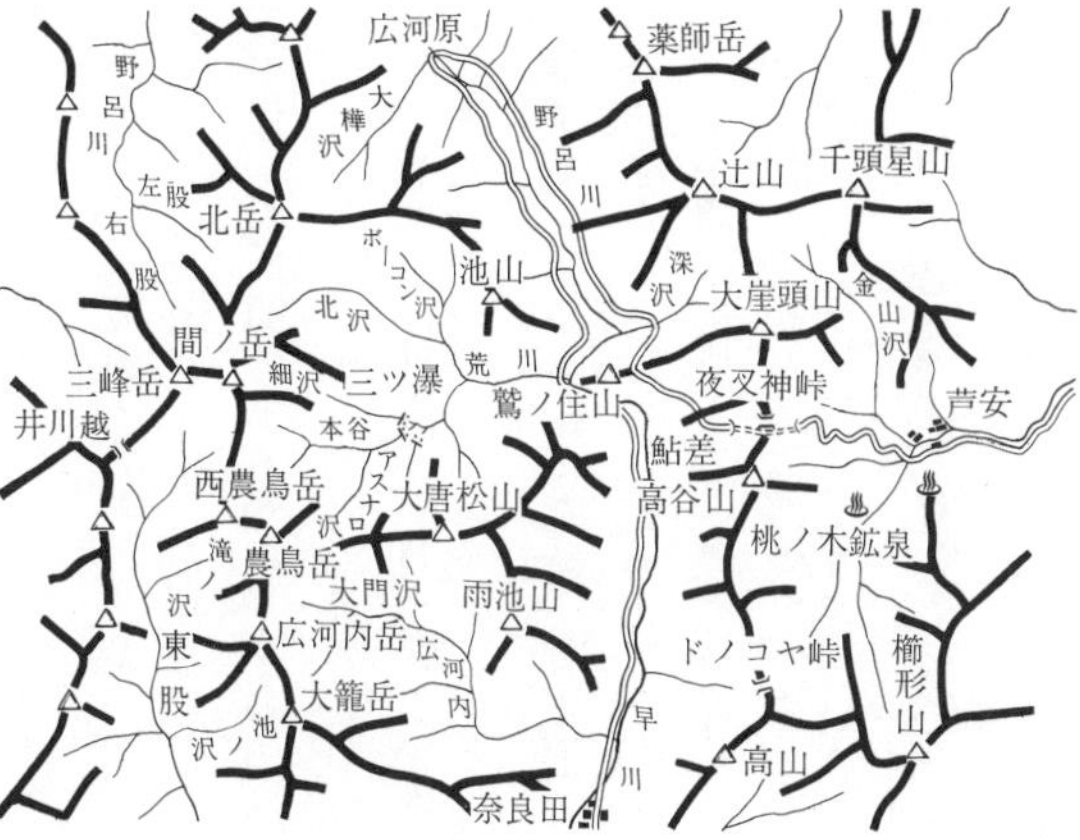

の間に、この堂々たる山に間ノ岳という屈従的な名をやめて、東俣山《ひがしまた》（東俣源流に当るので）と呼んだらどうだろうという説が提出されているくらいだから、私もやはり間ノ岳の代りに、農鳥山という個性的な古名を存した方が適切だったろうと思う。

残雪や露岩の形から山名の由来した例は、わが国には他に幾つも数えられる。しかしそれらの認められるのは晩春から初夏へかけての僅かの期間であるから、その山麓《さんろく》で農耕に従事している人たちの注意深い眼には触れても、一般の人にはなかなか気づかれない。まして人事に多忙な現代人においてをや。もちろん私もまだ見たことがない。

しかしわれわれ山好きな者で、中央線の汽車が笹子《ささご》トンネルを抜けた時、真正面に、甲府盆地の彼方《かなた》を仕切った白峰三山の威容に眼を凝らさない者はないだろう。その三つの中央、左右に長い尾根を引いてゆったりした山容が間ノ岳である。高さは北岳より三米低く、穂高より僅か一米《メートル》低く、わが国第四位だが、その図体の大きいことは日本アルプス第一だろう。

汽車が盆地へ下るに従って、まず北岳が視界から消え、甲府では、間ノ岳も僅かに前山の上に覗《のぞ》いているだけである。だがもし諸君がそこで身延《みのぶ》線に乗換えて南下したなら、その途中、再び間ノ岳が頭上に大障壁のごとく現われるのを見るだろう。全く大きい。Grande Barrière と呼ぶにふさわしい。

下から仰いでもそのようだから、登ってみて一層その大きさにおどろく。池山の吊《つり》尾根《おね》あるいは農鳥西峰から一番眼近に眺められるが、摑《つか》みどころがないように大きい。北岳や農鳥はその頂上にきちんと焦点を合わせることができるが、間ノ岳は大愚のように茫洋《ぼうよう》としている。

まことに白峰山脈と赤石山脈とのジョイントにふさわしい貫禄《かんろく》をそなえている。大井川、三峰《みぶ》川、早川の三つの大きな川が、その水源をこの厖大な塊まりから発しているのである。山相は柔和で、尾根は広く、のんびりした散策路のようであるが、一たん霧に包まれると方向が分らなくなる。油断のならない山である。

82 塩見岳（三〇四七米）

塩見《しおみ》岳の特徴は、漆黒の鉄の兜《かぶと》、あるいはズングリした入道頭、こうおぼえておけば、遠くの山から南アルプスを眺めても、その中の塩見岳を見落すことはないだろう。

登山の対象としての南アルプスは明治末年に開かれたが、その頃の少数の登山家はまだ塩見岳という名を知らず、これを間《あい》ノ岳と呼んでいた。白峰《しらね》山脈の同名の山と区別するため、赤石の間ノ岳と呼んでいた。おそらく仙丈から赤石まで続く山稜《さんりょう》の間で、最も顕著な三千米《メートル》峰であったからだろう。

また荒川岳とも称された。三峰《みぶ》川上流の一支流南荒川が、この山から発しているからである。しかし荒川岳という名前も、同じ山脈上に別にあるのでまぎらわしい。そこで間ノ岳も荒川岳も大正初年に廃されて、以後もっぱら塩見岳が用いられるようになった。しかし塩見岳という名は新しい発明ではなく、ずっと古くから山麓《さんろく》には存していた。

武田久吉博士の古い文章に「塩見ヶ岳なる名称に就て」というのがある。それによると、山麓大鹿《おおじか》村の伝説では、大昔健御《たけみ》名方《なかたの》命《みこと》がこの地通過の折、鹿塩《かしお》の谷で塩を見られたので、その谷（塩川）の頭にある山が塩見岳と名づけられたのだという。しかし武田博士も言われる通り、塩川の頭にあるのは本谷《ほんだに》山であって、谷から塩見岳は見えない。またこんな一説も挙げられている。大鹿村の猟師の話によると、昔山麓の土民が塩がなくて困った。すると弘法《こうぼう》大師が山へ登り、山頂から海を望んで、その塩をこの谷へ呼んだので、山名を塩見岳としたという。しかしこれも、弘法大師がこの地へ来たという証拠もなく、また山頂から海は見えない。

　塩見岳という名は、おそらく山麓の名前と関係があるのだろう。鹿塩川沿いには、大塩、小塩、塩原などという部落があり、その中心

地は鹿塩である。鹿塩から塩川に沿って少し上った所に塩湯という食塩鉱泉がある。その含有量は一リットル中に二十五グラム（海水は三十グラム）、わが国最高の強食塩泉だそうである。昔はこの地方で食塩の製造が行われたというが、この奥深い山中で、海の塩より山の塩に頼ったのは、まるで日本のチベットのような土地である。

こんな風に塩に縁の深い山村を登山口に持つ山が、何かのゆかりで塩見岳と呼ばれるようになったのは、想像にかたくない。鹿塩を登山口にして塩川を遡《さかのぼ》り、そこから長い辛《つら》い急坂を登って三伏《さんぷく》峠に着く。峠から塩見岳へ行くのが普通の道である。

三伏峠は日本で一番高い峠で、二五八〇米、昔は伊那《いな》からこの峠を越えて大井川上流へ下り、更にデンツク峠を越えて甲州の新倉《あらくら》へ出る伊那街道が通じていて、かなりの往復があったそうである。おどろくべき山越えの道だが、足が唯一《ゆいいつ》の交通機関だった昔の人には、いま考えるほど苦でなかったのかもしれない。

三伏峠の上に立って、そこから眼の前に中俣を距《へだ》てて仰ぎみた塩見岳のすばらしい姿に、旅人は暫《しばら》くは息を飲む思いをしたであろう。実際、この峠からの塩見岳は天下一品である。このみごとな山に、名前をつけず放っておくわけはない。塩見岳の名は昔からあり、そしてそこへ登拝する習慣もあったに違いない。

三伏峠から塩見岳への道は、本谷山の上を通り、権右衛門岳の腹を捲《ま》き、迂回《うかい》して行くので、かなり距離がある。いよいよ頂上へ近づくと、その手前に天狗《てんぐ》岩と呼ぶジャンダルムがある。それを越えて最後の急坂を登り切ると、塩見岳の頂上に立つ。

頂上は二つの隆起から成るが、三角点のある峰より、その東にある峰が幾らか高い。四周山ばかりで、南アルプスの雄峰に大かた見参することが出来る。わけてここから眺めた富士山は、どこの山から眺めるよりもすぐれている。それは距離と位置が、富士を美しく望むのに最も好適な条件を、この山頂が有しているからであろう。

足下を見ると、北側には三峰川の源流が、南側には大井川源流の中俣が、深く食いこんでいて、さすが山の奥深さを感じさせる。近年その中俣の森林が次第に裸にされつつある

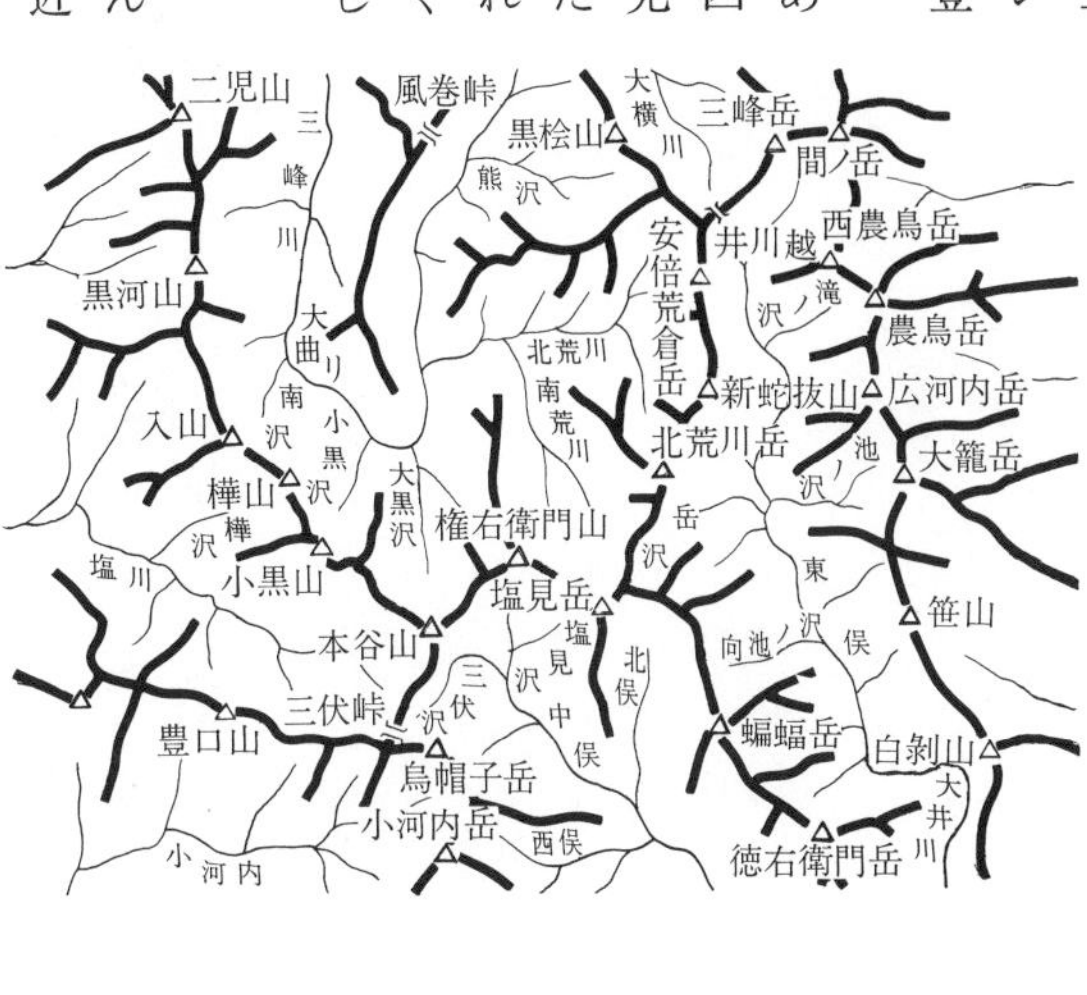

のは残念至極である。

私が塩見岳へ登ったのは、梅雨の真最中であった。雨の中を三伏峠へ上り、雨の中を峠から下ったが、塩見岳の頂上へ往復する間だけは、梅雨の中休みで、陽は差さなかったが、非常な高曇りで、北アルプスはもちろん、遠く越後の山々まで望むことが出来た。

塩見とはいい名前である。そしてその山も、南アルプスの他の三千米峰に伍《ご》しながら、どこかつつましやかなところも大へん私の気に入っている。

83 悪沢岳 (三一四六米)

この山は国土地理院の地図には東岳《ひがし》となっているので、その称呼が普及しつつあるようだが、私たち古い登山者にとっては、どうあっても悪沢《わるさわ》岳であらねばならぬ。悪沢という名はそれほど深く私たちの頭に刻みつけられている。

とは言え、この名はそれほど由緒《ゆいしょ》のある歴史的なものではない。初めて悪沢岳が活字で報告されたのは、荻野音松氏の「駿州田代山奥横断記」(『山岳』第一年三号所載)と題する紀行であった。この白面の一書生が明治三十九年(一九〇六年)九月初旬、大井川上流西股《にしまた》左岸の中腹から悪沢岳を眺めた時のことを、次のように記している。

「たまたま樹間より谷を越えて赤石山脈中に赤く禿《は》げたる一雄峰を望む。この山何と言ふと晃平(案内の猟師)に問へば、この山より出《い》づる渓流の西股に注ぐもの甚だ険悪なれば、これを悪沢と呼び、この山即ち悪沢岳と言ふなりと答へしは、頗《すこぶ》る口から出任せの言草に似たり。すべてこの辺の山名、河名、地名等、何等徴《ちょう》すべき図書あるなく、これを知る人とても更になく、余はただ大村晃平一人より聞くがままここに記す。」

甲州の一猟師が、さりげなく言った悪沢岳という名が、やがて確定的なものになった。それはちょうど日本アルプスの探検時代であって、その頃はまだごく少数であった山好きが、この紀行を読んで、そんな未知の山があるのかと驚いたのである。そして明治四十二年（一九〇九年）七月、小島烏水《うすい》、高野鷹蔵、高頭式《たかとうしょく》、中村清太郎、三枝威之介《さえぐさ》の諸氏、日本山岳会初期の錚々《そうそう》たるメンバーが悪沢岳に登頂した。

ところが頂上にはすでに人跡があった。白木造りの祠《ほこら》が三つあり、岩角に赤錆《あかさ》びた鉄の御幣が立ち、付近には参拝者の残して行った木札が散乱していて、その木札には荒川大明

神と書いたものもあった。伊那《いな》側からは時々登拝者があったものとみえた。

私がこの山に登った時、頂上には「開山五十年記念碑」という石碑が立っていて、それにはこう刻んであった。「明治十九年八月、下伊那郡河野村敬社長山開正位、万難ヲ排シテ此《こ》ノ山ヲ開ク、今年満五十年ニ当ルヲ以《もっ》テ碑ヲ建テ録シテ後世ニ伝フ、昭和十一年八月、北原痴山学人書」

赤石岳の開山は明治十九年敬神講の先達《せんだつ》堀本丈吉だったというから、悪沢岳のそれも或《ある》いは同一人かもしれない。古記に「赤石山ハ絶頂三岐シ、荒川・鍋伏・赤石岳ノ三連峰ヨリ成レル故ニ、旧名ヲ三ッ峠ト言ヒ、絶頂ニ祀《まつ》レル山神ヲ、三ッ峰神ト言ヘリ」とあるが、おそらくこの鍋伏が悪沢岳を指したものであ

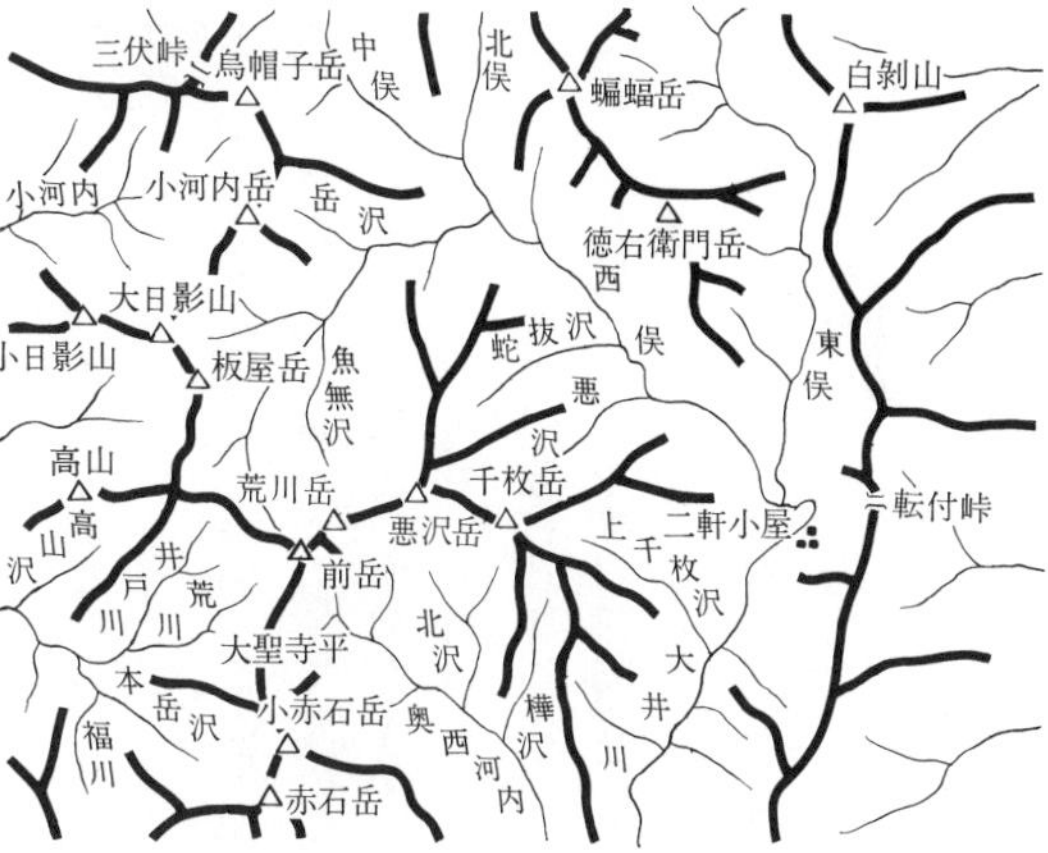

ろう。赤石岳から見るとそんな形にみえる。荒川は今の地図上の前岳と中岳（古い登山家たちはこれを奥西河内《おくにしこうち》岳と魚無河内《うおなしこうち》岳と呼んだ）に当るもので、それは二つに分けるほど顕著ではなく、峰続きの一峰と見なして差支《さしつか》えない。そして主峰赤石岳に登拝した人は、他の二山、荒川・鍋伏にも巡礼したのであろう。

これらの三峰はいずれも三千米《メートル》を越えていて、中で悪沢岳が最も高い。この奥深い山を私たちが平野から眺め得るのは何と大きな喜びであろう。東京から遠く悪沢岳が見えることを発見したのは木暮理太郎氏であった。もう二十数年前、木暮さんから写真焼付の葉書を貰った。それは新宿三越屋上から遠望した悪沢岳で、前衛山脈の上にハッキリと純白の姿を現わしていた。悪沢岳はその時から私の網膜に焼きついた。冬の晴れた日、何度私はその遥《はる》かな雪峰を見るために、郊外の丘陵や高層建築物の屋上に足を運んだことだろう。

木暮さんの文章の中に「頂上に立って、沼津辺を走る汽車や東京湾に浮ぶ汽船を眺め、房総半島から伊豆半島は勿論《もちろん》、遠く知多半島を越えて伊勢の海を望むなど、無比の眺望を恣《ほしいまま》にし……」とあるが、そんな幸運に私はめぐりあえなかったが、逆に、伊豆《いず》の天城《あまぎ》から、沼津から清水までの汽車の窓から、静岡の海岸から、私は熱い眼《まな》ざしをもってこの山を眺めた。

そばへ近づいて、その大きく高いことが一層よく印象される。頂上から北へ向った尾根の、屈託のない伸び伸びした姿勢。頂上から東へ進んで、大岩石の散乱した異様な眺め。更にそこから千枚《せんまい》岳の方へ下る広々とした高原。あるいはまた、荒川岳から悪沢岳に続く尾根南面の圏谷《けんこく》状の大斜面。いずれも眼を見張るような風景を持った、個性の強い山である。

読者にお願いしたいのは、どうかこれを東岳と呼ばず、悪沢岳という名で呼んでいただきたい。一たい東岳という平凡な名はいつ付けられたのであろう。おそらく荒川岳の東方にある一峰と見なしたに違いない。しかし荒川岳の続きと見るにはあまりにこの山は立派すぎる。南アルプスでは屈指の存在である。

84 赤石岳（三一二〇米）

日本アルプスという名称が流布《るふ》してしまったが、わが国の言葉でいえば、北アルプスは飛騨《ひだ》山系、中央アルプスは木曽《きそ》山系、南アルプスは赤石《あかいし》山系である。その赤石山系の名の起りの赤石岳《あかいしだけ》である。南アルプスの宗家《そうけ》としての風格を十分にそなえている。

代表的な山であるから、その名は古くから聞えていた。明治十二年（一八七九年）内務省地理局の測量班が登頂して、測量標を樹《た》てた。一等三角点が据えられたのは、それから十年後である。その前年陸地測量部が誕生した。今日、私たちの登山に欠くことのできない五万分の一の地図は、すでにその頃から仕事が始まっていたのである。

その仕事を助けたのは、山に詳しい猟師や敬神講の先達であった。先達の一人堀本丈吉は明治十九年（一八八六年）に赤石岳への道を拓《ひら》き、明治三十四、五年頃まで相当数の講中の登山があったそうである。

それらは信仰登山者であった。純粋な登山家としての最初に、ここでもウェストンを持ちださねばならない。この山の好きな宣教師は明治二十五年（一八九二年）にすでに赤石岳に登っている。彼は大河原《おおがわら》市場《いちば》から小渋《こしぶ》川を遡《さかのぼ》った。小渋ノ湯（今は無い）に一泊して、翌日十時間のアルバイトの後、午後四時赤石の頂上に立った。

現在もこの道は変らない。ウェストンの時と同様、冷たく早い流れの小渋川を、二十回ほど徒渉《としょう》しなければならない。一時高捲《たかま》きの道も作られたが、崩壊して、やはり川沿いの道に還元した。小渋川を詰めた所が広河原である。そこから急坂の登りになるが、その途中に赤岩がある。この赤岩から赤石山という名が来たとウェストンは書いている。

この山を広く世に紹介したのは小島烏水《うすい》氏で、「赤石山の記」を『山岳』第一年一号（一九〇六年）に載せた。彼は赤石が日本の名山中の名山であることの理由を五つあげてい

る。その第三によれば、「褶曲《しゅうきょく》より成れる高山の代表的名山」であって、その地質構造は全世界で最古のものに属する。水成岩上の純潔王土を固守してきた赤石山に比べると、火成岩の力を借りて高度をあげた穂高や槍《やり》や白馬は変節漢であって、ひとり赤石のみが太古からの純粋を保持しているというのである。

烏水氏はまた赤石の山名にも言及している。わが国で赤という字のついた山は（赤《あか》薙《なぎ》、赤岳、赤倉など）たいてい赤味を帯びた岩質を持っている。しかるに赤石にはそういう顕著な赤色が見えない。察するに明石《あかいし》が赤石となったのではないか。須磨明石《すまあかし》の「明石」の砂が奇麗なように、赤石沢の岩が明るい輝きを持っているところから、その名がきたのではないか、と。

しかし後になって、赤石岳の名はやはり赤い石がもとであることが分った。この山の南面から発して東流する沢に、赤褐色の岩石が大崩壊して押し流された。そこでその沢が赤石沢と呼ばれ、それが頂の山の名になったというのである。事実、ある年の六月、私はその赤石沢の河原で休んで、清澄《せいちょう》な流れの底から美しい赤い石をいくつも拾って記念に持って帰った。

伊那《いな》の唄《うた》に「山は赤石、天竜川よ」とあるが、伊那谷の一部からしか赤石は見えない。伊那大島から前山を越えて鹿塩《かしお》に入る時、その坂の上から初めて赤石岳の偉容に接することができる。東面でも同様で、甲府の盆地からは見えない。秩父《ちちぶ》や三ッ峠まで後退しなければならない。偉大な人物は、時日を遠ざかって、その光輝を隠していた群小人物が低下した時、初めてその真価値が認められるように、赤石岳もまた、遠く距離をへだてて初めて前山の上に、その秀麗な姿を現わすのである。私はそれを、金峰《きんぷ》から、瑞牆《みずがき》から、恵《え》那《な》山から見た。

どの山の頂上もそれぞれの特徴を持っている。猫額《びょうがく》の地もあれば、斜面のつづきのような広地もある。懸崖《けんがい》の上に位置するものもあれば、森林に包まれたものもある。しかし、私の記憶にあるあらゆる頂上のなかで、赤石岳のそれほど立派なものはない。それは実におおらかな風貌《ふうぼう》をそなえている。広々として

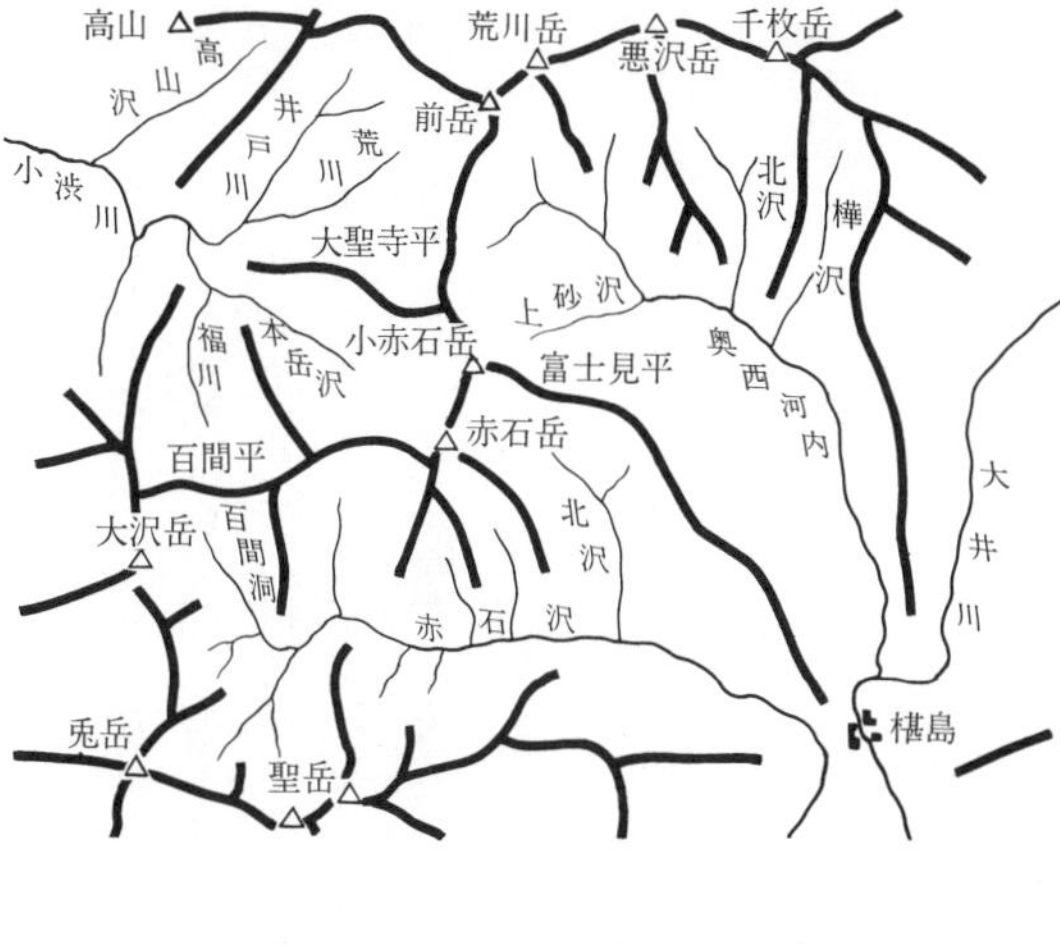

いるがただの緩漫ではなく、キリッとした緊《し》まりがある。これほど寛容と威厳を兼ねそなえた頂上はほかにあるまい。

その頂上に私が立ったのは十月の末であった。雲の切れ間にしばらく富士山が見えたほか、広い展望は得られなかったが、それでもなんとなく一時間もいて、なお去りがたい頂上であった。大聖寺平の方へ下りかけると、稜線《りょうせん》の東側は一面の雲海で、その白い気体の上にブロッケンが浮び、それがずっと小赤石へ下り着くまでつづいた。小赤石から振返った赤石岳頂上の、白雲を吹きつける風のなかに立った毅然《きぜん》とした姿は、今もって忘れられない。

85 聖岳（三〇一一米）

聖《ひじり》岳という名前には誰しも引きつけられるだろう。何か崇高で清浄な山が空想される。たしかにその名に恥じぬ立派な山である。聖は聖でも、外国の saint ではなく、例えば高野聖《こうやひじり》のような意の聖が似つかわしい。

元をただすとそうではなかったらしい。大たい日本人は現実的・即物的であって、山の名なども、ありふれた物の形で現わすか、分り易《やす》い実際的な地形から採るのが大部分であって、洒落《しゃれ》た文学的な名前はごく少ない。聖岳もその例に洩《も》れない。大井川の上流からこの山へ沢が入っている。悪い沢の山腹をへズって（トラヴァースして）行かねばならず、へズリ沢と呼ばれた。それがヒジリ沢と変り、その源頭《げんとう》の山がヒジリ岳となったという説を、たしか冠《かんむり》松次郎さんの本で読んだおぼえがある。また一説には、その沢がヒジリながら（うねうねしながら）流れているので、ヒジリ沢の名が生じ、ヒジリ岳となったとも聞いた。

しかし聖岳に関しては、こんな語源など忘れてしまった方がいい。そして初めから聖岳という美しい気高い名があったことにしよう。

聖岳が何か世俗を脱した高潔な山のように思われるのは、その名前のせいだけではない。それは日本アルプス三千米《メートル》峰として最南の僻遠《へきえん》の地にあり、容易に近づきがたいという印象からもきているのだろう。日本の高峰中で一番登山者の少ない山かもしれない。

私にとっても長い間とり残された山であった。強い憧《あこが》れを持ちながら、アプローチが長いため登り損ねていた。一度は遠山《とおやま》川から易《い》老《ろう》岳に登り、そこから北へ向って山稜《さんりょう》伝いに行くつもりであったが、雨に降り続けられて仁田岳の手前で引返さねばならなかった。一度は、今度は逆に赤石岳から南へ尾根を辿《たど》って行こうと志したが、それも都合によって別

のコースにそれた。

登山の機会を逸すれば逸するほど、この聖者はますます私にとって尊い山になった。そしてついに縦走などという欲の深い計画をやめて、ただ聖岳だけを目標として出かけ、その頂上に立った。

直接にこの山へ登るには、西側から、遠山川の上流西沢を遡《さかのぼ》るか、あるいは東側の大井川上流聖沢を詰めるかである。西の信州側では、この山を簡単に西沢山と呼んでいるのは、西沢の源頭《げんとう》にあるからである。聖岳という名は東の駿州《すんしゅう》側で付けられたもので、これは前に述べた通りヒジリ沢の詰めにそびえているからである。私は後者のルートを採った。

昔の大井川上流を知っている人が、現在の

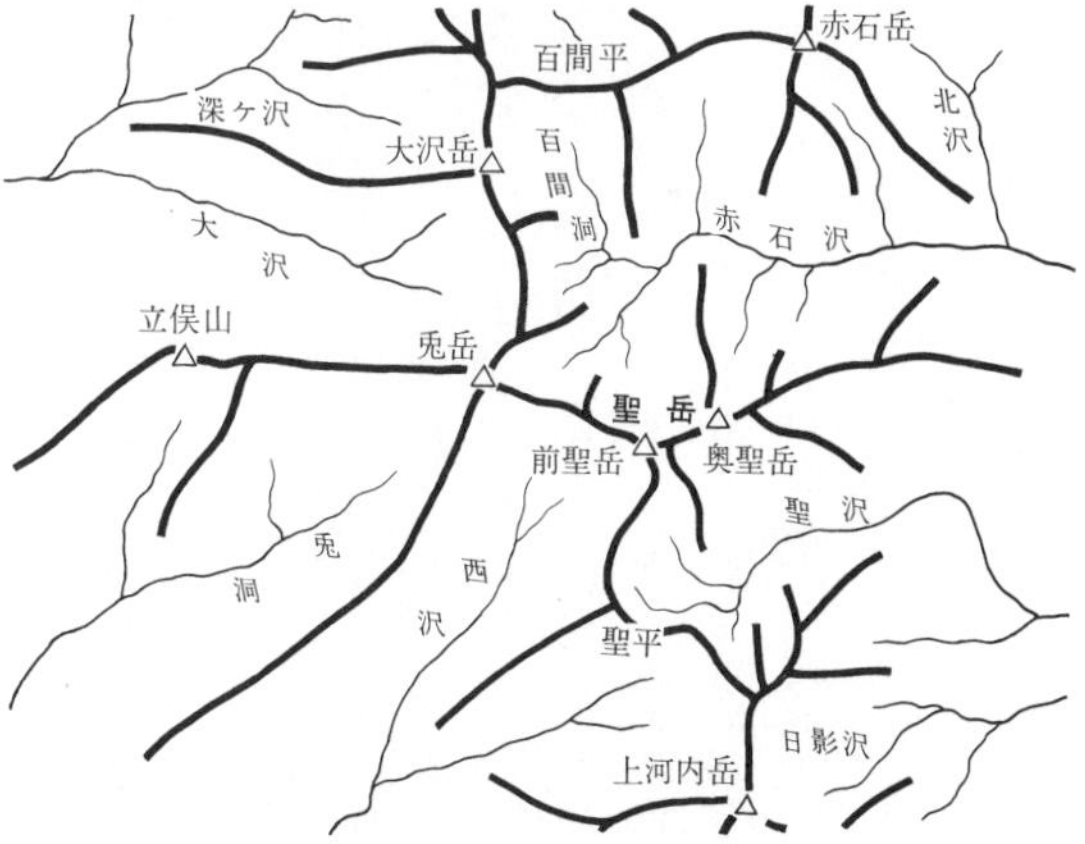

そこを訪ねたら、隔世の感を催すだろう。最奥《さいおう》の部落田代《たしろ》や小河内《こごうち》のあたりまで、ダムに堰《せ》かれた川は人造湖になって、今や観光地に化しつつあり、発電工事はなおその上流にまで及んでいる。その上流から私たちは赤石沢に入り、さらに赤石沢から分れて聖沢に入った。

私たちのパーティは飛脚的な急がしい行きかたではなく、楽しみながら暇をかけて登った。第一夜は田代の上ミ手の宿舎、第二夜は赤石沢と聖沢との分水嶺《ぶんすいれい》上にある山林事務所、第三夜は聖平《ひじりだいら》小屋、そして四日目にようやく目ざす山頂に立った。

聖平小屋が建った時には、周囲は静かな深い森林であったそうだが、私たちの行った時には、前年の伊勢湾台風のため無惨《むざん》なばかり大木が倒れて散乱していた。その小屋から私たちは軽いリュックで聖岳へ往復した。神は私の宿願を嘉《よみ》したか、最上の天気を与えてくれた。稜線上のアザミ平と呼ぶ美しい草原まで登ると、そこで初めて聖岳が私たちの前に現われた。一本の太い残雪を刻みこんで、それは悠然とした高山の風格で立っていた。匐松《はいまつ》で覆《おお》われた尾根を辿って、聖の根っこまで行くと、みごとな大岩壁が西沢の方へ落ちていた。

頂上への最後の登りは、岩屑《がんせつ》のザクザクした広い急斜面だった。喘《あえ》ぎながら高度を稼ぎ、まだ残雪のある絶頂へ達した時の喜びは限りなかった。すばらしい展望であった。まず眼を打ったのは、深い沢一つ距《へだ》ててすぐ前にそびえる堂々たる赤石岳。東の方には一面の雲海の上に富士山が美しい上半身を現わしていた。

数える山が多すぎた。その山々からかつて私は聖岳を眺めて、その頂上に立つ日を待ち望んでいた。そしてその願いが果されたのである。私たちは雪を踏んで奥聖《おくひじり》まで行き、その匐松の上に寝そべって、山を眺め、無駄話に耽《ふけ》った。ソヨとの風もなく、六月初めの大気は肌に快かった。一時間以上も頂上にいて、倦《あ》きることがなかった。三千米の頂で、こんなのんびりと楽しい時を過したことはなかった。

86 光　岳（二五九一米）

光《てかり》岳は駿河《するが》・遠江《とおとうみ》・信濃《しなの》の三国にまたがり、まず日本アルプスの南のターミナルと見なしていいだろう。更に南に、大無間《だいむげん》山や黒法師岳が続いているが、二千五百米《メートル》以上の山は、ここをもって終りとする。甲斐駒《かいこま》ヶ岳から鋭峰を現わし始める南アルプスは、三千米級の巨峰を数多《あまた》連ねて次第に南に及び、光岳をもってその俊英の気を収めるわけである。

山名の魅力に惹《ひ》かれることは稀《まれ》でないが、光岳もその一つだろう。光と書いて、テカリと読ませるところに味がある。古い記録にはこの山の名は見えないから、比較的新しく名づけられたものに違いない。山頂西面の森林中に巨岩が露出していて、それが夕日にテカリと光るのが下界から認められるからだという。その光岩を私は船越好文さんの写真で知ったが、なるほど断崖《だんがい》のように連なっている大きな岩だった。これなら遠くからでも眼につくわけである。

光岳という名に誘われても、実際に登った人は割合少ないようである。赤石の方から南アルプス主脈を縦走してきても、大ていの人は光岳まで達せずに、東側か西側の谷へ下ってしまう。また南の方から寸又《すまた》川を遡《さかのぼ》って光岳に登ろうとするには、途中二泊の小屋泊りを必要とする。

もう三十年も前の夏、私が友人と二人で、二人の人夫を連れて光岳へ行った時には、まだ寸又川からの道はなかった。私たちは遠山川の下栗《しもぐり》を発《た》って、最初の晩は易老渡《いろうど》に幕営、次の日道らしくもない道をわけて易老岳に登り、その夜は、易老と光の鞍部《あんぶ》の三吉小屋跡と呼ぶ林間の空地にテントを張って寝た。

私たちの計画は、聖《ひじり》を経て赤石岳まで縦走することにあった。この縦走に光岳を加えると、ただそれだけのために二日余計にかかる。そんな日にちの損をしても、私たちはぜひ光

岳の頂上を踏みたかったのである。

ところが二日ではすまなかった。鞍部にテントを張った夕方から雨が降りだし、翌日寸時もやまず降り続け、更にその翌日まで降り通した。三日目の朝、やっと晴天を得て光岳へ向ったが、登って行くうちにまた曇ってきて、頂上に立った時は残念にも展望がなかった。僅《わず》かに寸又川の上流が少し窺《うかが》えるだけであった。北側の谷に立ちこめた霧の中にブロッケンの現われたのが、せめてもの慰めであった。

頂上は狭かった。少し行くと、御料局三角点のある頂上がもう一つあった。ここの方が幾らか広い。パインアップルの缶《かん》をあけ、一株の偃松《はいまつ》の根元に腰をおろして休んだが、その偃松こそ日本最南端のものであった。人夫の言によると、これから先の山にはもう偃松はないという。南へ峰続きの加加森《かがもり》山の方を見ると、なるほど全山黒木に覆《おお》われて偃松のありそうな気配がない。日本アルプスもここが南の果てだという気が強かった。

「偃松の日本最南端は、つまり東洋の最南端というわけだ」と同行のわが友の植物学者は言った。

山旅から帰って、たまたまお会いした武田久吉博士に、

「東洋最南端の偃松を見て来ました。」

そう言ったら、諧謔《かいぎやく》好きの武田さんは、

「ほう、それじゃそれは世界最南端の匐松ですよ」と私を喜ばせて下さった。

友人はその世界最南端の匐松を写真に撮り、私たちは頂上を辞した。その友人というのは、田辺和雄君である。田辺君と武田・竹中両博士の共著になる『日本高山植物図鑑』を見ると、その時田辺君の撮った写真が載っていて、「南限地のハイマツ（光岳）」と題してある。そして本文の概説には次のように記されている。

「赤石山脈は光岳を最後として、それより南では高度を著しく減じて了《しま》い、かつ岩場を持った山もないから、もうこの山より南にハイマツがあろうとは思えない。更に別の山系を眺めても、光岳以南に当る所には充分な高さ

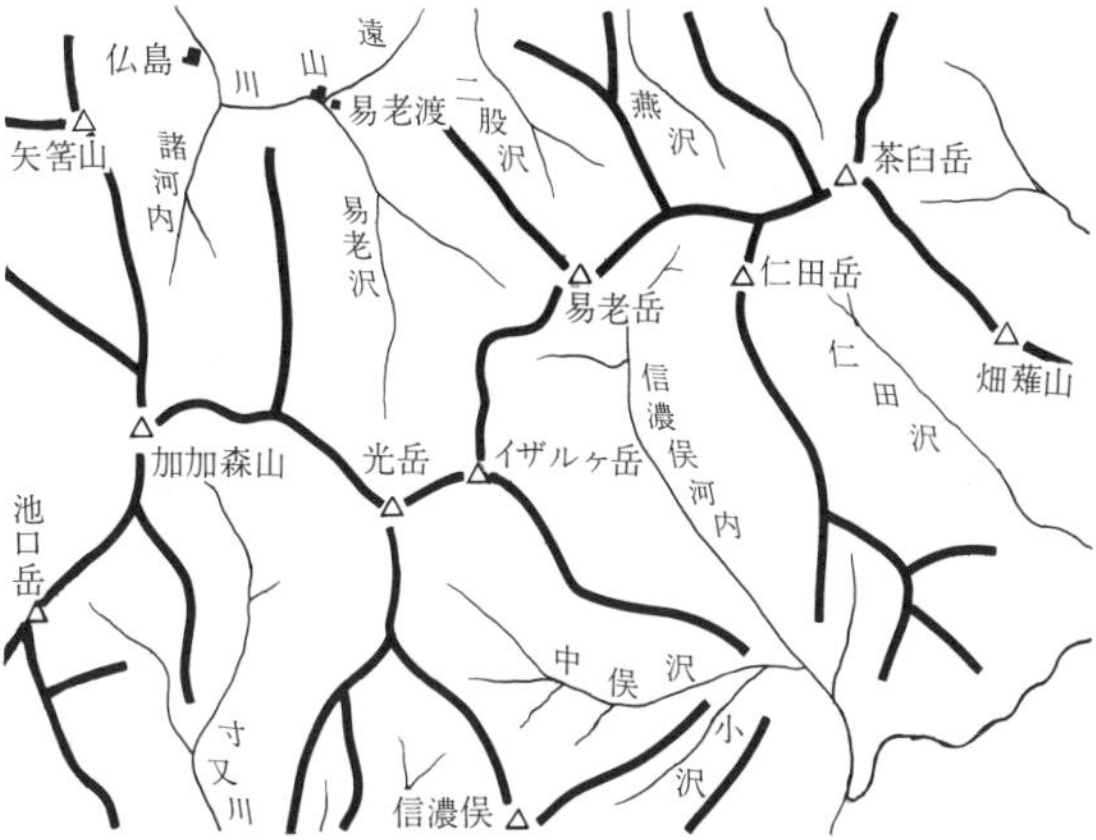

を持った山がなく、恵那山・伊吹山・大峰・伯耆大山・四国及び九州の諸山等、いずれにもハイマツは存在しない。」

光岳は植物学的にも意義を持つ山となったわけである。

後年、二月のある晴れた日、私は静岡に行き、その海岸から遥《はる》かに南アルプスを眺めた。聖、赤石、荒川、悪沢《わるさわ》などの雄峰が純白に輝いていて、その前に光岳があった。その名の由来の巨岩は見えなかったが、おそらくそれは夕方の光線の工合で、もっと山に寄った所からはテカリと光って見えるのかもしれない。私は懐旧の情で光岳をみつめた。その頂上に再び立つ機会の私に恵まれることがあるだろうか。

87　白　山（二七〇二米）

日本人は大ていふるさとの山を持っている。山の大小遠近はあっても、ふるさとの守護神のような山を持っている。そしてその山を眺めながら育ち、成人してふるさとを離れても、その山の姿は心に残っている。どんなに世相が変っても、その山だけは昔のままで、あたたかく帰郷の人を迎えてくれる。

私のふるさとの山は白山《はくさん》であった。白山は生家の二階からも、小学校の門からも、鮒《ふな》釣りの川辺からも、泳ぎに行く海岸の砂丘からも、つまり私の故郷の町のどこからでも見えた。真正面に気高く美しく見えた。それは名の通り一年の半分は白い山であった。

純白の冬の白山が春の更《ふ》けるにつれて斑《まだら》になり、その残雪があらかた消えるのは六月中旬になってからであった。そして秋の末から再び白くなり始める。最初は冬の先触れとして峰のあたりに僅《わず》かの雪をおく。それがだんだん拡《ひろ》がって十二月の中頃には、もう一点の染《し》みもなく真白になってしまう。そしてそれが翌年の春まで続くのであった。シベリアから日本海を渡ってくる寒い季節風が、白山という大障壁にぶつかって雪に化してしまうのである。

おそらく諸君の多くは日本の中部の山から、北に当って遠く、雲の上に浮んだ白山を見逃しはしなかっただろう。そしてそれは孤高の気品をもって諸君を打ったに違いない。わが国でアルプスと八ヶ岳についで高いのは白山である。古くから駿河《するが》の富士山、越中の立山、加賀の白山は、日本三名山と呼ばれた。厳密に言えば、白山は加賀、越前、飛驒《ひだ》にまたがっているのだが、それをあえて加賀の白山と呼んだのは、そこから見た姿が一番すぐれていたからであろう。

その加賀の平野でも、私のふるさとの町から眺めるのが最上であることを、私は自信を

もって誇ることができる。主峰の御前《ごぜん》と大《おお》汝《なんじ》を均衡のとれた形で眺め得るのみでなく、白山の持つ高さと拡がりを、最も確かに、最も明らかに認め得るのは、私の町の附近からであった。戦後私はふるさとに帰って三年半の孤独な疎開《そかい》生活を送ったが、白山はどれほど私を慰めてくれたことか。

徹夜して物を書いた明け方、最初の光線が窓ガラスに射《さ》してくると、私は立上って外をうかがう。もしハッキリ山が見えそうな天気であると、町はずれまで出て行き、そこから遮ぎるもののない早暁《そうぎょう》の静寂な白山を、心ゆくまで眺めるのを常とした。

夕方、日本海に沈む太陽の余映を受けて、白山が薔薇色《ばらいろ》に染まるひと時は、美しいものの究極であった。みるみるうちに薄鼠《うすねず》に暮れ

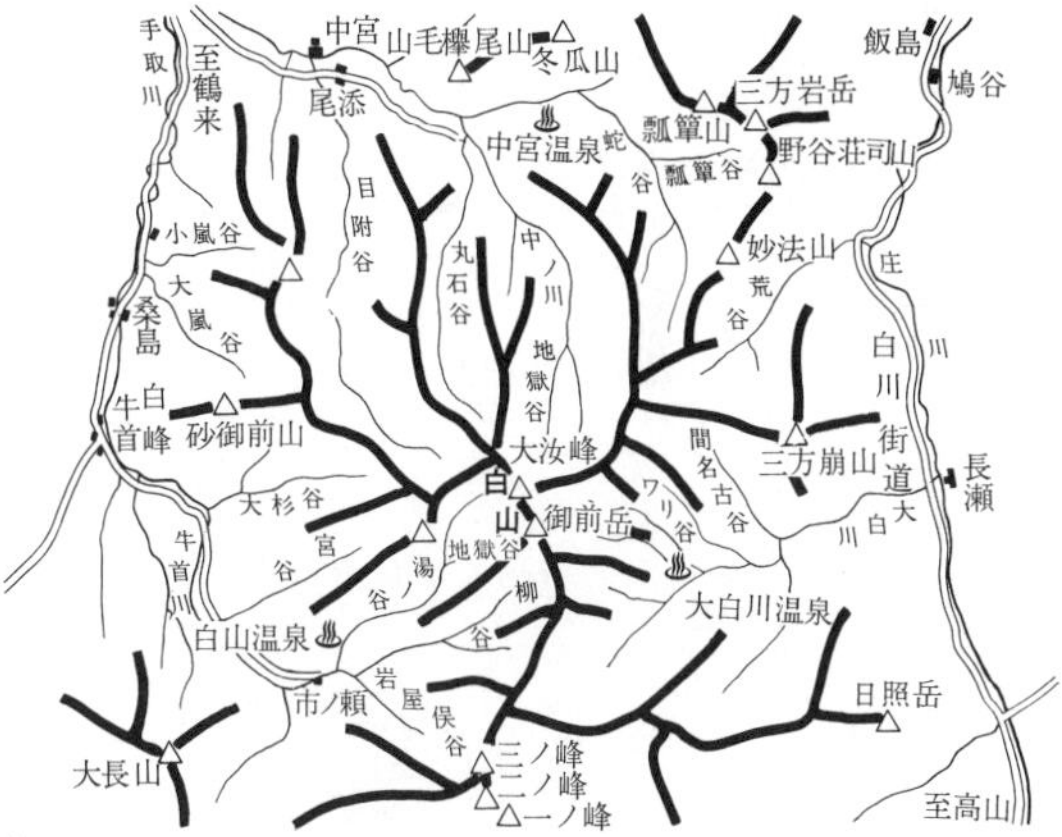

て行くまでの、暫《しばら》くの間の微妙な色彩の推移は、この世のものとは思われなかった。

北陸の冬は晴れ間が少ない。たまに一点の雲もなく晴れた夜、大気がピンと響くように凍って、澄み渡った大空に、青い月光を受けて、白銀の白山がまるで水晶《すいしよう》細工のように浮きあがっているさまは、何か非現実的な夢幻の国の景色であった。

白山の開基は養老元年（七一七年）僧泰澄《たいちよう》によって成されたというから、わが国で最も早く開けた山の一つである。万葉集にも詠《よ》まれている。当時文化の中心であった京からみちのくへ向う旅人が、北陸路にさしかかって、まず目にふれる雪の山は白山であった。そしてあまりに真白なのにおどろいたに違いない。古今集以後にも白山はよく出てくるが、多くは雪深い山として歌われている。弁慶を連れた義経《よしつね》の一行も、奥の細道に疲れた芭蕉《ばしよう》も、この白い山を仰ぎながら、その下を通って行った。

白い山という名を持った山は、欧洲にモン・ブラン（モンは山、ブランは白）があり、ヒマラヤにダウラギリ（ダウラは白、ギリは山）がある。そしてわが国の代表は白山である。祭神は比咩《ひめ》神で、比咩は姫であり、越中立山の雄勁《ゆうけい》な山勢の雄山《おやま》神に対して、加賀白山の優美な山容を比咩神として崇《あが》めたと伝えられる。たしかに白山ほど、威あってしかも優しい姿の山は稀《まれ》だろう。

仰いで美しいばかりでなく、登っても美しい山である。匐松《はいまつ》と高山植物に覆《おお》われた頂上には幾つかの旧火口があって、そこには紺青《こんじよう》の水が湛《たた》えられ、それに配する雪渓や岩の布置が、天然の庭園のような趣である。しかも夏期登山者で賑《にぎ》わう頂上附近を少し外れると、原始のままの静かな気持のいい場所が、ほとんど汚されずに残っている。

私が初めて登ったのは中学生の時で、夏でも雪のある山へ行ったのは、それが初めてであった。それまで故郷の低山ばかり漁《あさ》っていた私にとって、白山登山はまさに私の山岳開眼であった。それ以来私は幾度白山やその周辺を探ったことだろう。

白山について語り出せばきりがない。それほど多くのものをこの山は私に与えている。

88 荒島岳 (一五二四米)

私の故郷は石川県大聖寺《だいしょうじ》だが、母が福井市の出だった関係から、中学(旧制)は隣県の福井中学へ入った。山への病みつきはその頃からである。大聖寺町と福井市を拠点とする附近の山へはよく登った。その頃参謀本部の地図と呼んだ五万分の一に、歩いた跡を朱線で入れるのが大きな楽しみであった。まだリュックサックなど知らず、学校カバンを肩にかけて、いつも草鞋《わらじ》脚絆《きやはん》ばきであった。

中学二、三年の時であったか、私は自分の町から歩いて、姉の嫁ぎ先のある福井県の奥の勝山町まで行った。たしか春休みだったと思う。九頭竜《くずりゅう》川に沿って遡《さかのぼ》って行くと、菜の花の盛りだったことを覚えている。荒島《あらしま》岳を初めて知ったのはその時だった。勝山町から東南に当って、ゆったりと両側に尾根を引いた大きな山が見えた。子供ごころにも、美しい山だなと印象に残った。

私の中学時代には地方ではまだ登山の気風が盛んではなかったから、高い山といえば白山へ登ったきりであった。私が広く郷里以外の山へ登りだしたのは、東京の学校へ入ってからである。

大学一年の秋、私は年上の友人と二人で白山一周を試みた。金沢の奥から、ブナオ峠・蓮如《れんによ》岩を越えて飛驒《ひだ》の白川に出、白山山脈を裏側からとくと眺めながら、大家族制度の合掌造りの大きな家のある御母衣《みぼろ》を訪れた。御母衣は今はダムで有名になり一種の名所に化してきたが、三十五年前には、平家の残党部落と呼ばれるにふさわしい山中の閑寂境であった。

そこから蛭《ひる》ヶ野《の》と呼ぶ白樺《しらかば》林の美しい高原を通って美濃に入り、白鳥町から油坂峠を越えて九頭竜川の源頭《げんとう》へ出た。むろんバスなどなく、全部徒歩であった。九頭竜川を下って行くと、行手を拒むように一つの尖《とが》った山が雄々しく立っている。再び、私は荒島岳を見

たのだ。裏側から見た荒島岳は、かつて勝山から望んだ、あの優しいゆったりした線ではなく、マッターホルン流に突立ったいかめしい形であった。それはそれでまた別の美しさで私の心を強く捕えた。

それ以来、この山は時々私の念頭に浮んだ。しかし私には他に行きたい山が多すぎた。千五百米《メートル》程度の山へ登るために、わざわざ越前の奥まで出かける余裕はなかった。

もし一つの県から一つの代表的な山を選ぶとしたら、という考えが前から私にあった。福井県はその県界の白山山脈南半の稜線《りょうせん》上に多くの峰を有している。しかしいずれも名山と称するに足る独立の姿勢を欠いている。越前と美濃《みの》との境には、あまり世に知られないたくさんの山が並んでいるが、千二、三百米前後では推すに足りない。その中で能郷白山《のうごうはくさん》（一六一七米）だけが一きわ高く、長大な白山山脈の最後の盛り上りであり、一部の登山家の間に知られていた。私はこの山にもかねてから目をつけていた。選ぶとしたら、能郷白山か、荒島岳か。

数年前の五月、私は勝山の姉を訪ねた折、荒島へ登る機会を逃さなかった。勝山から大野（両町ともすでに市制を敷いている）へ向う間から眺めた荒島岳は、文句なしの立派な山であった。

「美しいですね」と私は、自家用車に乗せてくれた親戚《しんせき》のTさんに声をかけると、「良うゴエス」という返事。なつかしい越前弁である。

運転しながらTさんはこの地方のことをいろいろ話してくれた。

「荒島岳の正面の谷にY字型に雪が残りますが、それを見て九頭竜川の漁師は鮎《あゆ》を採り始めたと言います。」

「でも昔の人はY字型なんて言わなかったでしょう」と同伴の妻が口をはさむと、

「ええ鹿の角と言いました。」

鹿の角とは何といい言葉だろう。その角の片枝だけに残雪が光っていた。

以前は佐開《さびらき》から登ったのだそうだが、今はスキー場の中出から道が通じている。小荒島

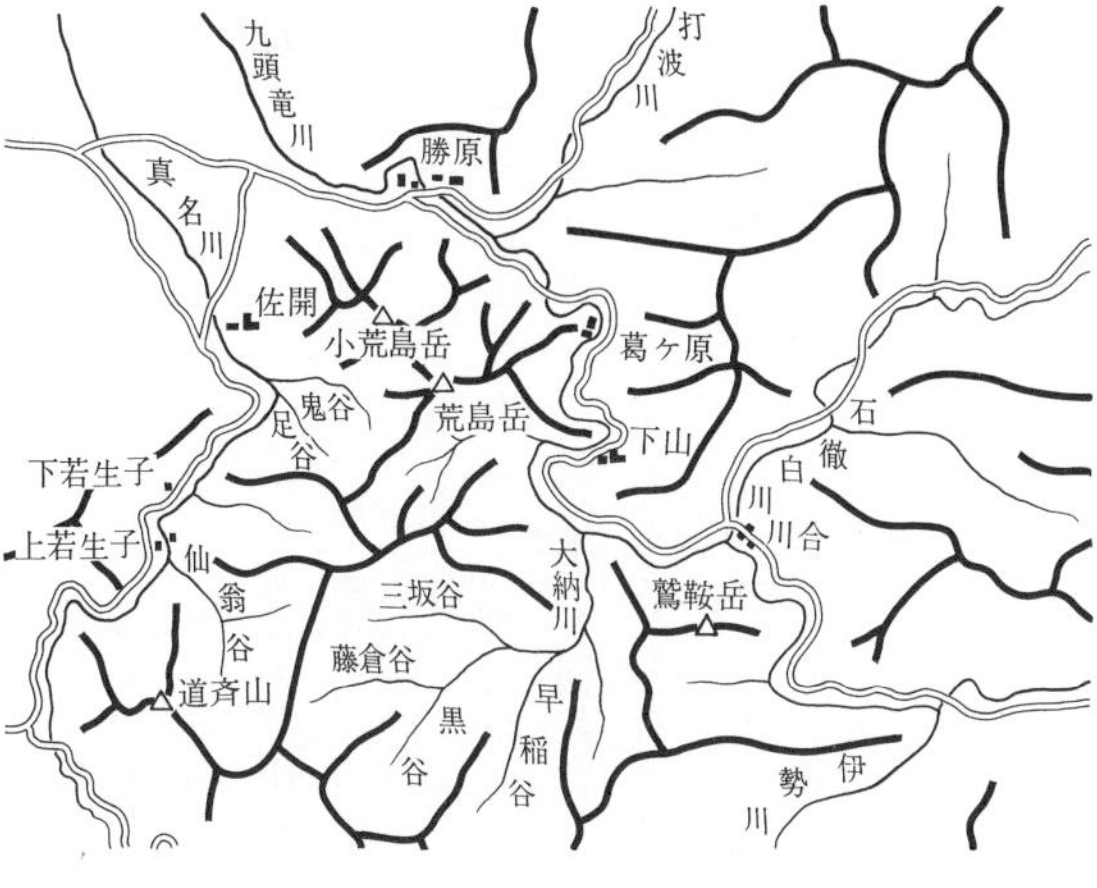

岳を経て主峰までの登りで、真黄に咲き縊《あふ》れたウツギの花と、しきりに啼《な》くホトトギスが印象的であった。

頂上から第一の眺めは白山だった。まだたっぷり雪をおいて、神々《こうごう》しいほどの美しさで東北の空に立っていた。その手前には、法恩寺山《ほうおんじ》、経ヶ岳《きよう》、赤兎山《あかうさぎ》、願教寺山《がんきようじ》などの連なりが見えた。いずれも福井山岳会の活躍の舞台である。仏教にちなんだ山名の多いのは、泰澄《たいちよう》大師が古刹《こさつ》平泉寺から白山に初登頂した時のルートに当っているからである。

能郷白山もよく見えたが、山の気品のある点では、荒島岳が上だった。頂の小さな堂の中には幾体も地蔵尊があって、その一つには元治元年（一八六四年）と刻されていたから、やはり昔から崇《あが》められて、多くの人々に登拝された山であることが肯《うな》ずけた。

89 伊吹山（一三七七米）

日本の一番太い動脈である東海道線も、大垣から米原《まいばら》のあいだ、駅で言うと、関ヶ原、柏原《かしわばら》、近江《おうみ》長岡、醒《さめ》ヶ井《い》あたりは、物寂しい山間《やまあい》を走っている。『太平記』の中の有名な俊基朝臣《としもとあそん》関東下向の条に「番場、醒ヶ井、柏原、不破《ふは》の関屋は荒れ果てて、猶《なほ》もる物は秋の雨……」とあるあたりである。東海道全線中これほど山の近くを走る所はなく、その中で私のいつもみとれるのは伊吹山《いぶきやま》の姿であった。それはボリュームのある山容で、すぐ眼の前に大きくそびえている。

米原から北陸線に入って長浜のあたりでは、もっと余裕をもってこの山を仰ぐことが出来る。のどかな近江野を通るごとに、藤村の詩「晩春の別離」の一節が私の口に浮んでくる。

懐《おも》へば琵琶の湖の
岸の光にまよふとき

東胆吹《いぶき》の山高く
西には比叡比良《ひえいひら》の峰

それほど伊吹山は目立つ山であるから、古くから世に知られて歌や詩に詠《よ》まれた。『景行記《けいこうき》』の中にすでに伝説が現われる。日本武尊《やまとたけるのみこと》が東征からの帰途、この山に妖神《ようじん》がいると聞き、それを退治に登ったところ、その化身の大蛇の毒に当てられ、麓《ふもと》の醒ヶ井の水を飲んで毒から醒めたが、ついに伊勢で亡《な》くなったという。その伝えから頂上に日本武尊の石像が立っているが、尊にお気の毒なくらいみっともない作りであるのは残念である。

次に伊吹山は薬草の山として知られた。永禄《えいろく》年中織田信長が南蛮人に命じて海外の薬草をもたらさせ、この山に方五十町の薬園を作ったので、特有植物で有名になり、その後多くの本草《ほんぞう》学

者に貴重な研究の場を与えた。明治末年川崎義令氏が採取したところでは一千余種に及んだというが、無作法な登山者の増加した今日、果してそんなに残っているかどうかは知らない。

伊吹山は雨量や日照の関係で、そういう植物の育成に好条件をそなえていたのであろう。古くから伊吹百草《もぐさ》の世に聞えていたことは、百人一首の「かくとだにえやはいぶきのさしもぐさ……」の歌によっても証せられる。

その雨量が現代になって伊吹山をスキー場としてまた有名ならしめた。滑降の場に乏しい関西のスキーヤーたちにとって、雪の降るこの山は見逃されなかった。中腹までリフトがかかり、スキー小屋が群がっている。

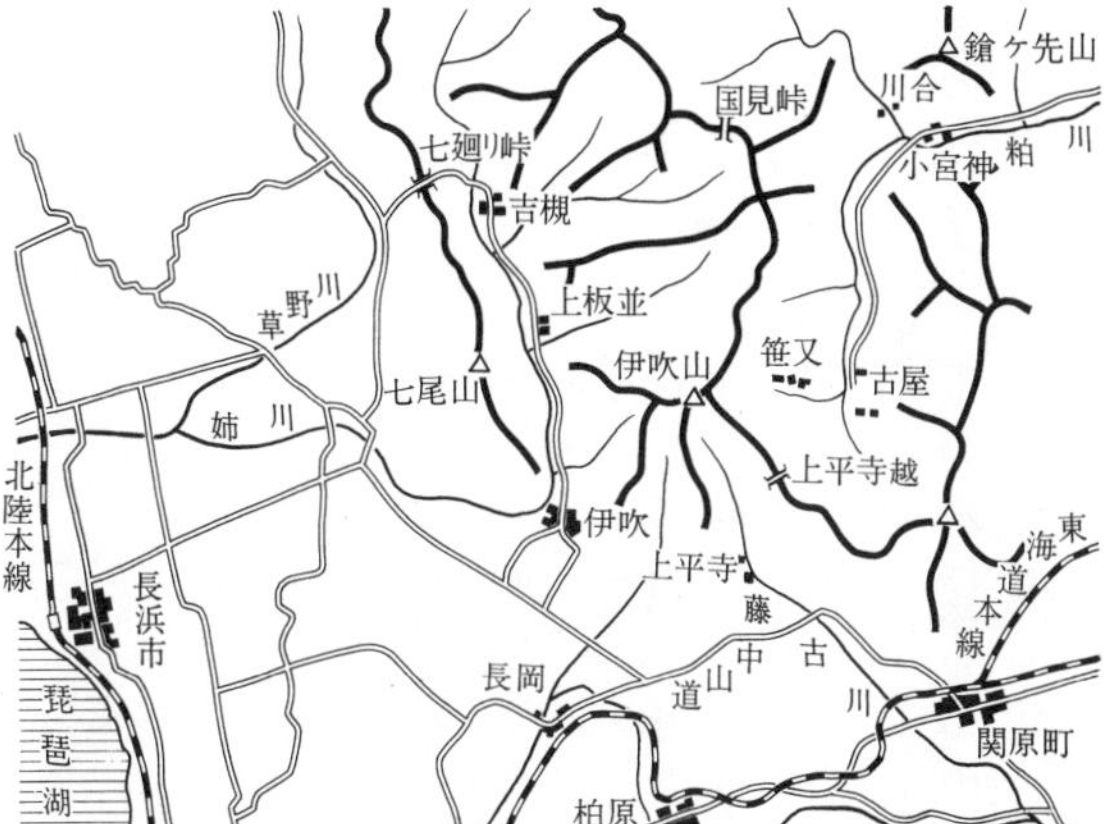

山の位置が気象学上から見ても貴重なデータを生むのであろう。頂上には古くから立派な観測所が設けられた。近年はその山麓《さんろく》にセメント工場が建った。これは伊吹山が全部石灰岩から成っていることに、企業家が眼をつけたのである。

この工場の白煙やスキーのリフトは、山の美観を傷つける、甚だ眼障《めざわ》りな物になっているが、それでも夏期には何千という登山者があるというのは、昔から名山と目されていたからであろう。登山道は南麓の上野から通じているが、南向きの草地の急傾斜を辿《たど》らねばならないので、その暑熱を避けるため、大てい夜間に登って頂上で日の出を拝むのが例になっている。頂上に密集しているたくさんの小屋を見ただけでも、夏期の繁昌《はんじょう》ぶりが察しられる。

私は山の混雑は大嫌いだから、四月中旬の一日を選んだ。晴天に恵まれて、誰もいない山腹を一人登って行くと、草枯れの間にもうタンポポや草ボケや紫ケマンの色どりが美しかった。しかし私は薬草採りでないから、草花の詮索《せんさく》よりも、登るに従い展《ひら》けてくる眺望に心を奪われた。

真南に大きな頭をもたげているのは霊仙山《りょうぜん》、その奥に連なっているのは鈴鹿《すずか》の山々である。眼下の近江の平野は菜の花盛りで、モザイクのように青の中に貼《は》られた黄色は、眼が染まるばかり鮮やかであった。琵琶湖には春霞《はるがすみ》が棚引いて、その向うにボウとかすんで見えるのは比叡比良の峰。比良はまだ雪の斑《ふ》を置いていた。

平野の眺めはまことにのどかであったが、元亀《げんき》天正《てんしよう》の世にはそのあたり一たいは血《ち》腥《なまぐさ》い戦場であった。賤《しず》ヶ岳、姉川、関ヶ原など、有名な古戦場が手に取るように望まれた。小山が複雑に立っていて、なるほど昔の歩兵戦闘には作戦に好都合だったのであろう。

頂上での第一の獲物は、遠く北に茜色《あかねいろ》ににじんだ純白の白山で、こんな角度からこんな美しい白山を眺めたのは初めてであった。ショウジョウバカマが雪の解け間にもう花を開いている、そのうららかな静かな山頂で過した一時間は、まさにこの世の極楽であった。

90　大台ヶ原山　（一六九五米）

大和の国は日本で一番早く文化の開けた土地であるが、その南半は山岳が重畳《ちょうじょう》している。その中で、南北に走っている二つの長大な山脈が、大峰《おおみね》山脈と台高《だいこう》山脈である。前者は有名であるが、後者はあまり知られていない。台高山脈とは、奈良・三重県境にある高見山から始まって南に延び、その終りに近く盛り上っているのが大台《おおだい》ヶ原《はら》山である。

この山の名を私が初めて知ったのは、古い『山岳』（第二年二号）に載っていた植物学者白井光太郎氏の紀行文によってであった。その号に二色刷り折畳みの「大和国大台原山上略図」という昔風な地図が付いていたので、一層注意を促されたのかもしれない。

白井光太郎氏は明治二十八年（一八九五年）に大台ヶ原山に登った。いまその紀行を読返してみると、こんな個所がある。

「紀州大台原山へは、享保《きょうほう》六年に幕府の採薬使野呂《のろ》元丈《げんじょう》、松本駝堂、木賀徳運、夏井松玄等登山し、同十一年には同採薬使、植村左平次、松井半兵衛の両氏登山し、天保年中には畔田翠山翁も登山採薬せり。これらは維新以前の登山者なり。維新以後この山に登山せる人ありしや否《いな》やは、予の寡聞《かぶん》なる、当時之《これ》を知るに由《よし》なかりしなり。今回大台原山に登り、初めて山上に松浦武四郎の碑石あるを知り、のち大峰山にて初めて松浦氏の大台原山紀行（乙酉掌記《おつゆうしょうき》）の小冊あるを知れり。」

これをもっても大台ヶ原山は昔から度々登られた山であることが察しられる。松浦武四郎は蝦夷《えぞ》の探検家として知られているが、老いて内地の旅行に転じ、明治十八年大台ヶ原の登山と開拓に従事した。白井光太郎氏が登った時には、武四郎の建てた小屋がまだ残っていたそうである。

松浦武四郎は明治二十一年二月四日、何回目かの大台ヶ原登山の途に就こうとして、脳溢血《のういっけつ》で倒れた。年七十歳であった。晩年、彼は一畳の凝った書斎

を作った。その建造の謂われを記した「壁書」の最後にこんなことが書添えられている。もし自分が死んだら、この書斎を壊してその材で亡骸《なきがら》を焼き、遺骨は大台ヶ原に埋めて欲しい。これを見ても武四郎が如何《いか》に大台ヶ原を愛していたかが察しられる。

大台ヶ原は昔は大平《おおだいら》と呼ばれた。それが大平原となり大台ヶ原と変った。それにさらにご丁寧に「山」を付けて、現在では大台ヶ原山と呼ばれている。昔の人が端的に大平と名付けた通り山上は広い高原で、樹木が繁茂しているのは雨量の多いせいである。この高地から流れ出る大杉谷や東《ひがし》ノ川《かわ》が峡谷美をなしているのも、激しい浸蝕《しんしょく》を促す雨量のせいかもしれない。大台ヶ原に登って雨に遇《あ》わなかったら、よほど精進のよい人と言われる。町で一年かかって降る雨を、ここでは一と月足らずで降ってしまうのである。統計がそれを示している。

私が登ったのは三月の初めだった。山の上にはまだ雪があったが、吉野の春の息吹《いぶ》きはもうそこここに這《は》い寄っていた。最高点秀《ひで》ヶ岳の頂上に立った時、素晴らしい天気に恵まれた。すっかり晴れて、西の方大峰山脈の峰々を一つ一つ数えることができ、東を振り返れば、すぐ眼下に尾鷲《おわせ》の入江を、小さな島々まではっきり望むことができた。たった一度でこんな快晴に恵まれたのは、私の精進がよかったからでなく、選んだ季節が雨期を外れていたからであろう。

大和路の上市《かみいち》から、吉野川に沿って大台ヶ原山の登山口の近くまでバスが通っていた。途中、国栖《くず》とか入之波《しおのは》とかいう由緒《ゆいしょ》ありげな古い名の村を通る。谷崎潤一郎氏の名作『吉《よし》野葛《のくず》』に、この吉野川流域の模様が描かれている。山上に大台教会と近鉄との二つの「山の家」があり、私は後者に二晩泊って大台ヶ原を探勝した。

牛石《うしいし》ヶ原と呼ぶ広濶《こうかつ》な原は一面ミヤコザサに覆《おお》われて、そのあちこちに大木が立ち残り、一種の自然公園の趣であった。一隅に寝牛の形をした石があるので、牛石ヶ原の名がある。石の近くに神武天皇の銅像が立っていた。この伝説的な天皇が大和のこの地を経て東に向ったといわれているからである。その原を横切って細長く突き出た大蛇嵓《ぐら》の岩鼻の

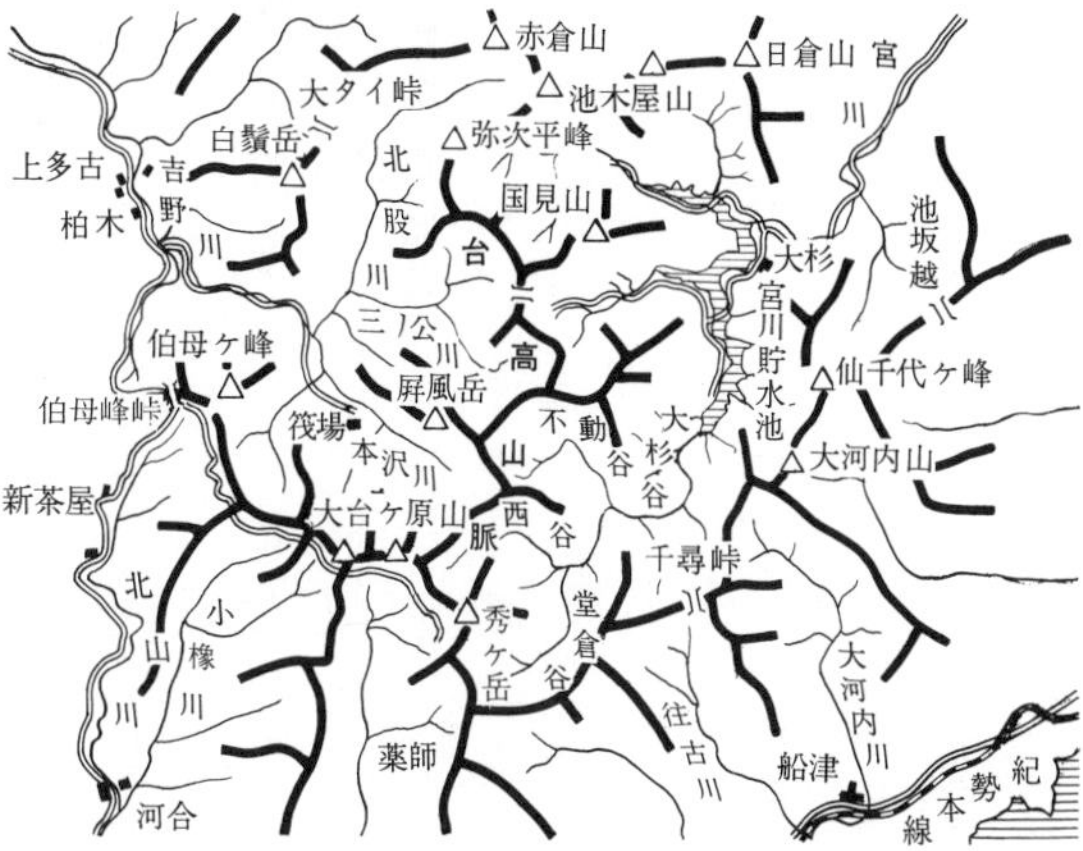

上に立つと、すぐ眼下は深い谷に陥《お》ち込んで、その向うに絶壁をなしているのが蒸籠《せいろ》嵓《ぐら》と千石嵓である。千石嵓は長さ十町も続く大岩壁で、その間に細く白い滝の落ちているのが見える。距離が遠いから小さく見えるが、そばへ行ったら随分大きな滝だろう。

それから数年後、再び大台ヶ原山を訪れた時には、山上まで有料自動車道路が通じていた。往《い》きはそれを利用したが、帰りは大杉谷の方へ下った。これは見事な谷である。次々とすばらしい滝が現われる。水は清く豊かで、渓谷の美しさは日本中で屈指といっていい。

91　大峰山（一九一五米）

大峰山《おおみねさん》はわが国で最も古い歴史を持った山である。この山についての古記録は、枚挙にいとまがない。昔は山中に金を産するというので、金岳《かねのみたけ》と呼ばれた。それが金峰《きんぷ》山となった。甲州の金峰山、肥後の金峰山、その他諸国にある金峰山は、みなこの本山から蔵王権現《ざおうごんげん》を分祠《ぶんし》して名づけられたものである。

開山は役《えん》ノ小角《おづぬ》と伝えられる。斉明朝元年（六五五年）彼は二十二歳で大峰山の上で苦行したというから、これを登山記録と見れば日本最古であろう。それ以来霊山として信仰の的になり、天皇、皇族、公卿《くぎょう》などの参詣《さんけい》がしばしば行われた。大峰へ詣《まい》る前に、五十日とか百日とか、一定の期間を、一定の所に籠《こも》って、経文など写しながら身を浄《きよ》めた。これを御岳精進《みたけそうじ》といって、そのことは『栄華物語』や『源氏物語』にも出ている。平安時代には、大峰山は富士につぐ高峰として、その名が広く知られていたらしい。古詠は数えきれない。

一たいその金《かね》ノ御岳《みたけ》とは、今のどの峰を指すのであろうか。大峰山脈は大和の国のほぼ中央を南北に走る脊梁《せきりょう》であって、長さ約百粁《キロ》にわたる。そしてその間に主なピークや峠が三十ほどある。いま多数の人が大峰詣りとして登山するのは、その中の山上ヶ岳《さんじょう》であって、信仰を現わす多くの石碑が立ち並び、頂上には金剛蔵王権現を本尊とする大きな本堂がある。そしてこの峰だけは今なお女人《にょにん》禁制《きんせい》である。大峰山の代表と見なしていいだろう。

しかし中世から近世へかけて興隆した修験《しゅげん》道《どう》の山伏たちの道場は、山上ヶ岳ではなく、全大峰山脈にわたっていた。古記に「修験道練行のところ、吉野より熊野《くまの》に至って七十余峰、山嶺《さんれい》の高峻《こうしゅん》、坂路の嶮難《けんなん》、桟《かけはし》を渡り、雲を踏んで行く。御山《みせん》、釈迦《しゃか》岳、大日《だいにち》岳、土室《つちむろ》などを経て玉置山に至る、これを峰中《ぶちゅう》とい

う」とある。

峰中、即ち大峰山脈縦走は、南の熊野から出発して北の吉野で終るのを、順峰といった。役《えん》ノ行者が初めて開いた道である。現在ではむしろ北から南への縦走が多く行われているが、これは逆峰と呼ばれている。

その縦走路に七十五靡《なびき》と称して、七十五ヵ所の行場《ぎょうば》があって、それぞれ名前がつけられ、伝説がある。順峰で行けば、第一が熊野本宮の証誠殿で、第七十五が柳の宿、これは六田《むた》の川原が結願所《けちがん》となっている。この七十五靡の完全縦走は、現在では修験者も登山者もほとんど試みるものがない。ことにその南半は忘れられた山となっているようである。

四月中旬、まだ扉開《とびら》き（開山のこと）前に、私は泉州山岳会の仲西政一郎さんの案内

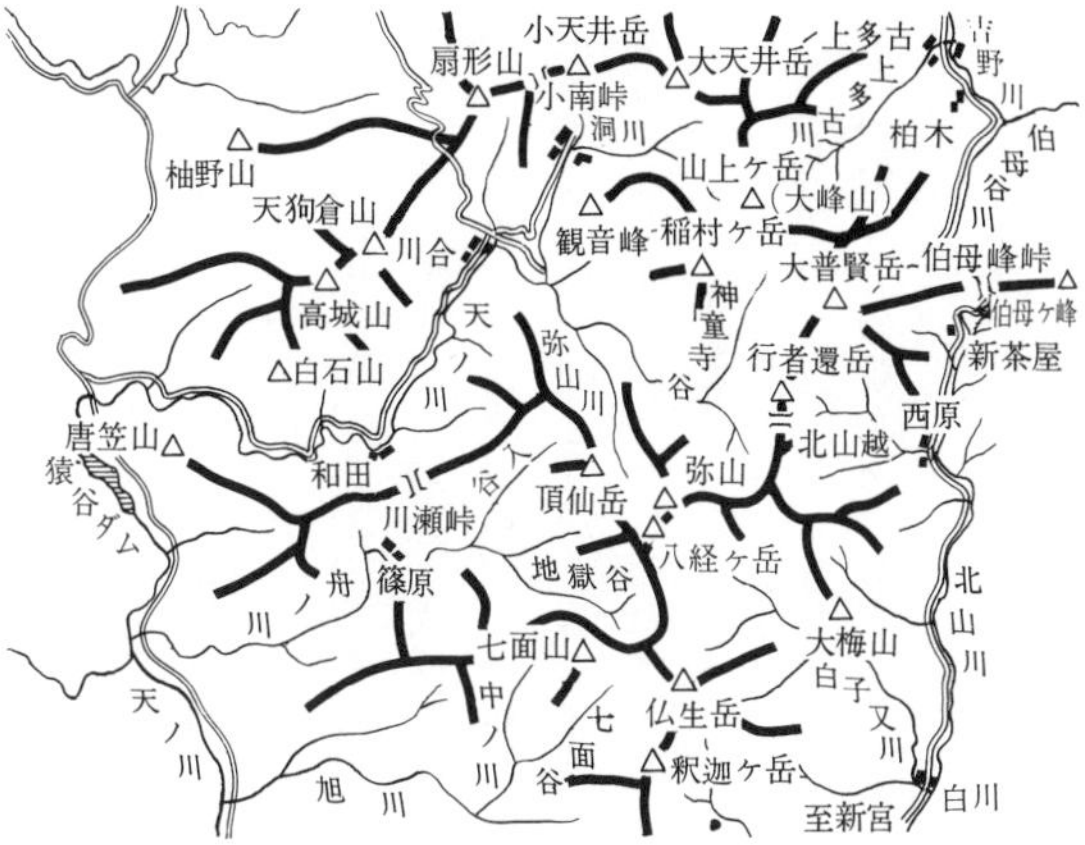

で大峰山を訪れた。まず山上ヶ岳へ登るために、山麓《さんろく》の洞川《どろがわ》までバスで行った。ここは昔からの登山口で、開山期には登山者でどの宿も一ぱいになるそうである。そこの竜泉寺の境内には水の湧《わ》く池があって、修験者はそこで水垢離《みずごり》をして登ることになっている。境内に立っている「女人不許入」という石標が示す通り、ここから女性の登山は禁じられている。

洞川から立派な参道がついている。稜線《りょうせん》上の洞辻茶屋へ出ると、吉野の方からの縦走路と一致する。この吉野道は、六田《むた》ノ渡《わたし》から吉野山を経て来るもので、大峰山脈の所謂《いわゆる》七十五靡の北端から忠実に辿ってくるルートである。洞辻茶屋から山上ヶ岳までの主稜中に、岩壁の上を通る所があって、そこに有名な「西の覗《のぞ》き」がある。先達《せんだつ》が登山者に命じて岩の上から深い谷を覗かせる。もしそこで親孝行を誓わないと、下へ落ちるというのである。

私たちはまだ人のいない竜泉寺の宿坊へ泊って、翌朝頂上に立った。古いが立派な堂があって、正面の扉には大きな南京錠《ナンキンじょう》がかかっていた。この錠があけられるのが扉開きの五月七日で、この日から開山になるのである。

山上ヶ岳から南へ縦走路に入る。小篠《こざさ》ノ宿、脇ノ宿など、昔の行場を経て行く。もうこのへんまで来ると信仰的記念物も無くなり、純然とした登山の領分になる。もちろん女性にも許されている。大普賢《だいふげん》岳から行者還《ぎようじやがえり》岳までの間は、縦走路の中で最も嶮峻《けんしゆん》とされている。夕方おそく弥山《みせん》の山小屋へ着いた。

翌朝、残雪を踏んで八経《はつきよう》ヶ岳の頂上へ登った。一九一五米、近畿の最高地点である。空はよく晴れ、大峰山脈の諸峰をはっきりと望んだ。ここからさらに南へ縦走路は蜒々《えんえん》とつづくが、私はその最高峰を踏んだことに満足して山を下った。

92 大山（一七一三米）

伝説的に言えば、大山《だいせん》はわが国で最も古い山の一つである。昔、出雲《いずも》にいた神様が、あまり自分の国が小さいので諸国の余った土地を縫い足そうとして、国来国来《くにきくにき》と綱で引き寄せた。その引綱の杭《くい》が火神岳（今の大山）であると『出雲風土記《ふどき》』が伝えている。

スサノオノ命《みこと》や大国主命《おおくにぬしのみこと》の神話によって出雲は古い国とされている。独自の古代文化の発祥地という説に疑いはあるにしても、いにしえから大山は高くそびえ、人々がそれを仰ぎ尊んできたことに間違いはない。海へ出た時の目標にもなったであろうし、遠く旅する人の指標にもなっただろう。

太古の民は山そのものを神とあがめたが、歴《れっき》とした国史に現われたかぎりでも、大山神は仁明《にんみょう》天皇承和四年（八三七年）二月従五位下《じゅごいげ》に叙任されている。だいたい中国地方には目立った山が少ない。その中でひとり大山が図抜けて高く、秀麗な容《かたち》を持っている。私がその頂上に立った日は、澄み渡った秋晴れで、山陰・山陽の脊梁《せきりょう》をなす山々はもちろん、山に詳しい同行の地元の人が、あれは四国の山ではないかと訝《いぶか》ったほど遠くまで見えた。

中国地方は山岳の陵夷《りょうい》運動が発達したのか、高い山がないのみならず、顕著な峰も少ない。たいてい似たような形である。個性的なのは、大山と島根県の三瓶《さんべ》山、この二つの火山だけである。山陰・山陽へ名山探しに行った私は、結局この地方では大山一つしか推し得なかった。しかしこの一つは誇るべき一つであった。

大山をダイセンと読むのは、氷《ひょう》ノ山《せん》・扇《おうぎ》ノ山《せん》のように、山陰では大てい山をセンと呼んでいて、峠を乢《たわ》と呼ぶのが多いのと同様、この地方独自の呼称である。伯耆《ほうき》の国にありながら出雲富士という名もあるのは、この山が整った富士型に見えるのは、出雲から望んだ

場合に限るからであろう。私は大山を、松江の城から、出雲大社から、三瓶山の頂から、望んだ。いつも一と目でわかる、秀《ひい》でた円錐《えんすい》形で立っていた。しかし何々富士ならどこにでもある。大山がそれ以上に私を感歎《かんたん》させたのは、その頂上のみごとな崩壊ぶりであった。東西に長い頂稜《ちようりよう》は、剃刀《かみそり》の刃のように鋭くなって南面・北面へなだれ落ちている。まるで両面から大山を切り崩しにかかっているふうに見える。

その北壁が夕陽に染められた時の美しさは、古陶の肌を見るかのようであった。南壁は晴れた朝の陽で見た。脆《もろ》い崩壊の一つ一つがクッキリした影を持ち、その上に尖《とが》ったピークが突っ立っている。これも美しい眺めだった。

大山寺はその北壁の下にある。大山を人文的に有名にしたのはこの寺であった。奈良時代、諸国の顕著な高山が山伏修験道《しゆげんどう》によって開かれた頃、創建されたのであろう。開基についての伝説はいくつかあって、西行法師の『撰集抄』によれば、養老年間（七一七—七二四年）、玉造の俊方という武士が大山に狩《しか》して鹿を射たところ、その矢のあたったのは自分の尊崇している地蔵であった。そこで深く後悔して、発心して堂宇を建てたという。

その後大山寺は僧兵を擁して、武力と権力の一大勢力となった。幾多の変遷《へんせん》を経て江戸時代には三千石の寺領を受け、治外法権の天領となり、寺内に四十二坊あったという。今もその名残りが崩れた石垣や古びた石畳にしのばれ、昔の繁栄の跡が草木の茂るに任されているのも感慨深い。

明治維新の廃仏毀釈《はいぶつきしやく》まではここも神仏混淆《こんこう》で、現在の大神山神社の奥宮は、大智明権現《ごんげん》の本殿であった。そこへ至る長い石畳道にも、古い昔の香が残っている。

その僧坊の一つ蓮浄院に志賀直哉《なおや》氏が滞留されたことがあって、『暗夜行路』の終りに、主人公の時任謙作《ときとうけんさく》が大山に登ろうとして、途中で疲れてやめ、不思議な陶酔感を感じたことが出ている。そこから見おろした暁《あ》け方の描写があるが、地に落した大山の影が次第に縮まってくる有様が巧みに書かれている。そ

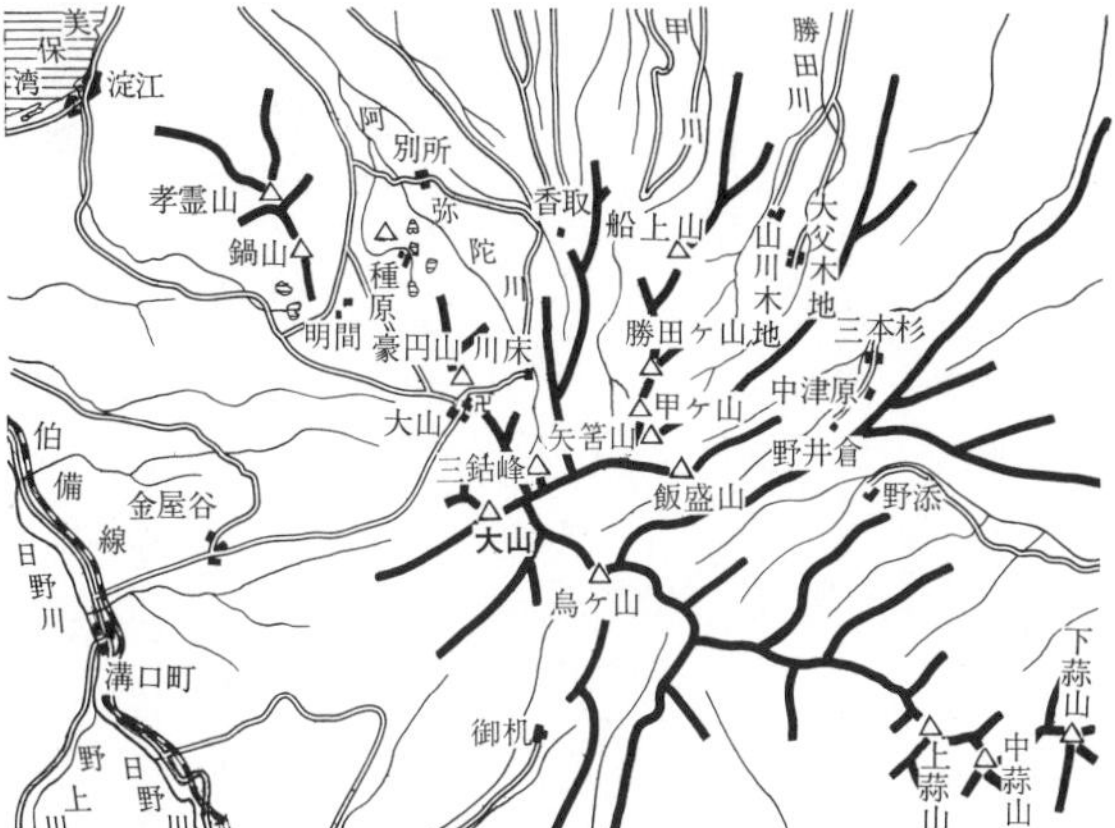

して「中国一の高山で、輪郭に張切った強い線を持つ此山《この》の影を、その儘《まま》、平地に眺められるのを稀有《けう》の事とし、それから謙作は或《あ》る感動を受けた。」

頂上から南の展望は、打ち重なる山なみばかりだが、日本海側は見るものが多すぎた。すぐ眼下の風景は『暗夜行路』にも細かに描かれているが、海と陸の交錯した美しい繊細な眺めであった。海の彼方《かなた》には、隠岐《おき》ノ島がハッキリ見えた。それは一つの島でなく、群島の形で見えた。東の方には、扇ノ山、氷ノ山らしい連嶺《れんれい》が望まれ、西方には遠く、三つの瓶《かめ》を伏せて並べたような三瓶山が一と目でそれとわかった。

93　剣　山（一九五五米）

わが国の山名で駒《こま》についで多いのは剣である。有名なのは立山《たてやま》連峰の剣岳《つるぎ》、木曽駒《きそこま》の宝剣岳、それから富士山の最高点は剣《けん》ヶ峰であり、御嶽《おんたけ》や白山の頂上にも同名の峰がある。もし各地方にあるもっと低い剣山を探したら、まだまだあるだろう。

前記の剣はすべて山の形から名前が来ている。大てい岩が剣のように屹立《きつりつ》しているからである。ところが四国の剣山《つるぎ》だけは違う。これは頂上はなだらかな草地で、少しも剣らしいところがない。もっとも頂に近い所に大剣と呼ぶ巨岩が立っている。しかしそれをもって山全体の名とするわけにはいかない。厖大《ぼうだい》な山容から見るとそれはほんの一点景にすぎない。

伝えによれば、安徳天皇の御剣を山頂に埋め、これを御神体としたから、剣山と呼ばれるようになったという。見《み》ノ越《こし》にある円福寺の寺伝には次のように書いてある。読み易《やす》い現代文に直すと「寿永《じゅえい》年中平家が讃岐《さぬき》の屋島で没落した時、壇《だん》ノ浦《うら》で入水《じゅすい》されたと言い触らして、越前守《えちぜんのかみ》国盛朝臣《くにもりあそん》が安徳帝をわが子と偽わり、阿波《あわ》国祖谷《いや》山に供奉《ぐぶ》し、そこに皇居されているうちに不幸にして崩御された。その時の御遺言に、わが帯せし剣は清浄の高山に納め守護すべし、とあったので、御剣を当山に納め、剣山大権現《だいごんげん》を勧請《かんじょう》された。」

四国という不整長方形の二つの核心、西の石鎚《いしづち》山が山骨稜々《りょうりょう》として厳父的なのに対し、東の剣山は豊かなふくらみを持って慈母的である。しかも双方とも古くから住民に尊崇され、歴史と伝統が山に沁《し》みこんでいる。石鎚は一九八二米《メートル》、剣は一九五五米、僅《わず》かの差で拮抗《きっこう》しているところも面白い。高山の少ない西日本で、二千米に近い標高は尊重するに足る。いずれの点からしても、この二つは名山である。

剣山への普通の登路は三つある。その一つ

は祖谷《いや》川を遡《さかのぼ》るもので、この谷には安徳帝の伝えがあるだけに、一番おもな道だったかもしれない。見ノ越にある剣神社が祖谷川に向って立っているところを見ても、この道の古いことが察しられる。

もう一つは穴吹《あなぶき》から登るもので、これが昔から信仰登山のルートであったことは、途中に宗教的な記念物が多いことをもっても推量できる。わが国の古い山は、明治維新前は大抵神仏混淆《こんこう》で権現さんと呼ばれた。穴吹登山路の富士ノ池には、剣山本宮と竜光寺の本坊があって、双方とも信仰登山の盛時を思わせる立派な建物である。

しかし祖谷川コースはあまりに長すぎるし(最近は奥までバスが入るようになったが)、穴吹コースは急な辛《つら》い登りである。そこでも

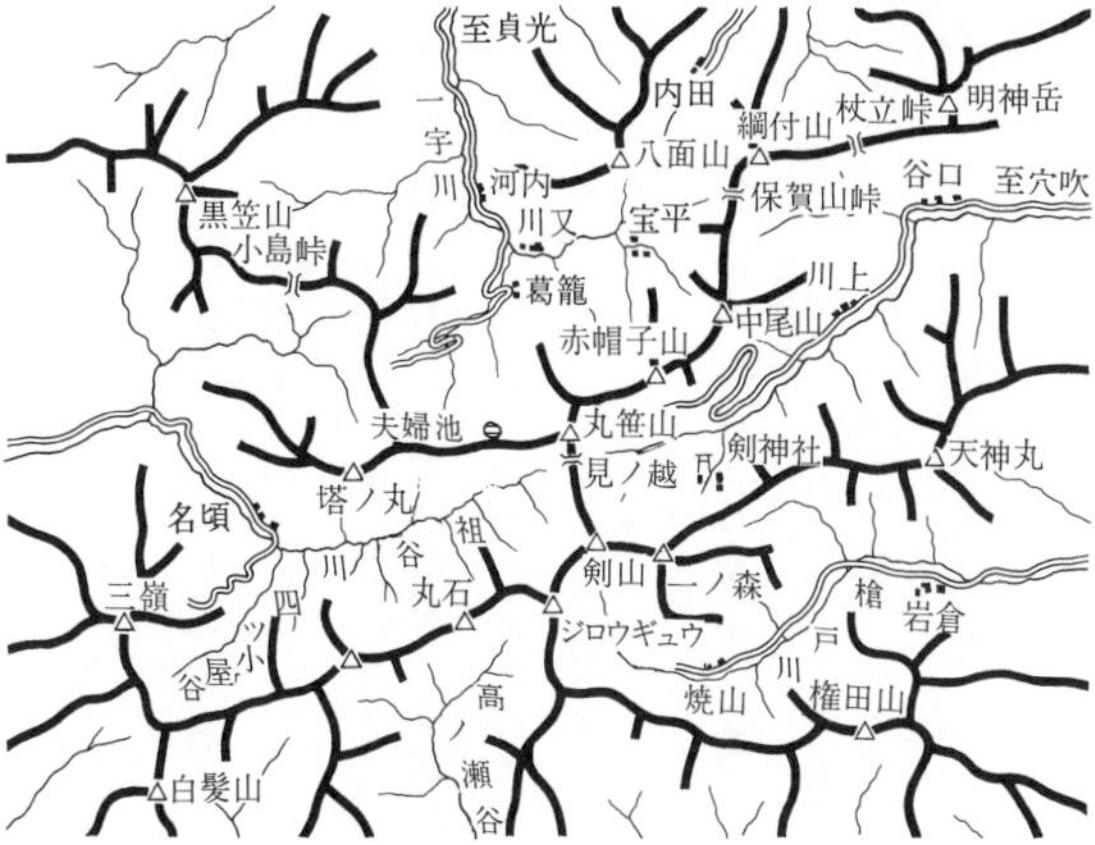

っと近距離で比較的楽な道が開かれた。それが貞光《さだみつ》から登るものである。おそらく現在の登山者の大部分は、いろいろの点で便宜のいいこのコースを選ぶのではなかろうか。登路は見ノ越で祖谷川コースと一致する。

私は最初この貞光口から登り見ノ越まで行って泊ったが、豪雨に見舞われて頂上へ達することが出来ず、すごすご引返した。三年後の夏、祖谷川を遡って登頂した。

祖谷川は古くから名前が聞えているだけに、一ぺん行ってみたい所であった。わが国の人里離れた山の中に入ると、平家の子孫と称する部落があちこちにある。日本歴史で平家没落ほどロマンティックな色彩を帯びたものはないから、私たち旅人はそういう部落に入ると、炭焼の娘まで何となく﨟《ろう》たけた面影を伝えているように見えるのである。

祖谷川には美人が多いと聞いていたが、残念ながら私はそういうデリケートな美の鑑識者ではなかった。しかし壇ノ浦に近いこの深い谷筋に、平家の落人《おちうど》が住みついたであろうことは、他の山里の平家伝説に比べて、遥《はる》かに真実性がありそうである。深い長い渓谷であった。途中に、原始的な葛橋《かずらばし》があり、平家の赤旗を伝える旧家があるそうだが、私はただ一途に最奥の村までバスで運ばれた。

剣山の頂上は、森林帯を辛うじて抜いた草地で、その広々した原は、昼寝を誘われるようなのんびりした気持のいい所であった。すぐ真向いには、こちらより僅かに低いジロウギュウが中々立派であり、北方には幾重も山を越えて瀬戸内海の方が見渡せた。殆《ほと》んど平野らしいものは見えないから、逆に人里から剣山を仰ぐことは出来ないのであろう。それほど奥深い山と言える。

帰途は穴吹へ下る道を採った。一ノ森（一八七九米峰）の上から振返ると、剣山・ジロウギュウが二つ並んで、まず剣山の姿勢はここから望んだのが最上と思われた。急坂を下って富士ノ池に出、更に急坂が続いて谷川のふちへおりると、清冽《せいれつ》な青い流れの上に朱塗の橋が架かっていた。それが垢離取橋《こりとりばし》で、修験者《しゆげんじや》はそこで身を浄《きよ》めて山に取りかかるのであった。

94　石鎚山（一九八二米）

一九四二年十月半ばのある晩であった。私は四国道後《どうご》温泉の共同湯に浸りながら、浴槽の中の装飾の円塔に刻んである、山部赤人《やまべのあかひと》の「至伊予温泉作歌一首並短歌」を眺めていた。眺めていたというのは、「皇神祖之神乃御言乃……」というような万葉仮名だったから、むずかしくて読めなかったのだ。ただその中に「伊予能高嶺」という文字を見つけ、うれしくなってそこばかりみつめていた。その翌日、私はその伊予《いよ》の高嶺《たかね》に登ることにきめていたからである。

伊予の高嶺とは石鎚《いしづち》山のことである。井上通泰《みちやす》は「案ずるに石鎚山としては地理かなはず」と言って、この山部赤人の道後温泉の歌の伊予の高嶺を石鎚山とするには遠すぎるとしているが、しかし「島山のよろしき国とこごしかも伊予の高嶺」とあるからには、四国最高の岩山の石鎚山と見なすほかあるまい。それに遠すぎると言っても、同じ伊予の国である。その日の昼、松山城の天守閣に上って、私がまっ先に眼を向けたのは、石鎚山の方角だった。あいにく曇ってみえなかった。晴れていたらよく見えるのにと、案内の城守りが私を慰めた。

　山部赤人の歌の伊予の高嶺が石鎚山か否《いな》か暫《しばら》く措《お》くとしても、その後伊予の高嶺と言えば石鎚山の代名詞のようになって、たとえば、

海原に立つ白雲と見えつるは伊予の高嶺の雪にぞありける　　熊谷直好《くまがいなおよし》

わすれては不二かとぞ思ふこれやこの伊予の高嶺のゆきの曙《あけぼの》　　西行法師

の歌のように、南の四国にあってなお雪を頂く石鎚山は、松山の平野から、瀬戸内海から、歌人の注視するところとなったのであろう。

　石鎚山は四国のみならず西日本最高の山である。わが国で最も古くから讃《たた》えられた名山の一つで、『日本霊異記《にほんりょういき》』にその名前が現わ

れている。石鎚神のいます山としてあがめられ、まだ山岳が仏教の影響を受けない昔からの名山であった。石鎚という語源は、木暮理太郎氏の説によれば、古名はイワツチであって、そのツチは南洋系語のチュチで長老を意味する。石鎚山は岩山の頭目という意味で、イワツチと呼ばれた。それは頂上附近の露岩からきたものだろう。

この山は役《えん》ノ小角《おづぬ》が初めて登ったと伝えられているくらいだから、昔からどれほど多くの人が登ったことであろう。登山というよりお詣《まい》りであった。古い風習が次第に消えてきたが、以前は四国八十八個所の順礼が菜の花盛りの頃一番賑《にぎ》わい、その遍路の影が少なくなると、第二の年中行事として、お山詣りすなわち石鎚山詣りの白衣の行者姿が、おもに伊予・土佐の二国であるが、到《いた》るところに隠見したそうだ。松山出身の河東碧梧桐《かわひがしへきごどう》氏の本に美文でそう書いてある。

北側から登るのが表参道であろうが、私は南の裏側の面河渓《おもごうけい》から登った。こちらの方が原始的な自然の姿を残している。この道は、頂上の近くで、表参道と一緒になる。露岩に、下から順に、一ノ鎖、二ノ鎖、三ノ鎖とかかっていて、上に行くほど鎖は長くなり、急峻《きゅうしゅん》さも増してくる。表・裏の道の合併するのは、その三ノ鎖の下である。太い頑丈な環《わ》を組んだ鉄の鎖で、いかにも石鎚山が古くから民衆の登山の対象であったことを偲《しの》ばせるものだ。

鎖を登りきると、弥山《みせん》と称する岩ばかりの頂上で、石造の祠《ほこら》があった。一般参詣者はここを石鎚の頂上としているが、四国最高の地に立つためには、更に天狗《てんぐ》嶽という岩峰まで行かねばならぬ。ここの方が弥山より約二十米《メートル》高い。

私がその頂に立った時は、期待していた瀬戸内海は雲の下に隠れていたが、石鎚山を盟主とする多くの衛星峰を望むことが出来た。有象無象《うぞうむぞう》の山々の彼方《かなた》に遠く土佐湾があった。東の方には無数の山波が続いて、その果てに阿波剣山の連嶺《れんれい》も望まれた。

天は青く澄み、風もなく、この秋の好日に、ただ一人、四国の最高の地に立っているのだ。四国一円がわが眼中に収まっているような気がした。それにしても何と山の多い国

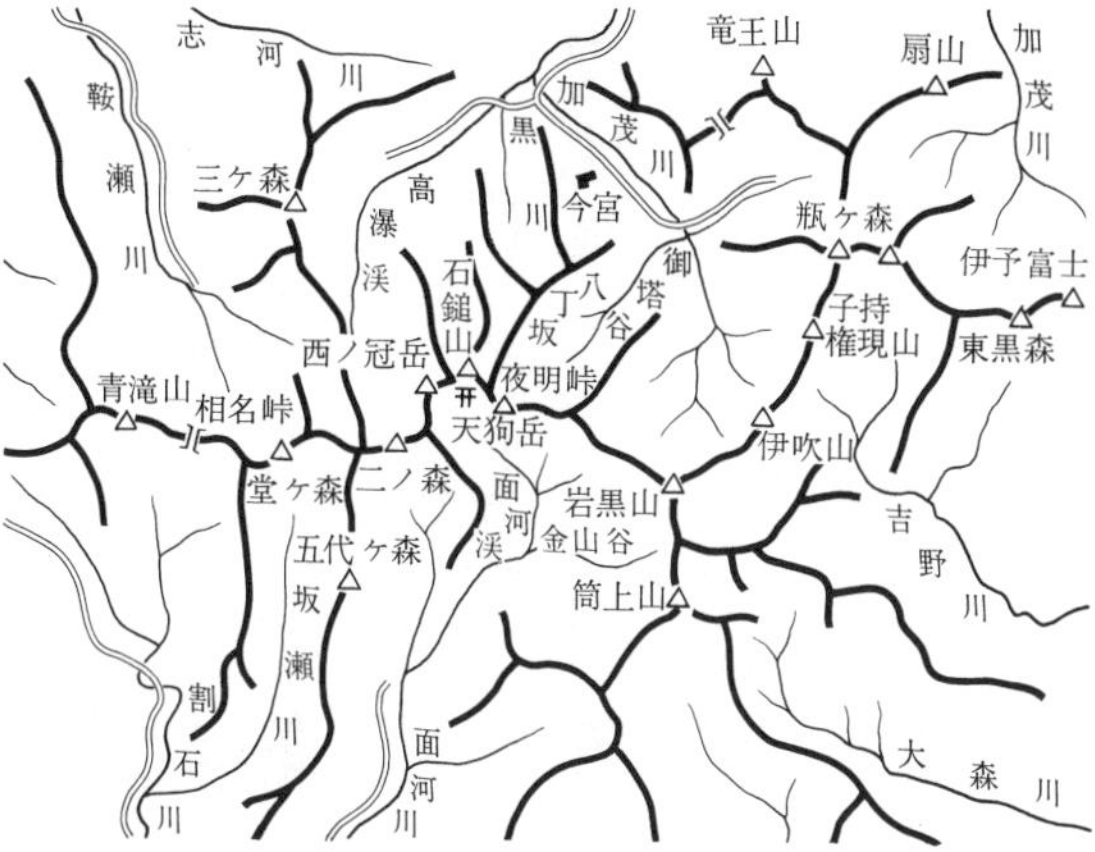

だろう。青い平地らしいものは松山と西条《さいじょう》の平野だけ。あとはすべて山また山であった。

帰りは表参道を下った。さすがこちら側は古い登山道だけあって、いろいろ由緒《ゆいしょ》ありげな名前の地があり、宿房なども備わって、人間臭い。成就社《じょうじゅ》というのは、ほぼ五合目あたりに位置している、色彩をほどこしたお宮で、拝殿の屋根の上に、石鎚の岩の頂がスックとそびえ立っていた。

伊予小松駅へ出るため乗ったバスが、大きなジグザグを描いて黒瀬峠の上まで登った時、ふと見ると、たそがれの空に、ぼかしたような石鎚山の姿が遠く浮んでいた。ほんの一刻の眺めであったが、感動した。それは今日、あの頂上に立ったとは思えない、遥《はる》かな崇高な姿であった。

95　九重山（一七八八米）

九州には、霧島、阿蘇《あそ》、雲仙《うんぜん》などの噂《うわさ》の高い山があるせいか、その最高峰は見逃されがちのようである。九州本島で一番高いのは九重山《くじゆうさん》。九重山は山群の総称であってその主峰は久住山《くじゆう》。同じ発音を持つ九重と久住が、そんな分け前に落ちつくまでに、長い間山名の争奪戦があったそうである。

正しい名は九重か久住か。うっかりどちらへも加担は出来ない。およそ地名なるものは――殊《こと》に観光地では――土地の人の利害と深く結びついているからである。九重も久住もそれぞれ自己を主張するに足る古い文献を持っている。この山に詳しい加藤数功さんの本によると、日本の他の名山同様ここも元は宗教的に開発された山で、九重山法華院白水寺（正中《しょうちゅう》元年開山）と久住山猪鹿《いから》狼寺（延暦《えんりゃく》年間開山）との二つの寺院が相対《あい》立して、そのお寺の山号が山名に化したのだという。

その他に、神代の「くしふるの峰」のクシフルがクジウになったとか、高州の古音クシウがクジウになったとかいう説もあるそうだが、むずかしい詮議《せんぎ》はおいて、ここに万葉集巻十一にある歌を一つ示しておこう。

朽網《くたみ》山《やま》夕居る雲の薄れ行かばわれは恋ひなむ君が目を欲《ほ》り

万葉学者井上通泰氏の説によれば、朽網《くたみ》山《やま》のクタミがクサミとなり、更にクスミに転じたのを久《く》住《すみ》と書き、それをクジウと音読するようになったのだという。今でも朽網《くたみ》という地名が残っている。

現在では山群の総称を九重、その最高峰を久住と呼んで、もう誰も異議を挟《はさ》むものはない。最高峰といっても断然抜きんでているわけではなく、山群中の大船《だいせん》山もそれとほぼ同じ高さを持っている。それにつづいて、稲星《いなぼし》山、星生《ほっしょう》山、天狗《てんぐ》ヶ城、中岳、三《み》俣《また》山、白口《しらくち》

岳など、主峰と五十米《メートル》とは違わないのだから、これはまさしく久住独裁国ではなく、九重共和国である。しかもそれが同じような鐘《しょう》状《じょう》火山なので、うっかりするとどれがどれだか分らなくなってしまう。

もちろん各峰はそれぞれの個性は具《そな》えている。いかつい岩山は星生山、堂々とした山容の三俣山、赤茶けた砂礫《されき》で盛り上っている稲星山、中腹に煙をあげている中岳、というふうに。そして何といっても品のあるのは久住山である。殊に北側の千里浜と呼ばれる原から眺めた形は、精鋭で颯爽《さっそう》としていて、さすが九重一族の長たるに恥じない。

山が群がっているから地形は複雑で、あちこちに峠があり、原があり、温泉がある。それらをいろいろに組合わせて、変化のある楽

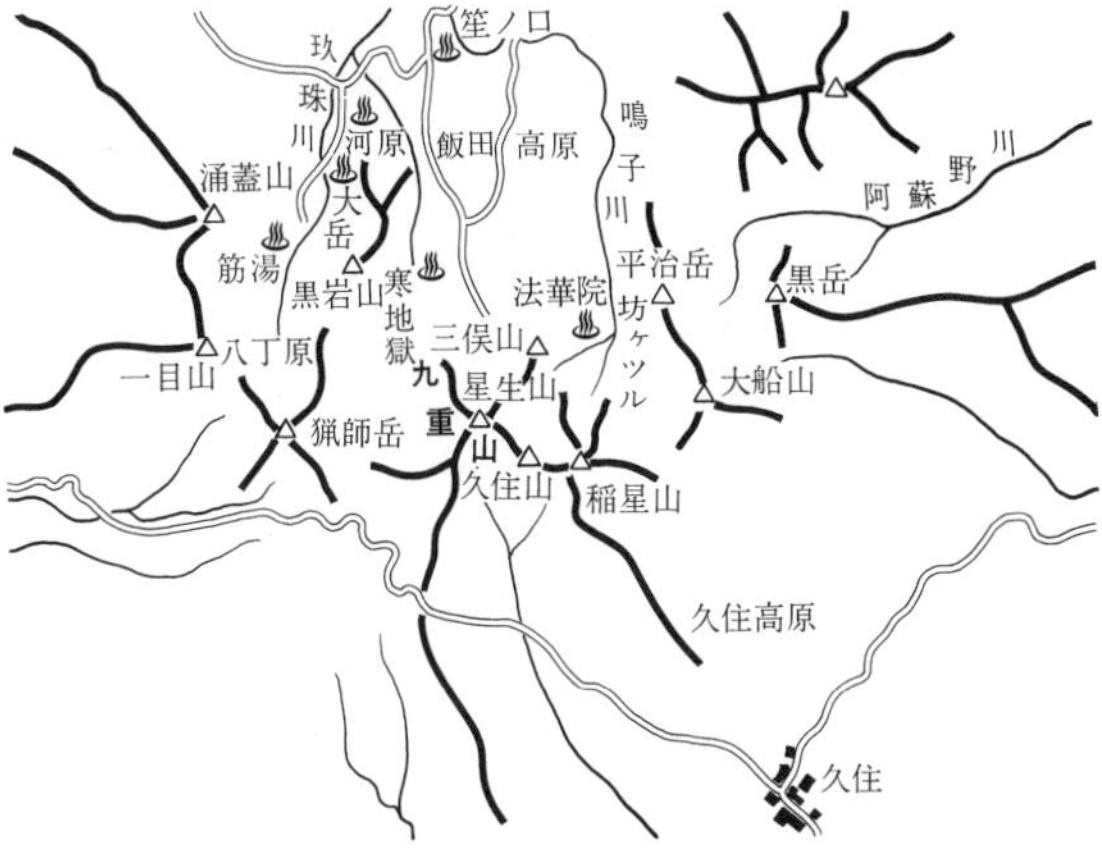

しい一日の行程を作ることが出来る。峠は千米以上のものが十三もあるが、私の知っているのは、牧《まき》ノ戸《と》越《ごえ》、鉾立《ほこたて》峠、鍋割峠の三つ。温泉は——これは全部で二十もあるそうで、しかもそれぞれ泉質を異にしている。例えば寒地獄《かん》と呼ばれる湯は冷泉で、寒さに震えながらもそこの入浴者が絶えないのは、よほど効き目があるからだろう。嬉《うれ》しいのはそれらの温泉がみな素朴で、温泉郷らしい雰囲気の全くないことである。

私の泊ったのは、牧ノ戸（旧中野温泉）と法華院《ほっけいん》と筋湯《すじゆ》だけであるが、どの温泉も登山者向きの気持のいい宿であった。法華院は昔は天台宗の一大霊場で、荘厳《そうごん》な堂塔伽藍《がらん》が立っていたそうだが、今は古風な藁《わら》屋根を持った宿があるきり。九重山を探る人たちの根拠地になっている。

しかし何よりも私が打たれたのは、あちこちに拡《ひろ》がる原であった。山上にある、東、西、北の千里浜、南国の山というのにそこにはコケモモが敷いていた。尾瀬《おぜ》を小さくしたような美しい湿原の坊ヶツル（ツルは山間《やまあい》の平坦地《へいたんち》の意）、ひっそりと山に包まれた佐渡窪《くぼ》、そんな原を横切らずにはどこへも行けないとは、何と楽しい山であろう。

その九重の原を代表するように、北側に飯田《はんだ》高原、南側に久住高原がある。殊に久住高原は私を驚かせた。こんなにのびのびと屈託なげに拡がった一枚の大きな原を私はほかに知らない。私が行ったのは冬枯れの二月だというのに、蕭条《しょうじょう》という感じは少しもなく、満目狐色《まんもくきつねいろ》、というよりラクダ色のあたたかさで、明るく、やわらかく、そして豊かに拡がっていた。

二度目に九重山を訪れたのは三月の半ばで、ちょうど久住高原の野焼きに際会した。火の手はあちこちに上り、それが広い野をまるで波濤《はとう》のように寄せてくる。パチパチと枯草のはぜる音と共にメラメラと炎の舌が速い勢いで進んでくる。うっかりすると火に包まれそうになる。青い空に煙があがり、その煙の合間に、まだ頂上に雪のある九重の山々が潔《いさ》ぎよく立っていた。

96 祖母山（一七五八米）

九重山の最高点に立った時、南のかた遥《はる》かに、雲海の上に一連なりの山が見えた。その右端の、緩い稜線《りょうせん》を左右に引いた品のいい金字塔が祖母山《そぼさん》、左端の、やや傾き加減の突兀《とっこつ》とした峰が傾山《かたむきやま》、と教えられて、かねてから名前だけは知っていた山に初対面の感動が、私のうちに湧《わ》いた。九重は火山で、明るくのんびりした高原の見応《みごた》えあるのに反して、祖母・傾は古生層の山で、黒々した森林に覆《おお》われている。その対照にも心が惹《ひ》かれた。あれに登らねばならぬ。その時の切な願いが、それから二年後に果された。

祖母山は昔は九州第一の高峰として国定教科書にも載ったことがある。その後その名誉は九重山に譲ったが、山の由緒《ゆいしょ》は古い。日向《ひゅうが》・豊後《ぶんご》・肥後の三国に跨《また》がって古来鎮西《ちんぜい》の名山と称せられた。そこの伝説は『平家物語』や『源平盛衰記』に出てくるし、実証的な記事は橘南谿《たちばななんけい》の『西遊記』にも見えている。日本アルプスの父ウェストンが来朝してまず登ったのは、富士山についで、当時九州第一とされた祖母山であった。

そんな資格を有しながら、この山が案外世に忘れられているのは、その位置が、直ちに人の眼に触れるような有利を持たないからだろう。そして今でこそバスの便宜はあると言うものの、山に近づくまでの遠距離にもよろう。それから又、火を噴く阿蘇《あそ》、高原の美を持つ九重、と鼎立《ていりつ》しながら、祖母はあまりにつつましく、前二者のような観光的効果に欠けているからでもあろう。

　たしかに祖母山は一瞥《いちべつ》直ちに人を惹きつけるという際立《きわだ》った山容ではない。ケレンもなく、奇抜さもない。しかしその滋味はみつめるに従ってじっくりと来る、といった風の山である。こういう山は流行には乗らないが、不易《ふえき》の命を持っている。

　祖母山は別名姥《うば》ヶ岳（又は嫗《うば》ヶ岳、鵜羽《うば》ヶ

岳）とも呼ばれる。祭神豊玉姫命《とよたまひめのみこと》は神武天皇の祖母にあたるところから、山名が来たのだという。昔の記録では姥ヶ岳の方が多く採用されている。

一説には、祖母山は添山《そほり》の転訛《てんか》だろうという。『日本書紀』に出てくる曽褒里能耶麻《そほりのやま》である。まだ日本建国の伝説的歴史が非常に尊重された頃、天孫皇臨の場所が、果して今の霧島《きりしま》山の高千穂《たかちほ》峰か、それとも、日向の西臼杵《にしうすき》つまり祖母山の南にあたる地か、ということで論争のあったことを覚えている。議論の根拠はおもに古くから残っている地名にあったが、なるほど西臼杵には天ノ岩戸とか高千穂とかいう名があり、添《そほり》山などもその有力な証拠にあげられていた。とにかく、阿蘇の南から延岡の方へ通じる五箇瀬《ごかせ》川上流地方は、日本で最も早く開けた土地であったに違いない。

従って昔から祖母山の表口は南面であって、ウェストンなどもその側から登っている。しかし今は交通の便からして、北面即ち以前の裏登山口の方が、むしろ繁昌《はんじょう》しているのではなかろうか。私も北から登った。

祖母登山に私が三月中旬を選んだのは、まだ登山者のいない静かな早春の山が私は大好きだからで、九州の山に詳しい大分の加藤数功さんに同行を願った。私たちは竹田からバスで山麓《さんろく》の神原《こうばる》まで走り、そこの素朴な宿で一夜を明かして翌朝登山の途についた。五合の小屋で谷川を離れ、それから急坂を辿《たど》って国境稜線上の国観《くにみ》峠に出ると、行手に大きくわだかまるように祖母山が控えていた。まだ木々は芽吹かず、頂上までずっと雪の上を踏んで行った。

頂上には小さな石祠《せきし》があった。空には少しの雲もなく、日はあたたかに、私は見える限りの山を数えながら、幸福な一時間を過した。西には阿蘇、その外輪山の裾野《すその》が目路《めじ》の限り広々と伸びて、九重山に続いている。全く大きな原である。その広漠を囲んで、阿蘇、九重、祖母が鼎《かなえ》の形に立っている。

眼を反対側にかえすと、山岳重畳《ちょうじょう》の日向の国である。祖母・傾の主稜線は、まず南の大障子岳まではこごしい岩根続き、それから東へ折れてなだらかな尾根となり、古祖母《ふるそぼ》山、本谷山を経て、その果てに傾山があった。

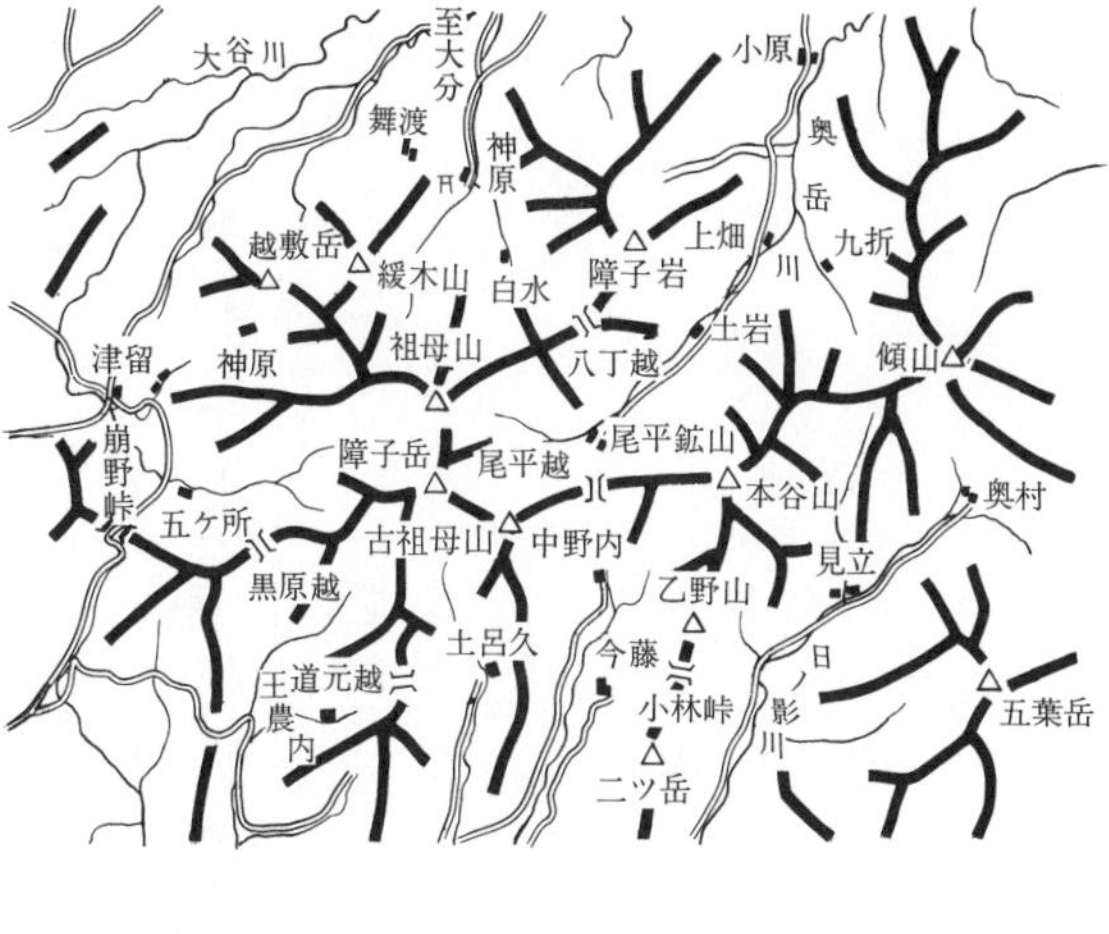

帰途は尾平《おびら》へ下った。その途中から見た祖母東面の眺めはすばらしかった。圏谷《けんこく》状の谷は岩壁で囲まれ、鬱蒼《うっそう》たる原始林がその下を埋め尽し、簇立《そうりつ》する岩峰と黒々した森林の配合は全く天の工《たくみ》であった。

翌日私たちは傾山に登り、それから竹田へ出て、「荒城の月」で有名な古城祉《し》に立った。私は懐古の情に堪えながら、そこから再び祖母・傾を眺めた。祖母山は品のいいゆったりした金字塔で、傾山はやや傾き加減の突兀《とっこつ》とした姿で、私の眼を熱くした。

97 阿蘇山（一五九二米）

阿蘇《あそ》の規模は世界一と言われる。中学生の頃、その旧噴火口の中に町や村があり汽車が走っていると教えられたが、想像出来なかった。後にそれが陥没火口であることを知ったが、東西四里、南北六里という広さは、やはり想像では実感が来なかった。なるほどこれは大きい、とつくづく思ったのは、九重山《くじゆうさん》の上から、祖母山《そぼさん》の上から、眺めた時であった。阿蘇より高いそれらの山から陥没火口を覗《のぞ》きこむ事が出来た。その中央に立っている所謂《いわゆる》阿蘇五岳も数えることが出来た。しかし私がさらに驚いたのは、そのカルデラよりも、環《わ》をなした外輪山の外側に拡《ひろ》がる裾野《すその》の大きさであった。それは九重や祖母の下まで来ていた。波野原《なみのはら》と呼ばれているが、波野とはうまい言葉である。

その茫漠《ぼうばく》とした原野を一筋の道が貫いていた。熊本から竹田へ通じる古い街道で、そのところどころに松並木が残っていた。昔の旅人は皆この果てしない道をてくてく歩いて行ったのだろう。詩人墨客《ぼっかく》のたぐいは何か作らずにはおられなかっただろう。

頼山陽《らいさんよう》の詩がある。

大道平々砥《し》モ如《し》カズ
熊城《ゆうじょう》東ニ去レバ総《す》ベテ青蕪《せいぶ》
老杉《ろうさん》路ヲ夾《はさ》ンデ他樹ナシ
欠クルトコロ時々阿蘇ヲ見ル

阿蘇の熔岩《ようがん》の拡がりは、鹿児島県を除く九州六県に及ぶと言われる。分離していた大昔の九州を新しい陸地に形成したのは、阿蘇の爆発の結果だという。そういう夢のような話はともかく、現在私たちの眼に裾野と映じる部分だけでも、その広大さは富士裾野も遠く及ばない。

もし阿蘇山の範囲にこの拡がりも含

めるとしたら、それこそ日本一の大きな山になる。が普通阿蘇山と呼ぶ時には、カルデラの中の火丘群が指される。根子《ねこ》岳、高岳、中岳、杵島《きしま》岳、烏帽子《えぼし》岳の五岳である。

　山名の由来について、『日本書紀』にはこう書いてある。景行天皇がこの広々とした土地へ来て、誰にも会わないので、「この国に人がいるか」と呼ばわったところ、「われら二人がおります」と、アソツヒコ、アソツヒメの二神が現われた。「忽《たちま》チ人ニ化シ、以《もっ》テ遊ビ詣《まい》ル。」そこでアソという地名がおこったという。

　そんな謂《い》われはともあれ、阿蘇というひびきは私にはなつかしい。少年の頃孝女白菊の歌「阿蘇の山里秋ふけて、眺めさびしき夕まぐれ」を口ずさんだ時から、その名は私の心

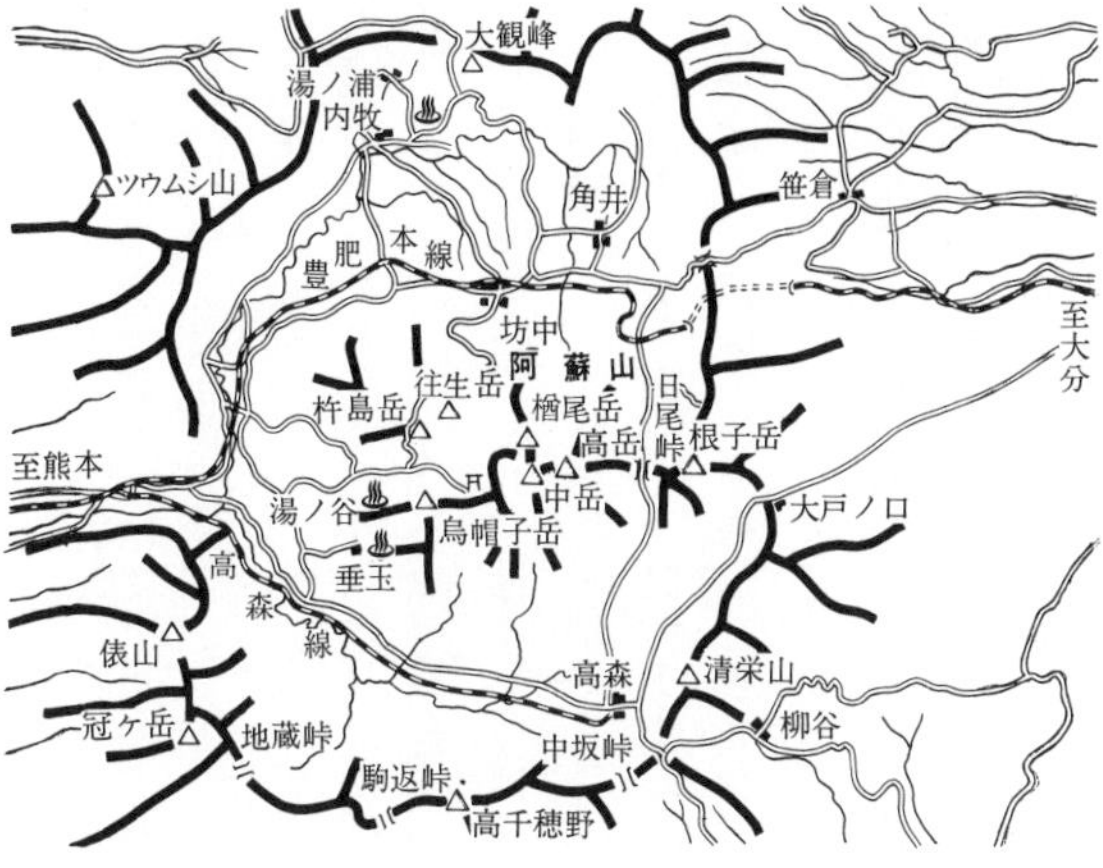

に刻まれた。中学生になって漱石《そうせき》の『二百十日』を読んだ時にも、どこまでも続く寂しい薄《すすき》の原と、轟々《ごうごう》と煙を吹く景色が、強く印象された。

しかしもう圭《けい》さんと碌《ろく》さんの時代ではない。数年前の早春、麓《ふもと》の坊中《ぼうちゅう》で下車した時、駅前に騒々しく群がる観光客を見ただけで、私はあやうく登山意欲を喪失しそうになった。人を避けて私は外輪山の大観峰へ行った。おそろしく寒い日で、茫々と風に吹かれる私のほか誰もいなかった。そこから眺めた外輪山の長大な連なりには目を見張った。自然の万里の長城といったおもむきである。

翌日、私は雑閙《ざつとう》に我慢して、観光バスで坦々《たんたん》とした舗装道路を登り、世界一と称するロープウエイに乗って労せずして噴火口の上縁へ到着した。見物の群集はそこまでだった。砂千里浜へ行くともう人影がなかった。私はそこから脆《もろ》い旧火口壁を攀《よ》じて中岳の上へ出た。やはり寒い日で、そこから高岳へ続く尾根は、一面霧氷で覆《おお》われていた。

霧氷の美しく輝いた最高峰高岳の頂上で、私は霧の晴れるのを待った。東の方に根子岳（猫岳）が岩山の姿で立っている。同じ阿蘇五岳の中でも、これだけは独立した恰好《かっこう》で、こちらのなだらかな山容と対照的に、ゴツゴツした岩稜で出来ている。

眺めおろした南側は白川の盆地で、その先はやはり外輪山にめぐらされている。この南側を流れる白川と、北側を流れる黒川とが、末が一緒になって、外輪山の一角を突き破り、熊本の沃野《よくや》へそそいでいるのである。

下山には火口壁の上に続く長い道を辿《たど》った。何しろ火口が幾つもあって、地勢が複雑なので、どこをどう歩いているのかよく分らない。足許《あしもと》の火口の底から、その周壁から、盛んに煙を吹き上げている。かと思うと全く死んでしまった火口もある。再び私は群集の中へ帰った。

98　霧島山（一七〇〇米）

紀元節を復活するかどうか、二月十一日が近づく毎《ごと》に問題になっている。その論議は差し措《お》いて、大戦前に教育を受けた私たちにとって、「雲にそびゆる高千穂《たかちほ》の、高《たか》嶺《ね》おろしに草も木も……」の歌は忘れがたい。私などは明治四十何年かに小学校へ入って以来、毎年紀元節ごとにうたってきた歌である。

その雲にそびゆる高千穂の高嶺は、霧島《きりしま》山の代表である。建国の記念日の歌に高千穂を持ってきたわけは、わが国の創始を説く『古事記』に、天孫ニニギノミコトがこの峰に降臨されたと記してあるからである。「日《ひ》向《むか》之高千穂之久《く》志《し》布《ふ》流《る》多《た》気《け》」と書かれている。

そしてその高千穂峰の頂上には、有名な天《あめ》の逆鉾《さかほこ》が立っていた。もっともその逆鉾の史的価値についてはいろいろな論があった。高さ二、三尺、先の方に十字架のように横手が出ていて、それには異様な人面が鋳出されていた。古代のものでないことだけは事実である。

天孫降臨は神話的伝説であろうが、その伝説にふさわしい秀麗な山容を、高千穂峰は持っている。この峰を最も美しく眺め得るのは、霧島山群中の一峰大幡《おおはた》山であろうか。そこからは南へ真正面に高千穂を望むが、その主峰が、左に二ッ石、右に御鉢、の二峰を従えて、左右相称の形でスックとそびえ立った姿は、まことに神々《こうごう》しく品格がある。殊《こと》に霧島の他の峰々は大てい灌木《かんぼく》に覆《おお》われているのに、高千穂峰だけは一木も着けず、黒々とした肌であるのも美しい。

　霧島山全体を含む約二万町歩が国立公園に指定されたのは昭和九年だというから、国立公園として最も古いうちに属する。山あり、湖あり、高原あり、温泉あり、といった自然の変化に恵まれている上に、国の創《はじ》めの伝説

の地であるから、国立公園として最初に挙げられたのも当然だろう。

私がそこを訪れたのは、昭和十四年、まだ太平洋戦争が起らず、シナ大陸でどんどん戦果をあげている景気のいい時であった。その翌年が建国二千六百年にあたるというので、建国の始原の伝説地である高千穂峰には、立派な登山路が開拓されつつあった。皇威宣揚とか勤労奉仕とかいう文句が、どこへ行っても眼につく時であった。

高千穂に登るまでに、私はただ一人で、霧島山群の韓国岳《からくに》、獅子戸岳《ししこ》、大幡山、新燃岳《しんもえ》、中岳等へ登って、それぞれの頂上から倦《あ》くほど高千穂の美しい峰を眺めた。そして最後に新湯という鄙《ひな》びた温泉で一夜をあかして、翌朝高千穂峰に向った。急坂を登り終えると、御鉢(旧噴火口)のふちを道が通じている。右は火口、左は急な谷で、馬ノ背と呼ばれている。橘南谿《たちばななんけい》が『西遊記』の中に「ただ平に行くといへども左右皆石谷にて剣の刃の上を行くごとく、足のふむところ僅《わず》かに馬の背中ほどなれば……」と書いているが、それは昔のことで、今は眼をつぶっても行けそうな広い平らな道であった。そこを行き尽すと、古宮址《し》があった。そこから頂上まで僅かであった。

朝から風のある快晴で、しかも空気の澄んだ十二月中旬であったから、頂上からの展望はすばらしかった。霧島山群は言うまでもなく、遠く桜島山、開聞岳《かいもん》、野間岳等が見え、錦江湾《きんこう》の彼方遥《かなたはる》かに海上に浮んでいたのは、竹島か硫黄島であったろうか。

天《あめ》の逆鉾《さかほこ》を保護するコンクリートの堂が出来ていて、その堂から少し下った所に、山番人の小屋があった。私は天孫降臨の聖峰に一人立って、いにしえの襲《そ》の国を一望に収め、皇祖発祥のあとを憶《おも》って、去るに忍びないものがあった。その頃やはりこの峰を訪れて斎藤茂吉は数多くの歌を残したが、その一首、

高千穂の山の頂に息づくや大きかも寒きかも天《あめ》の高山《たかやま》

高千穂と呼ばれる峰は、このほかに宮崎県の北部の臼杵《うすき》郡にもあって、そのいずれが『古事記』の「日向《ひむか》之高千穂之久志布流多気《くしふるたけ》」であるか、昔から問題になっていたことは、本居宣長《もとおりのりなが》の『古事記伝』にも「さてこの山の

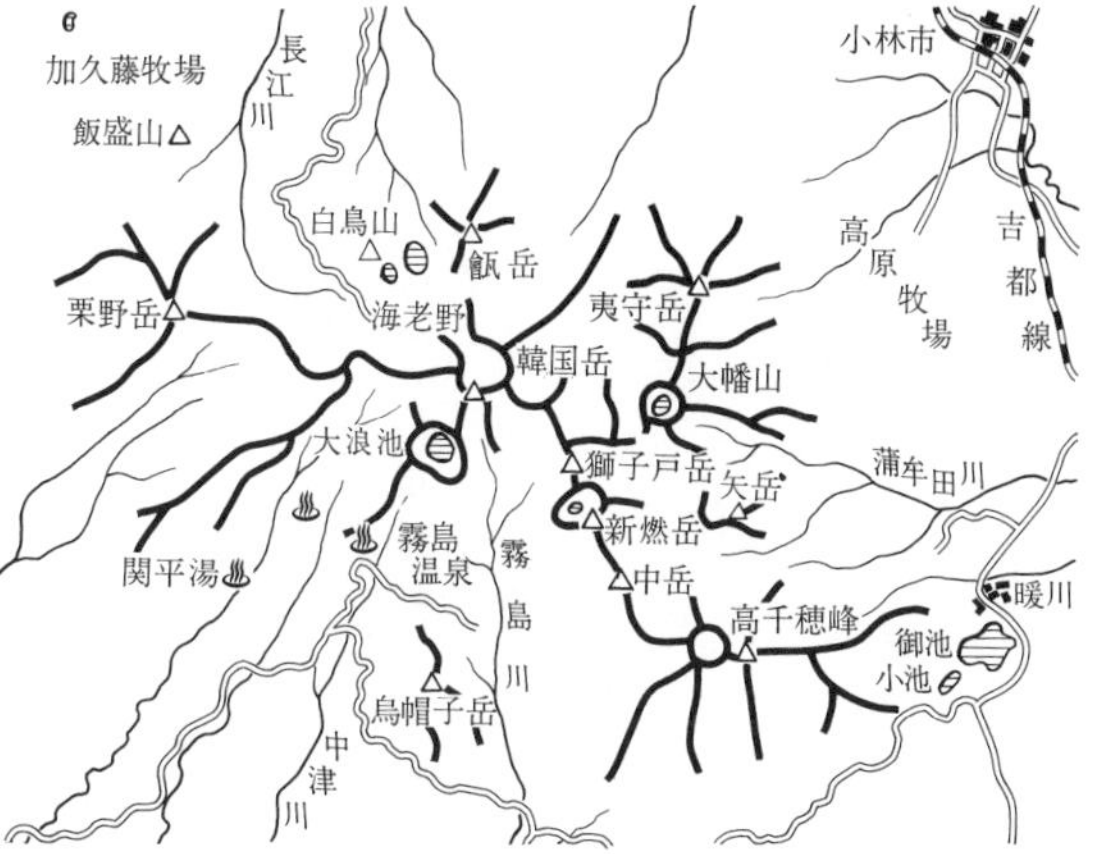

こと其《そ》れとおぼしき二処ありていとまぎらはし」と書いてあるのをもっても察しられる。

紀元二千六百年には、この両処がそれぞれ自分の方が正真正銘の高千穂峰だと言い張って争った。何しろその当時は、高千穂峰は聖蹟《せいせき》としてあがめられていた時勢であったから、その歴史的価値が高かったわけである。しかし今はそういう風潮も消えた。日本の右傾時代には、不敬の心を抱いて高千穂峰に登ることも許されなかったが、今はそういう強制的な精神の束縛もなく、南国の明るい峰に登って心ゆくまで伝説の国に親しむことが出来るようになった。

99 開聞岳（九二四米）

橘南谿《たちばななんけい》は『東遊記』『西遊記』を著わしたほどの徳川時代の旅行家で、その前著の中に、「名山論」と題した一文がある。彼いわく、人々は皆それぞれ自分の郷土の山川を自慢して、天下第一と言うが、甚だ信じ難い。自分の見るところでは、まず名山と称すべきものは、立山、白山、鳥海山、月山、岩木山、岩手山、彦山、開聞岳、桜島山である、と。

今日の眼から見ると、この選択はかなり滑稽《こっけい》である。以上を名山としてあげるなら、それに劣らぬ名山はまだ何倍あるかしれない。しかし百五十年前の説である。交通不便な時代だったから、南谿は多くの優秀な深山を知らなかったのだ。ただ街道筋から見た山だけを注意していたのであろう。

橘南谿の「名山論」を持ちだしたのは、その中に開聞《かいもん》岳の入っていることが、わが意を得たからである。高さ千米《メートル》にも足りない山が、他の諸山に伍《ご》してその名を誇っているのがほほえましかったからである。しかし高さこそ劣れ、ユニークな点では、この山のようなものは他にないだろう。これほど完璧《かんぺき》な円錐《えんすい》形もなければ、全身を海中に乗りだした、これほど卓抜な構造もあるまい。名山としてあげるのに私は躊躇《ちゅうちょ》しない。

開聞岳の名は中学生の頃から知っていた。近所に七高造士館へ行っている先輩がいて、その人が帰省する毎《ごと》に、いつも西郷さんとこの山の話が出たからである。それ以来開聞岳という名は私の脳裡《のうり》に刻まれた。後年初めて鹿児島の土を踏んで、その海岸から、遥《はる》かに遠く、消え入らんばかり微《かす》かに、開聞岳の正三角形を望んだ時は、眼蓋《まぶた》があつくなる思いであった。

この山の本来の名は開聞岳《ひらききだけ》であった。北麓《ほくろく》に古い由緒《ゆいしょ》を持った開聞神社がある。延喜式《えんぎしき》には枚聞《ひらきき》と出ているが、開聞の方が古字だそ

うで、ヒラキキは平来の意で、もとは地名であった。その開聞《ひらきき》岳が音読みで開聞《かいもん》岳となり、更に海門山という別名さえ生じるようになった。

海門山とは巧妙な宛字《あてじ》だ。鹿児島湾の門口を扼《やく》して立っているからである。いや、それは本土の衛兵のような位置に立っている。終戦後、中国で俘虜《ふりょ》生活を送った私が、上海《シャンハイ》から帰還した時、船が日本に近づいて、夜のあけぎわにまず眼にしたのがこの開聞岳であった。その整った美しい山容を見て、とうとう内地へ戻ってきたという万感のこみあげてきたのを忘れない。後年ヒマラヤへ行くため、南海に向って日本を去る時にも、最後の見送りはこの開聞岳であった。

この山の上へ私が立ったのは戦前の十二月

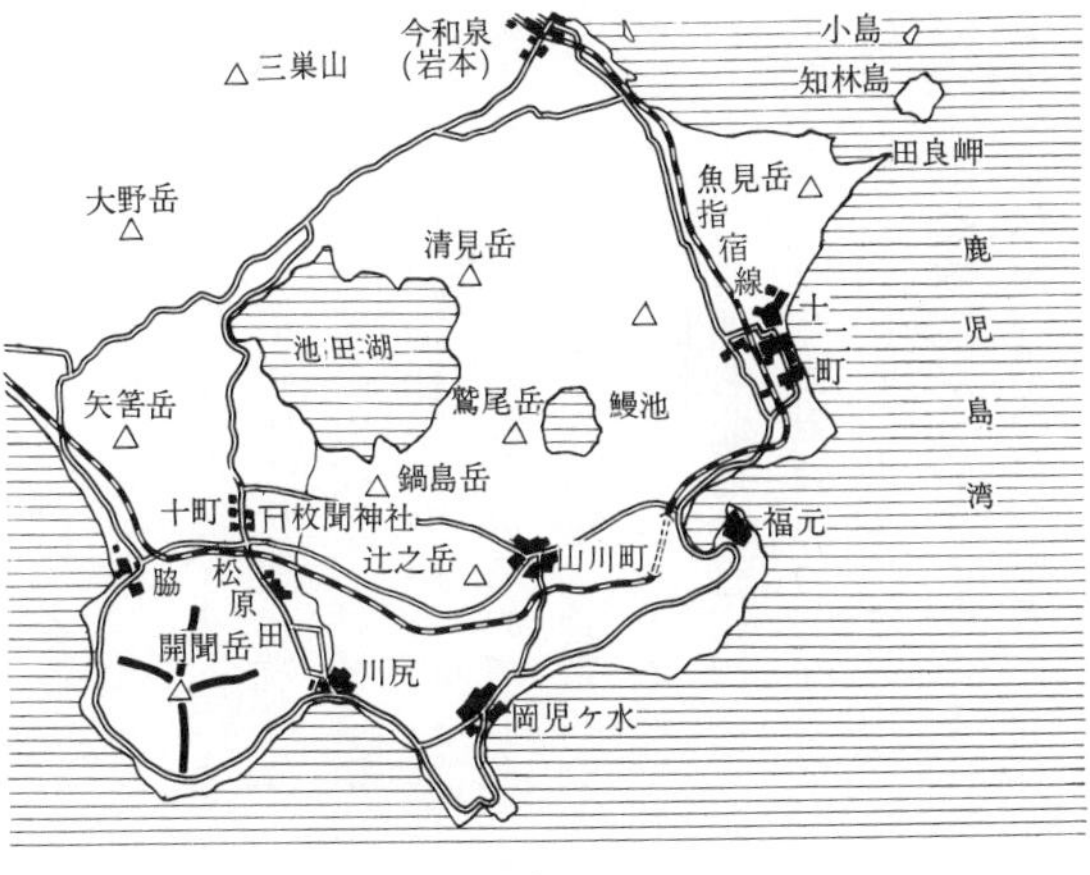

であった。枚聞《ひらきき》神社に参拝して、島蜜柑《みかん》を御馳走《ごちそう》になり、長五郎焼の壺《つぼ》に入った御神《おみ》酒《き》を土産に頂いて、その背後からすぐ登りにかかった。この神社は『三代実録』にも度々神位昇叙の記載が見え、中世になってから薩摩《さつま》国一ノ宮としてあがめられ、島津氏入国の後は殊《こと》にその崇敬篤《あつ》かったという。開聞岳は、貞観《じようがん》十六年（八七四年）と仁《にん》和《な》元年（八八五年）と二回噴火の記録があるが、その後一千年間休眠状態を続けている。貞観十六年三月四日に噴火した時は、焦煙天に充《み》ち、灰砂雨の如《ごと》く、神社は指宿《いぶすき》に遷座《せんざ》された。そしてこの天災を神の祟《たた》りと見なして、枚聞神社の位階が進められた。

開聞岳は標高こそ千米に充たないが、何しろ海ぎわからすぐ立っているので、そう楽な登りではない。中腹ぐらいまで密林の中を行くが、それから上は灌木《かんぼく》地帯になるので、見晴らしが展《ひら》けてくる。登山道はうまく出来ていて、円錐形を直登するのでもなくジグザグでもなく、螺旋《らせん》状に山を巻いて行くのである。即ち北麓の登山口からまず東側に廻り、それから南側を経て西側に廻り、再び北側に出た時はもう頂上、といった工合である。こんな珍しい登山道も私は他に知らない。というのも、この山が完全な円錐体である上に、放射谷が殆《ほと》んどないので、この螺旋道が可能なのである。

しかも東側から南側に廻るあたりから上は、ずっと眺望が利《き》くので、登るにつれて次々と四周の風景に接することが出来る。見おろす景色は殆んど海で、山に登りながらこんなに海の享楽《きょうらく》出来ることもまた珍重するに足る。

頂上には火口跡の窪地《くぼち》があって、一面にユズリハやイヌツゲなどの常緑広葉樹で覆《おお》われていた。その一角に大きな岩塊が積み重なっていて、そこに三角点があった。頂上からの眺めは、三方は海、北から東にかけてだけが陸地である。海の方には長崎鼻が見え、枕崎《まくらざき》が見え、陸地の方には池田湖が見え、矢筈《やはず》岳が見えた。期待していた南の遠い島々が、天候の加減で見えなかったことだけが残念であった。帰りは、途中の分れ道から東側の川尻部落へ降りた。この漁村の波打ち際《ぎわ》から仰いだ開聞岳こそ、天下の名山に恥じなかった。

100 宮ノ浦岳 （一九三五米）

西日本（白山以西）で一番高い山は、四国の石鎚《いしづち》山と剣《つるぎ》山であることは、山の好きな人なら大かた知っていよう。それについで高いのは宮《みや》ノ浦《うら》岳と言うと、そんな山はどこにあるかという顔をする人が多い。宮ノ浦岳は屋久島《やくしま》の最高峰である。鹿児島から南西へ九十余マイル距《へだ》たった日本最南端の島に、そんな高い山があることを意外に思う人があるかもしれない。

屋久島は、東西約二十八粁《キロ》、南北約二十四粁、周囲百粁、ほぼ円形の孤島で、全島が山で充《み》ち、殆《ほと》んど平野らしいものはない。海岸線に沿って、僅《わず》かの平地を見出《みいだ》して部落が点在しているが、一歩島の内部へ入ると山ばかりである。

最高峰の宮ノ浦岳はほぼ島の中央を占め、少し距たって、永田岳、黒味岳が立っている。いずれも千八百米《メートル》以上を算するが、それ以下の山になると無数にある。山の頂をタケと呼び、島の人たちに言わせると、そのタケが三百三十もあるそうである。だから海上から望むと、島というより、大きな山が海の上にそびえているように見える。そしてそれを総称して八重岳《やえ》とも呼んでいる。

屋久島は、古い昔益救《やく》と言われていたが、天平十四年（七四二年）大隅《おおすみ》国に合し、建久年間島津氏の守護の下に入った。海ぞいの宮ノ浦部落には、真砂《まさご》を敷いた奇麗な境内の益救《やく》神社があり、これは『延喜式《えんぎしき》』に大隅国馭謨《ごむ》郡一坐小益救神社と出ているほどの由緒《ゆいしょ》のある社である。このお宮から宮ノ浦という村名が生れ、その名が山にも冠せられたのである。

全島これ山で、山は森林に覆《おお》われている。驚くべき樹木の繁茂ぶりである。下の方は南国産の広葉樹だが、だんだん上へ行くにつれて植物景観が変って、頂上近くには、寒帯性の高山植物まで見られる。中でも有名なのは

屋久杉《やくすぎ》（一名神代杉《じんだいすぎ》）で、その年輪を数えてみると、二千年以上のものも稀《まれ》ではないという。こんなに樹木の生長のいいのは、海洋気象の影響で湿潤の度が高いからである。俗に屋久島は「一と月に三十五日雨が降る」とさえ言われている。だからはるばる登山に出かけて行っても、晴天に恵まれることは滅多にないそうだ。

私は幸運にもそれに恵まれた。昭和十四年（一九三九年）十二月という冬の季節を選んだのも幸いしたのだろう。鹿児島を夜の十時に発《た》って、屋久島東海岸の安房《あんぼう》へ上陸したのは翌日の午後おそくであった。その日のうちに、材木運搬のトロリーに乗って、安房川の上流の小杉谷斫伐《しゃくばつ》所まで行って泊めて貰《もら》った。屋久島はその八十三パーセントまでが国有林なので、ここでは営林署がオール・マイティ、山小屋も登山道もすべての施設は営林署のおかげを蒙《こうむ》っている。

翌日はすばらしい晴天、花《はな》ノ江《え》河《ごう》の小屋まで登って泊った。ここは美しい自然の庭園で、老木の屋久杉が、ちょうど東北地方の山のオオシラビソのような形で、点々と立っていた。日没前に黒味岳に登り、真正面に谷を距てて宮ノ浦岳を眺めた。ピラミッド型の端然とした山で、その左に岩頭を連ねた永田岳。夕方の斜めの光が一層これらの山を立派に見せた。

鹿《しか》の声を聞きながら明かした翌朝は又も快晴、屋久笹《やくささ》と石楠花《しゃくなげ》との入り混ったのんびりした道を登って、宮ノ浦岳の頂上に立った。頂上の近くは三十糎《センチ》ほど雪が積っていた。見渡す限り山ばかりで、その山の向うは海である。今までどこか深い山の中を歩いている気がしていたが、頂上から取巻く海を眺めて初めて海の真ん中にある島にいるのだと悟った。宮ノ浦岳は海岸のどの村からも見えない。従ってこの頂から見えるのは山と海ばかりである。

　永田岳を越えての帰路は、途中から小雨になった。永田小屋で一休みして、西海岸の永田部落までの下りは長かった。私の行程は屋久島の一番高い所を経て、島を東西に横断したことになる。永田で一泊して、翌日北海岸の宮ノ浦まで海ぞいの道をバスで運ばれた。帰りの船はそこから出た。

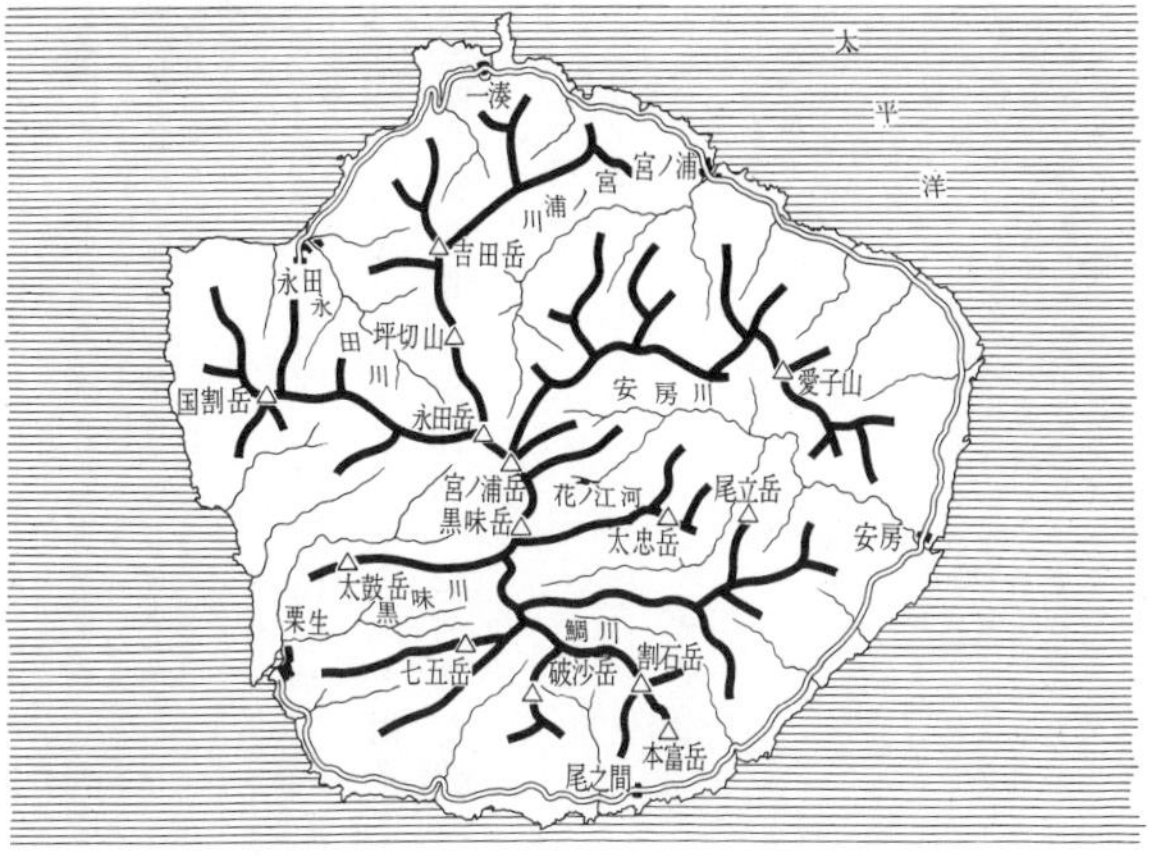

もう二十五年前のことで、その時私は二度とこんな南海の島へ来ることはあるまいと思っていた。ところが近年屋久島は次第に有名になり、霧島国立公園はその範囲を拡《ひろ》げて、屋久島まで包含するようになった。近いうちに飛行機が通うようになるという。私にも再遊の機会が与えられるかもしれない。

しかしもう鹿の声は聞えなくなるだろう。年々何十頭かが狩猟の対象になっているそうである。それからあの素朴な浦辺の村々も、観光客を迎えるようになってはその趣を変えて行くことだろう。再遊などせず、土産物も絵葉書もなかった昔の屋久島の思い出に浸っていた方が賢明かもしれない。

後記

日本は山国である。どこへ行っても山の見えない所はない。市や町や村を見おろす形のいい山が立っていて、そこの学校の校歌に必ず詠《よ》みこまれるといった風である。日本の国民は大てい山を見ながら育った。東京だけは山に遠いが、しかし煤煙《ばいえん》の少なかった昔は、富士山や筑波《つくば》山が重要な背景であった。

日本人ほど山を崇《たっと》び山に親しんだ国民は、世界に類がない。国を肇《はじ》めた昔から山に縁があり、どの芸術の分野にも山を取扱わなかったものはない。近年殊《こと》のほか登山が盛んになって、登山ブームなどと言われるが、それはただ一時におこった流行ではない。日本人の心の底にはいつも山があったのである。

わが国の目ぼしい山にすべて登り、その中から百名山を選んでみようと思いついたのは、戦争前のことであった。その頃ある山岳雑誌に「日本百名山」と題して二十五座ぐらいまで連載したが、雑誌が廃刊になったのでそれきりでやんだ。しかし私は山に関しては執念深いから、戦後再び志を継いで、還暦の年にそれを完成した。

本書にあげた百の名山は、私は全部その頂上に立った。百を選ぶ以上、その数倍の山に登ってみなければならない。どのくらいの数の山に登ったか数えてみたことはないが、私の山登りは少年時代に始まって今日に至るまで殆《ほと》んど絶えたことがないから、多くの山を知っている点では自信がある。

日本の名山選定に着眼したのは、私が最初ではない。橘南谿《たちばななんけい》はその著『東遊記』の中に「名山論」という文章を載せ、九座の名山をあげている。今日からすれば甚だ貧弱なリストであるが、百五十年前の旅行の不便な時代だったから、それも止《や》むを得ないだろう。

谷文晁《たにぶんちょう》に『日本名山図会《ずえ》』三巻があって、全部で九十の山が描かれている。日本画風に山の形がデフォルメされているのが多いが、一つ一つ写生によっていることは事実である。九州から北海道の入口にまで及んで、街道筋から見える有名な山は大てい含まれている。しかしその九十座の中には、房州の鋸《のこぎり》山や伊勢の朝熊《あさま》山のような小山が多く入っていて、わが国で最も高い山の集っている日本アルプスでは、駒《こま》ヶ岳、御嶽《おんたけ》、立山《たてやま》の三つしか挙がっていない。

南谿も文晁も山の好きな旅行家ではあったが、日本の山奥にはまだまだ立派な山のあることを知らなかった。それも無理はない。信州や越中や飛騨《ひだ》の深い山が広く知られだしたのは、明治の末になってからである。越後や会津や奥羽の隠れた山が一般の登山者の対象となってきたのは、更にその後である。山登りは年を追うて盛んになり、現在ではもう日本中探しても未知の山はなくなった。そこで私は日本中の山を洩《も》れなく探して、百名山を選ぶことにした。麓《ふもと》から眺めるだけでは十分でない。私は全部登った。中には何度か退けられて、ついに登った山もある。ともかく絶頂を踏まねば承知出来なかった。登ってみもしないで選定するのは、入社試験に履歴書だけで採否を決定するようなもので、私の好まないところであった。

私の選定には異論もあろう。殊に人は自分のよく知っている山を推して名山とするが、私は多くの山を比較検討した上で決めた。もちろん私の眼は神の如《ごと》く公平ではない。私に自信を持たせてくれたのは、五十年に近い私の登山歴である。

選定についてまず私は三つの基準をおいた。

その第一は山の品格である。誰が見ても立派な山だと感歎《かんたん》するものでなければならない。高さでは合格しても、凡常な山は採らない。厳しさか強さや美しさか、何か人を打ってくるもののない山は採らない。人間にも人品の高下があるように、山にもそれがある。人格ならぬ山格のある山でなければならない。

第二に、私は山の歴史を尊重する。昔から人間と深いかかわりを持った山を除外するわけにはいかない。人々が朝夕仰いで敬まい、その頂に祠《ほこら》をまつるような山は、おのずから名山の資格を持っている。山霊がこもっている。ただ近年の異常な観光業の発達は、古い謂《い》われのある名門の山を通俗化して、もはや山霊も住み所がなくなっている。そういう山を選ぶわけにはいかない。

第三は個性のある山である。個性の顕著なものが注目されるのは芸術作品と同様である。その形体であれ、現象であれ、乃至《ないし》は伝統であれ、他に無く、その山だけが具《そな》えている独自のもの、それを私は尊重する。どこにでもある平凡な山は採らない。もちろんすべての山は一様でなく、それぞれの特徴は持っているが、その中で強烈な個性が私を惹《ひ》くのである。

附加的条件として、大よそ千五百米《メートル》以上という線を引いた。山高きをもって尊しとせずだが、ある程度の高さがなくては、私の指す山のカテゴリーには入らない。例えば、越後の弥彦《やひこ》山や、京都の比叡《ひえい》山や、豊後《ぶんご》の英彦《ひこ》山など、昔から聞えた名山に違いないが、あまりに背が低すぎる。例外はある。筑波山と開聞岳。なぜそれを選んだかは、その山の項に書いてある。

最初に私は百名山候補のリストを作って、その中から選択していった。七十パーセントくらいは問題なく通過したが、あとは及落すれすれで、それを篩《ふるい》にかけねばならぬのは、愛する教え子を落第させる試験官の辛《つら》さに似ていた。

具体的に言おう。北海道では九座挙げたが、そのほかに、ウペペサンケ、ニペソツ、石狩岳、ペテガリ、芦別《あしべつ》岳、駒ヶ岳、樽前《たるまえ》山などは有力な候補であった。ただ私はそれらの山を眺めただけで、実際に登っていないという不公平な理由で除外したことは、それらの山に対して甚だ申しわけない。

東北地方では、秋田駒ヶ岳と栗駒《くりこま》山を入れるべきであったかもしれない。森吉《もりよし》山、姫神《ひめかみ》山、船形《ふながた》山など、いい山ではあるが、少し背が足りない。

一番迷ったのは上信越であった。ここには高さの第一級はないが、第二級がゴロゴロしている。しかもいずれも私の好きな山である。女峰《にょほう》山、仙ノ倉山、黒姫山、飯縄《いいづな》山、守門《すもん》山、荒沢岳、白砂山、鳥甲《とりかぶと》山、岩菅《いわすげ》山、その他、百名山の中に入っても少しも遜色《そんしょく》のない山がたくさんある。

よく私は人から、どの山が一番好きかと訊《き》かれる。私の答はいつもきまっている。一番最近に行ってきた山である。その山の印象がフレッシュだからである。おそらく右に挙げたような山も、もし私がそこから帰ってきたばかりであったら、当然百名山に加えたに違いない。愛するものは選択に迷う。

日本アルプスの山々が百名山のうち四分の一以上を占めたのは止むを得ない。本州の背骨をなすここには、目立つものを数えただけでも忽《たちま》ち三十は越えてしまう。その中からの選択も私を当惑させた。当然選ぶべきものに、雪倉《ゆきくら》岳、奥大日《おくだいにち》岳、針ノ木《はりのき》岳、蓮華《れんげ》岳、燕《つばくろ》岳、大天井《おてんしょう》岳、霞沢《かすみざわ》岳、有明《ありあけ》山、餓鬼《がき》岳、毛勝《けかち》岳などがあった。南では、大無間《だいむげん》山や笊《ざる》ヶ岳や七面山も入れたかった。

北陸では白山山脈の笈《おいずる》ヶ岳か大笠山を是非入れるつもりであった。これは私のふるさとの山としての身贔屓《みびいき》ばかりでなく、こんな隠れた立派な山があることを世に吹聴《ふいちょう》したかった。しかしまだ登頂の機会を得ないので遺憾にも割愛した。

関西で選んだ伊吹《いぶき》山、大台ヶ原山、大峰山のほかに、昔から名の聞えた鈴鹿《すずか》山か比良《ひら》山を加えたかった。鈴鹿山へは三度行った。しかし御在所岳はもう遊園地化していたし、藤原岳に登って鈴鹿の山々を眺めたが、何にしても高さのないことが、私を躊躇《ちゅうちょ》させた。比良山も同様である。むしろ奥高野の山々から一つ選ぶべきであったかもしれないが、私はまだそこを知らない。

中国は高山に乏しい。伯耆大山《ほうきだいせん》に登った日は絶好の秋晴れで、その頂上から私は山陽・山陰を仕切る脊梁《せきりよう》山脈を眺めた。私の期待はどこかにめぼしい山がないかであった。しかし幾重にも連なった山々は皆同じように平夷《へいい》な丘陵で、特に眼を惹くものがなかった。蒜山《ひるぜん》へも訪れてみたが、名山として推すには物足りなかった。

更に西へ行って三瓶《さんべ》山へ登った。そこから今度は西中国の山々を眺めた。結果は同

じだった。名山探しは無駄に終った。こうして中国では大山一つになった。もし他に挙げるとすれば氷《ひょう》ノ山《せん》かもしれない、

四国の石鎚《いしづち》山と剣《つるぎ》山の二座は異議のないところと思う。九州は六座選んだが、ほかに由布《ゆふ》山、市房《いちふさ》山、桜島山が念頭にあった。いずれも個性のあるみごとな山である。

「日本百名山」は私の主観で選択したものだから、これが妥当だと言えないだろう。しかしよく新聞で「日本新名勝百景」といった風なものが、多分に営業政策的な投票の多寡《たか》によって決定されることがある。あの種のものよりは私の試みの方が正確である。私は多くの人の意見を聞きたい。そして今後再版の機会があったら、若干の山の差しかえをするつもりである。

最後に、「日本百名山」を山岳雑誌「山と高原」に連載することを勧めてくれた大森久雄君に感謝しよう。それから本書挿入《そうにゅう》の地図は、独標登高会の山口耀久、中村朋弘、石井重胤の三君が非常な労力を払って作ってくれた。写真の大部分は私の山の友人たちから借りた。共に厚くお礼を申しあげねばならない。

一九六四年五月

（昭和三十九年七月刊、新潮社版『日本百名山』後記）

解説

串田孫一

私は嘗《かつ》てこんな文章を書いたことがある。「深田さんは私の大好きな山の先輩であった。そのために却《かえ》って一緒に山へ登ることを考えなかった。だがどこかの山頂で出あって、ともに憩《いこ》いの時を過す日を夢みていた。亡《な》くなられてもこの夢だけはどうしても消えない」

自分が日頃山の先輩として尊敬している人と山行を共にすることを願い、それを何とか実行してしまう人がいるが、私には出来なかった。それは単純な遠慮というものではなく、お互いの気持の負担やら、行動の制約やら、いろいろの点を考えて差控えなければならないことのように思われる。

一度、第三者が立てた計画で、大山《だいせん》から烏ヶ山《からすせん》、擬宝珠山《ぎぼしゆがせん》を通り蒜山《ひるぜん》まで縦走するという話があり、深田さんと私が招かれる話になった。私はその少し前の冬に蒜山に登り、大山へと続く雪の山稜《さんりよう》を見て、その縦走を出来るなら積雪期に試みたいと思っていたのでかなり気持が動いた。その時期などは私たちの都合でどのようにでもと言われ、いよいよ深田さんと一緒に山を歩く機会が来たと思っていた。だがこれもどういう理由からであったかはっきり憶《おぼ》えていないが実現せずに終ってしまった。或《ある》いは私が例によって、地元の人たちを交えた数人で山を歩くことに、気持が積極的に動かなかったために計画がそのまま消滅してしまったのかも知れない。

だが山頂で、或いは尾根路の途中で親しい友人や先輩に出会うのは寔《まこと》に嬉《うれ》しいものである。それは、厳密に打合せでもした上のことならばともかく、望んで必ず得られる悦《よろこ》びではない。また仮りに打合せなどをして山頂で出会ってもそれ程嬉しいものではないと思う。予期しない出会いであるから悦びが大きいのであろう。

私は深田さんとのそういう山中での偶然の出会いを夢みていた。それは結局叶《かな》えられなかったが、一人で渓谷沿いの小径《こみち》を歩いているような時に、霧の中から足音が聞えて来て、何となく挨拶《あいさつ》をして顔を見ると深田さんだったらどんなに嬉しいだろうと思ったことが幾度もあった。今、山径を歩いてもきっと同じことを想《おも》うだろう。

深田さんの『日本百名山』を読んでいて、或る山に丁度同じ頃に私も登っていた筈《はず》だということに気がついて、古い山日記を出して見ると、二日三日の違いであったりして、何とも口惜《くや》しい想いが残っている。

その『日本百名山』は一九六四年の夏七月に初版が出て、私も著者から戴《いただ》いた。その大型の立派な本を一頁《ページ》一頁読み進みながら何とも羨《うらや》ましく思った。この本は簡単な思い付きによって編集されたものではなく、計画は戦前に溯《さかのぼ》り、また既にその幾編かは「日本百名山」として雑誌に発表されていたことを私も記憶している。これらのことは著者の後記に詳しいので重複を避けるが、この百名山が単行本としていよいよ刊行されることは私も承知していた。表紙の版画や地図作成、写真など、この本が形を整えて行く上でお手伝をしていたのが私の近くにいてその頃毎日のように会っていた人たちであったので、その人たちから否応《いやおう》なしに進行状態が知らされていた。そして出来上った時には著者から托《たく》されてそのうちの一人が届けてくれた。

それから十四年。長いような短いような年月であるが、その間に『日本百名山』は絶えることなく版を重ねている。これは珍しいことである。移り変りの激しい書店の棚を見ていて、未《いま》だに棚から姿を消したことがない。

この魅力はどこにあるのか。

それは山好きの人たちがこれだけは大切にして置きたくなるような大きさと造本もさることながら、この百山を一つ残らず深田さんが登って、その上で書かれたことである。それだけでなく、百の山を選び出すためには、少なくもその数倍の山を登っていなければならないこと、つまり、百山の背後には、それだけに終らない実に豊富な山行の経験があるということも、その文章を通じて常に感じられるのであって、これもその魅力であろう。

また百座の山をこうして並べられると、山登りをしている人は、必ずそのうち自分は幾つ登ったろうかと数えたくなる。或る人は二十、或る人は約半数の山を自分の足で登って知っている。

この本が刊行されてから、深田さんには「『日本百名山』その後」という文章がある。それは一九七一年に書かれたものであるが、今も尚《なお》この本についての質問や手紙が多いことを伝え、「百のうち自分は幾つ登ったか目次にしるしをつけて、その数のふえて行くのを楽しみにしている読者が多いようである」と書かれている。

またこれも当然のことと思われるが、自分が百を選ぶなら、この山よりもあの山をという意見を抱く。それは異議の申立てではなくて、読者はそれぞれ自分の「百名山」を想い描く。そういう時の目安にこれを使う。これもまた本としての魅力の一つであろう。

深田さんは後記に、百を選ぶ際の基準を三つ挙げておられる。山の品格、山の歴史、そして個性のある山であり、附加的条件として山の高さを千五百米《メートル》以上ということにしてある。この基準も勿論《もちろん》絶対的なものである筈はなく、どのようにも置き換えられ、或る人はどんなに低く小柄の山でも自分にとって特別な愛着があればそれも加えたいと思うだろう。だが、いろいろ考えてみると、深田さんの設けられた基準は妥当であると思われるし、選ばれた百山も一つとして見当違いの感じを受けるものはない。その何《いず》れの条件にも叶った山でありながら、深田さん自身が登っていないために入れるわけに行かなかった山も幾つかあって、それについては如何《いか》にも申し訳がないという断わりがあった。私の記憶では、『日本百名山』の文章が完成される間際《まぎわ》には、登っていないために割愛しなければならないのが如何にも惜しいし、その山に対して相済まないので、登って来ると言っておられた。そしてその結果が加えられたのかと思うと必ずしもそうではなく、採点に関してはなかなか厳しい面もあった。だが大体において、何れの山にも、自分の足で登っていればそれぞれに愛着があるのだから、「それを篩《ふるい》にかけねばならぬのは、愛する教え子を落第させる試験官の辛《つら》さに似ていた」というのも切実な言葉である。

ただ私たち読者として間違えてはならないのは、「名山」としてこの本には落ちた山についても、多く深田さんの文章が残されているのであって、山としての資格が失われたわけではない。深田さんの『山の文学全集』（朝日新聞社）として集められたその量は極めて多く、実に精力的な執筆であった。海外の山に対する情熱も激しく、山の文学と言ってもかなり多面的であるが、然《しか》し、読者としてはいずれの文章からも深田さんの山に対する気持、登山という行為に関する変らない態度を読み取ることが出来る。またそれが最も素直に端的に現わされているのはこの『日本百名山』かも知れない。

この一つ一つの山について、歴史も充分に調べ、時には科学的知識の準備もあったことはうかがえるが、案内記風の乾燥した文章でもなく、紀行に終始するのでもなく、それらを巧みに取りまぜたところに一編一編の味わいがある。時には一つ一つの山に対する感謝の気持が強く私たちの胸を打つ。

深田さんは山登りにはいろいろの登り方があるのを認め、それぞれの態度に尊敬を払っておられたが、スポーツとして個人の心の自由を奪うような登山団体の方向にははっきり疑問を抱いておられた。講演会場での多くの人たちを前にして、登山を文部省体育課の仕事に入れるのは、もっての外だと言っておられた。

つまり、登山は私たちが山へ登りたい気持を率直に実現して行く個性的な登り方が最も望ましいということなのだろう。こういう考えが根強いものであるからこそ、深田さんという人物の個性が親しまれるのだと思う。その個性については表現が非常に難かしい。易しいようで困難である。私が無理に歪《ゆが》んでいるかも知れない解説をするよりも、この『日本百名山』の文章を熟読することによって、それぞれの読者に、一登山家、或いは一人の山の愛好家のイマージュを組立てる楽しみを残して置いた方がよさそうに思われる。

尚、深田さんの山に関する他の著作を御存知ない方のために、著作略年譜を掲げて置くことにする。

『わが山山』昭和九年十二月、改造社刊
『山頂山麓』昭和十七年七月、青木書店刊
『山岳紀行』昭和十八年十二月、新潮社刊
『をちこちの山』昭和二十七年五月、山と渓谷社
『ヒマラヤ――山と人』昭和三十一年七月、中央公論社刊
『ヒマラヤ登攀《とうはん》史――八千メートルの山々』昭和三十二年七月、岩波書店刊
『雲の上の道――わがヒマラヤ紀行』昭和三十四年六月、新潮社刊
『登山十二カ月』昭和三十四年八月、角川書店刊
『わが愛する山々』昭和三十六年五月、新潮社刊
『シルク・ロード』昭和三十七年十一月、角川書店刊

『山があるから』昭和三十八年六月、文藝春秋新社刊
『ヒマラヤの高峰』全五巻別巻一、昭和三十九年六月〜四十一年一月、雪華社刊
『瀟洒《しょうしゃ》なる自然――わが山旅の記』昭和四十二年十一月、新潮社刊
『シルクロードの旅』昭和四十六年六月、朝日新聞社刊
『山頂の憩い』昭和四十六年七月、新潮社刊
『中央アジア探検史』（西域探検紀行全集別巻）昭和四十六年九月、白水社刊
『深田久弥・山の文学全集』全十二巻、昭和四十九年三月〜五十年二月、朝日新聞社刊
『世界百名山――絶筆41座』昭和四十九年十一月、新潮社刊

（昭和五十三年九月、作家）

この作品は昭和三十九年七月新潮社より刊行された。

新田次郎著
縦走路
冬の八ヶ岳を舞台に、四人の登山家の男女をめぐる恋愛感情のもつれと、自然と対峙する人間の緊迫したドラマを描く山岳長編小説。

新田次郎著
強力伝・孤島
直木賞受賞
直木賞受賞の処女作「強力伝」ほか、「八甲田山」「凍傷」「おとし穴」「山犬物語」など、山岳小説に新風を開いた著者の初期の代表作。

新田次郎著
孤高の人
（上・下）
ヒマラヤ征服の夢を秘め、日本アルプスの山々をひとり疾風の如く踏破した〝単独行の加藤文太郎〟の劇的な生涯。山岳小説の傑作。

新田次郎著
蒼氷・神々の岩壁
富士山頂の苛烈な自然を背景に、若い気象観測所員達の友情と死を描く「蒼氷」。谷川岳衝立岩に挑む男達を描く「神々の岩壁」など。

新田次郎著
栄光の岩壁
（上・下）
凍傷で両足先の大半を失いながら、次々に岩壁に挑戦し、遂に日本人として初めてマッターホルン北壁を征服した竹井岳彦を描く長編。

新田次郎著
チンネの裁き
北アルプス剣岳の雪渓。雪山という密室で起きた惨劇は、事故なのか、殺人なのか。予想が次々と覆される山岳ミステリの金字塔。

新田次郎著
八甲田山死の彷徨
全行程を踏破した弘前三十一聯隊と、一九九名の死者を出した青森五聯隊――日露戦争前夜、厳寒の八甲田山中での自然と人間の闘い。

新田次郎著
アイガー北壁・気象遭難
千八百メートルの巨大な垂直の壁に挑んだ二人の日本人登山家を実名小説として描く「アイガー北壁」をはじめ、山岳短編14編を収録。

井上靖著
氷壁
前穂高に挑んだ小坂乙彦は、切れるはずのないザイルが切れて墜死した――恋愛と男同士の友情がドラマチックにくり広げられる長編。

開高健著
フィッシュ・オン
アラスカでのキング・サーモンとの壮烈な闘いをふりだしに、世界各地の海と川と湖に糸を垂れる世界釣り歩き。カラー写真多数収録。

白洲正子著
日本のたくみ
歴史と伝統に培われ、真に美しいものを目指して打ち込む人々。扇、染織、陶器から現代彫刻まで、様々な日本のたくみを紹介する。

杉浦日向子著
江戸アルキ帖
日曜の昼下がり、のんびり江戸の町を歩いてみませんか――カラー・イラスト一二七点とエッセイで案内する決定版江戸ガイドブック。

北杜夫著

どくとるマンボウ
昆虫記

虫に関する思い出や伝説や空想を自然の観察を織りまぜて語り、美醜さまざまの虫と人間が同居する地球の豊かさを味わえるエッセイ。

北杜夫著

どくとるマンボウ
航海記

のどかな笑いをふりまきながら、青い空の下を小さな船に乗って海外旅行に出かけたどくとるマンボウ。独自の観察眼でつづる旅行記。

須川邦彦著

無人島に生きる
十六人

大嵐で帆船が難破し、僕らは太平洋上のちっちゃな島に流れ着いた！『十五少年漂流記』に勝る、日本男児の実録感動痛快冒険記。

妹尾河童著

河童が覗いたヨーロッパ

あらゆることを興味の対象にして、一年間で歩いた国は22カ国。泊った部屋は115室。旺盛な好奇心で覗いた〝手描き〟のヨーロッパ。

つげ義春著

新版 貧困旅行記

日々鬱陶しく息苦しく、そんな日常から、そっと蒸発してみたい、と思う。眺め、佇み、感じながら旅した、つげ式紀行エッセイ決定版。

西村淳著

面白南極料理人

第38次越冬隊として8人の仲間と暮した抱腹絶倒の毎日を、詳細に、いい加減に報告する南極日記。日本でも役立つ南極料理レシピ付。

日《に》本《ほん》百《ひやく》名《めい》山《ざん》

新潮文庫　ふ－1－2

昭和五十三年十一月二十七日　発行
平成十五年四月二十五日　四十六刷改版
令和五年七月二十五日　六十二刷

著者　深《ふか》田《だ》久《きゅう》弥《や》

発行者　佐藤隆信

発行所　株式会社 新潮社

郵便番号　一六二―八七一一
東京都新宿区矢来町七一
電話 編集部(〇三)三二六六―五四四〇
　　 読者係(〇三)三二六六―五一一一
https://www.shinchosha.co.jp

価格はカバーに表示してあります。

乱丁・落丁本は、ご面倒ですが小社読者係宛ご送付ください。送料小社負担にてお取替えいたします。

印刷・錦明印刷株式会社　製本・錦明印刷株式会社

ISBN978-4-10-122002-4 C0125